A. Khol/M. Mayr/G. Bruckmann (Hg.)

Die Freiheit hat kein Alter

A. Khol/M. Mayr/G. Bruckmann (Hg.)

Die Freiheit hat kein Alter

Senioren. Zukunft. Leben.

Molden Verlag

BUNDESMINISTERIUM FÜR SOZIALE SICHERHEIT
GENERATIONEN UND KONSUMENTENSCHUTZ

Mit finanzieller Unterstützung des Bundesministeriums für soziale Sicherheit, Generationen und Konsumentenschutz:

Die Deutsche Bibliothek – CIP-Einheitsaufnahme

Khol/Mayr/Bruckmann (Hg.)
Die Freiheit hat kein Alter.
Wien: Molden Verlag, 2006
ISBN 3-85485-188-x

www.molden.at
Umschlaggestaltung: Emanuel Mauthe
Herstellung: Barbara Peyer/BaPeyer Werbung & Produktion
Druck: Graficki zavod Hrvatske GmbH, Zagreb

ISBN 3-85485-188-x

Inhalt

IV. Neues Leben – Neue Fragen – Neue Antworten

V. Zusammenfassung: Unsere Erwartung an die Zukunft – Unsere Prägung der Zukunft: So soll es werden – So wird es werden

Anhang:

Die Freiheit hat kein Alter: Warum haben wir diesen Titel gewählt? Weil die Errungenschaft unserer Zeit in der Befreiung der Seniorengeneration von den Zwängen der Armut, der Abhängigkeit von den Kindern, der Gebrechlichkeit besteht.

Eine neue Freiheit für ein Fünftel der Bevölkerung, die 60 plus und die 80 plus, die sich nicht alt fühlen, sondern aktiv, produktiv, mobil und sorgend für andere mit beiden Füßen im Leben stehen. Diese neue, späte Freiheit hat kein Alter – denn Altern findet nur im Kopf statt!

Vorwort

Ein neues Gespenst geht um in Europa: „Es droht die Vergreisung, die Alten nehmen den Jungen den Lebensraum weg, verschwören sich gegen sie und belasten ihre Zukunft. Die immer mehr werdenden Seniorinnen und Senioren drängen wie der Kuckuck die Jungen aus dem Nest. Der Überalterung drohen unerträgliche Pensions- und Pflegelasten für die nächsten Generationen. Das finanzielle Chaos steht bevor, die Alten verbrauchen das Saatgut, die Jungen werden darben." So oder ähnlich wird in ganz Europa Angst gemacht.

In der Tat: Die Ausgestaltung unserer Systeme der sozialen Sicherheit muss dem Grundsatz der Nachhaltigkeit folgen. Dies ist die große und schwere Herausforderung aller verantwortungsbewussten Regierungen in Europa – angesichts des dramatischen Geburtenrückgangs und der ständig rasant steigenden Lebenserwartung eine schwere Aufgabe. Die Forderung nach Nachhaltigkeit kommt aus dem Umweltschutz und ist ein weiteres Grundgesetz der christlichen Soziallehre geworden. Man darf nur soviel selbst verbrauchen wie nachwächst – die Substanz darf nicht gefährdet werden. Dies trifft auf die Altersvorsorge, das Bildungssystem, die Gesundheitsvorsorge zu. Kurzum: Die soziale Sicherheit, die wir uns erarbeitet und erstritten haben, muss auch unseren Kindern und Enkeln gewährleistet werden.

Wie schaut es damit aus? Was ist wirklich Sache? Dies zu ergründen und die Folgen darzulegen, ist Gegenstand dieses Buches. Es ist das Ergebnis einer Denkwerkstatt des Österreichischen Seniorenbundes – der großen christlich-demokratischen Interessenvertretung von über 300.000 Seniorinnen und Senioren, die ihm in 2021 Ortsgruppen angehören.

Die Statistik Austria hat uns dafür die neuesten, exakt gemessenen Ziffern zur Verfügung gestellt und damit schon manches zurechtgerückt. Eine große Sozialstudie des FESSEL-GfK-Instituts in unserem Auftrag (1000 Befragte) hat dieses Bild ergänzt. Daraus haben die Mitarbeiterinnen und Mitarbeiter der Denkwerkstatt[1] ihre Schlussfolgerungen gezogen. Sie sind zu einer Kampfansage gegen Vorurteile geworden. Es war eine vielfältige, hochinteressante und kreative Werkstatt: WissenschaftlerInnen, PraktikerInnen,

ExpertInnen und FunktionärInnen – das Ergebnis kann sich sehen lassen: ein präziser Querschnitt, ein buntes Bild, eine Vielzahl von Stimmen, eine Gedankensammlung aus wissenschaftlicher Erkenntnis oder aus beruflicher und persönlicher Erfahrung – eine qualifizierte Umfrage unter Fachleuten, Engagierten, Betroffenen, Freiwilligen. Auf der Grundlage dieses Bildes entwickelt der Seniorenbund sein Programm – und stellt es als optimistisches Aktionsprogramm allzu pessimistischen Botschaften entgegen. Damit diese nicht zu Prophezeiungen werden, die sich selbst erfüllen.

Einsicht und Handlungsbereitschaft sind gefragt: Es gibt nicht eine Seniorengeneration, sondern deren zwei: die 60 plus und die 80 plus. Die gewonnene Generation der 60 plus verlangt gebieterisch Mitbestimmung und ist zur Mitarbeit bereit. Für die Generation der 80 plus müssen wir vieles verändern und anpassen, vor allem für die Hochbetagten.

Aber insgesamt zeigt unsere Arbeit eindrucksvoll: Zu keinem Zeitpunkt der Geschichte unseres Landes war die Generation der 60 plus so aktiv, so mobil, so produktiv, so wohlhabend, so gesund und so sorgend für die Kinder und Enkel!

Das Gespenst, von dem eingangs die Rede war, ist ein Phantom, wir können es verjagen. Die beiden Seniorengenerationen belasten nicht die Zukunft, sie sichern sie. Vom Generationenvertrag zwischen Jung und Alt zum neuen Gesellschaftsvertrag – das ist der Königsweg.

Andreas Khol

1 Mag[a]. Irene Achatz, Dr. Helmut Baumgartner, Dr. Irmgard Bayer, Generalsekretär Heinz K. Becker, KR Dkfm. Herbert Binder, Univ.-Prof. Dr. Rudolf Bretschneider, Dr. Emil Brix, Univ.-Prof. Dr. Gerhart Bruckmann, Univ.-Prof. Dr. Günther Burkert-Dottolo, Dr. Wilfried DeWaal, Dr. Hubert Feichtlbauer, Dr. Gottfried Feurstein, Dr. Marilies Flemming, Generalkonsul KR Rudolf Frey, Vorst. Dir. Dr. Werner Haidenthaler, Oberst. Wolfgang Haupt, Dr. Klaus Hecke, BR a.D. Dr. Lindi Kalnoky, LAbg.a.D. Mag. Franz KARL, Dr. Eva Karisch, Univ.-Prof. Dr. Andreas Khol, Univ.-Prof. Dr. Franz Kolland, Volksanwältin a.D. LAbg. Ingrid Korosec, Hofrat Dr. Ewald Kutzenberger, Dr. Martin Mayr, Ernst Wolfram Marboe, Univ.-Prof. Dr. Wolfgang Mazal, Präs. Dr. Otto Pjeta, Univ.-Prof. Dr. Manfred Prisching, Dr. Peter Radel, a.o.Univ.-Prof. Prim. Dr. Hans-Peter Rhomberg, Univ.-Prof. Dr. Leopold Rosenmayr, GD-Stv.a.D. Leopold Scherer, Univ.-Prof. Dr. Bernd Schilcher, Mag. Michael Schleifer, Dr. Krista Schüssel, Univ.-Prof. Dr. Elisabeth Seidl, Hofrat Dr. Gerhard Silberbauer, Abg.z.NR Ingrid Turkovic-Wendl,

I.

Zur Lage der älteren Generation

Fakten, Zahlen, Grundlagen

Prof. Mag. Peter Zellmann, Univ.-Prof. Dr. Paul M. Zulehner

Andreas Khol

Geboren 1941, Südtiroler. Studium der Rechte in Innsbruck (Dr. iur. 1963) und Paris. 1969 Habilitation in Wien. 1966 Hochschulassistent in Innsbruck und Wien, Sekretär beim Österreichischen Verfassungsgerichtshof, gleichzeitig Generalsekretär der Österreichischen Gesellschaft für Außenpolitik. 1969–1973 im Sekretariat des Europarates, Jurist der Europäischen Menschenrechtskommission, Sekretär des Expertenkomitees für Menschenrechte. 1974–1992 Direktor der Politischen Akademie der ÖVP. 1994–2002 Klubobmann der ÖVP (hauptberuflich, keine weitere Erwerbstätigkeit); tit. a.o. Univ.-Prof. 1980 (kein Dienstverhältnis). Mitglied des Präsidiums des Österreich-Konvents bis 2005. Seit 2002 Nationalratspräsident. Seit 20. September 2005 Bundesobmann des Österreichischen Seniorenbundes.

Wir leben länger und besser: Vom Generationenvertrag zum Neuen Gesellschaftsvertrag

I. Wir leben länger und besser

Das längere Leben für uns alle: eine verheißungsvolle Zukunft und eine große Herausforderung

Die lange Friedenszeit in unserem Land, die Fortschritte der Medizin, das zunehmend gesundheitsbewusste Leben vieler, die qualitätsvolle und gleichmäßige Ernährung, die wesentlich verbesserte Gesundheitsversorgung für alle, der wachsende Wohlstand – vor allem der älteren Generation –, das ständig steigende Umweltbewusstsein, die Mechanisierung der Arbeit und die vielen technischen Geräte, welche die Arbeit ebenso erleichtern wie das tägliche Leben: all dies prägt unser Land seit 1945 und hat bei uns, so wie in vielen Ländern der Europäischen Union, zu nachhaltig längeren Lebenszeiten von Frauen und Männern geführt. Eine ganze Generation, ein viertes Lebensalter nach Jugend, Erwachsenendasein und vor dem hohen Alter. Die Ziffern sprechen eine deutliche Sprache: Konnte im Jahr 1970 ein aus dem Erwerbsleben ausscheidender Mann erwarten, seine Pension neun Jahre lang genießen zu können, so hat sich dieser Zeitraum auf 21 Jahre verlängert und steigt ununterbrochen weiter an.

Wir wenden uns energisch dagegen, diese Entwicklung zu verteufeln, sie als bedrohlich zu sehen oder mit abwertenden Eigenschaftsworten zu benennen. Das längere Leben ist schließlich eine biblische Verheißung, bringt Glück und Lebensfreude in vielen zusätzlichen Lebensjahren – das wesentlich spätere Sterben, die nachhaltig verlängerte Periode der Schaffenskraft und Leistungsfähigkeit sind ein Teil des großen Fortschritts unseres europäischen Lebensmodells. Natürlich bedeutet das Länger-Leben einen ständigen Veränderungsbedarf für unsere Sozialsysteme, für unsere Arbeitswelt und unsere Freizeitgesellschaft, aber auch des politischen Systems. Dies sind aber Herausforderungen, die unsere Gesellschaften seit eh und je annehmen und beantworten. Unsere Sozialsysteme und damit die soziale Sicherheit nachhaltig abzusichern, ist Aufgabe jeder gestaltenden und verantwortungsbewussten Generation.

Die neuen Lebensalter

Die klassische Einteilung der Lebensalter bestand lange Zeit in einem Begriff der Dreiteilung: die Jugend, endend mit der Ausbildungszeit und dem Eintritt ins Erwerbsleben, verbunden mit der Gründung einer eigenen Familie und eines eigenen Hausstandes. Spätestens mit 24 Jahren war früher die „Jugend“ beendet. Dann kam das Erwachsenendasein bis zum Ende des Erwerbslebens, bis zur Pensionierung – die Jahre bis 50 plus, unterschiedlich bei Mann und Frau, in der Realität der 90er-Jahre bei Frauen bis ca. 55, bei Männern bis ca. 57. Danach war man Rentnerin, Rentner, die ältere Generation mit wachsender Lebenserwartung. Alle diese Grenzen verschieben sich seit vielen hundert Jahren stetig: die vielen Kriege, Hungersnöte, Massenkrankheiten, unerkannten Umweltgifte, die Kindersterblichkeit und berufsspezifische Seuchen waren ständig wirksam, waren eingebaute Bremsen. Als man Johann Wolfgang von Goethe zu seinem 50. Geburtstag 1799 in Weimar feierte wurde, wurde er mit „edler Greis“ begrüßt ...

Wir unterscheiden heute vier Lebensalter:

1. das Alter der Erziehung und Ausbildung,
2. das Alter der Erwerbs- und Familienarbeit,
3. die Phase nach Beendigung von Erwerbs- und Familienarbeit, (die „gewonnene Generation“), die 60 plus
4. die Generation der 80 plus

Das erste Lebensalter geht heute bis Mitte/Ende der 20er Jahre, die zweite Phase bis 60/65, die dritte wohl bis zum 80. Lebensjahr oder weit darüber hinaus. Und alle Abschnitte werden zunehmend länger. Das erfüllt viele mit Sorge und wird auch als Keule

in der Alltagspolitik verwendet. Können wir uns eine derart lange Ausbildungsphase überhaupt leisten? Gibt es für die 60 plus Generation genügend Arbeit? Gibt es überhaupt genügend Arbeit, oder geht uns nicht allen die Arbeit aus? Belasten die 65- bis 85-Jährigen und noch Älteren nicht unsere öffentlichen Kassen so stark, dass wir ans Ende der finanziellen Leistungsfähigkeit der Sozialsysteme (Krankheit, Pflege, Pension) geraten? Sind die Lasten der Gebrechlichkeit und Pflege überhaupt noch bewältigbar, tragbar? Zerbricht die traditionelle, bewährte Familienstruktur, kommt es zum Kampf der Generationen? All dies sind tagtäglich geäußerte Befürchtungen.

Die Fakten zeigen aber ganz im Gegenteil, dass mit diesen Entwicklungen mehr Hoffnungen als Befürchtungen zu verbinden sind. Die lange Ausbildungsdauer (damit geht eine viel spätere Familiengründung Hand in Hand) ist für die Leistungsfähigkeit unserer Wirtschaft und die Arbeitsplatzchancen der Menschen bestimmend. Je besser gebildet, umso mehr Jobchancen und umso leistungsfähiger die Wirtschaft. Die ständig steigenden Beschäftigungszahlen zeigen an, dass uns zwar da und dort spezifische Arbeitsplätze für darauf eingeschulte Arbeitskräfte fehlen mögen, aber insgesamt ständig mehr Menschen Beschäftigung finden – auch als Selbstständige. Im Gegenteil, eher ist die Befürchtung begründet, dass uns bei gleich bleibender Geburtenrate und gebremster Zuwanderung die Arbeitskräfte fehlen werden. Ein früherer Abschluss des Hochschulstudiums (heute erst mit 26, 27 Jahren) würde sich positiv auf das Arbeitskräftepotential auswirken und frühere Familiengründungen ermöglichen.

Wir haben in Österreich darüber hinaus unsere Hausaufgaben zur Sicherung der Pension gemacht – eine Studie der Europäischen Union zeigt, dass von allen 25 EU-Ländern lediglich Österreich auch im Jahr 2050 seine Pensionen noch bezahlen können wird. In allen anderen Staaten steigt der Zuschussbedarf des Staates deutlich und gefährdet damit die Finanzierbarkeit der Pensionen. Die 20 Jahre der dazu gewonnenen Lebenszeit der neuen dritten Generation sind daher positiv zu sehen. Die aktiven, erfahrenen und einsatzbereiten Frauen und Männer sind im Gegenteil wertvoll und wichtig. Ihr Beitrag ist angesichts der sich auf niedrigem Stand stabilisierenden Geburtenrate unersetzlich!

Die Ängste der älteren Menschen sind heute im Wesentlichen von der Sorge um die eigene Person, von den eigenen Schicksalsschlägen geprägt, nicht mehr von den schicksalhaften Ereignissen, die das ganze Land treffen können: Fürchtete man früher Krieg, Hungersnöte, Seuchen und deren Folgen für die eigene Person, so steht heute das individuelle Schicksal im Vordergrund: Angst vor Krankheit und Behinderung, Angst vor dem Alleinsein, Angst vor dem Tod der nahen Angehörigen oder deren Erkrankung. Erst danach rangiert die Furcht vor Armut, vor sozialer Notlage. Der eigene Tod hat seinen Schrecken fast ganz verloren: Man erwartet ihn nicht mehr „in Bälde".

Die Altersarmut ist im Wesentlichen überwunden: Die älteren Menschen in Österreich haben sichere Einkommen und können mit ihrem Geld mehr oder weniger gut auskommen. So verfügen heute die älteren Generationen über eigene Einkommen und zunehmend über so viele Ersparnisse, dass an die 70% der Älteren ihre Kinder und Enkelkinder regelmäßig beschenken und unterstützen können. Es gibt allerdings auch Ausgleichszulagenbezieher, bei denen besonderes Augenmerk darauf gelegt werden muss, dass sie nicht unter die Armutsschwelle sinken. Die Seniorinnen und Senioren sind mobiler geworden, sei es mit eigenem Auto, mit öffentlichen Verkehrsmitteln, mit Bus-Gemeinschaftsreisen, aber auch zu Fuß. Das alte Mütterchen, der im Lehnstuhl sitzende und beim Fenster sehnsüchtig hinausschauende Greis sind längst überholte und unzutreffende Rollenbilder, sind Klischees.

So stellt Rudolf Bretschneider in seiner empirischen Sozialforschung fest: Die Menschen im dritten und vierten Lebensabschnitt sind im Vergleich zu ihrer Elterngeneration:

- gesünder
- gebildeter
- wohlhabender
- mobiler
- genuss- u. konsumorientierter
- aktiver

Von 100 Senioren leben:

- 30% als Zufriedene (familienorientiert, häuslich, solidarisch tätig, sicherheitsbewusst, sparsam)
- 27% als Neugierige (urban, reiselustig, aktiv und positiv, geistig ständig rege)
- 16% als die ewig Jungen, die Flotten (gesund, aktiv, erfolgreich, die Kategorisierung als alt ablehnend, fühlen sich als reife Erwachsene, nicht als Alte fühlend)

und lediglich

- nur 27% als ältere zurückgezogene Menschen (weil krank, isoliert, immobil, einsam, passiv, aber auch nicht wohlhabend), die damit dem Klischee entsprechen.

Nicht zu Unrecht spricht Manfred Prisching vom mächtigen Alter (Einfluss in der Politik, Konsummacht, Wirtschaftsfaktor), vom helfenden Alter (Kinder und Enkelbetreuung, Geld- und Sachhilfe), aber auch vom teuren Alter (Pflege bei Gebrechlichkeit und bei den alterstypischen Krankheiten der Hochbetagten).

So treffen verbreitete Vorurteile ganz einfach nicht den Kern: Wenn die älteren Generationen nur im engen wirtschaftlichen Zusammenhang gesehen werden, mit Lasten und Kosten für die Gesellschaft und den Staat, so ist dies absolut unzutreffend. Ältere Menschen leisten ihren Beitrag zur Wertschöpfung, sind nach wie vor produktiv, und nur ein viel geringerer Anteil als allgemein vermutet ist pflegebedürftig und/oder krank:

Von den

50- bis 59-Jährigen sind 4% bei schlechter Gesundheit,
60- bis 69-Jährigen sind 5% bei schlechter Gesundheit,
13% der 70-Jährigen und Älteren sind bei schlechter Gesundheit,
nur 1% der 50- bis 80-Jährigen ist bei *sehr schlechter* Gesundheit! (Und diese Ziffer unterscheidet sich nicht wesentlich von den 20- bis 50-Jährigen.)

Auch die Anzahl der in Pflegeheimen betreuten Personen wird gewaltig überschätzt:

1% der 60- bis 64-Jährigen
1,1% der 64- bis 69-Jjährigen
1,8% der 70- bis 74-Jährigen
3,8% der 75- bis 79-Jährigen

werden in Anstalten gepflegt.

Dann steigt die Quote der in Pflegeheimen Gepflegten aber schnell:

7,4% der 80- bis 84jährigen
12,9% der 85- bis 89jährigen
20,9% der 90- bis 94jährigen

Das neue Lebensgefühl – die späte Freiheit

Die gewonnene Generation der 60 plus, hinauf bis ins hohe Alter, ist von einem neuen Lebensgefühl geprägt: Nach einem mehr oder weniger gelungenen Erwerbsleben, nach der Gründung der Familie, dem Bestehen von Partnerschaft und anderen zwischenmenschlichen Beziehungen, wird die späte Freiheit zu einem vollen Leben genutzt. Wer dies tut, dem geht es besser, er lebt länger und erfolgreicher: vor allem, wenn er sich neue Ziele setzt, weiter lernt, weiter aktiv ist, seine Sexualität weiter lebt und Freundschaften pflegt.

In vielen Repräsentativstudien, die der Seniorenforscher und Pionier der neuen Einstellung zu den Senioren Leopold Rosenmayr durchgeführt hat, zeigen sich statistisch deutlich signifikante Zusammenhänge. *Gemeinsam lebt es sich besser.* Sowohl für das eigene Wohlbefinden als auch für einen positiven Lebensrückblick und für eine positive Lebensvorschau wirken sich soziale Aktivität und sozialkulturelle Integration günstig aus.

Ein positives soziales Klima ermöglicht es, die gesundheitlichen Beeinträchtigungen besser zu verarbeiten. Auch hier sind mit großer Deutlichkeit aus unseren Studien zahlenmäßig belegbare Wechselwirkungen vorhanden. Der Mensch, der aktiv ist und Ziele hat, um die es ihm zu tun ist, und die er verfolgt, stellt auch die gesundheitlichen Einbußen, Schädigungen und Einschränkungen in seiner gesamten Lebenseinstellung und -beurteilung zurück.

Die soziale Integration hat einen hohen positiven Wert für die subjektive, selbst-beurteilte Gesundheit. Natürlich mindern andererseits auch gesundheitliche Defizite und Einschränkungen sowohl den Wunsch nach Sozialkontakten als auch die Realisierung dieser Wünsche. Aspekte der Sozialität fördern die Gesundheit, schaffen Erleichterung bei Beschwerden.

Die subjektive Gesundheit ist auch deswegen sehr aussagekräftig, weil Langzeituntersuchungen Zusammenhänge zwischen ihr und der Lebenserwartung nachweisen. Je besser die subjektive Gesundheit, desto länger lebt der Mensch.

Zusammenfassende Schlussfolgerung

Die Lage der beiden älteren Generationen ist wesentlich anders als in weiten Bereichen gesehen und verstanden. Bis zum 80. Lebensjahr sind die Menschen heute leistungsfähiger, aktiver und selbstbestimmter als früher 60-Jährige. Eine neue Generation hat sich entwickelt, die genau so lange dauert wie früher die „Jugend“ bzw. das „Bildungs- und Erziehungsalter“, nämlich 20 und mehr Jahre. Die Menschen dieser Generation sind zum Großteil mobil, gesund, leistungsfähig und können selbstbestimmt leben und handeln. Sie verfügen über eine rechtlich verankerte Existenzsicherung und -grundlage, sind solidarisch und aktiv. Im Alter der Gebrechlichkeit nimmt diese Selbstständigkeit ab, steigt die Pflege und Hilfsbedürftigkeit. Was im letzten Jahrhundert die 60- bis 70-Jährigen an Hilfe brauchten, brauchen heute die 80- bis 90-Jährigen. Die Gesellschaft muss sich aber auf das Phänomen erst einstellen, dass die Jungen wegen des Geburtenrückganges weniger werden und in immer stärkerem Ausmaß auch im Erwerbs- und Gesellschaftsleben von den jungen Älteren, den 60- bis 80-Jährigen, ersetzt werden. Diese neue Generation will und kann aktiv mitgestalten und nicht als betreute Generation am „Pensionistenbankerl“ gesehen werden.

II. Vom Generationenvertrag zum neuen Gesellschaftsvertrag

Die Senioren als Gestalter der Gesellschaft – Von den Betreuten zu den Handelnden in einer altersbunten Gesellschaft

Das Verständnis der Gesellschaft und damit auch der Rechtsordnung zu den beiden älteren Generationen ist nach wie vor in weiten Bereichen von der Denkfigur des Generationenvertrages geprägt: Die jüngeren Generationen, also Jugend und Erwachsene im Erwerbsleben, erhalten, betreuen und pflegen die beiden älteren. Rechtlich findet dies durch das im Umlageverfahren finanzierte Sozialsystem seinen Ausdruck: Die Erwerbstätigen finanzieren durch ihre Versicherungsbeiträge die Sozialleistungen für die älteren Generationen. Die Erwerbstätigen zahlen, die nicht mehr Erwerbstätigen verbrauchen. Die je nach Versicherungsart große oder noch größere Lücke zwischen Versicherungsbeiträgen und Versicherungsleistungen bezahlen die Steuerzahler in den öffentlichen Haushalten. Die einen leisten, die anderen fordern. Die Kinder und Enkelkinder pflegen und unterstützen die Älteren, die in einer eher passiven Betreuungssituation gesehen werden. Auch die politischen Rechte der älteren Generationen werden diesem Muster folgend gestaltet: Die Älteren scheiden zugleich aus dem aktiven Erwerbsleben und dem politischen Amt aus. Die politische Vertretung übernehmen die Jüngeren. Die Alten sind am Altenteil, sitzen wohlversorgt und gut gekleidet auf dem Bankerl im Park und füttern Tauben. Das mag stark überzeichnet sein, entspricht aber einem immer noch verbreiteten Klischee.

Die Wirklichkeit ist immer mehr eine andere. Natürlich gibt es ältere Menschen, die Betreuung brauchen, die versorgt werden wollen und müssen – die 27% „Zurückgezogenen" in der Gruppenbildung von Rudolf Bretschneider gehören dazu. Aber dem stehen die 73% aktiven Seniorinnen und Senioren gegenüber, die ihre eigenen Angelegenheiten selbstständig führen wollen und können – bis ins sehr hohe Alter hinein. Sie gestalten ihr Leben nach eigenen Vorstellungen und bilden die altersbunte, zeitsouveräne, relativ wohlhabende Gesellschaft – immerhin fast ein Viertel der Bevölkerung unseres Landes. Wie wir heute wissen, verfügen sie über einen überproportionalen Teil des Volkseinkommens, sowohl durch ihr regelmäßiges Einkommen als auch durch das angesparte Vermögen und das Eigenheim als Wohnung oder Einfamilienhaus. Sie haben große Marktmacht und sind eine wichtige Käuferschicht. Das mächtige Alter, so nennt dies der Soziologe Manfred Prisching. Kindern und Enkelkindern wird unterstützend durch Zeitwidmung und Geld geholfen.

Wie wir wissen – und dies ist in der Tat zunehmend ein Problem – verfügen die Älteren auch über den im Erwerbsleben geschaffenen größeren Wohnraum. Immer seltener leben aber zwei oder mehrere Generationen unter einem Dach, in einem Haushalt – sieht man vom Sonderfall der Vollerwerbs- und Nebenerwerbsbauern ab und der so bedeutsamen häuslichen Pflege. Aber auch diese ist heute nicht mehr eine bloß familiäre, notwendigerweise geleistete und geschenkte Betreuungsleistung, sondern wird immer häufiger durch das Pflegegeld abgegolten – eine durchaus sinnvolle Entwicklung im Interesse aller Beteiligten: Die älteren Pflegebedürftigen wollen „im Kreise der Familie", d.h. im eigenen Haus von Familienangehörigen gepflegt werden und sind auch bereit, dafür zu bezahlen.

31% möchten von den Kindern und
31% vom Partner,
6% von anderen Familienangehörigen gepflegt werden.

Noch deutlicher wird das Bild bei der „voraussichtlichen", also der erwarteten tatsächlichen Pflege:

51% erwarten sie von den Kindern,
41% vom Partner.

Für die pflegenden Angehörigen ist das Pflegegeld ein Beitrag zur Abdeckung des Pflegeaufwands – seit 2006 ist es auch erleichtert und gefördert möglich, sich als Pflegende(r) in der gesetzlichen Sozialversicherung zu versichern. Aus einer geschenkten, aus der Konvention abgeleiteten und dem Familienbild verdankten kostenlosen Betreuungsleistung wird so ein partnerschaftliches, bezahltes Vertragsverhältnis.

Diese neue Selbstständigkeit und Fähigkeit zur Selbstbestimmung macht die ältere Generation zunehmend zum Partner, zum selbstständigen Senior. Damit Hand in Hand geht ein neues Selbstbewusstsein, auch als älterer Mensch eben nicht versorgter und betreuter Rentner zu sein, sondern vollberechtigter, zur Mitbestimmung und Mitgestaltung berufener Bürger, berufene Bürgerin. Ältere Menschen wollen aktiv sein und bleiben: teils im Nebenerwerb, in der geringfügigen Beschäftigung, am Bauernhof, im eigenen, aber übergebenen Betrieb, in der Familie, aber auch immer mehr im Ehrenamt. Gerade die Non-Profit-Organisationen, also die nicht auf Gewinn gerichteten Organisationen, die das Geflecht der Bürgergesellschaft bilden, sind ohne ehrenamtlich Freiwillige nicht denkbar. Überall sind pensionierte Ältere tätig: als erfahrene FunktionärInnen, als zum Engagement bereite MitarbeiterInnen, als Menschen, die Solidararbeit leisten wollen, aber auch zur Sinnstiftung und um dem eigenen Leben Sinn zu geben, ihn zu erhalten oder ihn anderen zu geben. Gerade nach einem Partnerverlust ist dies oft lebensrettend wichtig.

Immer mehr Pensionistinnen und Pensionisten der gewonnenen Generation sind darüber hinaus bereit, erstmals in die Politik einzusteigen oder auch nach dem Ende des Erwerbslebens in der Politik weiter zu arbeiten: Im Gemeinderat, in den Landtagen, im National- und Bundesrat, in den Organen der gesetzlichen Versicherungsanstalten des Alters und für die Kranken. Sie sind voll leistungsfähig und erwarten daher die volle Mitbestimmung.

Selbstorganisation und Selbsthilfe: die neuen Seniorentugenden

Die rein quantitative Rolle der älteren Generationen in der Bürgergesellschaft ist noch viel zu wenig bekannt und erforscht. In welchen Organisationen engagieren sich die Älteren, wo tragen sie Verantwortung als Funktionäre? Zum Beispiel: im Kulturleben, in den Rettungs- und Sozialvereinen, in den politischen Parteien. Die Seniorenorganisationen sind ihrerseits voll bürgergesellschaftlich tätig und entsprechend aufgebaut – alles im Ehrenamt auf der Basis von mehreren tausend Ortsgruppen. Ihre Tätigkeit ist umfassend und zum großen Teil gemeinwohlorientiert. Art und Ausmaß der Beteiligung älterer Menschen in den an die 100.000 bürgergesellschaftlichen Vereinen und Gruppen in Österreich ist nicht

analysiert. So wie die Altersforschung insgesamt in Österreich unterentwickelt ist, so auch die Erforschung dieser spezifischen Fragestellung. Die Sozialforschung hat hier noch ein weites Feld. Jedenfalls wissen wir, dass 30% der älteren Generationen aktiv in der Bürgergesellschaft sind.

In den Einrichtungen der medizinischen Betreuung ist die Mitarbeit und Mitbestimmung der Senioren beispielsweise erst am Beginn. Hier kommen wichtige, neue Ausbildungsaufgaben und Betreuungsarbeit auf die Organisationen zu. Die Versicherungsanstalten im Bereich der gesetzlichen Sozialversicherung haben zwar in den Beiräten nunmehr auch Seniorenvertreter – aber nicht in den Entscheidungsgremien der Selbstverwaltung. Sollte hier nicht bald Abhilfe durch Aufnahme von mitentscheidenden Seniorenvertretern erfolgen, werden sich alle Seniorenorganisationen auf die Hinterfüße stellen und die Schaffung einer Seniorenkurie und Wahlen zu den Organen der Selbstverwaltung erzwingen. Im Krankenhauswesen werden Reformmaßnahmen vorbereitet: In Gesundheitsplattformen auf Länderebene sind alle für die Finanzierung zuständigen Organisationen vertreten und sollen entscheiden – nicht aber die Vertreter der Patienten. In den noch einzurichtenden Gesundheitskonferenzen müssen daher die Seniorenorganisationen berücksichtigt werden.

Die Pflege

Die immer bedeutsamer werdende Pflege kann nicht allein von staatlicher Seite, von Ländern und Gemeinden, so wie bisher geleistet werden; hier gibt es heute schon ein Nebeneinander von Bund, Land und Gemeinden in ihrer Verwaltung. Ergänzt durch private, hauptberufliche, professionelle Organisationen – unter ihnen viele bürgergesellschaftlich organisiert, wie Hilfswerk und Volksfürsorge, Caritas und Diakonie. Dazu noch eine österreichische Besonderheit: Viele ausländische Pflegerinnen und Pfleger kommen ins Haus und leben mit der zu pflegenden Person, stehen rund um die Uhr zur Verfügung: bestens organisierte – gelinde gesagt – Gesetzesumgehung, abseits jedes Berufs- und Fremdenrechts, aber finanziell leistbar. Professionelle 24-Stunden-Betreuung durch Angestellte österreichischer Organisationen wäre unerschwinglich. Ohne diese Pflegerinnen aus dem Ausland bräche die gesamte Altenbetreuung in Österreich zusammen. Aber auch dieser Quell von Frauen aus der Slowakei, die als Touristinnen jeweils drei oder vier Wochen nach Österreich kommen, wird in wenigen Jahren versiegen. Neue, weiter entfernte werden dann an ihre Stelle treten. Aber auch das kann nur ein Provisorium sein. Auf Dauer müssen die bürgergesellschaftlich organisierten Freiwilligenorganisationen viele der Pflegeleistungen übernehmen und neben die professionelle Hauspflege in Pensionistenheimen und Wohnanlagen treten. Die jüngeren Älteren kümmern sich um die pflegebedürftigen Älteren, die 60-Jährige betreut die 80-Jährige und ältere Pflegebedürftige. Ein breites Feld neuer Seniorenproduktivität tut sich auf – das skandinavische Pflegemodell zeigt, wie es geht.

Bildung und Weiterbildung

In der Bildung und Weiterbildung werden bürgergesellschaftlich organisierte Seniorinnen und Senioren die Rolle von Geragogen übernehmen; ausgebildet in Analogie zu den Pädagogen, werden sie altersspezifisch Bildung vermitteln: zur Ertüchtigung und Professionalisierung im eigenen Bereich, auch noch im Seniorenerwerbsleben oder der Freiwilligenarbeit – aber auch zur Sinnstiftung und sinnvollen Freizeitgestaltung.

Die aktiven Seniorinnen und Senioren werden dadurch auch Möglichkeiten des Zuerwerbs, zusätzlich zur Pension, erhalten. Jede Beschränkung dieser Möglichkeiten durch Ruhensbestimmungen für Pensionistinnen und Pensionisten, die bis zur Erreichung des gesetzlichen Pensionsalters im Erwerbsleben standen und Beiträge geleistet haben, wäre daher sinnwidrig.

Der neue Gesellschaftsvertrag ersetzt den alten Generationenvertrag

Das Seniorenbild hat sich verändert. An die Stelle der fremdbestimmten Betreuung treten die voll im Leben stehenden eigenständigen und aktiven älteren Generationen. An die Stelle des Generationenvertrages zwischen den zu versorgenden Alten und den dafür zahlenden jungen Erwerbstätigen tritt der neue Gesellschaftsvertrag. In ihrem Grundsatzprogramm hat die Volkspartei 1994 dazu bereits Richtungsweisendes beschlossen. Dort heißt es wörtlich:

„Wir gehen von einer Gesellschaftsordnung aus, die dem Einzelnen die bestmögliche Entfaltung ermöglicht und in der die Mitglieder der Gemeinschaft im Sinne des Gemeinwohls die Verpflichtung übernehmen, soziale Aufgaben und Lasten gemeinsam zu tragen und gerecht aufzuteilen.

Die Veränderungen in der Zusammensetzung der Bevölkerung, der Wandel in den Lebensbedingungen, das Nebeneinander alter und neuer Werte sowie veränderte Rahmenbedingungen in der Wirtschaft und im internationalen Umfeld erfordern einen neuen gesellschaftlichen Ausgleich.

Neue Gesellschaftsverträge sollen das solidarische Miteinander der Menschen beider Geschlechter, aller Alters- und Berufsgruppen, aller sozialen Schichten sowie eigener und fremder Staatsangehörigkeit begründen. Wir gehen von der freiwilligen Übereinstimmung zwischen gleichwertigen Partnern über ihre Rechte und Pflichten aus. Neue Gesellschaftsverträge müssen auch der langfristigen Verantwortung gegenüber kommenden Generationen Rechnung tragen.

Solidarität darf nicht als ausschließlich staatliche Aufgabe missverstanden werden. Das soziale Engagement aller Bürgerinnen und Bürger in kleinen Gruppen und privaten Einrichtungen sowie in den freiwilligen Gemeinschaften ist für das Gelingen des Gemeinwohls unverzichtbar. Zumutbare Eigenvorsorge muss daher das öffentliche Sozialsystem ergänzen.

Die Politik hat jene Rahmenbedingungen zu schaffen, die – unter Wahrung der persönlichen Freiheit und einer höchstmöglichen Selbstständigkeit des Einzelnen – soziale Sicherheit und Gerechtigkeit sowie gesellschaftliche Integration gewährleisten.
Die Politik von heute hat Auswirkungen auf das Leben von morgen. Auch aus diesem Grund hat die Jugend ein Vorrecht auf Mitgestaltung und Mitentscheidung.

Ein neues Leitbild für das Alter muss sich an einem wohlverdienten, vielfältig nutzbaren Lebensabend mit Freude über die freie Einteilung der Zeit, ungeschmälerte Möglichkeiten des Mitentscheidens und selbst gewählte Aktivitäten orientieren und nicht an Angst vor Krankheit und Vereinsamung.

Lebensqualität im reifen Alter schließt ein altengerechtes Wohnen, Essensversorgung, notwendige Dienstleistungen im Haushalt, Pflegebetreuung und fortdauernde Einbindung in das gesellschaftliche, geistige und kulturelle Leben ein. Weder der Staat noch die Familie allein können dabei alles Notwendige für pflegebedürftige alte Menschen leisten."

Schon vor mehr als zehn Jahren wurden diese grundsätzlichen Festlegungen von der Österreichischen Volkspartei getroffen. Sie sind heute genauso gültig wie damals.

III. Die Selbsthilfeorganisationen der älteren Generationen als Sterne am Himmel der Bürgergesellschaft

Allgemeines

Im Umfeld und im Rahmen der österreichischen politischen Parteien bildeten sich mit dem Erstarken und dem Bedeutungszuwachs der älteren Generationen Interessenvertretungen und Selbsthilfeorganisationen. In der ÖVP der Österreichische Seniorenbund, der als sechste Teilorganisation anerkannt ist, aber auch selbstständig einen eigenen Verein bildet. Im Umfeld der SPÖ ist dies der Pensionistenverband, der keine offizielle Stellung im Rahmen der SPÖ hat, dessen leitende Funktionäre aber auf allen Ebenen in den entsprechenden Steuerungsgremien der Sozialdemokratischen Partei vertreten sind – in Personalunion. Auch die Freiheitlichen in der FPÖ und im BZÖ haben Seniorenorganisationen, die KPÖ den Zentralverband der Pensionisten. Daneben hat der ÖGB seine eigenen Gewerkschaftspensionisten, der Wirtschaftsbund der ÖVP Ähnliches. Die Grünen entsenden zwar Vertreter in das

Dachgremium, den Österreichischen Seniorenrat, haben aber keine den anderen Seniorenorganisationen entsprechende flächendeckende Struktur.

All diese Organisationen bedienen sich des österreichischen Vereinsrechts, der Magna Charta der österreichischen Bürgergesellschaft. Es ist großzügig, liberal-freiheitlich und wenig bevormundend. Die Aufsichtsbehörde ist nicht spürbar und kümmert sich nur, wenn angerufen. All diesen Organisationen ist gemeinsam, dass sie der Privatautonomie entspringen und umfassend bürgergesellschaftlich tätig sind. Ihre Tätigkeit umfasst:

- die Interessenvertretung in der allgemeinen Politik durch Ausbildung, Entsendung von Kandidaten für die Wahlen in die allgemeinen Vertretungskörper (Gemeinderäte, Landtage, National- und Bundesrat).
- Wahrnehmung des Begutachtungsrechts für Gesetze und Verordnungen, Ausübung des allgemeinen politischen Mandats.
- Vertretung in den Interessenvertretungen und Organen der sozialen Selbstverwaltung (Hauptverband der Sozialversicherungsträger, Organe der Sozialversicherungen).
- Interessenvertretung auf der Grundlage von Landesseniorengesetzen in den Gemeinden und im Bundesland.
- Interessenvertretung in den nunmehr entstehenden Steuerungsorganen des Gesundheitswesens auf Landesebene, den Gesundheitskonferenzen.
- Gemeinsame Freizeit- und Lebensgestaltung in zahllosen sportlichen, kulturellen, sozialen Aktivitäten in einem regen vielfältigen Vereinsleben auf allen Organisationsstufen, vor allem in der Ortsgruppe, unterstützt von den Landesgruppen.
- Organisation eines umfangreichen, kostengünstigen, seniorengerechten Reise- und Tourismusprogramms.
- Weiterbildung z. B. im IKT-Bereich, der Gesundheitspflege, der Allgemeinbildung, der Politik.
- Weiter- und Ausbildung von Betreuungspersonen.
- Rechtsberatung in allen sozialversicherungsrechtlichen Fragen.
- Soziale Hilfe für kranke und pflegebedürftige Mitglieder.

Die großen Seniorenorganisationen haben Landesgeschäftsstellen mit professionellem Management. Die Seniorenorganisationen sind gesetzlich anerkannt, haben ein eigenes Bundesseniorengesetz zur Basis, erhalten pro Senior 0,80 € an Förderungsgeldern des Bundes; neben einem Anteil an diesen Fördergeldern erhalten die Landesgruppen darüber hinaus noch die landesspezifischen Förderungen. Weiters haben die Seniorenorganisationen Anteil an den Gewinnen des Lotto. Die großen Seniorenorganisationen sind im Österreichischen Seniorenrat zusammengefasst – dort bestehen über die Seniorengruppen hinaus ein Vertretungsrecht und ein Gesetzesbegutachtungsrecht.

Das Selbstverständnis des Österreichischen Seniorenbundes

Der Österreichische Seniorenbund sieht sich als umfassende Interessenvertretung und Lebenshilfeorganisation der beiden älteren Generationen. Entsprechend seinen Grundsatzvorstellungen ist er von unten nach oben organisiert und folgt dem Grundsatz der Arbeitsteilung, des Subsidiaritätsprinzips: Was die kleinere Einheit mit eigenen Kräften besorgen kann, soll sie selbst erledigen. Wenn sie dazu Hilfe braucht, so ist ihr dies von der übergeordneten Stelle zu gewähren. Nur das, was mit eigenen Kräften nicht besorgt werden kann, soll die nächsthöhere Ebene tun und entscheiden. Der Seniorenbund entfaltet sich in den über 2000 Ortsgruppen, in denen derzeit ca. 305.000 Mitglieder aktiv sind.

Die Landesstelle und die Bundesorganisation sind helfend tätig. Ein Befehlszusammenhang von oben nach unten, nach dem Stab-Linien-Prinzip, gibt es nicht. Die Bundesorganisationen haben z. B. keine eigene Publikation, die Länder transportieren die zentralen Botschaften. Dies entspricht auch dem Gesamtprinzip des Aufbaus der Österreichischen Volkspartei.

Der Österreichische Seniorenbund als mitgliederstärkste Teilorganisation der ÖVP hat sein innerparteiliches Gewicht schrittweise vergrößert. Gegen seinen Willen ist heute in der ÖVP schwer Politik zu gestalten. Die Mitglieder des Seniorenbundes sind auch die aktivsten der Partei. Ursprünglich hat die Partei die umfassende Tätigkeit des ÖSB nicht verstanden, ihn manchmal als „Reiseverein" apostrophiert – jetzt weiß man die Mitarbeit der Senioren zu schätzen, die ja in der Regel aktiver und politisch interessierter sind als viele Jüngere. So konnte der ÖSB überall die diskriminierenden Altersgrenzen für politische Funktionen beseitigen und die Kandidatur von Seniorenvertreterinnen und -vertretern auf allen Ebenen der Partei durchsetzen, zuletzt durch Platzierung einer Kandidatin auf der Bundesliste bei der 2002 erfolgten Wahl in den Nationalrat. Im Parlament gibt es schon eine Arbeitsgemeinschaft des Österreichischen Seniorenbundes, der über 10 Mandatare aus National- und Bundesrat angehören.

Die Ortsgruppen des Österreichischen Seniorenbundes

Das dichte und vielfältige Programm des Seniorenbundes macht aus dieser Organisation eine umfassend tätige Interessenvertretung, Lebenshilfe-, Freizeit- und Betreuungsorganisation. Gerade in den Dörfern und kleineren Gemeinden sind unsere Ortsgruppen wichtiger Bestandteil des Netzes der Orts- und Dorfgemeinschaft. Dies erklärt auch, dass viele Senioren in mehreren derartigen Organisationen zugleich tätig sind und dass die parteipolitische Orientierung oft keine Rolle spielt. Wenn in der Gemeinde nur eine Seniorenorganisation tätig ist, so tritt man ihr bei, ganz gleich, ob sie der eigenen politischen Grundorientierung entspricht.

Die Ortsgruppen sind natürlich auch Orte der politischen Willensbildung. Dort werden Mandatare gesucht und gefunden, wird die Vertretung in der Gemeindepolitik bestimmt, werden örtliche und überörtliche politische Fragen geklärt. Gemeinsames Feiern, gemeinsames Trauern, gemeinsames Wandern, Wallfahren, Singen und Musizieren, Theaterspielen, Feste ausrichten – das alles verbindet; werden Mitglieder pflegebedürftig, brauchen sie Hilfe und Beratung, so hilft die Gruppe oder organisiert die Hilfe durch das dem Seniorenbund verbundene und befreundete Österreichische Hilfswerk.

So bietet der Seniorenbund das klassische bürgergesellschaftliche Programm: Lebenshilfe, Gemeinwohlarbeit, Mitarbeit in den demokratischen Strukturen, Selbstorganisation nach demokratischen Grundsätzen, und all dies auf der Grundlage gemeinsamer Grundwerte und Wertehaltungen, denen man sich verpflichtet fühlt. Die Ortsgruppen sind damit Teil jenes Netzwerkes, das die Gesellschaft zusammenhält und den Staat trägt.

Damit ist auch ihre Bedeutung im Zunehmen – angesichts eines Staates, der immer öfter schmerzlich erfahren muss, dass er an seine Grenzen stößt:

- in der Sozialarbeit an die Grenzen des Finanzierbaren,
- im demokratischen Leben, wo der Staat ohne Menschen, die mehr tun als ihre Pflicht, nicht leben und gedeihen kann.
- bei der Einsicht, dass Staat und Demokratie nur dann funktionieren, wenn Menschen Grundwerte respektieren, die aber der Staat ihnen nicht auferlegen kann, die sie selbst finden und sich selbst erarbeiten müssen: die berühmten Bürgertugenden, der Bürgersinn – geprägt von Vielfalt, Duldsamkeit, Gewaltverzicht, Solidarität, Leistungsbereitschaft und dem Willen, Verantwortung für andere zu übernehmen.

Da wir in unseren Organisationen, in allen Seniorenorganisationen, diese Grenzen überwinden können, sind wir uns unserer eigenen Bedeutung sicher und gewiss. Dies berechtigt uns, die volle Mitbestimmung und Mitgestaltung zu verlangen.

IV. Das Grundwertefundament des österreichischen Seniorenbundes

Der Österreichische Seniorenbund vertritt das österreichische Lebensmodell, das von der ökosozialen Marktwirtschaft geprägt ist. Wir orientieren uns dabei an der christlichen Soziallehre und bekennen uns mit Freude zu den christlichen Wurzeln unseres Europa und unserer Gesellschaft.

Unser Menschenbild ist daher christlich geprägt: der Mensch als Gottes Ebenbild, frei und gleich geboren und mit unveräußerlichen Rechten ausgestattet, die der Staat schützen und beachten muss, in die er nicht eingreifen darf. Daher sind der Biotechnik, der Gentechnik und den den Kern des Menschen betreffenden Techniken natürliche Grenzen gesetzt, die der Staat nicht sprengen darf. Wir lehnen auch jede Form der Sterbehilfe ab. Das Recht auf ein menschenwürdiges Sterben, auf Sterbebegleitung bejahen wir.

Der Frieden ist ein hohes, wenn nicht das höchste Gut. Wir treten daher für die Mitgliedschaft Österreichs in der Europäischen Union ein, dem größten und erfolgreichsten Friedensprojekt in der europäischen Geschichte. Wir unterstützen den Europäischen Verfassungsvertrag, die Erweiterung der Union um Kroatien und andere beitrittsreife Balkanländer. Für die Türkei sehen wir keine Beitrittsperspektive und vertreten daher das Modell einer Beziehung der besonderen Art, keinen Beitritt. Dem Frieden dienten die Partnerschaft der Religionen mit dem Staat unter gleichzeitiger Garantie der Beachtung der Gesetze und vor allem des Gebots der Achtung anderer Religionen und des Gewaltverzichts. Niemand darf zu einer bestimmten Religion und zur Ausübung religiöser Bräuche gezwungen werden.

Weil wir den Frieden wollen, treten wir für eine leistungsfähige Landesverteidigung und einen fairen Zivildienst ein, erwarten eine wirksame Terrorbekämpfung und eine gute Sicherheitspolitik. Wir achten unsere Sicherheitsexekutive als Garant von Ruhe, Ordnung und Sicherheit im Lande und an unseren Grenzen.

Das europäische Lebensmodell ist von Solidarität geprägt, unserem zentralen Grundwert. Daher ist die Organisation des Seniorenbundes der Solidarität verpflichtet: zu seinen eigenen Mitgliedern, aber auch zu allen Hilfsbedürftigen. Wir wollen eine solidarische Gesellschaft, in der den Hilfsbedürftigen, Schwachen und Kranken geholfen wird. Wer allerdings arbeitsfähig ist, nicht arbeiten will und angebotene Arbeit ablehnt und trotzdem Arbeitslosenunterstützung beansprucht, verletzt diese Solidarität. Das Grundeinkommen für alle, auch Arbeitsfähige, die einfach nicht arbeiten wollen, bekämpfen wir als eine Beleidigung all jener, die von einer nur wenig höheren Pension leben müssen, für die sie oft ein Leben lang gearbeitet und Beiträge geleistet haben. Eine solche „Grundsicherung" zerstört die Grundlagen unseres Sozialsystems. Wir wollen unsere mustergültigen Sozialsysteme nachhaltig gestalten und absichern. Das ist unsere Verantwortung für die nächsten Generationen.

Kostenlose Bildung und Ausbildung, die Sicherung vor Arbeitslosigkeit und Einkommensverlust, das allen gleich offen stehende Gesundheitssystem auf der Grundlage unserer Sozialversicherung in Selbstverwaltung, die Alterseinkommenssicherung durch ein faires Drei-Säulen-Modell in den Pensionssystemen, die Pflegegeldleistung an alle, die Pflege brauchen: All dies sind die Errungenschaften des modernen Österreichs und des neuen Europas. Diese sozialen, solidarischen Grundsicherungen machen aus einer Marktwirtschaft unsere soziale Marktwirtschaft. Wir werden diese Systeme für unsere Kinder und Enkel leistungsfähig erhalten und sichern. Wir Seniorinnen und Senioren werden die soziale Dimension der Marktwirtschaft und ihre Nachhaltigkeit mit Klauen und Zähnen verteidigen und auch innerparteilich einfordern.

Wir haben die Bedeutung der Partnerschaft in der Sozialpartnerschaft schon herausgestellt – die Partnerschaft, nicht der Klassenkampf oder der Sozialdarwinismus des ungebremsten Marktliberalismus ist unser Grundwert zur Gestaltung einer lebenswerten Sozial- und Wirtschaftsordnung.

Im Staat vertreten wir ebenso wie für unsere eigenen Organisationen den Grundsatz der Subsidiarität: Was die kleinere Gemeinschaft leisten kann, soll nicht die größere besorgen. Wer Hilfe braucht, um seine Aufgaben zu besorgen, hat Anspruch darauf.

Wir sind begeisterte Föderalisten und lieben unsere aus neun Bundesländern gebildete Heimat, das Vaterland Österreich. Seine Kultur, unsere Traditionen, unser Brauchtum in den Ländern, Tälern und Gemeinden ist Teil unserer Identität – ebenso wie die alteingesessenen Minderheiten, die als Volksgruppe anerkannt sind. Sie machen aus Österreich einen Ort der Vielfalt, der Phantasie, der Kreativität.

Die ökosoziale Marktwirtschaft ist das wirtschaftliche Modell, dem entsprechend wir unser Land und die Europäische Union gestalten wollen: geprägt von Leistung, Privateigentum, Chancengerechtigkeit, betrieblicher Mitbestimmung, Zurückhaltung des Staates, Stärkung der Klein- und Mittelbetriebe, Selbstverwaltung

– all dies macht unser Erfolgsmodell aus, das an der Weltspitze steht und Österreich zu den sieben reichsten Ländern der Welt zählend und zum drittreichsten Land der Union gemacht hat, das auch in der Lebensqualität an der Spitze steht.

Freiheit und Gleichheit, Mitbestimmung und Nachhaltigkeit sind weitere Grundwerte, die wir hochhalten. Dazu am Ende dieser Grundsatz-Aphorismen Worte des Heiligen Vaters, Benedikt XVI., in seiner ersten Enzyklika „Deus caritas est":

„Die Soziallehre der Kirche argumentiert von der Vernunft und vom Naturrecht her, das heißt von dem aus, was allen Menschen wesensgemäß ist. Und sie weiß, dass es nicht Auftrag der Kirche ist, selbst diese Lehre politisch durchzusetzen: Sie will der Gewissensbildung in der Politik dienen und helfen, dass die Hellsichtigkeit für die wahren Ansprüche der Gerechtigkeit wächst und zugleich auch die Bereitschaft, von ihnen her zu handeln, selbst wenn das verbreiteten Interessenlagen widerspricht. Das bedeutet aber: Das Erbauen einer gerechten Gesellschafts- und Staatsordnung, durch die jedem das Seine wird, ist eine grundlegende Aufgabe, der sich jede Generation neu stellen muss. Da es sich um eine politische Aufgabe handelt, kann dies nicht der unmittelbare Auftrag der Kirche sein. Da es aber zugleich eine grundlegende menschliche Aufgabe ist, hat die Kirche die Pflicht, auf ihre Weise durch die Reinigung der Vernunft und durch ethische Bildung ihren Beitrag zu leisten, damit die Ansprüche der Gerechtigkeit einsichtig und politisch durchsetzbar werden.

Die Kirche kann nicht und darf nicht den politischen Kampf an sich reißen, um die möglichst gerechte Gesellschaft zu verwirklichen. Sie kann und darf nicht sich an die Stelle des Staates setzen. Aber sie kann und darf im Ringen um Gerechtigkeit auch nicht abseits bleiben. Sie muss auf dem Weg der Argumentation in das Ringen der Vernunft eintreten, und sie muss die seelischen Kräfte wecken, ohne die Gerechtigkeit, die immer auch Verzichte verlangt, sich nicht durchsetzen und nicht gedeihen kann. Die gerechte Gesellschaft kann nicht das Werk der Kirche sein, sondern muss von der Politik geschaffen werden. Aber das Mühen um die Gerechtigkeit durch eine Öffnung von Erkenntnis und Willen für die Erfordernisse des Guten geht sie zutiefst an.

Die unmittelbare Aufgabe, für eine gerechte Ordnung in der Gesellschaft zu wirken, kommt dagegen eigens den gläubigen Laien zu. Als Staatsbürger sind sie berufen, persönlich am öffentlichen Leben teilzunehmen. Sie können daher nicht darauf verzichten, sich einzuschalten in die vielfältigen und verschiedenen Initiativen auf wirtschaftlicher, sozialer, gesetzgebender, verwaltungsmäßiger und kultureller Ebene, die der organischen und institutionellen Förderung des Gemeinwohls dienen. Aufgabe der gläubigen Laien ist es also, das gesellschaftliche Leben in rechter Weise zu gestalten, indem sie dessen legitime Eigenständigkeit respektieren und mit den anderen Bürgern gemäß ihren jeweiligen Kompetenzen und in eigener Verantwortung zusammenarbeiten."

Ewald Kutzenberger

Geboren 1944 in OÖ. Lehre, anschließend Industriekaufmann in den Vereinigten Österreichischen Eisen- und Stahlwerken Linz. Studium der Sozial- und Wirtschaftsstatistik. Assistent an der Johannes Kepler Universität Linz. Ab 1972 im Statistischen Dienst der oö. Landesregierung. 1985–1999 Leiter der Landesstatistik. 2000–2004 fachstatistischer Generaldirektor der Statistik Austria. Seit 2005 in Pension und Vorsitzender des Statistikrates der Statistik Austria.

Österreich ergraut – Zentrale Dimensionen des Altersstrukturwandels

Auszug aus der gleichnamigen Studie der Statistik Austria 2006 (Univ.- Doz. Dr. Josef Kytir, Mag. Alexander Hanika – Direktion Bevölkerung, Dr. Ewald Kutzenberger)

Mehr ältere Menschen, insbesondere mehr Hochbetagte

Die Zahl der Menschen im Alter von 60 und mehr Jahren wird in Österreich künftig stark ansteigen. Dafür sind im Wesentlichen zwei Gründe verantwortlich: Einerseits wechseln in absehbarer Zukunft die starken Geburtsjahrgänge des Baby-Booms der 1950er und 1960er Jahre ins Pensionsalter, andererseits steigt die Lebenserwartung der Österreicherinnen und Österreicher erfreulicherweise kontinuierlich an.

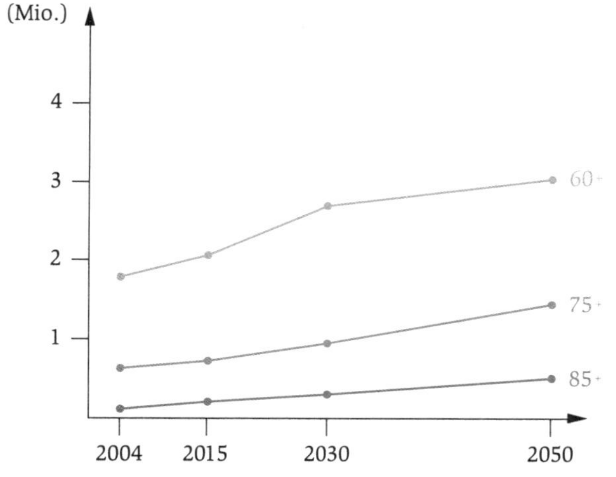

Zahl der älteren Menschen in Österreich

Die Zahl der Bevölkerung im Alter von 60 und mehr Jahren wird demnach bis zum Jahr 2030 um eine knappe Million von 1,79 (2004) auf 2,70 Millionen ansteigen. 2050 sollten nach den aktuellen Prognosen der STATISTIK AUSTRIA in Österreich rund 3 Millionen über 60-jährige Menschen leben. Die Zahl der über 75-

Jährigen wächst bis 2030 um rund die Hälfte, von 620.000 auf 970.000 an. Bis 2050 steigt ihre Zahl auf 1,44 Millionen. Auch die Zahl der hochbetagten Menschen im Alter von 85 und mehr Jahren wird stark zunehmen, und zwar von 120.000 (2004) auf 300.000 (2030) und schließlich 520.000 im Jahr 2050. Dann werden in Österreich mehr als viermal so viele über 85-Jährige leben wie heute.

Die Lebenserwartung der österreichischen Bevölkerung wird auch in Zukunft steigen. Die durchschnittliche Lebenserwartung bei der Geburt lag 2004 bei 76,4 Jahren für Männer und 82,1 Jahren für Frauen. 2030 wird sie gemäß den Prognosen bereits 81,3 Jahre für Männer und 86,4 Jahre für Frauen betragen, 2050 schließlich 84,3 (Männer) bzw. 89,0 Jahre (Frauen).

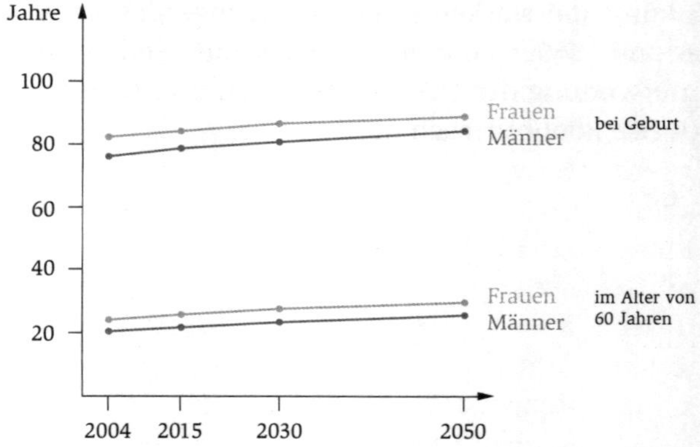

Entwicklung der Lebenserwartung (in Jahren)

Auch in den höheren Altersgruppen steigt die fernere Lebenserwartung deutlich an. Ein heute 60-Jähriger Mann hat statistisch gesehen eine fernere Lebenserwartung von 20,7 Jahren, 2030 sollte sie mit 23,8 Jahren bereits um mehr als drei Jahre höher sein. Auch für Frauen steigt der Wert in dieser Größenordnung an, und zwar von 24,6 (2004) auf 27,9 Jahre (2030).

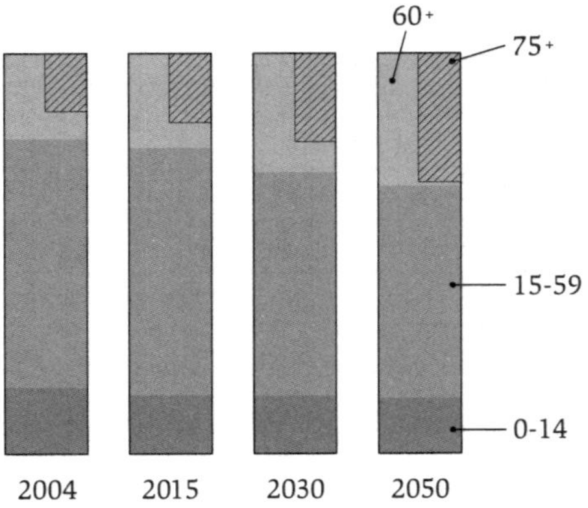

Die Gewichte der Altersgruppen verschieben sich

Infolge der zu erwartenden Bevölkerungsentwicklung werden die Anteile der jüngeren Menschen an der Gesamtbevölkerung sinken, jene der älteren Menschen hingegen steigen. 2004 waren 16,2% der Bevölkerung unter 15-jährige Kinder, 61,9% standen im Erwerbsalter von 15 bis 59 Jahren, 21,9% waren schließlich 60 Jahre oder älter. Mittel- und langfristig sinken die Anteile der Kinder und Erwerbsfähigen ab, jene der Älteren gewinnen an Gewicht. Um die Mitte des 21. Jahrhunderts sollte der Anteil der Kinder nur mehr 13,6% betragen, jener der 15- bis 59-Jährigen 52,9% und der Anteil der über 60-Jährigen somit 33,5%. Der Prozentsatz der über 75-jährigen Österreicherinnen und Österreicher wird sich langfristig mehr als verdoppeln, und zwar von 7,6% (2004) auf 16,1% (2050).

Immer mehr ältere Menschen leben alleine in einem Haushalt. Parallel zu den Verschiebungen in der Alterstruktur steigt die Zahl der Seniorinnen und Senioren, die künftig alleine in einem Einpersonenhaushalt leben werden, stark an. 508.000 über 60-Jährige (391.000 Frauen und 117.000 Männer) wohnten 2004 alleine. Bis 2030 steigt diese Zahl auf 773.000, dann werden 544.000 Frauen und 228.000 Männer einen Einpersonenhaushalt bilden. Auch in den höchsten Altersgruppen steigt die Zahl der alleine lebenden Menschen. So verdoppelt sich die Zahl der über 85-jäh-

	Zusammen			Männer			Frauen		
	65 +	75 +	85 +	65 +	75 +	85 +	65 +	75 +	85 +
2004	508	249	54	117	40	9	391	209	45
2015	581	267	85	158	59	17	423	208	68
2030	773	352	114	228	90	30	544	262	85
2050	910	523	199	268	140	55	642	383	143

Immer mehr ältere Menschen leben alleine (in 1000)

rigen Singles bis zum Jahr 2030 von derzeit 54.000 auf 114.000. Infolge der demografischen Veränderungen fällt dieser Anstieg bei den Männern deutlich stärker aus als bei den Frauen.

1981	4,3
2004	4,3
2015	3,7
2030	2,7
2050	2,2

Zahl der 15- bis 64-Jährigen pro Person im Alter von 65 u. m. Jahren

Das demografische Verhältnis von jüngeren Menschen, die ganz allgemein gesehen zur Unterstützung und Betreuung älterer Personen zur Verfügung stehen, wird künftig stark schrumpfen. Derzeit entfallen noch statistisch gesehen 4,3 15- bis 64-Jährige auf eine Person im Alter von 65 und mehr Jahren. 2015 werden dies nur mehr 3,7 Jüngere sein, 2030 schließlich 2,7. Bis 2050 sinkt diese demografische Maßzahl auf 2,2 Menschen im Alter von 15 bis 64 Jahren pro Person im Alter von 65 und mehr Jahren ab.

Mit dem Anstieg der Zahl älterer Menschen wird auch die Zahl jener zunehmen, die manchmal oder ständig auf Hilfe angewiesen sind. Die vorliegende Grafik misst den reinen demografischen Effekt der Alterung auf die benötigte Hilfe, mögliche Veränderungen der Häufigkeiten der Inanspruchnahme sind hier nicht berücksichtigt.

Im Jahr 2001 benötigten 98.000 Menschen im Alter von 60 und mehr Jahren ständig Hilfe- bzw. Pflegeleistungen, 274.000 nahmen entsprechende Dienste manchmal in Anspruch. Demografisch bedingt wird die Zahl jener, die ständig auf Hilfe angewiesen sind, bis 2030 auf 168.000 Personen, bis 2050 schließlich auf 228.000

Personen anwachsen. Auch die Anzahl jener, die manchmal Hilfe oder Pflege in Anspruch nehmen müssen, wird sich bis 2050 auf 600.000 Personen mehr als verdoppeln.

Gemäß den Verschiebungen in der Altersstruktur wird die Zahl jener Menschen, die ein Bundes- oder Landespflegegeld in Anspruch nehmen müssen, stark ansteigen. 2030 werden dies mit 541.000 um 61 % mehr sein als noch im Jahr 2001 mit 335.000. Bis 2050 werden sich diese Inanspruchnahmen mehr als verdoppeln, dann dürften bereits (immer bezogen auf die heutigen Rahmenbedingungen) 783.000 Personen Pflegegeld beziehen.

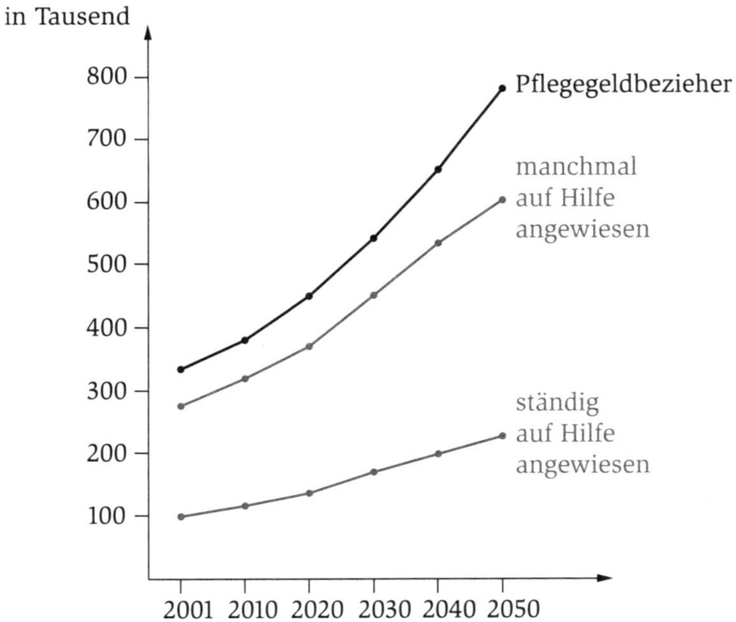

1. *Demografisch bedingter Anstieg der Pflegegeldbezieher (Bund & Länder)*
2. *Zahl der auf Hilfe oder Pflege angewiesenen Menschen im Alter von 60 u.m. Jahren in Privathaushalten (absolut in 1000)*

Rudolf Bretschneider

Geboren 1944. Studium der Psychologie, Germanistik und Leibesübungen. 1965 Einstig beim damaligen FESSEL-Institut, langjähriger leitender Angestellter ebendort. 1973 in die Geschäftsführung berufen. Seit 1970 Lehrauftrag für Publizistik und Kommunikationswissenschaft an der Universität Wien. Seit 1994 im Vorstand der GfK Custom Research Worldwide in Brüssel.

Vielfalt der Lebensformen im Alter

Beginnen möchte ich mit einer Art Geständnis: Den Anstoß zu meiner Beschäftigung mit den Fragen des Alters und des Alterns gab (in meinen jungen Jahren) ein einschlägiges Symposion der ÖVP (rund um die Pläne zur Lebensqualität). Ich habe mich damals mit Ursula Lehrs „Psychologie des Alters“ beschäftigt und dann in meiner beruflichen Tätigkeit als Marktforscher/Medienforscher/Sozialforscher viel einschlägige Erfahrung gesammelt, wobei mich oft verblüfft hat, wie ignorant der Umgang der Wirtschaft/der Werbung/der Medien mit den Phänomenen der „age wave“, der „altersbunten Gesellschaft“ u. ä. war und ist; wie wenig nicht nur berechenbare demografische Entwicklungen, sondern auch eine neue Wirklichkeit wahrgenommen werden. Stark beeinflusst hat mich meine mittlerweile langjährige Zusammenarbeit und Freundschaft mit Leopold Rosenmayr, dem ich viele Anregungen verdanke.

Für die nachfolgende Darstellung habe ich einige Daten aus Themenfeldern ausgewählt, die ich für politikrelevant im weiten Sinne halte. Nicht überall soll oder kann Politik direkten Einfluss nehmen. Aber sie hat in Fragen, die uns hier bewegen, jedenfalls mehr zu beachten als die finanziellen Probleme – auch wenn diese natürlich von fundamentaler Wichtigkeit sind (Mindestpension, Pensionsanpassung, Pflegegeld, Gesundheitskosten). Die Sorge um die finanzielle Situation im so genannten 3. Lebensabschnitt hat in den letzten 10–15 Jahren weite, auch jüngere Personenkreise erfasst und auch zu persönlicher Eigenvorsorge geführt. Eine vergleichsweise starke Beschäftigung mit dem Leben in dieser Periode, mit den Chancen und Bedrohungen der „späten Freiheit“ (Rosenmayr 1993) blieb bislang aus (so man nicht durch das Bild der Großeltern oder Elterngeneration darauf gestoßen wird).

„Mitbewusst“ ist weiten Kreisen immerhin – auch wenn nur die wenigsten Menschen Demografen sind – die generelle Entwicklung. Dass die Zahl älterer Menschen relativ und absolut steigt, dass die Lebenserwartung zugenommen hat (keine Selbstverständlichkeit!) ist allgemeines Wissensgut (siehe dazu auch das Kapitel „Österreich ergraut“ in diesem Band). Dass das relativ neue Phänomen des „langlebigen Menschen“ aber auch

Konsequenzen für eine Art „Lebensplanung“ haben sollte, wird weniger oft realisiert, was möglicherweise – noch – am Fehlen von Vorbildern und der Beharrlichkeit von Klischees liegt. Bis vor nicht allzu langer Zeit dominierten in den Medien „Pensionistenbilder“ in Form taubenfütternder auf Parkbänken Sitzender, die jetzt allmählich vom hyperaktiven, allzeit fröhlichen Postjugendlichen abgelöst werden. Die Menschen im „3. Lebensabschnitt“ sind im Vergleich zur Elterngeneration gesünder, gebildeter, wohlhabender, mobiler, genuss- und konsumorientierter und aktiver.

Die Wirklichkeit – auch von der Sozialforschung nur höchst unzureichend erfasst – ist bedeutend bunter. Eine Typisierung anhand von Wertorientierungen und (Freizeit)Aktivitäten, wie wir sie regelmäßig durchführen[1], zeigt zumindest 4 Gruppen, denen wir Namen gegeben haben:

Seniorentypologie 2003

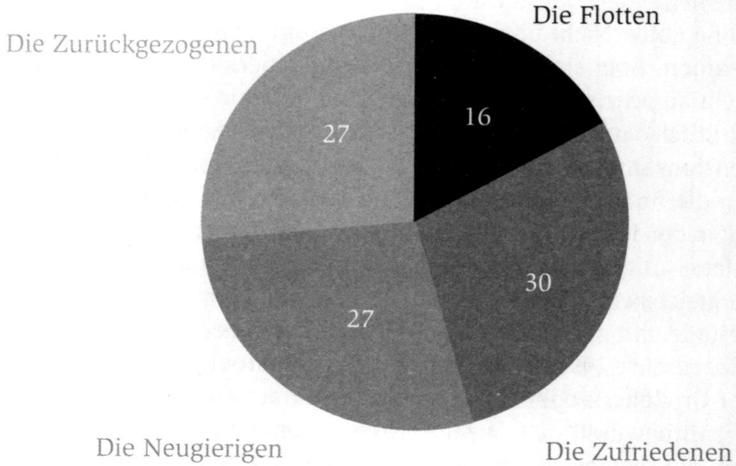

Angaben in %; Quelle: FESSEL-GfK, Sozialforschung; Senioren 2003

1. „Die Flotten“ (16%) – „Ich bin nicht alt“: Das sind die Jüngsten der Generation 50 plus, häufig berufstätig, weitgehend gesund, gesellschaftlich und sozial aktiv, am Puls der Zeit, erfolgreich, wohlhabend, technologieinteressiert, männlich.

2. „Die Neugierigen“ (27%) – „Ich gönne mir noch etwas“: Das sind die Aktiven und Positiven, nicht nur die Familie steht im Vordergrund, man fährt gern fort, ist urban, intellektuell, individualistisch und häufig aus der Mittelschicht.

3. „Die Zufriedenen“ (30%) – „Ich genieße mein Alter im Kreise meiner Lieben“: In dieser Gruppe findet sich eine stärkere Familienorientierung, Kinder und Enkel sind wichtig, auch moderne Entwicklungen werden positiv eingeschätzt, dennoch eher häuslich, weiblich, auf den privaten Bereich konzentriert, sie orientieren sich an anderen und deren Wohl, sind sicherheitsbewusst, weniger wohlhabend und weisen eine ökonomische Vernunft auf.

4. „Die Zurückgezogenen“ (27%) – „Ich habe resigniert“: Hier finden sich Isolation, Krankheit, Immobilität, Aktivitäten und Interessen haben an Bedeutung verloren, es gibt wenig sozialen Anschluss, sie sind eher einsam, eher passiv und die Finanzen sind prekär.

Nur eine Gruppe – die Zurückgezogenen – entspricht dem herkömmlichen Altersstereotyp (Krankheit, Immobilität, Isolation, Passivität, etc.). Ihre Größe sollte davor warnen, auf die neuen Stereotype vom hyperaktiven Konsumsenior hereinzufallen. Herkömmliche Studien „übersehen“ infolge Unbefragbarkeit auch leicht die „Hochbetagten“, die Menschen mit Mehrfacherkrankungen, Personen mit Demenzerkrankungen bzw. all jene, die nicht (mehr) in Privathaushalten leben. Sie zeichnen also leicht ein allzu rosiges Bild.

Dennoch bleibt wahr, dass es mehr denn je eine „altersbunte Gesellschaft“ (Rosenmayr 1996) gibt; und eine der Aufgaben der Politik besteht mitunter darin, diese zunehmende Vielfalt im

Blick zu behalten (und gegen mediale Verkürzungen jeglicher Art die Stimme zu erheben) und die verschiedenen Modelle/ Lebensmodelle so genannten „erfolgreichen/gelungenen Alterns" sichtbar zu machen („die Wirklichkeit ist immer der schönste Beweis für die Möglichkeit", heißt es bei Nestroy).

Es braucht Leitbilder und Modelle, die nicht nur den „entpflichteten" älteren Menschen darstellen, sondern auch dessen soziale Aktivitäten aufzeigen. Der Mensch lebt in der „späten Freiheit" nicht nur von der Freizeit allein.

Der (subjektiven) Gesundheit kommt – nicht nur aus der Sicht der reiferen Menschen – eine besondere Bedeutung zu.

Gesundheitszustand

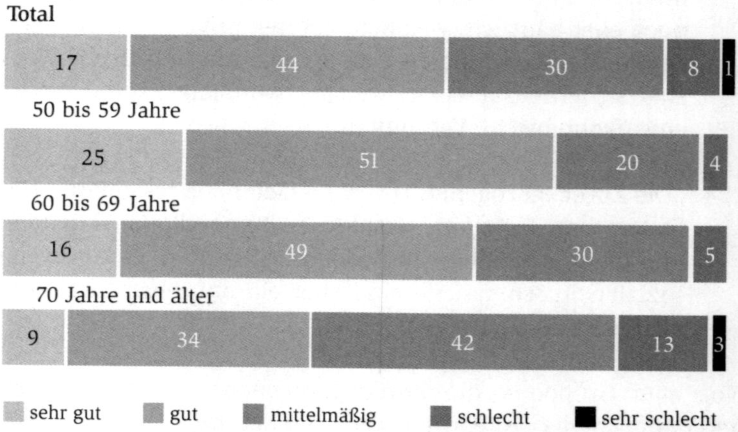

Angaben in %; Quelle: FESSEL-GfK, Sozialforschung; Senioren 2003

Mit den schon genannten Einschränkungen zeigen empirische Studien, dass der subjektive Gesundheitszustand auch bei der höchsten, von uns erfassten, Altersgruppe (70–85 Jahre) eher selten als ausgesprochen schlecht eingestuft wird (Anpassungs-, Kompensationsfähigkeit?).

Mobilität – Schwierigkeiten beim Ausführen von Tätigkeiten

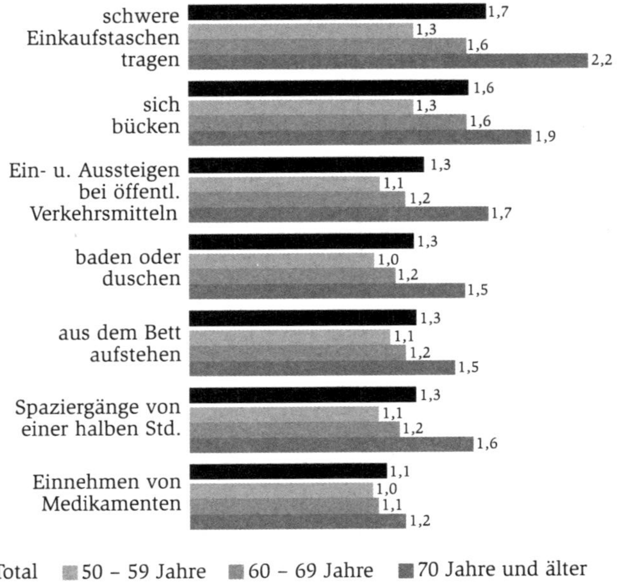

Mittelwerte;
1 = ohne Schwierigkeiten bis 4 = mit sehr großen Schwierigkeiten

Quelle: FESSEL-GfK, Sozialforschung; Lifestyle 2003

Erst etwa ab 70 Jahren zeigen sich (im Durchschnitt) erhöhte Schwierigkeiten beim Ausführen bestimmter Tätigkeiten. Schwierigkeiten, die die Mobilität einschränken, die ihrerseits eine wichtige Voraussetzung für die Aufrechterhaltung des gewohnten Lebens, für die Pflege sozialer Beziehungen und Freundschaften ist. Wenn man weiß (aus Alltagserfahrungen *und* Studien), wie eng der Zusammenhang von Sozialkontakten und allgemeiner Lebenszufriedenheit ist, wird man dieser Kausalkette „Gesundheit-Mobilität-soziales Leben" hohe Aufmerksamkeit schenken müssen und „Mobilitätshindernissen" auf allen nur möglichen Ebenen entgegenarbeiten (bei Wohnungsfragen, Verkehrseinrichtungen, durch Mobilitätshilfen wie Transportdienste, Besuche, Aufbau und Erhaltung von Kommunikation bis Internet. Warum nicht? Auch dort findet man „verwandte Seelen", wenn man sich zu vernetzen weiß). Wichtig ist natürlich das (rechtzeitige) Erlernen gesundheitsfördernder, altersadäquater Verhaltensweisen – aber auch altersadäquate medizinische Betreuung (was wiederum in Aus- und Weiterbildung der heilenden Berufe und in der Forschung und Lehre zu berücksichtigen wäre; beispielsweise durch die längst fällige Schaffung eines Lehrstuhls für Geriatrie!).

Die Aufrechterhaltung von körperlicher und geistiger Mobilität und Kommunikationsmöglichkeit ist *die* Voraussetzung für das angestrebte Ziel eines „selbstbestimmten" Alterns, in dem man wenig Abhängigkeit erlebt (das Gefühl eine Last für andere zu sein), in dem man sich selbst noch entwickeln zu können glaubt, wo man sich selbst noch Ziele setzt, wo es noch die Neugier gibt, die einen wach hält.

Freizeitaktivitäten

Freizeitaktivitäten I

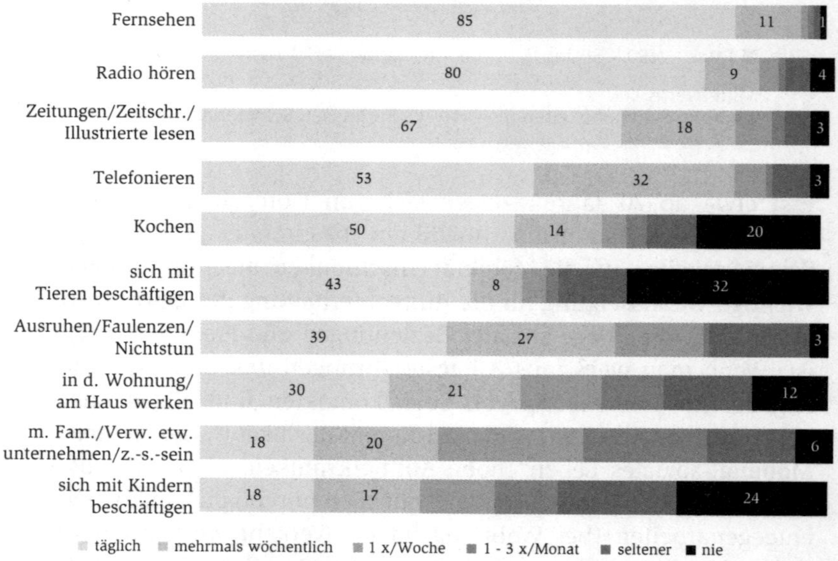

Angaben in %; Quelle: FESSEL-GfK, Sozialforschung; Senioren 2003

Freizeitaktivitäten II

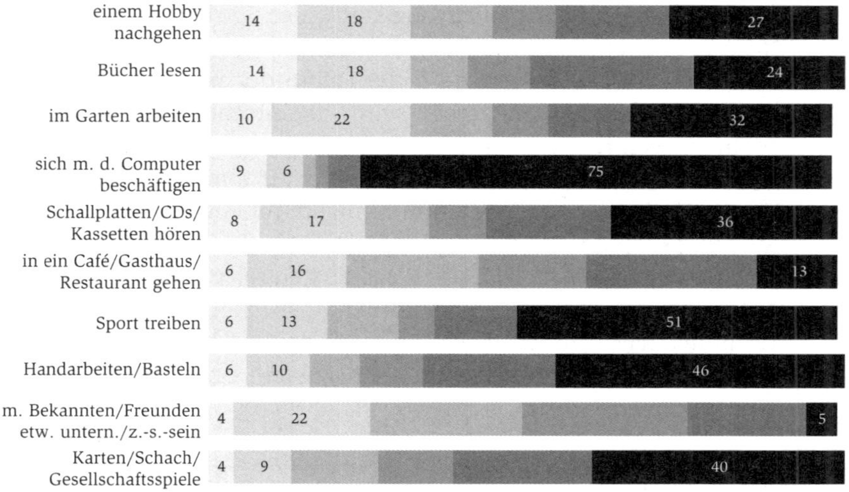

täglich · mehrmals wöchentlich · 1 x/Woche · 1 - 3 x/Monat · seltener · nie

Angaben in %; Quelle: FESSEL-GfK, Sozialforschung; Senioren 2003

Einen Großteil ihrer Zeit verbringen viele Menschen in ihrer Wohnung. Hier vor allem auch mit Medien, aber auch mit innerhäuslichen Aktivitäten. Altersadäquate Wohnverhältnisse (in Bad, Küche und Zugängen) herzustellen ist eine Voraussetzung für die Erfüllung des Wunsches, möglichst lang, am besten für immer, im angestammten Heim zu verbleiben (nicht nur wegen der Vertrautheit mit dem räumlichen Ambiente, auch wegen der sozialen Umgebung, aus der man nicht gerissen werden will). Architektur und rechtzeitige Eigeninitiative (gefördert durch Beratung) kann hier stützend wirken. Das ist kein unmittelbares Tätigkeitsfeld für Politik (es sei denn Wohnbaupolitik und Infrastrukturpolitik), aber zumindest ein Thema für öffentliche Diskussion. (Pflegestationen im Haus/in Hausnähe; Umwidmung von Räumen). In den Wohnungen der älteren Generation*en* findet sich schon heute ein reiches Arsenal an Medien (mit denen besonders ältere Menschen viel Zeit verbringen). Manche dieser Kommunikationsmittel ermöglichen nicht nur die passive Nutzung, sondern erleichtern auch die aktive Verbindung zur Außenwelt: das Handy (heute auch schon bei über 70-Jährigen vielfach Selbstverständlichkeit) und das Internet: ca. ein Drittel der über 50-Jährigen hat Zugang (49 % der 50- bis 59-Jährigen, 10 % der über 70-Jährigen). Schätzungen gehen davon aus, dass in 15 bis 20 Jahren rund die Hälfte der über 70-Jährigen Internetnutzung praktizieren wird (wahrscheinlich werden es mehr sein). Der Seniorenbund hat viele Programme geplant und praktiziert, um diese Tendenz zu fördern (praktische Übungen, Kurse). Ein Programm „Jüngere für Ältere" könnte die Ausschöpfung der Möglichkeiten des Netzes für ältere Menschen beschleunigen. (Aufzeigen der Wege zu den relevanten Adressen; Aufzeigen des Nutzens für Informationssuche und *Kontakte.*) Vermittelt wird mit der Nutzung auch das *Erlebnis,* von neuen Entwicklungen nicht ausgeschlossen zu sein bzw. „nicht mehr mitzukommen."

Sportaktivitäten

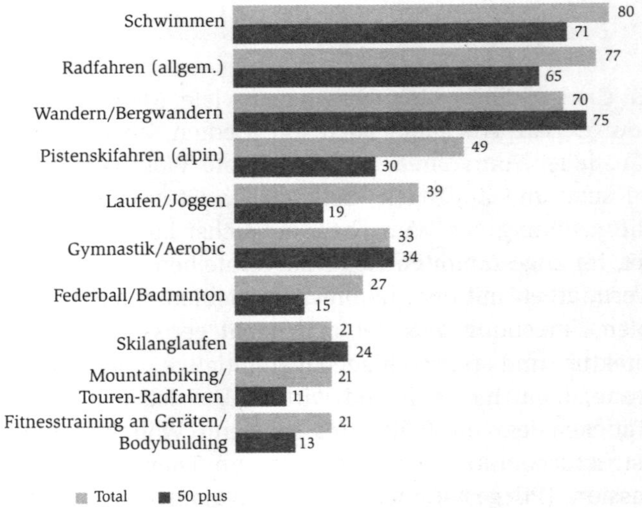

Angabe in %; Quelle: FESSEL-GfK, Sozialforschung; Lifestyle 2003

Große Teile der älteren Generationen betreiben auch noch Sport. Freilich nicht mehr mit demselben Ehrgeiz (Leistungsmotivation) wie in jüngeren Jahren, aber sie halten sich möglichst lang „am Laufen". Sportliche Übung bringt auch die Chance eines Kontakts mit einigermaßen gleichaltrigen Gleichgesinnten, sie bietet auch die Chance neuer sozialer Kontakte, d.h. für den Aufbau der so notwendigen Freundeskreise, die dann auch in anderen Zusammenhängen wichtig werden.

Selbstverständlich haben auch andere Aktivitäten diese erwünschte Zusatzfunktion. Gemeindegruppen, Kulturvereine, Gruppen mit sozialen Zielsetzungen haben über ihren unmittelbaren Gegenstand hinaus ein enormes integratives Potential. Freilich müssen sie ihre älteren Teilnehmer oft speziell motivieren, wenn es sein muss „schulen“, um ihnen auch genug Selbstvertrauen zu geben, neue Aufgaben/Arbeiten zu übernehmen (z.B. Betreuungstätigkeiten bei älteren Nachbarn oder Heimbewohnern). Derartige Aktivitäten, die durch Gruppen organisiert werden, bieten die Chance für „spätes Lernen.“ Bei Leopold Rosenmayr habe ich „gelernt“, dass „ein auf das Ich bezogenes Lernen auch im späten Leben ein wichtiger Weg zur psychischen Aufhellung und Weiterentwicklung der eigenen Persönlichkeit bleibt“. „Lebensbegleitendes Lernen“ ist ein Ideal, das nicht nur für die Phase der Berufstätigkeit gilt. „Ich altere, lerne aber immer Vieles hinzu“, soll schon Solon (so um 600 v.Ch.) gesagt haben. An Beispielen kann man zeigen/erleben, wie soziale und kreative Tätigkeiten zur Lebensfreude und Lebenszufriedenheit beitragen. Politik sollte jene Institutionen (Gruppen, Vereine) stützen, die ältere Menschen zu diesen Herausforderungen ermutigen und in ihrer Bewältigung helfen.

In Deutschland gibt es das so genannte EFI-Projekt. In diesem staatlich geförderten Projekt werden Seniorentrainer und -trainerinnen ausgebildet. Mit einem Mischsystem aus öffentlicher Unterstützung, privater Gruppeninitiative und Freiwilligenarbeit will man zur „sozialen Wiederbelebung“ beitragen. Man sollte diese Initiative (und andere Modelle) genau beobachten und bei Erfolg imitieren. Das ist auch eine Form der Forschung (die insgesamt einen höheren Stellenwert haben sollte; ein Forschungsschwerpunkt „Altern“ könnte Erkenntnisse aus Gerontologie, Psychologie, Soziologie, etc. zusammenführen und auf ihre Bedeutung für die praktische Anwendung in Organisationen (Wohnbau, Spitalswesen, soziale Organisationen, Kulturvereinen, usw.) untersuchen. Das Buch von Rosenmayr/Böhmer „Hoffnung Alter“ zeigt das weite Feld der zu behandelnden Themen auf.

Ängste und Sorgen

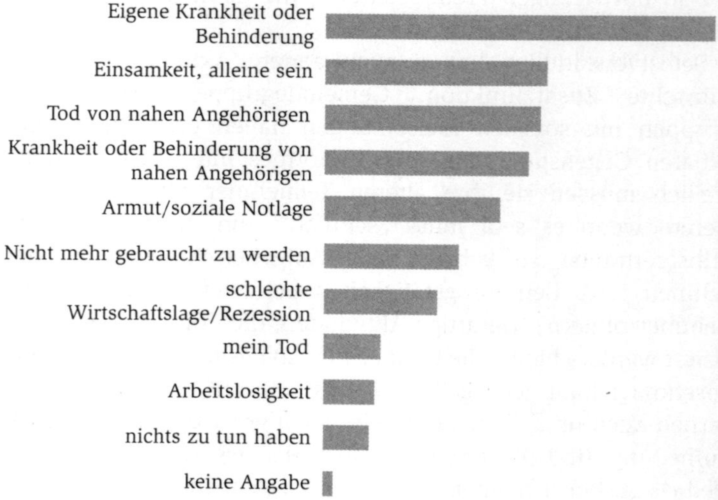

Angaben in %; FESSEL-GfK, Sozialforschung; Senioren 2003

- Gesundheit am meisten angstbesetzt
- wirtschaftliche Ängste vor allem bei noch Berufstätigen
- höhere Bildungsschichten Angst vor Auslösern (Verlust, Rezession), weniger Gebildete eher Angst vor Konsequenzen (Isolation, Armut)

Hilfe durch die Politik wird vor allem bei der gewaltigen Aufgabe der Pflege für die große Zahl jener Menschen notwendig sein, die körperlich schwer gebrechlich sind oder an Demenzerkrankungen leiden. Nicht nur die eigene Situation (die Möglichkeit von schwerer Erkrankung oder Behinderung) ängstigt viele Angehörige dieser Generationen, sondern auch die Gefährdung naher Angehöriger. Man kennt in diesem Alter schon sehr oft Menschen, die Pflegeleistungen in Anspruch nehmen müssen, hat ihr Bild und ihr Schicksal und das der ihnen nahen Menschen vor Augen und sieht den oft dramatischen Wechsel der Lebensverhältnisse: die zeitlichen, nervlichen und finanziellen Belastungen, denen die betreuenden Personen ausgesetzt sind (und man schätzt auch die Geldkosten, die zu tragen sind, durchaus hoch ein).

Hilfe erwartet/erhofft man sich vor allem von den engeren Familienangehörigen.

Voraussichtliche/Bevorzugte Pflege

Frage: Für den Fall, dass Sie Pflege in Anspruch nehmen müssten. Wer würde sich um Sie kümmern?

Frage: Und welche Variante würden Sie bevorzugen?

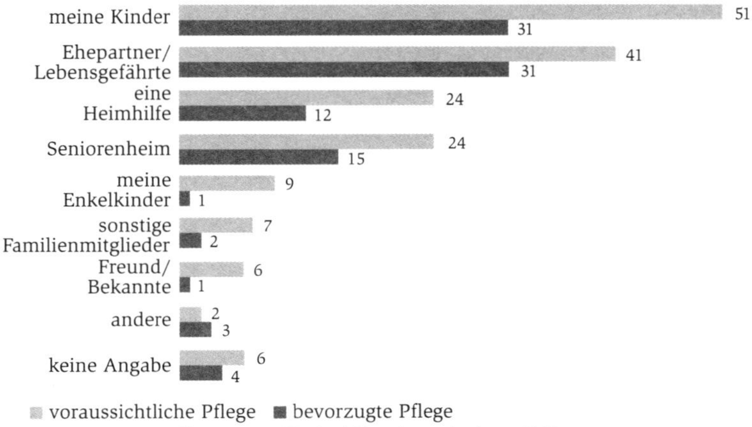

Angaben in %; Quelle: FESSEL-GfK, Sozialforschung; Senioren 2003

Heimhilfen und Seniorenheime werden deutlich seltener als bevorzugte Möglichkeiten für den Fall der Pflegenotwendigkeit genannt. Ein großes Problem stellt der Umstand dar, dass ein Pflegefall oft überraschend (nach Krankheit/Sturz, etc.) eintritt und Entscheidungen dann ohne lange Informationssuche getroffen werden müssen. Für Pflegende und Betreute ändert sich die gesamte Lebenssituation schlagartig und radikal – und oft fühlt man sich dabei auf Zufallsinformationen angewiesen und in seiner verzweifelten Suche nach Stützungsmöglichkeiten recht allein gelassen.

Die schnelle und verlässliche Information bezüglich der verfügbaren Unterstützungsmöglichkeiten (bitte an einer Stelle möglichst über alles!) ist freilich nur der eine Schritt. Entscheidend ist die begleitende Unterstützung (Menschen mit einschlägiger Problemerfahrung können Bericht geben, welche Schwierigkeiten und Widrigkeiten auftreten; vielleicht sollte der Seniorenbund – nicht im Rahmen eines großen Symposions, sondern in kleinen Erfahrungs-Workshops mit Betroffenen – diese „Lebenserfahrungen" sichtbar machen und nutzen).

In der Öffentlichkeit ist immer wieder von einem (drohenden) Generationenkonflikt die Rede. Das Verhältnis der Generationen scheint (vorliegenden Studien zufolge) aber weniger auf familiärer Ebene, denn auf gesellschaftlicher Ebene von Spannungen bedroht.

Generation 50 plus und Unterstützung für Kinder/Enkelkinder

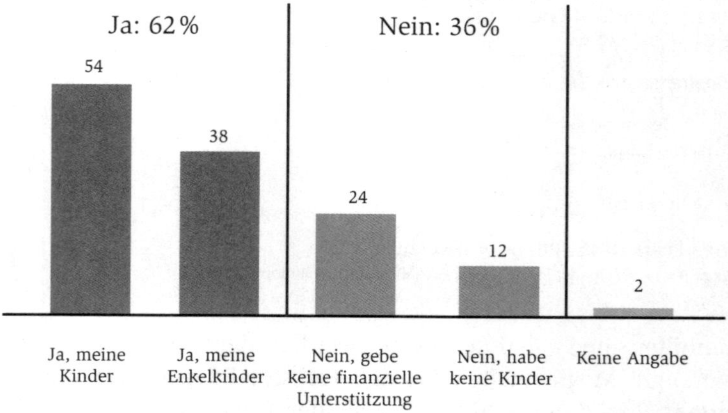

Angaben in %; Quelle: FESSEL-GfK, Sozialforschung; 50 plus Studie 2003

Eltern/Großeltern unterstützen Kinder und Enkel bei größeren Anschaffungen und finanziellem Aufwand. Auch haben erstmals in den letzten Jahrzehnten viele Menschen von ihrer Vorgängergeneration geerbt und die Gruppe jener, die kleinere oder größere Vermögen erben wird, ist groß. (Welche Chancen, Probleme, Veränderungen in der Lebensführung dies mit sich bringt, ist weitgehend unklar.)

Der oft zitierte „Generationenkonflikt" (z.B. in seiner Erscheinungsform als „Methusalem-Komplott") wird durch den Eindruck konstruiert, dass die ältere Generation auf Kosten der Jüngeren lebt, die nicht mehr jene (Pensions-)Sicherheiten genießen können wird, selbst mehr vorsorgen muss und nicht mehr von der Erwartung ausgehen kann, dass sie es einmal besser haben wird als die Elterngeneration (eine Erwartung, die

die heute 60- bis 70-Jährigen, deren Eltern oft 2 Weltkriege und deren Folgen durchlebt haben, leicht haben konnten).

Eine gewisse Entschärfung dieser Bereitschaft, einen „Generationenkonflikt“ zu konstruieren (und damit zu bekommen), kann durch die Wahrnehmung der anhaltenden Leistungen von Angehörigen der älteren Generationen entstehen. Wenn man sieht, dass sich ältere Menschen in diversen Einrichtungen aktiv engagieren, Ehrenämter übernehmen, lernbereit bleiben und in der Gesellschaft nicht nur als Unterstützte, sondern als Unterstützende tätig sind, kann kein „Methusalem-Komplott“-Gefühl aufkommen. Diese Leistungen (in Vereinen, Gruppen, Initiativen) gilt es zu stärken und sichtbar zu machen. Das kann das Bild vom Alter und vom Altern verändern und neue Vorbilder erzeugen, die Nachahmung ermutigen. Kulturen, heißt es, sind ansteckend. Das gilt im Schlechten wie im Guten. Die „Kräfte des Alters“, die wir – neben seinen Problemen – (wieder)entdecken, sollten Hoffnung geben, dass das Leben nicht nur Jahre gewinnt, sondern die Jahre auch mit sinnvollen Tätigkeiten erfüllt werden können.

Anmerkung

[1] FESSEL-GfK, Generation 50 plus 2003.

Literatur

Rosenmayr, Leopold. Die späte Freiheit. Berlin 1993.
Rosenmayr, Leopold. Altern im Lebenslauf. Göttingen 1996.

Gottfried Feurstein

Geboren 1939 in Andelsbuch. Studium der Wirtschaftswissenschaften in Innsbruck. Ab 1963 im Vorarlberger Landesdienst. 1966–2004 Leiter des Statistischen Amtes im Amt der Vorarlberger Landesregierung. Seit 1965 Gemeindevertreter in Andelsbuch. 1970–1985 Geschäftsführer der Regionalplanungsgemeinschaft Bregenzerwald. 1975–2002 Abgeordneter zum Nationalrat (ÖVP Sozialsprecher, Klubobmann-Stellvertreter). Seit 2004 Obmann-Stellvertreter des Vorarlberger Seniorenbundes.

Soziale Sicherheit im Alter – eine bewältigbare Herausforderung

1. Veränderung der demografischen Strukturen

Von den Demografen werden in der Regel alle Personen, die das 60. Lebensjahr erreicht haben, zur „Älteren Generation" gerechnet. In den Statistiken ist daher das 60. Lebensjahr ein wichtiges Gliederungsmerkmal, wobei diese Altersgrenze für beide Geschlechter in gleicher Weise gilt. Die Projektion dieser Altersgrenze in die Zukunft muss kritisch hinterfragt werden. Es wird nicht möglich sein, in zehn, zwanzig oder dreißig Jahren alle Personen, die das 60. Lebensjahr vollendet haben, zur „Älteren Generation" zu zählen. Ein besonders signifikantes Merkmal für die Zugehörigkeit zur älteren Generation ist die Aufgabe der Erwerbstätigkeit zur primären Sicherung des Lebensunterhaltes. Die Erwerbsquote der 60- bis 64-Jährigen beträgt in Österreich zwar nur rund 10%, das gesetzliche Pensionsalter ist aber mit 65 Jahren festgelegt. Allein dieser Umstand wird in der nächsten Zeit eine wesentliche Anhebung der Erwerbstätigkeit der über 59-jährigen Altersgruppe bewirken. Es ist zu erwarten, dass sich der Begriff „Ältere Generation" in den nächsten Jahren ändern wird. In Prognosen wird oft nur noch die Bevölkerung mit 65 und mehr Jahren als „Ältere Generation" ausgewiesen.

Die Menschen, die in den nächsten Jahren in Österreich in die Altersgruppe der über 60- bzw. 65-Jährigen aufsteigen, sind zu einem wesentlichen Teil hier schon wohnhaft. Veränderungen durch die Wanderungsbewegung werden eher bescheiden sein. Für die Bewältigung der Anforderungen dieser Altersgruppe an den Staat und an die Gesellschaft sind einige Fakten entscheidend. Dazu zählen:

- Der Anteil der Personen mit 65 und mehr Jahren steigt von 15 ½ % im Jahre 2001 auf 22 ½ % im Jahre 2030. Im Jahre 2001 wohnten in Österreich 1,242.000 Personen im Alter von 65 und mehr Jahren, im Jahre 2030 werden es 2,113.500 Personen sein, eine Zunahme um 871.500 Personen.

- Die demografische Belastungsquote durch ältere Menschen (über 65-Jährige auf 1000 Personen im Alter von 15 bis 64 Jahren) steigt von derzeit 230 auf 400 im Jahre 2030.
- Die Pensionsbelastungsquote (Pensionsbezieher pro 1000 Erwerbstätige/Beitragszahler) ist deutlich höher als die demografische Belastungsquote durch ältere Menschen. Sie ist in den 90er Jahren angestiegen. Im Jahre 1990 betrug sie 590, im Jahre 2000 waren es 620. Seither hat sich das Niveau nicht mehr wesentlich verändert. Im Jahre 2004 wurde sie mit 624 ausgewiesen.
- Die Zahl der Alleinstehenden nimmt in den nächsten Jahren stark zu. Das gilt vor allem für die Gruppe der älteren Menschen. Für die nächsten 30 Jahre wird eine Zunahme von rund 70% prognostiziert. Die hohe Scheidungsrate und die Auflösung von familiären Banden sind für diese Entwicklung maßgebend.

2. Die soziale Absicherung im Alter

Die staatliche Politik ist herausgefordert, die soziale Sicherheit für die „Ältere Generation" vor allem in vier Bereichen zu gewährleisten: Gesundheit, Lebensunterhalt, Pflege und Rehabilitation.

Krankenversicherung, Pensionsversicherung, Pflegegeld und Unfallversicherung sind die wichtigsten Instrumente. Folgende Änderungen zeichnen sich ab:

- In die gesetzliche Krankenversicherung sind derzeit rund 98% der österreichischen Bevölkerung einbezogen. Im Jahre 2004 waren 7,941.500 Personen versichert, davon 5,624.100 Beitragsleistende an die gesetzlichen Krankenversicherungsträger, 2,117.400 beitragsfreie Mitversicherte und 200.000 durch Krankenfürsorgeanstalten geschützte Personen. Unter den beitragsfrei Mitversicherten waren 1,850.000 Kinder.
- Die derzeitige Relation zwischen Beitragsleistenden und Beitragsfreien wird sich in den nächsten Jahren nicht wesentlich ändern, weil die Pensionisten beitragspflichtig sind. Der Beitragssatz, der von ihnen zu leisten ist, beträgt allerdings nur 4,95% (einschließlich Ergänzungsbeitrag für unfallbedingte Heilbehandlungen). Die Bauernpensionisten leisten zusätzlich

einen Solidaritätsbeitrag von 0,5 %. Die Pensionsversicherungsträger müssen etwa das Eineinhalbfache des Beitrages an die Krankenversicherungsträger weiterleiten.

- Die rund 7,9 Millionen Krankenversicherten wurden laut Standesmeldung der Österreichischen Ärztekammer vom 31. Dezember 2004 von 38.615 Ärzten betreut. 4.304 Ärzte der Allgemeinmedizin, 3.934 Fachärzte (ohne Zahnärzte) und 2.907 Zahnärzte standen in einem Vertragsverhältnis zu den Sozialversicherungsträgern, zusammen also 11.145 freiberuflich tätige Ärzte, ein Anteil von 56% an allen freiberuflich tätigen Ärzten.
- Seit dem Jahre 1992 ist die medizinische Hauskrankenpflege eine Pflichtleistung der sozialen Krankenversicherung. Die Aufwendungen beliefen sich im Jahre 2004 auf rund 9 Mio. €. Unter dieser Leistungsposition wird aber nur ein Teil der medizinischen Hauskrankenpflege abgerechnet. Die Aufwendungen für Ärzte und Medikamente, die im Rahmen der Hauskrankenpflege zu zahlen sind, werden unter anderen Positionen verbucht.
- Der Leistungsumfang, der im Einzelfall im Rahmen der medizinischen Versorgung notwendig ist, steigt mit dem Lebensalter. Mit dem Alter nimmt aber auch die Häufigkeit der Beanspruchung von medizinischen Leistungen zu. Im Jahre 2000 gab es auf 1.000 Einwohner im Alter von 65 und mehr Jahren 680 Diagnosefälle von stationär behandelten Patienten, im Alter von 45 bis 64 Jahren waren es 330, im Alter von 15 bis 44 Jahren aber nur 180.
- Im Dezember 2004 haben 2,042.000 Personen eine gesetzliche Pension und rund 300.000 Personen eine Ruhestandspension aus einem öffentlich-rechtlichen Beamten-Dienstverhältnis erhalten. Von den Sozialversicherungs-Pensionisten waren 1,114.900 Personen Bezieher einer Alterspension, also ein Anteil von 55 %, 406.400 Personen wurde eine Pension wegen geminderter Arbeitsfähigkeit oder Erwerbsunfähigkeit und 520.700 eine Hinterbliebenenpension gewährt.
- Die tatsächliche Zahl der Pensionsbezieher ist niedriger, weil eine beachtliche Zahl von Pensionisten zwei Pensionen erhält (beispielsweise Eigenpension und Witwenpension). In der

gesetzlichen Pensionsversicherung gab es mit Stichtag 1. Juli 2004 insgesamt 1,823.900 Pensionsbezieher, 225.000 Personen erhielten zwei oder mehr Pensionen.

- Das durchschnittliche Zugangsalter bei allen Eigenpensionen betrug im Jahre 2004 für Männer rund 59 Jahre, für Frauen etwa 57 ½ Jahre. Es steigt derzeit aufgrund der Maßnahmen der Pensionsreformen 2000 und 2003/04 an. Ab dem 1. Juli 2017 wird das Regelpensionsalter für Männer einheitlich 65 Jahre und für Frauen 60 Jahre betragen, ausgenommen für Invaliditäts- und ErwerbsunfähigkeitspensionistInnen, für Hinterbliebenenpensionisten sowie für Pensionisten aufgrund von Sonderbestimmungen im Sozialversicherungsrecht. Ab dem Jahre 2024 wird die Altersgrenze auch für Frauen stufenweise auf 65 Jahre angehoben.
- Die Höhe einer Pension wird einerseits durch die Höhe der Bemessungsgrundlage, andererseits durch die Anzahl der erworbenen Versicherungsmonate bestimmt. Eine echte Mindestpension ist in der gesetzlichen Pensionsversicherung nicht vorgesehen. Mit dem Instrument der Ausgleichszulage wird aber ein bedarfsorientiertes Mindesteinkommen garantiert. Dieses ist vom Nettoeinkommen des im gemeinsamen Haushalt lebenden Ehegatten bzw. der Ehegattin abhängig. Einkommen der Kinder im gemeinsamen Haushalt werden nicht berücksichtigt.
- Die jährliche Erhöhung der Pensionen erfolgt mit dem Anpassungsfaktor. Dieser wird von der Kommission zur langfristigen Pensionssicherung, die beim Bundesministerium für Soziale Sicherheit, Generationen und Konsumentenschutz eingerichtet ist, nach einem komplizierten Verfahren festgelegt. In den Budgetbegleitgesetzen der vergangenen Jahre wurden meist Sonderbestimmungen für die jährliche Pensionserhöhung festgelegt. Die Erhöhungen am 1. Jänner 2006 und am 1. Jänner 2007 sollen wieder mindestens der Inflationsrate entsprechen, und zwar für Bruttopensionen bis zur Hälfte der Höchstbeitragsgrundlage nach dem ASVG. Für die Erhöhung am 1. Jänner 2006 betrug die Inflationsrate 2,5 %, die höchste monatliche Anhebung der Pensionen war mit € 46,88 begrenzt. Die Ausgleichszulagen-Richtsätze wurden allerdings stärker

erhöht. Im Jahre 2006 betragen diese für Alleinstehende € 690,–, für Ehepaare € 1.055,99.

- 270.200 Personen bezogen zum Jahresende 2004 Pflegegeld als Pensionsversicherte oder Unfallversicherte. Von den Ländern und von anderen Institutionen des Bundes wurde an weitere 70.000 Personen, meist Kinder und Behinderte, Pflegegeld bezahlt, und zwar nach gleichen Kriterien wie die Pensionsversicherung. Die Höhe dieser Leistung orientiert sich am Hilfs- und Pflegebedarf, wobei sieben Stufen vorgesehen sind. In der untersten Stufe werden pro Monat € 148,30 gewährt, in der Stufe 7 sind es € 1.562,10. Das Pflegegeld erhält grundsätzlich der Pflegebedürftige, der damit die Pflege durch Familienangehörige oder Dritte teilweise finanzieren kann. Einen vollen Ersatz der Pflegekosten gibt es nicht.
- Von den Menschen im Alter von 60 und mehr Jahren, die in Privathaushalten leben, sind derzeit rund 100.000 ständig und 280.000 manchmal auf Hilfe oder Pflege angewiesen. Aufgrund der Berechnungen von Statistik Austria, veröffentlicht in „Österreich ergraut", werden im Jahre 2030 rund 168.000 Personen in diesem Alter ständig und 450.000 manchmal Hilfe und Pflege nötig haben.
- In Anstaltshaushalten wohnen derzeit 64.000 Personen im Alter von 60 und mehr Jahren. Diese Zahl wird sich bis zum Jahre 2030 auf über 126.000 beinahe verdoppeln.

Diese Fakten und Trends können beliebig ergänzt werden. Sie signalisieren die Notwendigkeit einer Neuorientierung der Sozialpolitik für die „Ältere Generation". Zum Teil ist dies bereits erfolgt. Die Pensionsreformen der letzten Jahre haben zu einer nachweisbaren Verbesserung der finanziellen Grundlagen für die Altersversorgung geführt. Die Krankenanstalten haben einen hohen Standard erreicht, die medizinische Versorgung ist großflächig gesichert. Die befürchtete Zwei-Klassen-Medizin ist nicht nachweisbar. Innovativ war die Einführung des Pflegegeldes als einkommensunabhängige Leistung, die sich ausschließlich an der Hilfs- und Pflegebedürftigkeit orientiert.

Sicherung der Gesundheit

Die Ausgaben zur Sicherung der Gesundheit sind vielgestaltig. Träger der Finanzierung sind nicht nur die gesetzlichen Krankenversicherungsträger, sondern genauso Gebietskörperschaften, Privat-Versicherungen und verschiedene Hilfsorganisationen. Die wichtigsten Ausgabenposten der gesetzlichen Krankenversicherungsträger waren im Jahre 2004:

Anstaltspflege	2.938 Mio. €
Ärztliche Hilfe	2.841 Mio. €
Heilmittel	2.424 Mio. €
Zahnbehandlung	705 Mio. €
Andere Leistungen	2.600 Mio. €
Ausgaben insgesamt	**11.508 Mio. €**

Der Beitrag der anderen öffentlichen Finanzierungsträger für die Anstaltspflege und ärztliche Hilfe (ohne die privaten Krankenversicherungen) ist aufgrund von Studien des Industriewissenschaftlichen Instituts (IWI) und von Statistik Austria mit etwa 6.000 Mio. € anzusetzen. Die Gesamt-Aufwendungen für das Gesundheitswesen im Jahre 2004 betragen einschließlich der Sachleistungen für Rehabilitationsmaßnahmen

17.500 Mio. €.

Der Anteil der „Älteren Generation" kann nur geschätzt werden. Er dürfte rund drei Viertel des Gesamt-Betrages ausmachen, also

13.100 Mio. €.

Sicherung des Lebensunterhaltes

Die finanzielle Absicherung des täglichen Bedarfes erfolgt im Alter durch

- gesetzliche Pensionen, Ruhegenuss-Pensionen,
- Pensionen aus Pensionskassen, Versicherungen u. ä.,
- private Ersparnisse,
- Unterhaltsleistungen,
- Erwerbseinkommen.

Den wichtigsten Bereich bilden die Pensionen. Im Jahre 2004 wurden von der gesetzlichen Pensionsversicherung folgende Leistungen erbracht:

Pensionen	22.319 Mio. €
Ausgleichzulagen	811 Mio. €
Gesundheitsvorsorge und Rehabilitation	463 Mio. €
Beiträge zur KV der Pensionisten	1.019 Mio. €
Verwaltungsaufwand u. a.	785 Mio. €
Ausgaben insgesamt	**25.370 Mio. €**

Dieser Betrag kann natürlich nicht zur Gänze der älteren Generation zugeordnet werden, weil eine große Zahl von PensionistInnen das 60. Lebensjahr noch nicht erreicht hat. Statistik Austria hat die Ausgaben im Rahmen der gesetzlichen Pensionsversicherung an Männer unter 65 Lebensjahren und an Frauen unter 60 Lebensjahren mit rund 3.600 Mio. € ermittelt. Dies bedeutet, dass etwa 15% der Sozialversicherungs-Pensionen Personen, die das gesetzliche Pensionsalter noch nicht erreicht haben, erhalten. Ruhegenuss-Pensionen an über 60-Jährige wurden in Höhe von 7.500 Mio. € ausbezahlt. Der Aufwand der Pensionsversicherungsträger zur Finanzierung des Lebensunterhaltes der „Älteren Generation" beträgt

29.300 Mio. €.

Aufwand für Pflege

Die Pflegeleistungen werden einerseits im Bereich der häuslichen Pflege, andererseits in den Anstalten erbracht. Eine Studie über die *Entwicklung der Pflegeressourcen im Bereich der Altenpflege,* die im Auftrag des Landes Vorarlberg im Jahre 2004 abgeschlossen wurde, hat einen Anteil der Pflegebedürftigen an der Bevölkerung ab dem 60. Lebensjahr von 15% ermittelt. Im österreichischen Durchschnitt dürfte diese Quote etwas größer sein. Anspruch auf Pflegegeld von einem Sozialversicherungsträger oder von sonstigen Entscheidungsträgern auf Bundes- und Länderebene hatten im Dezember 2004 insgesamt 340.000 Personen. Im Jahre 2004 betrug die Gesamtsumme an Pflegegeld aus der Pensions- und Unfallversicherung sowie von anderen Trägern des Bundes und der Länder 1.700 Mio. €. Von diesem Betrag erhielten

1.350 Mio. €

Personen, die das 60. Lebensjahr bereits erreicht haben. Mit dem Pflegegeld kann nur ein Teil des Pflegeaufwandes in Österreich finanziert werden. Die Ausgaben der öffentlichen Institutionen für Altenheime, für Pflegeheime, für die Behindertenhilfe und für ähnliche Aufgaben betragen jedenfalls ein Vielfaches der Mittel für das Pflegegeld. Der Gesamtaufwand kann nur geschätzt werden. Für die folgende Zusammenfassung wurde angenommen, dass von Gebietskörperschaften und anderen öffentlichen Institutionen das Dreifache dieses Betrages für pflegerische Leistungen im weitesten Sinne ausgegeben wird, das sind

4.000 Mio. €.

Gesamte Aufwendungen

Die Ausgaben der öffentlichen Hand für die großen Bereiche der Alterssicherung – Gesundheit, Lebensunterhalt, Pflege und Rehabilitation – können aufgrund einer groben Analyse wie folgt quantifiziert werden:

Gesundheit	13.100 Mio. €
Pensionen und ähnliche Leistungen	29.300 Mio. €
Pflege	4.000 Mio. €
Insgesamt Aufwand	46.400 Mio. €

Diese Schätzung kann nur der Orientierung dienen. Sie basiert zwar auf verschiedenen Analysen, die in den 90er und zu Beginn des Jahres 2000 durchgeführt wurden, die Daten sind aber nicht ausreichend durch empirische Erhebungen abgesichert. Die Leistungen der privaten Haushalte sowie von privaten Institutionen, insbesondere im Bereich der Gesundheit und der Pflege, wurden bei dieser Quantifizierung nicht einbezogen.

Konsequenzen für die Zukunft

Wende in der Sozialpolitik

Der geforderte Umbau ist für die Sozialpolitik nichts Neues. Manches spricht für eine Weggabelung, wobei es sich nicht um Einschränkungen in den Leistungen handeln kann. Ohne konsequentes Gegensteuern könnte es aber in Zukunft zu Ausgrenzungen kommen. Beispiele aus anderen Staaten beweisen dies.

Seit den Anfängen der Sozialpolitik, in einem umfassenderen Sinne im Zeitraum von 150 Jahren, hat sich die Sozialpolitik stets schrittweise an die Lösung sozialer Probleme herangetastet. Patentrezepte gibt es keine. Sozialpolitisches Handeln ist evolutionäres Handeln, wie dies der frühere deutsche Sozialminister Norbert Blüm formulierte. Die Sozialpolitiker werden schon deshalb nie an ein natürliches Ende gelangen.

Die großen Lebensrisken, nämlich Alter, Krankheit, Unfall und Behinderung müssen genauso abgesichert bleiben wie die Leistungen an die Familien, für die Ausbildung der Jugend und für Hilfen an Menschen, die in Not geraten und arm geworden sind, verschuldet oder unverschuldet. Evolution nicht Revolution ist geboten – Wende heißt nicht Abbruch, sondern Erneuerung.

Sozialpolitik kann erfolgreich sein, wenn die grundlegenden Prinzipien der Solidarität und Subsidiarität Beachtung finden.

Sicherung der medizinischen Versorgung

Der medizinische Bereich ist aufgrund der demografischen Veränderungen in den nächsten dreißig Jahren mit den größten Herausforderungen konfrontiert. Die gesundheitspolitischen Zielsetzungen lassen sich nicht mehr allein mit dem Schlagwort „ambulant vor stationär" formulieren. Sie verlangen neue und zusätzliche Aktivitäten. Im ambulanten Bereich muss die medizinische Hauskrankenpflege auf eine neue Grundlage gestellt werden. Die Krankenpflegevereine, wie sie auf Gemeindeebene in einzelnen Bundesländern bestehen, sind in ihren Aktivitäten viel versprechend. Verschiedene Hilfsorganisationen und mobile Dienste, die als gemeinnützige Vereinigungen wirken, sind gleichwertige Alternativen dazu und ergänzen diese.

Oberstes Ziel der Gesundheitspolitik ist es, das Kranksein zu vermeiden. Die Gesundheitsförderung, die diesem Anliegen zu dienen hat, umfasst alle vorbeugenden und präventiven Zugänge zu den Aktivitäten und Maßnahmen, die die Lebensqualität der Menschen beeinflussen, wobei hygienische, medizinische, psychiatrische, kulturelle, soziale und ökologische Aspekte vertreten sein können.

Zu einer optimalen Gesundheitspolitik gehört die altersmedizinische Versorgung. Die Österreichische Gesellschaft für Neurologie hat in ihrer Grundsatzerklärung zur „Geriatrischen Medizin" wegweisende Vorschläge unterbreitet.

Die Krankenversicherung benötigt als tragendes Element die Pflichtversicherung. Nur dadurch können Formen der Zwei-Klassen-Medizin vermieden werden. Die private Krankenversicherung ist eine sinnvolle Ergänzung der gesetzlichen Krankenversicherung, sie kann diese aber niemals ersetzen.

Auch wenn die angestrebten Strukturreformen im Bereich der Krankenversicherung realisiert sind, lässt sich die medizinische Versorgung nur sicherstellen, wenn zusätzliche finanzielle Mittel verfügbar werden. Ein steigender Anteil an den allgemeinen Steuereinnahmen wird erforderlich sein. In den Budgets der Länder und Gemeinden ist dies bereits sichtbar.

Pensionen als Garanten für die Sicherung des Lebensstandards

Die gesetzlichen Pensionen werden auch in Zukunft die wesentliche Grundlage für die Altersversorgung in Österreich bilden. Längerfristig ist anzustreben, dass alle Personen nach Vollendung des 65. Lebensjahres einen eigenständigen Pensionsanspruch haben. Die verbesserten Möglichkeiten der Anrechnung von Zeiten der Kindererziehung und der Pflege naher Angehöriger sind wichtige Schritte, um dieses Anliegen umzusetzen. Dadurch kann insbesondere Frauen der Zugang zu einer Pension verbessert werden.

Die entscheidende Maßnahme zur Sicherung der Pensionen ist die Abschwächung des Anstieges der Pensions-Belastungsquote. Dies soll durch die Anhebung des Pensionsantrittsalters erfolgen, und zwar um fünf Jahre im Zeitraum Oktober 2000 bis Juli 2017. Auch die anderen wichtigen Maßnahmen der Pensionsreform 2003/04, so die Verlängerung des Bemessungs-Zeitraumes und die

Verstärkung versicherungsmathematischer Komponenten, dienen der längerfristigen Sicherung der Finanzierung von Pensionen.

Da die Höhe der Alterspensionen mit durchschnittlich € 947,– im Monat Dezember 2004 nicht als übertrieben zu bezeichnen ist, sollte die jährliche Erhöhung der Pensionen die Inflationsrate abdecken. Erhöhungen von niedrigen Pensionen unter der Inflationsrate werden längerfristig zu einer Verarmung der „Älteren Generation" führen.

Die Basis der gesetzlichen Altersvorsorge ist durch die betriebliche und persönliche Vorsorge zu verbreitern. An betrieblichen Vorsorgemodellen sind derzeit nur etwa 600.000 Beitragsleistende beteiligt. Ähnlich groß dürfte die Zahl der Anspruchs-Anwärter auf eine dauerhafte private Lebensversicherung sein. Eine Ausweitung der betrieblichen Altersvorsorge könnte durch eine Fortentwicklung der Arbeitnehmer-Vorsorge erreicht werden. Seit 1. Jänner 2003 leisten zwar die Arbeitgeber einen Beitrag von 1,53 % des Entgeltes in Mitarbeitervorsorgekassen, die Verrentung dieser Beträge ist aufgrund der vielen Wahlmöglichkeiten, die das Gesetz bietet, aber nur vereinzelt zu erwarten.

Eine gesicherte und dauerhafte Altersvorsorge baut auf vier Säulen auf:

- den gesetzlichen Pensionen,
- den betrieblichen Pensionen auf obligatorischer und freiwilliger Grundlage,
- der Eigenvorsorge in Form von lebenslangen Renten,
- der Eigenvorsorge in Sachwerten (Wohnung und Eigenheim).

Rehabilitation und Pflege

Personen, die körperlich, geistig oder psychisch beeinträchtigt sind, bietet die Rehabilitation die Chance, ihr Leben möglichst ohne fremde Hilfe eigenständig zu bewältigen. Zur Erreichung dieses Ziels sind in den Sozialversicherungsgesetzen mehrere Maßnahmen-Bereiche vorgesehen:

Maßnahmen der medizinischen Rehabilitation,
Maßnahmen zur Festigung der Gesundheit,
Maßnahmen der Gesundheitsvorsorge,
Maßnahmen im Bereich der beruflichen und sozialen Rehabilitation.

Die Zersplitterung der Zuständigkeiten und Aufgaben ist im Bereich der Rehabilitation groß. Vorrangig ist daher eine Koordination aller Rehabilitations-Maßnahmen anzustreben.

Trotz aller Bemühungen im Bereich der Rehabilitation ist ein nachhaltiges Anwachsen der Zahl von älteren pflegebedürftigen Personen zu erwarten. Bis zum Jahre 2030 wird es zu einer Zunahme um rund zwei Drittel kommen. Verschärft wird die Entwicklung durch das Nachlassen der Bereitschaft, in der Familie zu pflegen.

Die familiären Netze werden durch unterschiedliche Einflussfaktoren durchlöchert. Um dies zu kompensieren, sind zusätzliche und neue professionelle Dienste wünschenswert. Der Schwerpunkt wird auf die verbesserte ambulante Betreuung zu legen sein, die Palliativ-Patienten bilden dabei eine wichtige Gruppe.

Die Planung des stationären und des mobilen Betreuungsangebotes muss integriert erfolgen. Die beiden Bereiche können sich bis zu einem gewissen Grad gegenseitig substituieren. Während die stationäre Betreuung und Pflege zu einem wesentlichen Teil von Institutionen der Gebietskörperschaften erfolgt, stammt das Angebot an ambulanten Diensten überwiegend von Trägern unserer Bürgergesellschaften, also von ehrenamtlich tätigen Kräften und gemeinnützigen Vereinigungen.

Für Hilfs- und Pflegebedürftige, die ihr Leben nicht mehr vollkommen eigenständig gestalten können, wurde 1993 das Bundespflegegeldgesetz gemeinsam mit neun Landespflegegeldgesetzen beschlossen. Zur teilweisen Finanzierung der Pflege erhalten diese Personen einen pauschalierten Geldbetrag. Ziel ist es, sie zu befähigen, die notwendige Betreuung und Hilfe selbst zu sichern. Um die Selbstständigkeit auch in Zukunft zu fördern, sollte diese grundsätzliche Orientierung bei der Gewährung von Pflegegeld beibehalten werden.

Neben den quantitativen Veränderungen in der Pflegebedürftigkeit sind auch nachhaltige qualitative Veränderungen zu erwarten. Die Zunahme dementieller und depressiver Störungen erhöht die Anforderungen an die Altenhilfe deutlich. Darauf ist bei der Ausbildung und Fortbildung der Fachkräfte, aber auch der ehrenamtlich Tätigen in der Pflege und Betreuung Bedacht zu nehmen.

Zusammenfassung

Die aufgezeigten Prognosen müssen nicht notwendigerweise eintreten. Trends beschreiben immer nur mögliche Entwicklungen. Diese sind sehr wahrscheinlich, wenn die staatlichen Organe nicht die entsprechenden Maßnahmen beschließen, um aufgezeigte negative Erwartungen zu verhindern oder diesen gegenzusteuern.

Die Berücksichtigung der Anliegen der älteren Menschen verlangt eine neue Solidarität. Es ist sicherzustellen, dass alle Menschen einen gerechten Anteil am wirtschaftlichen Erfolg erhalten. Die Verteilungsfrage stellt sich heute weniger zwischen Löhnen und Gewinnen, also zwischen Arbeitnehmern und Arbeitgebern, als vielmehr zwischen jenen, die vom wachsenden Fortschritt unmittelbar profitieren, weil sie daran direkt beteiligt sind, und jenen, die aus dem Erwerbsleben ausscheiden mussten, weil sie alt, krank oder behindert sind. Die Sozialpolitik hat einen Ausgleich zwischen den einzelnen Gruppen, den Jungen und Älteren, zu bewirken.

II.

Zum Lebensgefühl einer neuen Generation

Zur Einführung in dieses Kapitel:

Die einschlägigen Ergebnisse der von Univ.-Prof. Dr. Rudolf Bretschneider vom Fessel-GfK Institut im Jahr 2006 erstellten Studie „Generation 50 plus“:

1. *Was heißt alt?*
   - Die Mehrheit der Generation 50 plus lässt klar erkennen, dass in ihren Augen Alter keine Krankheit und vorzugsweise auch kein Thema ist, und zeigt sich somit auch defensiv, was klischeehafte Etikettierung angeht.
   - Die Mehrheit hat sowohl Zugang zur eigenen Altergruppe als auch zur Jugend, sieben von zehn fühlen sich leistungsfähig, fast zwei Drittel jünger als sie sind. Mehr als die Hälfte will auch aktiv an der Gesellschaft teilnehmen und sich engagieren, vielleicht auch in der Erkenntnis (von sechs von zehn), dass älter werden auch mögliche Vereinsamung bedeuten könnte.
   - Nur relativ wenige, ein knappes Fünftel, fühlt sich alt und drei von zehn berichten sogar, dass sie aufgeblüht seien, seit sie älter sind. Erst ab etwa siebzig Jahren wird eine etwas weniger positive Grundstimmung erkennbar, wobei der jeweilige Gesundheitszustand insgesamt zu den wichtigsten Kriterien und Ressourcen gehört.

Im Zeitvergleich über die letzten fünf Jahre fällt vor allem auf, dass das berichtete Verständnis für die Jungen kontinuierlich gestiegen und die Zustimmung zur Aussage „ich fühle mich alt“ gesunken ist (um 9 Prozentpunkte seit 2001). Daraus lässt sich zwar kein dramatischer Wandel im Selbstverständnis der Älteren ablesen, aber doch eine zunehmende Tendenz, dass Identifikation mit dem Älterwerden nicht an Popularität gewinnt – sei es aus einem zunehmend empfundenen Druck des viel zitierten Jugendkultes heraus oder auch aus einem sich entwickelnden positiven Verständnis der „neuen Alten“, die bekanntlich nicht nur länger, sondern dank der medizinischen Entwicklung auch gesünder und lebensqualitativ hochwertiger altern können.

Frage: Geben Sie mir bitte jeden Satz, den ich Ihnen jetzt vorlese an, ob diese Aussage auf Sie zutrifft, eher zutrifft, eher nicht zutrifft oder überhaupt nicht zutrifft.

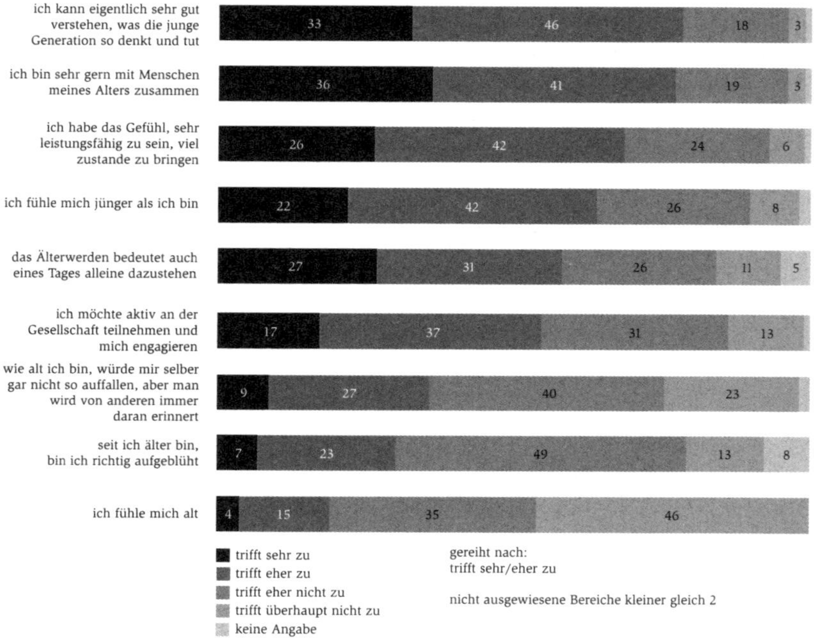

Angaben in %; Quelle: FESSEL-GfK, Sozialforschung; Generation 50 plus 2006, n = 1.000, Befragungszeitraum 13. 01. - 10. 02. 2006

2. Selbsteinschätzung

68% fühlen sich leistungsfähig, 64% fühlen sich jünger als sie sind, 36% beklagen, dass es ihnen selbst gar nicht so auffallen würde, wie alt sie sind, würden sie nicht von anderen dauernd daran erinnert, fühlen sich also zu Unrecht etikettiert, nur 19% fühlen sich alt. Es ist also nicht erstaunlich, dass sich die Begeisterung für explizite Zuschreibungen durch alterspezifische Begriffe in Grenzen hält.

22% wehren sich ganz explizit dagegen, überhaupt altersspezifisch etikettiert zu werden – allen voran Menschen in den frühen Fünfzigern, die ja auch tatsächlich in ihrem Lebensstil den 40ern noch viel ähnlicher sind als beispielsweise den Hochbetagten ab 80. Der Protest ist auch zwischen 55 und 69 noch wesentlich deutlicher als ab dem Alter von 70, wo die Integration des

Älterwerdens wohl schon länger stattfindet, die oft gesundheitlich bedingten Anlässe dafür auch schon spürbarer geworden sind und man mehr zum harmonischen Abschluss gelangt ist, dass ein anderer Lebensabschnitt gelebt wird.

„Senioren“ findet unter den altersspezifischen Begriffen, wenn es schon einer sein muss, noch die höchste Akzeptanz (bei 22%), wobei Männer damit ein größeres Problem haben als Frauen, und überhaupt sind erst die ab 60-Jährigen bereit sich damit anzufreunden.

„Generation 50 plus“ findet auch noch, wenn auch etwas weniger Konsens. Der Begriff gefällt vor allem den Jüngeren am besten.

Völlig ausgeschlossen sind Begriffe wie „alte Menschen“, „Alte“ oder mit Jahreszahlen belegbare oder vielleicht wertende Generationsbezeichnungen wie „Kriegsgeneration“, „Nachkriegsgeneration“, „68-er“ oder „Graue Panther“ – auch wenn all die in der Altersgruppe natürlich auch vertreten sind.

Alter und Etikettierung

Frage: Wie sollen andere von Ihnen und anderen Menschen in Ihrem Alter sprechen, also zum Beispiel die Medien oder Politiker?

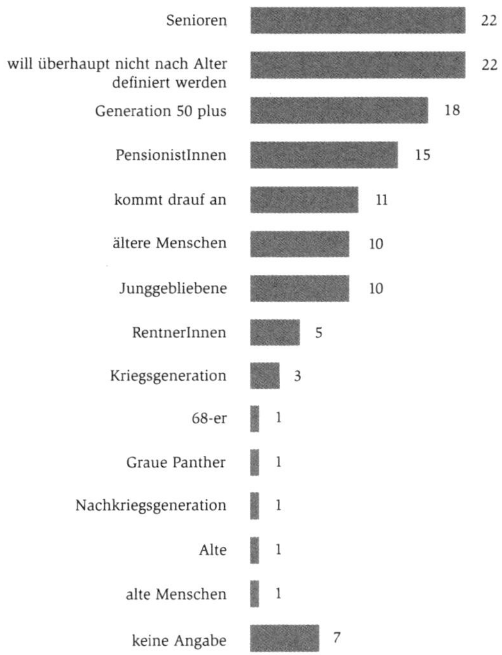

n = 1.000; Befragungszeitraum 13. 01. – 10. 02. 2006
Angabe in %; Quelle: FESSEL-GfK, Sozialforschung; Generation 50 plus 2006

Leopold Rosenmayr

Geboren 1925 in Wien, Kriegsteilnahme und Kriegsgefangenschaft 1943–1947. 1949 Dr.phil. Wien, Lern- und Lehrjahre in Harvard und New York City bis 1953. Ab 1954 soziologische Untersuchungen über Wohnen und Nachbarschaft, Familie, Jugend, Alter und intergenerativen Austausch. Historische Studien zur Philosophie und Soziologie der Lebensalter, Feldforschungen in Stammesgesellschaften in Südostasien und Westafrika. Seit 2000 neue Forschungen über Sinnbildung und Selbstbezug im Zusammenhang mit individueller und gesellschaftlicher Aktivierung 60 plus. Mitglied der Österr. Akademie der Wissenschaften, viele Preise, darunter der Schader-Preis für angewandte Soziologie, Berlin, das Österreichische Ehrenzeichen für Wissenschaft und Kunst, der Preis für humanistische Gerontologie 2001 der Stadt Wien und der Kardinal Innitzer Preis 2002, Großes Silbernes Ehrenzeichen für Verdienste um die Republik Österreich 2005.

Blicke in die Zukunft des Alterns

Empirische Daten klären Überlegungen und Planungen

In meinen österreichischen Repräsentativstudien der letzten Jahre zeigen sich statistisch deutlich signifikante Zusammenhänge, dass, wer soziale Kontakte zu leben vermag, wer es sich mit Freunden nicht verscherzt, wer die Möglichkeit, ein günstiges zwischenmenschliches Klima bis spät ins Leben für sich erhalten kann, auch zu einer viel besseren Bewertung der eigenen Gesundheit kommt. *Gemeinsam lebt es sich besser.* Sowohl für das eigene Wohlbefinden als auch für einen positiven Lebensrückblick und für eine positive Lebensvorschau wirken sich soziale Aktivität und sozialkulturelle Integration günstig aus.

Ein positives soziales Klima ermöglicht es, die gesundheitlichen Beeinträchtigungen besser zu verarbeiten. Auch hier sind mit großer Deutlichkeit aus unseren Studien zahlenmäßig belegbare Wechselwirkungen vorhanden. Der Mensch, der aktiv ist und Ziele hat, um die es ihm zu tun ist und die er verfolgt, stellt auch die gesundheitlichen Einbußen, Schädigungen und Einschränkungen in seiner gesamten Lebenseinstellung und -beurteilung zurück. In einem seiner späten Sonette schrieb Michelangelo:

Kunst stemmt dem Tod
entgegen ihre Kraft.

Goya kam 1825, drei Jahre vor seinem Tod, 75 Jahre alt und dem Ende nahe, nochmals zu Kräften und begann eine neue Serie von Litographien. Jeder Mensch hat seine eigene Kreativität, die gibt ihm Ziele und vermag ihn voranzutreiben, auch spät im Leben.

Wer als älterer Mensch allein lebt oder sich einsam fühlt, was nicht identisch ist, aber vielfach gekoppelt auftritt, wer also Kontakte nicht zu leben vermag, sie nicht aufrecht erhält oder nicht angeboten bekommt, hat mehr Beschwerden. *Die soziale Integration hat einen hohen positiven Wert für die subjektive, selbst-beurteilte Gesundheit.* Natürlich mindern anderseits auch gesundheitliche Defizite und Einschränkungen sowohl den Wunsch nach Sozialkontakten als auch die Realisierung dieser Wünsche. Aspekte der Sozialität fördern die Gesundheit, schaffen

Erleichterung bei Beschwerden. Das lässt sich empirisch durch Daten zeigen.

Forschungen lassen einen starken Zusammenhang zwischen der von sich selbst ausgehenden Gesundheitsbeurteilung, der so genannten subjektiven Gesundheit, und dem durch Ärzte bzw. klinische Befunde festgestellten „objektiven“ Gesundheitszustand erkennen. Die subjektive Gesundheit ist auch deswegen sehr aussagekräftig, weil Langzeituntersuchungen Zusammenhänge zwischen ihr und der Lebenserwartung nachweisen. *Je besser die subjektive Gesundheit, desto länger lebt der Mensch.*

1. Bildung und höheres Einkommen begünstigen die Gesundheit

Je höher Bildung und Einkommen, umso gesünder und länger lebt der Mensch auch in unseren europäischen, durch den Sozialstaat gestützten Verhältnissen. Die Tatsache, dass wohlhabende, hochgebildete Menschen viel älter werden, viel später sterben als die, die weniger Geld und Schulbildung haben, wird bis heute gesellschaftlich zu wenig wahrgenommen. Was wird die Zukunft daran ändern? Der Sozialeffekt von finanziellen Mitteln und Bildung ist hinsichtlich der Langlebigkeit kaum ins allgemeine oder gar ins politische Bewusstsein eingedrungen.

Soll man Alter und Krankheit in dieser sozial gestaffelten Weise politisch akzeptieren? Nein. Die Sozialpolitik hat hier große Aufgaben. Es wirken viele dieser ökonomischen und sozialen Faktoren auf Umwegen. Von ärmeren und weniger gebildeten Menschen wird der eigenen Gesundheit weniger Aufmerksamkeit geschenkt. Die Bemühung um Rehabilitation oder Wiederherstellung ist in der Regel in den unteren Schichten geringer. Auch findet sich bei benachteiligten Menschen weniger Aufmerksamkeit gegenüber Selbstschädigungen. Sie manifestieren sich im passiven Verharren in Depressionen, in Überernährung, Bewegungsfaulheit, Alkoholmissbrauch und der mangelnden Bereitschaft, Gesundheitskorrekturen durch Medikamente konsequent durchzuführen. Auch Medikamentenmissbrauch gehört zu diesen Selbstschädigungen. Unbewusste Selbstzerstörung wird an sich selbst bei weniger Bildung seltener wahrgenommen und kontrolliert als in den höheren Bildungsschichten. Doch auch bei hoher Bildung kann Selbstzerstörung durch Arbeitsüberlastung, Geltungswahn, usw. neurotisch wirksam werden.

2. „Fange nie an, aufzuhören und höre nie auf, anzufangen!" (Ursula Lehr)

Zum geglückten Altern gehört der sich erneuernde Bezug zum Körper. Große Kulturen, die indische, die fernöstlichen chinesischen und japanischen, hatten, wenn auch in sehr verschiedener Weise, Programme und Lebenspraktiken entwickelt, die sich auf den Körper bezogen. Vieles davon war mit Meditation verbunden. Die westliche Welt beginnt erst jetzt den ganzen Reichtum dieser Praktiken zu entdecken. Angesichts des fortgeschrittenen Lebens entsteht die *Aufgabe, Blockaden im Verhalten und Handeln aufzugeben und Hemmungen gezielt zu reduzieren.* Wichtig erscheint dabei, den Zugang zur Sexualität zu erhalten oder neu zu finden. Die Sexualität wird im späten Leben durch gewonnene Erfahrungen zwar erneut zugänglich, trotz organischer, sozialer und psychischer Einschränkungen. Aber Gesundheit kann die Sexualität stark beeinträchtigen. Frauen leben zwar länger, aber sind im späten Leben kränker als die Männer. Der raschere Libido-Rückgang bei den heute älteren Frauen 60 plus hängt im Vergleich zu den Männern auch mit den häufigeren Erkrankungen der älteren Frauen zusammen. Aber gesundheitliche Defizite können auch vorgeschoben werden, um Sexualität zu verweigern.

3. Körper, Seele und Sexualität

Männer sind im späten Leben im Vergleich zu Frauen stärker orgasmusorientiert. Die „erektilen Dysfunktionen", die zu großer Unsicherheit im Sich-verlassen-Können auf die eigene Potenz, ja Selbstzweifeln führen, gefährden die Sexualität des Mannes und damit auch seine Partnerschaft. Diese Dysfunktionen verhindern allerdings nicht, dass die sexuellen Wünsche beim Mann erhalten bleiben und dies, nach meinen österreichischen Daten, weit länger als bei den Frauen. Bei den heutigen Generationen von älteren Frauen werden beide, die gelebte Sexualität und die sexuellen Wünsche, früher aufgegeben als beim Mann. Natürlich reduzieren sich die Gelegenheiten. Das Single-Dasein im Alter ist weit weniger verführerisch als das manche lockende Annoncen glauben machen.

Bert Brecht hat in seiner Geschichte von der „Unwürdigen Greisin" Neuansätze durch Befreiung zur Sexualität im Leben einer verwitweten alten Frau beschrieben. Sie konnte erotisches Glück nach dem Tod ihres bürgerlichen Mannes mit einem Schuster finden.

Bei den neuen Generationen von Älteren ist zu erwarten, dass sich das weibliche Begehren im Lebenslauf vermutlich verlängern und sich so eine Angleichung von männlicher und weiblicher Libido einstellen wird. Die neuen Generationen zeigen mehr Körperengagement, z.T. als Kompensation des in der Technologie aufgezwungenen Lebensstils und als Ausdruck einer sinnvollen Planhaftigkeit in der Selbstvorsorge. Ein neuer Stil des Alterns, vermutlich auch ein neues Gesundheitsbewusstsein sind zu erwarten. Beides muss gefördert werden.

Der amerikanische Autor Philip Roth ließ in seinem berühmten Roman „Der menschliche Makel" seinen „Helden", einen alt gewordenen Mann, sagen: „Ich könnte gar nicht leben, ich hätte kein neues Leben, wenn ich das Viagra nicht hätte." Gelebte Erotik, an der beide Seiten mit innerer Anteilnahme beteiligt sind, ist eine große menschliche Entwicklungschance. *Das späte Leben verlangt Schritte der Befreiung, aber auch der verbesserten Selbststeuerung.* Die Liebe und in ihrem Gefolge die Sexualität vermögen beides zu stützen. Liebe in den verschiedenen Formen begünstigt die Entfaltung, auch im späten Leben.

4. Lernen als Schlüssel zur Entfaltung

In der globalisierten Wettbewerbsgesellschaft veralten die Qualifikationen außerordentlich rasch. Der Gesellschaftsprozess macht schneller alt als die Individuen selber physisch und psychisch altern. Alle diejenigen, die nicht mitlernen, bleiben zurück. Lernen verlangt auch psychische Umstellungen in den emotionalen und willensmäßigen Fähigkeiten. Wer sich nicht ändern will, kann nicht lernen, wer nicht lernwillig ist, kann sich nicht ändern.

Lernen, das sich auf die eigenen Emotionen stützt, vermag hohe persönliche Bedeutung zu entwickeln und zur Steigerung der eigenen Ich-Anerkennung beizutragen. Generell jedenfalls gilt: Lernen, das nicht nur dem äußerlichen Kompetenzerwerb, sondern auch innerer Veränderung zu dienen vermag, kann die Gesundheit fördern. Eine Daseinsgestaltung, welche die eigene Entfaltung begünstigt, bleibt selten ohne Rückwirkung auf den Organismus.

Alternsforschung ist dringend gefragt, in mehreren wissenschaftlichen Disziplinen. Warum gibt es in Österreich keine große Stiftung für Alterskultur? Warum bauen nicht Unternehmer, Wirtschaftsbosse, Bankiers, Politiker und Wissenschafter eine Stiftung auf, in der Themen des Alterns in verschiedenen Projekten bearbeitet werden? Dabei müsste es für junge WissenschafterInnen Stipendien geben. Auch Unterstützung für praktische Initiativen sollten Organisationen gewähren. Modelle und deren soziale Erprobung sind auch für die Politik dringend gefragt.

5. Und die neuen Generationen der Alten?

Sowohl in ökonomischer als auch in sozialer Hinsicht sind die Älteren den Jüngeren gegenüber diejenigen, die weit mehr geben als empfangen. In Ergänzung dazu sehen sich in Österreich nach neuen empirischen Forschungsergebnissen mit Repräsentativcharakter die Älteren zu 80% als diejenigen, welche die Befriedigung ihrer Bedürfnisse als SeniorInnen umfassend anerkennen Zweifel bleiben sowohl den Jungen als auch den Alten – den Letzteren noch stärker als den Ersteren – im Hinblick auf die Zukunft. Beide Seiten meinen, dass sich das heute positive wechselseitige Verhältnis in Zukunft verschlechtern wird. Man wird sich dem Thema also auch weiterhin stellen müssen. *Es gibt keinen schicksalhaften Kampf der Generationen.*

Die jüngeren Alten sind stärker von Ich-Realisierung und eigenen, subjektiv profilierten Gestaltungswünschen motiviert.

Engagement der jüngsten Gruppen der Älteren ist als Aspekt eigener Selbstbestätigung und Durchsetzungsfähigkeit aufzufassen. Aber wie hoch ist ihr Anteil, wie dauerhaft wollen sie sich engagieren?

Nach ihrem Ausscheiden aus dem Erwerbsleben sind die auf Erhaltung ihrer Zeitsouveränität bedachten „neuen Alten" eher bereit, sich projektförmig und in zeitlich befristeten Aufgaben zu engagieren. Dafür müssen neue sozial-strukturelle Konstellationen und Kooperationsformen zusammen mit Hauptamtlichen entwickelt werden.

Es geht zunehmend darum, neue Formen der Wahrnehmung von Aufgaben durch Freiwillige einerseits und Hauptamtliche andererseits und die Zusammenführung der Aktivitäten beider zu entwickeln. Die oft nur sehr allgemeine und beiläufige Bereitschaft der jüngeren Seniorinnen und Senioren, Verantwortung für das Gemeinwesen zu übernehmen, ist in Mitteleuropa größer als die Gelegenheiten, die ihnen in Institutionen, Organisationen, Verbänden und Einrichtungen eigenverantwortlich angeboten werden. *Kleine Minderheiten von Altersaktivisten sehen neue Handlungsfelder.* Sie sehen in ihrer Gemeinde, in einem bestimmten Verein, einen Bedarf und initiieren neue Projekte. In der BRD wird dies durch die EFI-Bewegung mit Unterstützung des Sozialministeriums gefördert. Die durch Schulung geförderte Zielsetzung ist: „Erfahrungswissen Älterer nutzen."

6. Chancen und Grenzen bürgergesellschaftlichen Engagements

Bürgerengagement der Älteren ist nicht mehr nur Zusatz zum Sozialstaat. Es wird mehr und mehr zum Element der Gesellschaft werden können. In verschiedenen Ausprägungen vermag es zu einer im neuen Sozialpluralismus sich konkretisierenden Stützung der Gesellschaft zu kommen. Dabei ist die Entwicklung eines starken Bedürfnisses zu beobachten, dem subjektiven Leben und den objektiven Daseinsinhalten Form zu geben. So kann Harmonie zwischen der eigenen Kraft und den eigenen Talenten hergestellt werden. Dies geschieht auf der Basis der Überzeugung, dass *jede Lebensphase ihr eigenes Leben in anderer Form enthält*. Dies setzt individuelle und soziale Suchprozesse voraus.

Für kreative Akte muss aus der eigenen Selbstvergewisserung heraus gedacht und gehandelt werden. Diese aber ist jeweils nur in der erlebten Gegenwart möglich. Werden die neuen Alten stärker gegenwartsorientiert sein als die ihnen vorausgegangenen Generationen?

In der Selbstorganisation in Gruppen Älterer sollten die jeweiligen Initiatoren der Gruppen von ihren Initiativen selber überzeugt sein, um wirken zu können. *Belohnungen durch Anerkennung sind die Minimalvoraussetzungen.* Gewisse monetäre Anreize beeinträchtigen kaum das Engagement. Woher kommen in einer entideologisierten Gesellschaft ohne soziale Bewegungen und bei Menschen ohne explizite Ich-Ideale sowohl Initiativen als auch Durchsetzungskraft? Die Fähigkeit zur sozialen Selbstorganisation lässt sich aus dem Gefühl und dem Bewusstsein der Selbstwirksamkeit des eigenen Ich ableiten. Dafür muss es allerdings Angebote, wenigstens rudimentäre organisatorische „Schienen“ geben.

Für den „Sozialmix“, die Pluralität innerhalb der Sozialgestaltung, ist es von größter Bedeutung, dass im Design von kooperativen Rollen subjektive Selbstgestaltung ermöglicht wird.

Ohne eigenes subjektiv mitbestimmtes Rollendesign, also Freiheit der Gestaltung, *wird es in Hinkunft den Mix zwischen Sozialstaat und Bürgergesellschaft für eine Vielfalt von Aufgaben und Leistungen keine Zukunft geben.* Je mehr die jüngeren Jahrgänge, die jeweils neuen Alten, nachrücken, desto wichtiger wird das Zugestehen dieser Freiheit.

7. Und die Werte der „neuen Alten“?

Werden die neuen Alten Brückenbauer zu den Hochbetagten werden können? Die Singularisierung, besonders sozial folgenreich das Singletum im späten Leben, ein Dasein ohne Kinder und ohne Verwandtschaft, nehmen zu. Und die Pflegekapazität in den Familien wird stark zurückgehen. Frauen im mittleren Alter oder auch über 65 stellen zur Zeit, trotz ihrer Überbelastung, noch immer das hauptsächliche Potenzial der familiären Pflege alter Angehöriger. Die Frauen werden durch ihre Identifizierung mit dem Beruf in Zukunft aufgrund ihrer Berufstätigkeit weniger Zeit für die Pflege hochbetagter Familienmitglieder haben. Kann sich die nicht-familiäre Pflege unter Mitwirkung der neuen Alten verstärken? Wird den neuen Alten auch die Beteiligung bei der Umwandlung des Kulturgewissens der Gesellschaft anzusinnen sein? Denn es fehlt an umfassender innerer Akzeptanz von Schwäche und Einfühlung in unserer Gesellschaft. *Es fehlt eine Spiritualität des Alternsprozesses,* damit auch eine Einwilligung in die Endlichkeit oder eben eine Suche nach dem „Übergreifenden", nach Vorstellungen, die das eigene Leben mit dem der folgenden Generationen verbinden. Werden die neuen Generationen hier kreativ werden können?

8. Neues Ziel: Selbstfindung

Um Entwicklungen in sich selber einzuleiten und um unter dem Druck technologischen und kulturellen Wandels von der Gesellschaft nicht an den Rand gedrängt zu werden, ist von den älteren Generationen die innere Bereitschaft und Fähigkeit zum Wandel gefordert.

Selbstachtung und Selbstsicherheit werden mehr und mehr als Glücksvoraussetzungen im späten Leben erkannt. *Nicht das Glück selber ist das Ziel – es folgt vielmehr aus Zielen und deren Verfolgung.* Der eigene Selbstwert hat eine unterschwellige Verbindung der Psyche zur Welt des Neuen in der jeweiligen Gegenwart. Das bedeutet, sich mit sich selbst zu befassen, aber den Blick weit über sich selber hinaus zu öffnen, sowohl in die eigene, aber auch in die darüber hinaus weisende, fernere Zukunft.

Zu all dem lassen sich einige Empfehlungen aussprechen:

- Sich nie aufgeben.
- An sich selbst weiterarbeiten.
- Den Kreis eigener Einsichten (auch gegen Widerstand) erweitern.
- Schwächelnde Liebesfähigkeit stärken, Verbitterungen lösen.
- Selbstüberschätzung erkennen, es lebt sich leichter ohne sie.
- Selbstständigkeit überlegt erhalten.
- Hilfen nicht leichtfertig ausschlagen, wo nötig, sogar einplanen und organisieren.
- Freundschaften, auch bei Schwierigkeiten, weiterpflegen.
- Mutlosigkeit mindern.
- Die Archäologie des eigenen Bewusstseins bis in die Kindheit und Jugend vorantreiben.
- Aus Rückblicken und Erfahrungen keine Maßstäbe für die Gegenwart ableiten.
- Sich vieles verzeihen, den anderen auch – und sich dafür Zeit nehmen.

Bücher seit 2003

Rosenmayr, Leopold gem. mit Franz Böhmer (Hrsg.): Hoffnung Alter. Forschung, Theorie, Praxis, Wiener Universitätsverlag, 2003.
Rosenmayr, Leopold: Schöpferisch altern, eine Philosophie des Lebens, Lit-Verlag, Wien/Berlin/Münster 2006.

Aufsätze seit 2005

Zwischen Entropie und Kreativität - Bausteine zu einer Theorie des menschlichen Alterns, in: Peter Bäurle, Hans Förstl, Daniel Hell, Hartmut Radebold, Ingrid Riedel, Karl Studer (Hg.), Spiritualität und Kreativität in der Psychotherapie mit älteren Menschen, Verlag Hans Huber, Bern/Göttingen/Toronto/Seattle 2005, S. 27–48
Über die Zukunft der Langlebigkeit (Daten und Prognosen), in: Rudolf Likar, Günther Bernatzky, Wolfgang Pipam, Herbert Janig, Anton Sadjak (Hg.), Lebensqualität im Alter. Therapie und Profilaxe von Altersleiden, Springer Wien/New York 2005, S. 1–15.
Frühe Erfahrungen - Späte Einsichten, in: Anton Amann, Gerhard Majce (Hg.), Soziologie in interdisziplinären Netzwerken. Leopold Rosenmayr gewidmet. Böhlau Verlag, Wien/Köln/Weimar 2005, S. 31–76, sowie Nachlese, ebendort, S. 275–316
Der soziologische Altersbegriff - gezeigt an der sozialen Bedingtheit von Gesundheit im späten Leben, in: Volker Schumpelnick, Bernhard Vogel (Hg.), Alter als Last und Chance. Beiträge des Symposiums vom 30. September–3. Oktober 2004 in Cadenabbia, Herausgegeben im Auftrag der Konrad-Adenauer-Stiftung e. V., Herder Freiburg/Basel/Wien 2005, S. 88–109
Erinnerungen, radikal gegenwärtig, in: Hans Rauscher (Hg.), Das Buch Österreich. Texte, die man kennen muss, Verlag Christian Brandstätter, Wien 2005, S. 419–426

Manfred Prisching

Geboren 1950 in Bruck/Mur. 1974 Promotion zum Dr. jur. 1977 Sponsion zum Mag. rer. soc. oec. (Volkswirtschaftslehre). Universitätsassistent, Institut für Rechtsphilosophie, Institut für Volkswirtschaftslehre und Volkswirtschaftspolitik sowie Institut für Soziologie. 1985 Habilitation für Soziologie. 1985 Innitzer-Preis, 1994 Josef-Krainer-Forschungspreis, 1996 Wilfried-Haslauer-Forschungspreis für Zeitgeschichte. 1987/88 Rijksuniversiteit Limburg (Maastricht, NL). Gastprofessor in Salzburg, Innsbruck, Linz und Klagenfurt. 1994 a.o. Univ.Prof. 1995/96 Schumpeter-Gastprofessur, Harvard University (Cambridge). Visiting Scholar u.a. Universitäten New Orleans und Little Rock, Las Vegas. 1997–2001 wissenschaftlicher Leiter der Technikum Joanneum GmbH (steirische Fachhochschulen). Korr. Mitglied der Österreichischen Akademie der Wissenschaften.

Was machen ältere Menschen?

Bilder des Alterns

Alter war einst eine selbstverständliche Sache, aber es ist, wie so viele andere Sachverhalte, aus dem Stadium der Selbstverständlichkeit herausgetreten. Es ist ein „neues Alter", mit dem wir es zu tun haben. Alte Menschen hat es immer gegeben, aber niemals hat es eine historisch so völlig neue Situation gegeben wie in den Industrieländern am Ende des 20. und am Beginn des 21. Jahrhunderts. Niemals wurden so viele Menschen wie derzeit in den entwickelten Ländern so alt, niemals konnten sie ein hohes Alter mit solcher Zuverlässigkeit erwarten, und niemals zuvor hat es einen weltweiten und zwangsläufigen Veralterungsprozess ganzer Gesellschaften gegeben. Deshalb ist Alter ein neues Thema. Irgendwann in den letzten Jahren des vorigen Jahrtausends hat es ein Jubiläum, einen demografischen Zeitenbruch, gegeben, der unvermerkt vonstatten gegangen ist. Irgendwann in diesen Jahren, so haben Fachleute errechnet, ist ein Tag gekommen, an dem zum ersten Mal die Zahl der lebenden Menschen größer war als die Zahl all jener Menschen zusammengenommen, die je gelebt haben, seit es überhaupt Menschen gibt.[1] Wir sind so plötzlich so alt geworden, die Zahl der Menschen ist in den letzten Jahrzehnten so exponentiell gestiegen, dass uns die Neandertaler, die Ägypter, die Griechen und Römer, die Menschen im Reich Karls des Großen und die Zeitgenossen Friedrich Schillers allesamt nicht einholen können. Wir waren noch nie so viele. Wir waren noch nie so alt. Wir haben uns neu zu arrangieren, die Jungen und die Alten. Und wir haben neue „Bilder" des Alters zu entwickeln: ein Mosaik dieser „Bilder", die ein Bild des Handelns älterer Menschen ergeben, wird in der Folge skizziert.

Das „konstruierte" Alter

Ältere Menschen[2] zeichnen sich dadurch aus, dass sie alt sind. Das ist eine banale Feststellung, aber selbst dabei tauchen Probleme auf. Denn es ist alles andere als klar, wer alt ist. Es hängt vom

Kontext ab, und es ändern sich die entsprechenden Auffassungen im Lauf der Zeit. Alter ist das, was man dafür hält. Alter ist „konstruiert“. In den Sozialwissenschaften ist es üblich geworden, von der sozialen Konstruktion gesellschaftlicher Phänomene zu sprechen, und da dies oft in übertriebener Weise geschieht, ist es vielleicht eher angebracht, von der interpretativen Durchdringung aller gesellschaftlichen Phänomene zu sprechen. Alter ist ein interpretiertes, gedeutetes, von Normierungen und Erwartungen durchdrungenes soziales Phänomen. Der Umstand jedenfalls, dass „Alter“ – so wie andere gesellschaftliche Sachverhalte – nicht einfach eine „objektive Gegebenheit“ darstellt, lässt sich nicht bezweifeln.

Im Englischen sprechen wir von „old age“, und in einem Wörterbuch wird dies treffend definiert als „ein unpräziser Begriff für die spätere Lebensperiode.“[3] Die Encyclopedia Britannica ist da ein wenig brutaler; für sie handelt es sich gleich um „die letzte Phase der normalen Lebensspanne“, um „the final stage“,[4] ebenso wie in einem deutschsprachigen Wörterbuch definiert wird: Alter meine „die letzte Phase oder Stufe im Lebenslauf.“[5] Amüsant sind die *geologischen* Bedeutungen, die in ersterem Artikel zur Begriffsbestimmung von „old age“ erwähnt werden: In geologischer Hinsicht nämlich werden Landschaften oder Gebiete als „old age“ bezeichnet, die sich in der letzten Phase eines Erosionsprozesses befinden. Da fühlen wir uns auch in Bezug auf die menschliche Erfahrung des Alterungsprozesses durchaus angesprochen; denn spätestens seit dem dreißigsten oder vierzigsten Lebensjahr ist der körperliche „Erosionsprozess“ für jeden Einzelnen in der Tat spürbar geworden. Es muss dennoch näher bestimmt werden, wer „alt“ ist, aber diese Bestimmung ist bekanntlich *kontextgebunden;* es hängt davon ab, von welchen Individuen man spricht: Wir wissen, dass aus der Perspektive von Jugendlichen jeder über 30 sich dem Greisenstadium nähert oder dem Verkalkungsprozess ohnehin bereits rettungslos verfallen ist; eine Auffassung, die sich schlagartig beim Überschreiten des dreißigsten Lebensjahres zu ändern pflegt. Wir wissen, dass ein Fußballer mit 35 Jahren uralt ist, während ein Bankdirektor dieses Alters extrem jung ist. Arbeitssuchende im Alter von 55 Jahren sind chancenlos, weil man ihnen mangelnde Leistungsfähigkeit unterstellt, und diese Beurteilung stammt meistens von jenen Generaldirektoren, die sich irgendwo in den Sechzigern befinden und im Vollbesitz ihrer Kräfte wähnen. Es gibt schließlich auch Päpste, die sich mit 70 oder 80 Jahren in der Lage sehen, ein Großunternehmen wie die Kirche zu steuern. Der Lebenslauf ist keine Selbstverständlichkeit; seine Struktur ist perspektivenabhängig; man spricht von der „Konstruktion des Alters", die wieder mit der „Institutionalisierung des Lebenslaufs" verbunden ist.[6]

Dies sind wohlbekannte Tatsachen; interessanter ist der Umstand, dass zwei dieser „Konstruktionen" immer weiter auseinanderklaffen, dass sich ein Spalt auftut bei der Sichtweise des Alters in der modernen Gesellschaft. Die Menschen werden gleichzeitig jünger und älter. Die *biologisch-physiologische* Altersangabe entfernt sich momentan von der *leistungsmäßig zugeschriebenen*. Das heißt einerseits: Die Menschen sind zu einem gegebenen Alterszeitpunkt körperlich, geistig und emotionell besser beisammen als früher; sie sind vergleichsweise „jünger", gesünder und agiler. Andererseits geht jedoch die „Alterung", bezogen auf Arbeitsmarkt, Wissensbestand und Erfahrungswertschätzung, schneller vor sich. Zu einem jeweils gegebenen Zeitpunkt werden sie als „älter" betrachtet, ein/e Fünfzigjährige/er gilt auf dem Arbeitsmarkt aus Altersgründen beinahe als unvermittelbar. Herkunftskultur und Zukunftskultur klaffen immer weiter auseinander.[7]

Das ist natürlich das Ergebnis der gestiegenen Veränderungsgeschwindigkeit der Gesellschaft. Die Gegenwart ist der Vergangenheit nicht mehr ähnlich, die Zukunft ist der Gegenwart nicht mehr ähnlich, und die Abfolge von Vergangenheit, Gegenwart und Zukunft geht immer schneller vor sich. Deshalb schwindet die Ratgeberkompetenz der Alten, und in leistungsfähigem Alter wird man zu jenen gerechnet, die den Zenit ihrer Verwertbarkeit und Durchschlagskraft längst überschritten haben. Das „unbrauchbare" Alter kriecht die Skala des Lebensalters hinunter, mengt sich unter die jüngeren Jahrgänge. Die Zukunftskompetenz wird den Jungen zugeschrieben, sie wird ihnen auch abverlangt. Die Kompetenzzuschreibungen zwischen Alten und Jungen kehren sich um. Für die Jungen gilt eine Kompetenzvermutung, für die Älteren eine pauschale Inkompetenzvermutung.

Ein rascher sozialer Wandel, zusammen mit derlei Qualifikationszuschreibungen, fördert eine entfremdete Perspektive, die Generationen driften auseinander. Karl Mannheim hat Generationen bekanntlich als gemeinsame schicksalsmäßig verwandte Lagerungen im Lauf der Zeiten bezeichnet, eine gemeinsame sozial-historische Lagerung also, die eine Tendenz zu spezifischen gemeinsamen Verhaltens-, Gefühls- und Denkweisen fördere.[8] Die Abfolge der Generationen sorgt deshalb für die Balance von Kontinuität und Neuerung; jede Neuaneignung kultureller Bestände geht mit partiellem Vergessen, bewusster Ablehnung, problematisierender Reflexion, teilweiser Neuinterpretation und faktischer Innovation einher. Aber nunmehr beschleunigt sich die Abfolge der Generationen, es wird eine raschere Abfolge von Brüchen wirksam, die eine Ablöse von Weltdeutungen beschleunigen.[9] Die nacheinander wirkenden Generationen befinden sich somit in immer unterschiedlicheren Lebenswelten. Ihr Wissen wird aneinander weniger anschlussfähig. Jede Generation war auch in der Vergangenheit immer mit Neuerungen konfrontiert;[10] jetzt aber sind es nicht nur partielle Neuerungen, sondern nachgerade neue Welten, in denen sich einander folgende Generationen zurechtzufinden haben. Die jeweils älteren Generationen sind mit fremden Welten konfrontiert.[11]

Das macht die Frage des Alters und die Frage der Generationen aktuell. Die „Ungleichzeitigkeit des Gleichzeitigen" – die kulturell-lebensweltliche Differenz der Perspektiven der gleichzeitig Lebenden – war den Menschen als Tatsache immer bewusst; aber diese Generationen werden nunmehr immer „ungleichzeitiger". Es gibt eine steigende Ungleichzeitigkeit der in einer Gesellschaft lebenden Menschen.[12] Dies muss nicht notwendigerweise bedeuten, dass Konflikte zwischen den Generationen wachsen; wohl aber spricht vieles dafür, dass das Unverständnis füreinander wächst. Man mag multikulturelle Toleranz walten lassen, gegenüber den Älteren wie gegenüber Immigranten aus fernen Kulturkreisen; aber ein wirkliches Verständnis füreinander zu gewinnen, dazu bedarf es eines hohen und steigenden Aufwandes auf beiden Seiten. Der intergenerationelle Verständigungsaufwand wächst.

In einer turbulenten Gesellschaft wird nun vermutet, dass der hohe Altenanteil in der Übergangsphase die Dynamik dieser Gesellschaft (in wirtschaftlicher, politischer und kultureller Hinsicht) bremsen könnte – weil ältere Menschen mit der hohen Wandlungsgeschwindigkeit weniger leicht mithalten können, weil sie risikoscheuer sind als jüngere, weil sich die Qualifikationsstrukturen durch altersbedingte Verzögerung des Wandels langsamer verändern. Aber das sind Spekulationen: Es lässt sich mit guten Gründen bestreiten, dass sich ein Modell konstruieren lässt, demzufolge Altersstruktur und Wandlungsgeschwindigkeit einer Gesellschaft einfach zu korrelieren wären oder gar eine optimal-wachstumsfreundliche Altersstruktur einer Gesellschaft zu konzipieren wäre.

Selbst wenn ältere Menschen mit dem Veränderungsdruck aber weniger gut mithalten können (was zu beweisen bliebe), wäre es einen Gedanken wert zu überlegen, ob unsere Gesellschaft wirklich dergestalt unter mangelnder Veränderungsgeschwindigkeit leidet, dass auch noch die letzten Reserven potentieller Innovationsfreudigkeit mobilisiert werden müssen, um ein auf Dauer gestelltes gesamtgesellschaftliches Change Management auf höchster Rate zu bewerkstelligen. Selbst wenn die realisierte Altersstruktur – mit einem Übergewicht an Älteren – nicht wachstumsmaximierend wäre, bliebe die Frage zu stellen: Ist diese technisch wirtschaftliche Veränderung um ihrer selbst willen das einzige, was wir gesellschaftlich noch wollen? Die Wachstumsmaximierung als alleinig verbliebenes Maß für Gesellschaftsgestaltung?

Wahrscheinlicher ist in Bezug auf die qualitative Beurteilung der Gesellschaft aber eher das Umgekehrte: dass die Veränderungsgeschwindigkeit ohnehin bereits die anthropologischen Ressourcen übersteigt; dass sie langfristig für den Durchschnittsmenschen nicht aushaltbar ist. Dann aber kann uns nichts Besseres passieren als ein moderierender Effekt, der sich aus einer kompensatorischen Altersstruktur ergeben mag. Die Gegenwartsgesellschaft bejubelt Geld und Spaß, wenn hiermit ein Durchsatz auf höchster Intensitätsstufe erreicht wird. Die seinerzeitige entpolitisierte Nüchternheit der „skeptischen Generation“, die Helmut Schelsky als prägend für die Wiederaufbauzeit beschrieben hat,[13] ebenso wie die Generation des „frei flottierenden Revoltierbedarfs",[14] die berühmte Achtundsechziger-Generation, sind beide abgelöst worden von der Generation der lustvollen Karriere-Konsum-Orientierung, der K.O.-Generation, die Dynamik zelebriert, Geld hat und Spaß will, die erfindungsreich ist und keine Dummheit auslässt. Die Älteren haben es jedoch nicht nötig, sich mit allen kindischen Forderungen zu solidarisieren, die im Durchschnitt bloß auf mehr Rechte und weniger Pflichten hinauslaufen. Auch in dieser Hinsicht ist eine gewisse „Bremswirkung" vielleicht nicht reaktionär, sondern wirkt sich segensreich aus. Man kann von einer veralterten Gesellschaft vielleicht ein bisschen mehr Gelassenheit erhoffen, und gerade die Stimmungslage der Gelassenheit ist jener Beitrag, den die ältere Generation der vorherrschenden Hektik als Beitrag zur Lebensqualität entgegenzusetzen hätte. Denn Gelassenheit ist weder Ignoranz noch Passivität; Gelassene bewahren den Gleichmut, weisen Beharrlichkeit auf, wehren sich gegen die großen emotionellen Pendelschläge; setzen vielen Dingen auch verminderten Widerstand entgegen: nicht weil sie ihnen gleichgültig wären, nicht weil sie nicht betroffen würde von den Ereignissen, nicht weil sie die Sicherheit der jederzeitigen Überlegenheit haben, nicht weil sie in den Fatalismus gleiten; – sondern weil sie wissen, dass sie zwar in mannigfacher Gefährdung stehen, aber auch die Gefährdungsabwehr ihre Grenzen hat; weil sie wissen, dass Freude und Jubel irgendwann erlöschen und nicht auf Dauer zu stellen sind; weil sie den Unterschied zwischen gerechtfertigter Beunruhigung und leerer Aufgeregtheit, zwischen nachhaltiger Freude und propagandistischer Übertreibung kennen.[15]

Das „erwartbare" Alter

Die Älteren verfügen über eine lange Altersspanne. Sie haben Zeit, das Alter zu leben. Das Alter wird nicht zum kleinen „Rest", zur Wartefrist auf das Ende, sondern zu einer eigenständigen Lebensperiode. Selbst nach dem Eintritt in das Alter ist das Ende noch keineswegs nahe.

Das Alter ist zudem erwartbar. Zwar klatschen alle heftig Beifall, wenn die „Risikogesellschaft" beschworen wird, und

bekräftigen sich in ihren Unsicherheitsgefühlen im Angesicht moderner Lebensverhältnisse. Aber wenn wir uns an die harten Daten halten, so müssen wir eingestehen, dass es noch nie in einer Gesellschaft ein höheres Maß an Lebenssicherheit gegeben hat als in den gegenwärtigen Industrieländern.
De facto hat die erfreuliche Lebenssicherheitsperspektive weitreichende Folgen. Das hinausgeschobene Ende verleiht auch der Phase vorher, den Jahrzehnten am Beginn und in der Mitte des Lebens, eine andere Qualität. Es hat sich die ganze Lebensperspektive verändert, weil früher - durch Krankheiten, Seuchen, Hungersnöte, Katastrophen, Gewalttaten - der Lebensfaden jede Minute reißen konnte, während man nun mit einem hohen Grad an Wahrscheinlichkeit ein hohes Alter erleben kann. Man kann ein Leben planen, einen Lebenslauf mit hoher Wahrscheinlichkeit durchleben, ohne von der jederzeitigen Möglichkeit eines raschen Todes ausgehen zu müssen. Die Chancen stehen gut, lange zu leben. Das „erwartbare" Alter verleiht dem ganzen Leben eine neue Qualität.

Das „gespaltene" Alter

Die Chancen stehen gut, in die vierte Phase einzutreten. Denn wir können mit dem englischen Sozialhistoriker Peter Laslett nicht mehr drei, sondern vier Lebensphasen unterscheiden: die erste von Erziehung und Ausbildung, die zweite der Erwerbs- und Familienarbeit, die dritte (und die Unterscheidung der beiden folgenden Phasen ist neu) die Phase nach Beendigung der Erwerbstätigkeit und die vierte die Phase der Gebrechlichkeit. Keines der drei „höheren" Lebensalter ist zeitmäßig genau festgelegt.

Einen wesentlichen Bestandteil zur Phasenabgrenzung haben bislang arbeits- und sozialrechtliche Regelungen beigesteuert: Man war „alt", wenn man in Pension ging, und zu diesem Zeitpunkt war man auch nicht mehr leistungsfähig, durfte das im Umlageverfahren bereitgestellte „Gnadenbrot" genießen. Aber zunehmend fällt die Schwelle „Arbeit-Nichtarbeit" mit der Schwelle „Leistungsfähigkeit-Hinfälligkeit" nicht mehr zusammen. Mit 60, ja noch mit 70 Jahren sind die meisten Älteren durchaus leistungsfähig und keineswegs hinfällig. In diesem Sinne gibt es wirklich eine neue Lebensphase: die agilen, selbstbewussten, materiell gut versorgten Älteren zwischen 60 und 75. Das höhere Alter ist für sie keine „Residualzeit" mehr, es ist eine neue, bislang nicht verfügbare Lebensphase, in der sich die Frage nach ihrer „Nutzung" stellt; in der also eigentlich die Frage – was machen die Älteren? – erst auftaucht.

Nun ist das nur die halbe Wahrheit, in einem ganz unmittelbar messbaren Sinn. Auch die jungen Alten werden irgendwann wirklich alt. Es wird im Zuge der weiteren Zunahme der Lebenserwartung einen überproportionalen Zuwachs des Bevölkerungsanteils der Hochbetagten geben, das heißt der über 75- und 80-Jährigen, und damit wird das Auftreten psychischer Probleme (Altersdemenz) und physischer Pflegefälle wahrscheinlicher. In Zukunft gibt es eher eine neue Separierung, eine „Spaltung" des Alters: einerseits die jungen Alten, für die man eine neue Rollenbestimmung[16] braucht, das heißt die 60- bis 75-Jährigen; andererseits die alten Alten, die über 75-, 80- oder 85jährigen, die in die Position der früher Älteren rücken.[17] Für die Letzteren gilt, dass sie das unangenehme Gesicht des Alters – wie eh und je, und stärker noch als bisher – zu sehen bekommen: körperlicher und geistiger Verfall, Pflegebedürftigkeit, Abhängigkeit. Die Abhängigkeit verschiebt sich altersmäßig nach hinten, aber sie wird nicht beseitigt. Das „abhängige Alter" der alten Alten bleibt, mit den gewohnten gesellschaftlichen Konnotationen: Peripherisierung, soziale Deklassierung, Pflegebedarf, Klientelisierung. Allerdings gibt es – wie auch an anderen Stellen des Lebenslaufs – keine scharfen Grenzen.[18]

Das „infantile" Alter

Ältere Menschen benehmen sich zuweilen so, als ob sie nicht alt wären; als ob sie niemals altern würden. Sie beugen sich einem vorherrschenden gesellschaftlichen Ideal, einer allenthalben durchdringenden und aufdringlichen Jugendlichkeitsideologie. Im 18. Jahrhundert setzten sich die Leute eine weiße Perücke auf, um alt zu sein. Noch vor hundert Jahren wollten alle alt erscheinen, ein „viktorianischer Alterspuritanismus", wie ihn der verstorbene Soziologe René König nannte: „Das typische Bild vor dem ersten Weltkrieg", so sagt er, „waren alternde Matronen von sage und schreibe ganzen 30 Jahren und ein entsprechendes Bild des Mannes, der, selbst wenn er physisch jung war, alles dazu tat, sich alt erscheinen zu lassen, begonnen mit dem großen Vollbart und überhaupt unterstrichen durch seine ganze bürgerlich zusammengerissene Haltung, die ihn wie in ein Korsett einzwängte, steif, unbeweglich, demonstrativ ernst, puritanisch."[19] Kulturgerontologen stellen fest, dass die Sache mittlerweile „gekippt" ist: Inzwischen ist es nicht die aufdringliche Greisenhaftigkeit, sondern die aufdringliche Jugendhaftigkeit, die sich breitmacht. Günther Nenning hat dagegen polemisiert: „Auf der Suche nach dem Sinn haben wir den Unsinn gefunden. Die Alten äffen die Jugend nach, die Alten hatschen dem Zeitgeist hinterdrein. Das Alter verliert die Würde und gewinnt die Lächerlichkeit. Sex, Sport, Spaß – die Dreifaltigkeit der Moderne. Die Menschen werden immer älter und immer blöder – darf das wahr sein?"[20]

Nun hat es von Zeit zu Zeit allerdings auch Jugendlichkeitswellen gegeben; was geschichtlich neu ist, ist allerdings die Tatsache, dass Jugendlichkeitswellen bislang eher mit kulturrevolutionären, oft romantischen Aufschwüngen einhergegangen sind: Sturm-und-Drang-Zeiten. Am Beginn des 21. Jahrhunderts aber wird das Jugendlichkeitsgebot zusammen mit gesellschaftskonformer Karriereorientierung transportiert: Es gilt fit zu sein, um leistungsfähig zu sein, und wenn man in aller Härte leistungsfähig ist, dann kann man sich auch den Spaß leisten. Es ist der Trend einer massiven Konsum- und Aktivitätspropaganda, der zur Erfahrungsbeschleunigung und zur Entmachtung von Erfahrungswirklichkeit und Lebenserfahrung führt.

Die Stigmatisierung des Alters[21] korrespondiert einem Jung-dynamisch-lustig-Syndrom, das zum gesellschaftlichen Idealbild geworden ist. Alte werden deshalb höflich aufgefordert, so zu tun, als ob sie noch jung wären. Es wird ihnen eingeredet: Man sei so alt, wie man sich fühle – ein Grundsatz, der die Älteren zu einem Juhu-Rollenverhalten verpflichtet, von dem sie wissen, dass es nur Heuchelei ist. Denn mit „altersgemäß" ist ja nicht gemeint, dass man die rheumatischen Beschwerden als gebührenden Altersindikator nehmen soll; es wird in semantischer Sinnverdrehung vielmehr gefordert, dass man die rheumatischen Beschwerden ignoriert, verheimlicht und gering schätzt. Man sei so alt, wie man sich fühle – das ist die Aufforderung, gefälligst jugendlich und gut drauf zu sein, verbunden mit der Weigerung zuzulassen, dass der Körper Spuren des Alterungsprozesses aufweist. Der auf breiter Front aufmarschierende Infantilisierungsdruck mündet oft in einen Kitsch der Jugendlichkeit. Aber die blondgefärbte Aufgedonnertheit amerikanischer Touristinnen, die schlichte Leugnung von Jahren, stellt eine Attacke auf die Würde des Alters dar. Es ist eine optische Rücknahme von Lebenserfahrung, die sich nun auch einmal in den Runen des Gesichts eingegraben hat. Es wird eine Atmosphäre geschaffen, in der das Interesse der Älteren zu beweisen, dass sie noch nicht senil sind, in Form rosafarbener Schleifchen im Haar umgesetzt wird.

Das Gegenteil des sozialinfantilistischen Lebensstils ist natürlich nicht das Lob der Griesgrämigkeit, nicht die Legitimierung von Passivität und Langeweile, von Zeitvertrödelung und Arztwartezimmer-Gerede. Aber es gibt – etwa bei Künstlern – einen „Altersstil", der seinen eigenen Reiz hat: Pflicht und Ehrgeiz verblassen; eine Distanz, größere Einfachheit werden spürbar; noch mehr Ehrlichkeit, ja Direktheit.[22] Der künstlerische Altersstil kann auch ein Alterslebensstil sein. Der eingeschränkte Zeithorizont verkürzt manche Wege. Das Alter bietet Möglichkeiten.

Die Jugendlichkeitsideologie geht zwangsläufig mit einer Stigmatisierung des Alters einher – teilweise Ergebnis einer Verbreitung von nachweislich unsinnigen Altersstereotypen.[23] Mittlerweile gibt es genug empirische Befunde, dass Intelligenz keineswegs mit dem Alter abnehmen muss und dass es für die sexuelle Aktivität keine wirklichen Altersgrenzen gibt. Mit diesen Forschungsbefunden können sich sogar Leute trösten, deren intellektuelle Kreativität vor dem Eintritt ins Alter auch schon wenig Aufsehen erregt hat. Aber die Überschätzung der Jugend und die Entwertung des Alters bedingen einander: Die Wandlungsdynamik der Gesellschaft überfordert nur die ganz Jungen nicht, und zwar deshalb, weil sie sie mangels Vergleichsmaßstäben[24] nicht durchschauen.

Das „weise" Alter

Nun ist freilich richtig, dass die Körperkraft im Alter abnimmt; und in traditionalen und in industriellen Gesellschaften hat die körperliche Leistungsfähigkeit – im Sinne schlichter Krafteinbringung – immer eine besondere Rolle gespielt; aber in postindustriellen Gesellschaften ist dies in den meisten Berufen nicht mehr der Fall. Insofern sollte körperliche Kraft kein besonderes Kriterium darstellen, und dies würde zugunsten der Älteren auf der Waagschale liegen. Andererseits aber handelt es sich um eine Wissensgesellschaft, und in ihr sind aktuelle Informationen und Qualifikationen gefragt: Die Kenntnisse der älteren Menschen waren besonders gefragt in Gesellschaften, die keine längerfristig wirksamen Transmissionsmechanismen für Informationen und Erfahrungen aufgewiesen haben; die Älteren waren die einzigen, die über selten eintretende Ereignisse Auskunft geben konnten, über Dürren, Erdbeben, Sonnenfinsternisse. Diese Kenntnisse sind heute weniger erforderlich, und die Informatik-Ausbildung der meisten Älteren ist in der Tat nicht sonderlich beeindruckend. In der Massenpsychose der Qualifizierten mittleren Alters, in der wir uns befinden, jener Psychose, die alles unter dem Aspekt der Verwertbarkeit und der Standortkonkurrenz sieht, sind die Kenntnisse der Älteren nicht gefragt.

Den Älteren werden insbesondere dann sehr rasch alle Qualifikationen abgesprochen, wenn als Standard für Lebensbewältigungsqualifikationen das aktuelle Computer-Know-how genommen wird, wie dies in der gegenwärtigen Bildungsdiskussion in rasanter Oberflächlichkeit geschieht. Wer nicht firm ist mit den neuesten Microsoft-Produkten, ist ein Individuum von gestern, wird in immer jüngeren Jahren an die Peripherie des gesellschaftlichen Geschehens abgeschoben. Soziale Randständigkeit beginnt dann im besten Lebensalter. Aber andererseits wird uns andauernd vorgebetet, dass gerade Spezialkenntnisse (gerade weil sie rasch veralten) heute weniger wichtig sind als Praxiserfahrung,

Sozialkompetenz und ähnliche „Schlüsselqualifikationen". In der Tat ist dem „Engagement" von Dreißigjährigen weit mehr zu trauen als ihrer „Lebensweisheit", wogegen Ältere über „tacit knowledge" verfügen: über eine Beurteilungsfähigkeit, die sich auf dem erlebten, nicht dem imaginierten oder gar wochenendkursgebundenen „Durchspielen" von Situationen gründet. Ältere verfügen über psychische Ressourcen. Lebensweisheit ist ein Kriterium. Odo Marquard hat übrigens die Philosophie – und die Geisteswissenschaften generell – mit dem Alter in Verbindung gebracht: „Philosophie", so sagt er, „das ist die Altersweisheit der noch nicht Alten; Simulation von Lebenserfahrung für die und durch die, die noch keine haben." Und ironisch setzt er fort: Wenn Philosophen altern, dann könnten sie am Ende die Philosophie durch die „wirkliche Altersweisheit" ersetzen.[25]

Auch wenn Älterwerdende die Erfahrung machen, dass die Weisheit, auf die sie sich schon eine ganze Weile gefreut haben, nicht und nicht einsetzen will, so ist doch unleugbar, dass ein gewisser „Abklatsch von Weisheit" einsetzt: und sei es nur die Erfahrung, dass man diese oder jene Situation unter anderen Umständen schon mehrmals erlebt hat. Déjà-vu-Situationen nehmen zu, was manches langweilig macht, vieles aber auch erleichtert. Es ist die Sensibilität für bestimmte „Signale" gestiegen: Wenn man einem Menschen in die Augen sieht, dann merkt man oft an unerklärlichen Signalen seines Gesichtes, dass er in der „Krise" ist oder soeben eine „Krise" hinter sich gebracht hat – Signale, die jüngere Menschen nicht als solche zu lesen vermögen. Weisheit ist das Gegenteil von Spezialwissen, und das hat Nenning den Alten zugute gehalten: „Der Weise hat Ahnungen. Ahnungen sind hilfreicher als Spezialwissen. Der Altersweise ahnt Dinge, die nicht veralten … Der Altersweise hat immer mehr Ahnungen, die immer mehr nicht veralten."[26]

Ältere sollen nicht zu moralischen Vorbildern oder psychotherapeutischen Gurus hochstilisiert werden, zu weisen, lebenserfahrenen, abgeklärten, nachsichtigen, ehrenhaften, toleranten Personen. Sie sind es nicht – oder sie sind es nicht deutlich stärker als jüngere Personen. Aber sie haben eine Erfahrung, derer die Jüngeren entbehren. Mit den angelernten Kenntnissen aus der schönen, neuen Informationsgesellschaft lässt sich nicht wirklich

Lebensbewältigung betreiben; und es gibt weitere Einsichten: dass niemand ganz von vorne anfangen kann, sondern immer anknüpfen muss; dass das Machbare seine Grenzen und auch die Hinnahme ihren Platz im Leben hat; – Einsichten, die sich die jüngeren Generationen erst erarbeiten – oder die sie ansonsten „erleiden" müssen.

Das „wohlhabende" Alter

Was die materiellen Lebensdimensionen anbelangt, so besteht immer noch eine verbreitete Neigung, ältere Menschen bzw. Pensionisten in die Nähe von Armut zu rücken oder zumindest als eine der sozialen „Problemgruppen" zu sehen. Dem einen Stereotyp entspricht das Gegenstereotyp: Es kontern diejenigen, die auf die wohlbetuchten Mallorca-Pensionisten verweisen, die in wärmeren Gefilden zu überwintern pflegen. Zwischen Mitleid und Neid schwanken demgemäß die Einschätzungen.

Tatsache ist: Die Älteren sind nicht mehr die Armen. Die typische „Altersarmut" ist vorüber. Da und dort gibt es MindestrentnerInnen, aber es gibt auch Mindesteinkommensbezieherlnnen, die nicht alt sind. Wenn man nach systematischen Korrelationen für armutsgefährdete Lebensverhältnisse Ausschau hält, dann wird man eher fündig bei kinderreichen und unvollständigen Familien. Die berühmte Berliner Altersstudie hat etwa festgestellt, dass Armut im Alter ein eher randständiges Phänomen darstellt, nämlich etwa drei Prozent der Alten betrifft. Das durchschnittliche Äquivalenzeinkommen hingegen liegt bei den Älteren höher als im gesellschaftlichen Durchschnitt.[27]

Das „teure" Alter

Dennoch haben die Älteren ein materielles Problem, oder vielmehr: Die Gesellschaft hat es mit ihnen. Sie kosten eine Menge Geld, und dieses Geld wird in Zukunft nicht mehr so reichlich verfügbar sein. Sie sind die teuersten Klienten des Wohlfahrtsstaates.[28] Deshalb wird das Verhältnis zwischen den Generationen in eine neue Begrifflichkeit gefasst; der „Generationenvertrag“ wird thematisiert, einerseits von jenen, die sich auf ihn als Sicherungsversprechen berufen, andererseits von jenen, die angesichts einer ungleichen Verteilung vor der drohenden Aufkündigung des „Generationenvertrags“ von Seiten der zukünftigen Generationen warnen.[29] Was lässt sich über die weitere Entwicklung sagen? Erstens: Es wird einen Wandel in der Struktur der Haushalte geben. Die Größe der Haushalte wird weiter sinken, insbesondere wird es einen relativen Zuwachs bei den Einpersonenhaushalten geben. Dieser Zuwachs zeigt sich bei den Jüngeren ebenso wie bei den Älteren. Das bedeutet aber auch, dass die Privathaushalte die zahlreichen Pflegeleistungen, die sie noch immer in hohem Maße erbringen, in Zukunft immer weniger erbringen werden (und damit ist die beruhigende statistische Mitteilung, dass noch immer die überwiegende Mehrheit aller Pflegeleistungen von Privatpersonen erbracht wird, keine wirkliche Beruhigung; es handelt sich exakt um die letzte Generation, die diese Leistungen in diesem Umfang erbringt). Bei nüchterner Betrachtung heißt dies, dass es zu einer weit reichenden Institutionalisierung von entsprechenden Pflegeeinrichtungen kommen wird. Die Älteren leben allein, die ganz Alten werden in kollektiven Reservaten versorgt.

Zweitens: Es wird einen wesentlichen Ausgabenschub bei den Gesundheitsausgaben geben. Besonders die Betreuung der Hochbetagten wird extrem überproportionale Ausgaben erfordern. Der Großteil der Gesundheitsausgaben fließt bekanntlich in die letzten Lebensmonate, und die Apparate-Medizin rüstet weiter auf. In Bezug auf die Gesundheitsausgaben wird deshalb eine Rationierungsdiskussion – mit dem Ziel von Cost Containment – einsetzen, mit all den Problemen, die sich vorhersagen lassen, bis hin zu „Triage“-Systemen für die teure Hochleistungsmedizin. Auch die Euthanasie-Diskussion wird durch den finanziellen Hintergrund der erforderlichen Sparmaßnahmen verkompliziert werden.

Drittens: Es wird bei gleich bleibendem Antrittsalter und steigender Lebenserwartung einen wesentlichen Ausgabenschub bei den Pensionszahlungen geben. In Bezug auf eine finanzierbare Gestaltung des Pensionssystems wird es unter dem Druck dieser Entwicklungen zwei Antworten geben: quantitative und zeitliche Reduktion. Quantitative Reduktion heißt: ein Prozess der Schrumpfung von Pensionszahlungen auf eine Art Grundpension, wobei es eine Fülle von legitimatorischer Begleitpropaganda geben wird, die den zu erreichenden Freiheitsgewinn preist, der dadurch erzielbar ist, dass man sich die ganze Sache durch private Maßnahmen selbst finanzieren muss. Zeitliche Reduktion heißt: ein deutlicher Anstieg des Pensionsantrittsalters.

Viertens: Es gibt keinen Grund, das ohnehin unter schlechteren gesundheitlichen Bedingungen vereinbarte Pensionsalter von 65 Jahren nicht als Normalschwelle für das Pensionseintrittsalter zu nehmen. Das österreichspezifische Augenzwinkern, dass gesetzliche Regelungen nicht wirklich gelten, weil man sie ohnehin umgehen kann, ist kein schützenswerter sozialpolitischer Besitzstand. Es wird sich bei dieser Verschiebung der Pensionierung um einen selbstverständlichen Anpassungsprozess handeln. Menschen sind heute mit 60 oder 65 gesünder und leistungsfähiger als früher, und sie leben zehn oder fünfzehn Jahre länger. Fünfzehn Jahre Pension genügen, und wenn die durchschnittliche Lebenserwartung steigt, verschiebt sich entsprechend auch das Ruhestandsalter. Man kann die geltende Altersgrenze ja auch durchaus umgekehrt sehen: Ältere Menschen werden zunehmend in die Pension gezwungen (und mit „Arbeitsverbot" belegt), obwohl sie durchaus leistungsfähig und leistungswillig sind („erzwungene Muße").

Der „Generationenvertrag" ist also ein Thema. „Die Renten sind sicher", „Pensionsgarantie" – das sind politische Slogans von gestern. „Aufstand der Jungen", „Krieg der Generationen", „Bereichern sich die Alten?" – das sind die Schlagzeilen von heute. Der Nachkriegsgeneration wird große Sensibilität für ihre eigenen Bedürfnisse nachgesagt: In den fünfziger Jahren habe sie die familienfreundliche Sozialpolitik aufgebaut, in den Sechzigern für die reichliche Staatsfinanzierung der Bildungs- und Hochschulausgaben Sorge getragen, in den Siebzigern schließlich zeitgerecht das Rentensystem großzügig ausgestaltet. „Hinter" dieser Generation werden die jeweiligen institutionellen Dotierungen wieder eingeschränkt. Eine Generation nimmt alles mit und hinterlässt der Folgegeneration abgeerntete Felder. Nun mag eine solche Analyse zeitlich ein wenig prekär sein; sicher ist, dass selbst Besitzstandsgarantien nunmehr verstärkt gegen intergenerationelle Verteilungsfragen abgewogen werden, seit die „Diskrepanz zwischen Gewinner- und Verliergenerationen“ immer deutlicher zutage tritt.

Das „isolierte“ Alter

Die größere Familie, in der mehrere Generationen unter einem Dach leben, ist beinahe ausgestorben. Dort, wo ältere Menschen in der Nähe ihrer Kinder leben, wollen sie einerseits diese nicht belasten, andererseits schätzen sie ihre eigene Unabhängigkeit. Das berühmte Wort Rosenmayrs von der „Intimität auf Abstand“ – das andere mit „innere Nähe bei äußerer Distanz“ paraphrasieren[30] – signalisiert jedoch die fortdauernde enge Beziehung zwischen den Generationen. Dennoch werden die Verhältnisse prekärer.

Erstens: Mit steigender Mobilität steigen die Distanzen zwischen den Verwandten, und persönliche Kontakte korrelieren bekanntlich deutlich mit der Fahrzeit. Telefonieren ist wichtig, ersetzt aber nicht jeden face-to-face-Kontakt. Bei Untersuchungen über Altersdepressionen hat man die Bedeutung von Isolationseffekten durchaus festgestellt: Alleinsein ist eine Gefährdung.[31] Dass ältere Menschen in Dublin glücklicher sind als in Berlin, in Liverpool weniger depressiv als in München, erklären Sozialforscher mit den dichteren sozialen Netzen, die es in kleineren Städten gibt. Außerdem sind jene gegen Depressionen besser geschützt, die einer Religionsgemeinschaft angehören; auch hier spielt die Einbindung in die Gemeinschaft die wesentliche stabilisierende Rolle. Ältere Menschen fühlen sich heute (entgegen einem allgemeinen Befindlichkeitstrend) ohnehin schon weitaus öfter als der Durchschnitt einsam, ängstlich oder bedrückt.[32]

Zweitens: Die Berufstätigkeit beider Ehepartner, soweit Ehepartner vorhanden sind (und nicht durch LAPs, durch Lebensabschnittspartner, ersetzt wurden), darf in Hinkunft als Normalfall männlicher und weiblicher Biographien gelten, und die Anforderungen in der Arbeitswelt (im Hinblick auf

Einsatzbereitschaft, Qualifikation und Flexibilität) steigen. Für die Familie bleibt weniger Zeit, sie wird zur Terminkalenderfamilie, und es erweist sich als schwierig, die flexiblen Anforderungen zwischen Kindern und Eltern allenthalben zu synchronisieren. Einen Zusatz-Zeitaufwand zu erübrigen und eine Überschuss-Synchronisation mit der Großelterngeneration zu leisten, nähert sich der Unmöglichkeit. Regelmäßige Hilfeleistungen werden zwischen den Generationen viel weniger stattfinden können: Es gibt keinen Haushalt mehr, der regelmäßig „betrieben" wird. Ältere werden sich weniger auf ihre Nachkommen verlassen können, Betreuungsdienstleistungen werden ausgelagert bzw. vermarktlicht.

Drittens: Junge Paare warten länger, bis sie Kinder bekommen; das bedeutet: Früher waren die Eltern in den Zwanzigern, als sie Kinder bekamen, und mussten diese betreuen; in der Kinderbetreuungsphase waren die eigenen Eltern in den Fünfzigern und Sechzigern, also noch rüstig, und wenn deren Betreuung angefallen ist, waren die eigenen Kinder bereits im Wesentlichen „draußen". Nun aber fallen durch das steigende Erstgeburtsalter Kinder- und Altenbetreuungsphasen zusammen. Das setzt die „Sandwich-Generation" unter Zeit-Stress;[33] zusammen mit Berufstätigkeit und Arbeitsmarktdruck wird die Zeit für die Obsorge für die Älteren knapp.[34]

Viertens: Es gibt aber auch ein Gegenargument, das gleichfalls mit dem Zerfall von Familien zusammenhängt. Es kommt – durch Scheidungen und Wiederverheiratungen – zu einer Expansion des Verwandtschaftssystems, wie es dies bislang nicht gegeben hat. Stiefbeziehungen werden aufgebaut, der Verwandtenkreis erweitert sich. Verwandtschaft ist in geringerem Maße eine natürlich gegebene, sie wird stärker eine gewählte Beziehung. Aus dem großen Kreis der Verwandten kann man aussuchen, mit wem man in Kontakt bleiben will und wen man eher an die Peripherie der Kontaktnetze schlittern lassen will. Das gilt für die Kinder-, die Eltern- und die Großelterngeneration. Es ist natürlich eine neue emotionale Herausforderung – wie etwa Kinder mit multiplen Mutter- und Vaterschaften zurechtkommen, aber auch wie sonstige Verwandte ihre Beziehungen definieren. Aber besonders die Notlage von Alleinerziehenden reaktiviert das

Erfordernis von Betreuungsleistungen der Großeltern wieder in hohem Maße. Ohne sie läuft nichts; denn die matrilinearen Tendenzen des neuen Verwandtschaftssystems erfordern zeitintensive Hilfeleistungen.[35]

Das „mächtige" Alter

Die Älteren verfügen jedoch (noch) über zwei Machtinstrumente: Zeit und Geld. Die Fixierung auf die Hilfe für die Älteren hat lange Zeit die Aufmerksamkeit davon abgelenkt, dass Hilfe von den Älteren zu den Jüngeren fließt. Ältere Menschen sind in der Lage, Hilfeleistungen für die Jungfamilien zu erbringen: Oma passt auf die Kinder auf. Durchschnittlich verfügen Ältere auch über ein Überschusseinkommen, aus dem sie beträchtliche Alimentationen für die Jungfamilien leisten, besonders in den Gründungsphasen.

Immer wieder tauchen Reformvorschläge auf, die eine Umverteilung zwischen den Generationen im Sinne einer Bedürfnisgerechtigkeit vorschlagen, derzufolge die Einkommen der Jüngeren angehoben und die Einkommen der Älteren gekürzt werden sollten. Abgesehen von dem Umstand, dass dies ohnehin geschieht, ist aber darauf zu verweisen, dass die Ressourcen, über welche die Älteren verfügen, auch zum Statusgewinn beitragen. Wenn schon ihre Leistung eingeschränkt ist, ihr Wissen nichts mehr zählt, ihre Erfahrung verschmäht wird, wenn also alle herkömmlichen Ressourcen einen Entwertungsprozess zu verzeichnen hatten, so mag doch die faktisch erbrachte Hilfeleistung – in Dienstleistungen oder Geld – die Reputation der Älteren noch stützen. Gemäß der Austauschtheorie sind diese „Tauschmittel" nicht unwichtig: Die vergleichsweise gute materielle Stellung der Alten verschafft ihnen eine Machtstellung, welche die Aggressivität der Jungen, die mit der Implementierung des Generationenvertrages unzufrieden sind, zu bremsen geeignet ist. Die Macht der Alten ist nicht nur politisch gut begründet, als ein großes Wählerpotential, sondern auch ökonomisch: Die gute materielle Ausstattung der Älteren im Verein mit ihrer Großzügigkeit trägt zur Pazifizierung des Generationenkonflikts bei – und sie schützt die Generation der Älteren vor der Demontage.

Das „produktive" Alter

Irgendwie vergeht die Zeit, und man übersieht, dass man alt geworden ist. Die jungen Großeltern – für den Lebensstil der Älteren, aber offensichtlich auch für ihr Lebensgefühl gilt es erst Elemente auszuformen und sich anzueignen, dieser Prozess ist im Gange. Das Problem besteht darin, eine adäquate Rolle für die „jungen Alten" zu finden.[36] Es kann (zumindest in den meisten Berufen) nicht darum gehen, Kompensationsmechanismen zu finden, die es gestatten, bisherige Rollen weiterzuführen, sondern eher darum, neue Inhalte des Lebens zu gestalten. „Abschiedsfähigkeit" – von früheren Beschäftigungen und Verhaltensweisen – ist nicht leicht zu entwickeln, aber Voraussetzung für die Neuformierung einer eigenen Identität im Alter.[37]

Es geht beim „erfolgreichen Altern" um die Wahrung und Eröffnung neuer Aktivitäten, nicht um die Hinnahme der Reduktion von Lebensmöglichkeiten gemäß dem Defizitmodell des Alters: Der Begriff des „produktiven Alters" (productive aging) kommt aus den USA, wo Zahlungen an Ältere unter einem höheren Legitimationsdruck stehen als in Europa. Verallgemeinerbar ist aber: Auch im Alter ist Platz für Aktivität und Engagement. Ältere sollen nicht als Unfähige oder als Schmarotzer dastehen. Auch in der dritten Lebensphase ist Zeit für eine „vita activa".

Das „graduelle" Alter

Man ist nicht „alt" oder „nicht-alt"; man wird langsam älter. Was es nach wie vor nicht gibt (und was neuerdings wieder aus der Diskussion geraten ist), sind Regelungen, die der natürlichen „Leistungskurve" des Menschen Rechnung tragen: dass jeder nach seinen Kräften zum Gedeihen einer Gesellschaft beiträgt; dass diese Kräfte in höherem Alter schwinden; dass ein Alles-oder-Nichts-Verhältnis unsinnig ist, weil es an der „Altersgrenze" zunächst für einige Jahre zu einer Überforderung, dann für einige Jahre zu einer Unterforderung führt. Denn das Berufsleben wird härter, höchste Anspannung, höchste Flexibilität, höchste Einsatzbereitschaft sind gefordert. Im Alter von 60 oder 65 Jahren wird es mühsam, auf vollen Touren zu laufen, es führt zur Überforderung bei den Betroffenen (es setzt der „altersnahe Berufsstress" ein) und zur „Freisetzung" älterer Arbeitnehmer bei den Unternehmen (weil die Älteren angeblich nicht mehr „mitkommen"). In einer traditionalen Gesellschaft war die Arbeitswelt „menschengerechter": Ein langsames Zurücknehmen des Einzelnen war möglich, ein langsames Ausklinken aus dem Arbeitsgeschehen, eine Einschleifregelung. Wir haben hingegen ein institutionelles Muster, das im Grunde realitätsfremd ist: Höchstleistung ohne Abstriche in einer 24-Stunden-dynamischen Gesellschaft[38] bis zu einem festgesetzten Tag; vollständiges Arbeitsverbot mit kollektiver Alimentierung ab dem nächsten Tag. Ein solches Modell klingt nicht nach Realitätsbewusstsein, und die gesunden Pragmatiker, die es als Selbstverständlichkeit vertreten, sind in Wahrheit menschenfern.

Das ist nicht nur ein Problem der Älteren, sondern auch eines in den Jahrzehnten davor. Man hat in der 24-Stunden-Gesellschaft den Eindruck, alle Zeiträume für Muße, Kontemplation und Sinnsuche würden radikal aus den Arbeitsjahren entfernt und für das Alter gebündelt; wenn der überforderte Zeitgenosse japsend an der Pensionsschwelle angekommen ist, setzt dafür dort der „Muße-Terror" ein. Er darf nichts anderes mehr tun als Kontemplation üben. Eine sonderbare Art von Zeitmanagement.

Es wird eine höhere Aktivitätsrate in den Jahren vor der eigentlichen Pensionierung (heute als Frühpensionierung bezeichnet) geben. Die simple politische Verschleierungsstrategie, dass man Arbeitslose in Früh- und Sonderpensionierungsprogramme abgeschoben hat, wird angesichts knapper Kassen nicht mehr machbar sein. Man wird eher daran denken müssen, die kurzsichtige Strategie der Unternehmen, ältere Arbeitskräfte etliche Jahre vor der Pension „freizusetzen", zu unterbinden. Das geht durch finanzielle Incentives, es geht aber auch durch eine Bewusstseinsänderung. Die dänische Handelskette Netto betreibt in Kopenhagen Supermärkte, in denen kein Angestellter unter 46

Jahre alt ist, und sie hat auch in Berlin bereits einen Laden eröffnet. Die Konsumenten schätzen die freundliche Gelassenheit der MitarbeiterInnen, sie beurteilen das Personal als freundlicher und kompetenter. Der Marktchef betont, er habe den jungen früheren MitarbeiterInnen alles dreimal sagen müssen und es sei dann erst recht nicht gemacht worden; jetzt sage er es nur einmal und es werde gemacht. Ältere arbeiten zuverlässiger.[39]

Das „helfende" Alter

Es besteht eine gut qualifizierte und kräftige Generation von Älteren wie nie zuvor, auf der anderen Seite gibt es eine Überfülle ungetaner Arbeit in Bereichen wie Erziehung, Gesundheitsobsorge, öffentliche Sicherheit, Umwelt und anderes.[40] Pensionierung bedeutet oft einen schmerzhaften Übergang von Aktivität zu Inaktivität, von Produktivität zu Müßigkeit. Organisierte Aktivität ist aber Studien zufolge ein guter Indikator für eine höhere Lebenserwartung und Vitalität. Auch die in der Sozialgerontologie hochgeschätzte Austauschtheorie würde den Älteren den guten Rat geben, als sozial nützlich bewertete Aufgaben zu übernehmen, um ihre Position in der Gesellschaft zu stärken. Deshalb taucht immer stärker die Frage auf, ob nicht die Älteren im Kontext einer Zivilgesellschaft (oder Bürgergesellschaft) freiwillige Leistungen erbringen könnten – und zum Teil tun sie das ja auch. Aber der Aktivismus der Älteren darf nicht als Verallgemeinerung des Leistungsprinzips bis in die letzte Lebensminute verstanden werden, nicht als Prinzip des voll zu haltenden Terminkalenders, bis man in den Sielen umfällt. Diese „vita activa" ist durchaus getragen von einer „vita contemplativa", in der auch ein leises Gefühl erwachen kann, man hätte vielleicht schon ein wenig früher inmitten all der Hektik Inseln der Kontemplation aussparen sollen. Das bedeutet, dass man wohl den Anschluss an diese Gesellschaft nicht verpassen soll, dass man aber in gewissem Sinne – und das ist ja keine Altersfrage – gegen diese Gesellschaft auch anleben muss. Bernd Guggenberger hat seine Feststellung, dass die Mehrheit der jemals lebenden Menschen heute lebt, mit Vergangenheitsverlust in Verbindung gebracht und in eine Kritik der Gegenwartsgesellschaft umgemünzt: „Die Toten verstummen", so notiert er, „diese neue Mehrheit der Quicklebendigen und Zukunftszugewandten tritt die Macht an; apokalypseblind und ohne jeden Rest jener einst menschheitsbegleitenden prometheischen Scham orientieren wir uns nach vorn und nach oben, völlig losgelöst, herkunftsentlastet, ein hastiges Lebewohl noch auf den Lippen für die Minderheit der Toten."[41]

Der unsterbliche Mensch

Die meisten älteren Menschen denken nicht an den Tod. Sie leben, als würden sie ewig leben. Sie trösten sich mit den Fortschritten der Medizin. Aber das ist ein Trost der Verdrängung, und er ist deshalb Illusion.

Dass Menschen sterblich sind, ist eine Tatsache, die ungern wahrgenommen wird.[42] Vieles spricht dafür, dass bei allen medizinischen Erfolgen auch die Zunahme der Lebenserwartung nicht grenzenlos weitergehen wird, dass es eher ein „Ablaufdatum" für die physisch-psychische Konstitution des Menschen gibt. Wenn man alle konkreten Krankheiten im Griff haben wird, sterben die Menschen halt an „Altersschwäche". Aber das ist unzulässig: Die Endlichkeitsakzeptanz wird aufgekündigt. Die Menschen in der ewigjugendlichen Gesellschaft neigen dazu, an der Fiktion zu hängen, dass die Nähe des Todes sie nicht betrifft. Die „ars moriendi" ist nicht einfach verloren gegangen,[43] sie fällt unter das Verdikt der Unanständigkeit. Die „ars moriendi" war jene Kunst, die man beherrschen musste, um an der Schwelle des Todes den bösen Geistern, die jeder Seele habhaft zu werden trachteten, zu entkommen; aber die Sterbelager sind heute nicht mehr von Engeln und Teufeln, von den himmlischen Heerscharen und den Mächten des Bösen, umlagert, sondern von den Schläuchen und Apparaturen der Notfallsmedizin. Das jenseitige Heilsversprechen ist von einem diesseitigen (nicht einlösbaren) Heilsversprechen abgelöst worden; dieses säkularisierte Heilsversprechen orientiert sich an der Hochleistungsmedizin, an der Medikalisierung des Alters, an Reparaturarbeiten und Rehabilitationshoffnungen – eine fröhliche Geriatrie. Lebensendlichkeit ist vom menschlichen Schicksal zum ärztlichen Versagen geworden. Das macht die Sache selbst freilich nicht leichter.

Denn das Leben ist für die meisten Menschen kürzer geworden, als es früher war. Wohl haben wir einige Jahre an Lebenserwartung gewonnen, aber diese werden nur an das bisschen Diesseits angestückelt. Die unendliche Dimension im Jenseits, das an das diesseitige folgende „ewige Leben", ist den meisten in einer sich säkularisierenden Welt verloren gegangen. Deshalb haben wir es eigentlich nicht mit einer Verlängerung, sondern mit einer unglaublichen Verkürzung der Lebenszeit zu tun: In der Vorstellungswelt der meisten Europäer ist die „lange Etappe", die jenseitige, ausgefallen. Die Vorstellung, nach dem Sterben folge erst der eigentliche „Urlaub", die Harfe spielende Freizeit, das Erleben all dessen, was im Leben selbst versäumt wurde – diese Vorstellung ist geschwunden. Das schafft einen ungeheuerlichen Zeitdruck im diesseitigen Leben: Was immer man nicht „erlebt", erfahren, getan, gespürt hat, das ist unwiederbringlich vorbei. Deshalb ist die Erlebnisgesellschaft eine Stressgesellschaft besonderer Art, und die Älteren stehen unter besonderem Druck: Es gilt die letzten Chancen zum „Erleben" zu nützen, bevor die Nacht hereinbricht.

Schlussbemerkungen

Ältere Menschen sollten darauf bestehen, dass man sie als ältere Menschen wahrnimmt. Sie sollten nicht entschuldigend verkünden, sie seien trotz hingeronnener Lebensjahre ohnehin noch so jugendlich; sie seien trotz ihrer Pensionierung durch diese und jene Aktivitäten ohnehin noch so nützlich für die Gesellschaft; sie seien, auch wenn sie mit guten Pensionen versorgt seien, ohnehin gebefreudig gegenüber den Nachfahren. Sie sollten auch keine präpotenten Nutznießer, grantigen Egoisten, anmaßenden Forderer sein. Sie sollten etwas sein, was wohl für alle Individuen – jeden Alters – gilt: Sie sollten nach Kräften zum guten Leben der Gesellschaft insgesamt beitragen, und dies sollte auch ihr eigenes zu einem guten Leben machen. Mit Leopold Rosenmayr gesprochen: Eine menschengemäße Gesellschaft ist auch eine altersgemäße Gesellschaft, und eine altersgemäße Gesellschaft ist auch eine menschengemäße Gesellschaft.[44]

Anmerkungen

1 Zeitmagazin Nr. 21 vom 20. Mai 1988, 8.

2 Ich spreche von älteren und alten Menschen, nicht von „Seniorinnen und Senioren" im Sinne einer gängigen euphemistischen Verschleierungs- und Verdrängungsterminologie. Man könnte freilich aus Gründen zu dieser Benennung greifen, die man sich als „politische Korrektheit" zu bezeichnen angewöhnt hat; aber auch das gelingt nicht: Wenn man in Langenscheidts Wörterbuch nach dem „Senior" sucht, so findet man den „älteren Mann", den „älteren Sportler" und den „älteren Teilhaber"; aber alle diese Personen sind nur in der männlichen Version genannt. Die „Seniorin" hingegen lässt sich nicht finden, obwohl es mehr Seniorinnen gibt als Senioren. Das aber ist erst recht politisch unkorrekt. Also lassen wir die Heuchelei. Es gibt alte Menschen, und wir ehren sie nicht, indem wir ihre Existenz semantisch leugnen.

3 Academic Press Dictionary of Science and Technology: old age – „an imprecise term for the later period of life." In der Geologie: „in the topographic development of a landscape or area, the last stage in the cycle of erosion ...", auffindbar unter *www.harcourt.com/dictionary*.

4 Stichwort „old age" in der *Britannica.com*.

5 Bernhard Schäfers (Hrsg.): Grundbegriffe der Soziologie, Opladen 1986, 15.

6 Martin Kohli: „Die Institutionalisierung des Lebenslaufs. Historische Befunde und theoretische Argumente", KZSS37(1985),H.l.

7 Hermann Lübbe: Zeit-Verhältnisse. Zur Kulturphilosophie des Fortschritts, Graz-Wien-Köln 1983.

8 Karl Mannheim: „Das Problem der Generationen", Kölner Vierteljahreshefte für Soziologie 7 (1928/29), 157–184.

9 Durch Migrationen, durch den tatsächlichen Eintritt in eine „neue Welt", werden Verständnisschwierigkeiten erst recht wirksam, wie am Beispiel eines berühmten soziologischen Klassikers neuerdings auf eine erhellende Weise gezeigt wurde; vgl. Ansgar Weymann: „Modernisierung, Generationsverhältnisse und die Ökonomie der Lebenszeit. Gesellschaftsformen und Generationen im ‚Polish Peasant'", Soziale Welt 46 (1995), 369–384.

10 W. Jaide: Generationen eines Jahrhunderts, Opladen 1988.

11 J. Matthes: „Karl Mannheims ‚Das Problem der Generationen' neu gelesen", Zeitschrift für Soziologie 14 (1985), 363–372.

[12] Die Ungleichzeitigkeit wird nur durch eine gegenläufige Tendenz gebremst, die im Grunde kompensierend wirkt: der Tendenz, dass sich durch Geburten in höherem Alter die Abstände zwischen den Generationen wiederum auseinander entwickeln, so dass einander folgende Generationen eine größere Zeitspanne abdecken. Anders formuliert: Die gleiche Zeitspanne (sagen wir: von sechzig Jahren) wird durch weniger aufeinander folgende Generationen überbrückt, als wenn die Geburten jeweils in jüngeren Jahren einsetzen und eine neue Generation hervorbringen würden. Die Spreizung der Jahrgänge verschärft freilich erst recht die Verständnisprobleme der aufeinander folgenden Generationen.

[13] Helmut Schelsky: Die skeptische Generation. Eine Soziologie der deutschen Jugend, Düsseldorf-Köln 1957.

[14] Odo Marquard: Abschied vom Prinzipiellen, Stuttgart 1987, 10.

[15] Vgl. dazu Otto F. Bollnow: Wesen und Wandel der Tugenden, Frankfurt a. M.-Berlin-Wien 1981,115ff.

[16] Paul B. Baltes, Jürgen Mittelstraß (Hg.): Zukunft des Alterns und gesellschaftliche Entwicklung, Berlin-New York 1992.

[17] Gerhard Naegele, Hans Peter Tews (Hg.): Lebenslagen im Strukturwandel des Alters, Opladen 1993.

[18] Franz Kolland: Kulturstile älterer Menschen. Jenseits von Pflicht und Alltag, Böhlau 1996.

[19] René König: Soziologische Orientierungen. Vorträge und Aufsätze, Köln 1973, 122.

[20] Günther Nenning: „Warum Altern gesund ist", „Die Presse" vom 30.5.2001, 7.

[21] Jürgen Hohmeier, Hans-Joachim Pohl: Alter als Stigma, Frankfurt a.M. 1978.

[22] Carl Friedrich von Weizsäcker: Der Garten des Menschlichen. Beiträge zur geschichtlichen Anthropologie, München-Wien 1977, 157.

[23] Jürgen Hohmeier, Hans-Joachim Pohl, 1978.

[24] Das heißt: mangels der Erfahrung mit einer früheren, anderen Lebensweise.

[25] Odo Marquard: Abschied vom Prinzipiellen, Stuttgart 1987, 26.

[26] Günther Nenning: „Warum Altern gesund ist", Die Presse vom 30.5.2001, 7.

[27] Karl Ulrich Mayer, Paul B. Baltes (Hg.): Die Berliner Altersstudie, Berlin 1996.

[28] Vgl. Christoph Conrad: „Rentnerinnen und Rentner", in: Ute Frevert und Heinz-Gerhard Haupt (Hrsg.): Der Mensch des 20. Jahrhunderts, Frankfurt a. M. – New York 1999, 254-277.

[29] Lutz Leisering: Sozialstaat und demografischer Wandel. Wechselwirkungen, Generationsverhältnisse, politisch institutionelle Steuerung, Frankfurt a. M. – New York 1992.

[30] Lilo Berg: „Innere Nähe bei äußerer Distanz“, Berliner Zeitung online, 14.7.1999.

[31] Diana Helfrich: „Glückliches Alter in kleinen Städten“, Berliner Zeitung online, 4.6.1997.

[32] Franziska Beckmann: „Weniger Selbstmorde denn je“, Berliner Zeitung online, 14.6.2000.

[33] Tom Anderson: „Taking a Bite Out of the Sandwich Generation”, USA Today Magazine, November 1999 (bei *Britannica.com*).

[34] Immer häufiger wird der Sachverhalt eintreten, dass Familien gleich zwei Generationen im Ruhestand aufweisen.

[35] Vgl. etwa Axel Honneth: Desintegration. Bruchstücke einer soziologischen Zeitdiagnose, Frankfurt a. M. 1995, 96f.

[36] Peter Laslett: Das dritte Alter. Historische Soziologie des Alterns, Weinheim und München 1995.

[37] Leopold Rosenmayr, Gerhard Majce, Franz Kolland: Jahresringe – Altern gestalten. Sozialwissenschaftliche Forschungen aus Österreich, Wien 1997, 19.

[38] Leon Kreitzman: The 24 Hour Society, London 1999.

[39] Ulrike Meyer-Timpe: „und kein bisschen müde“, Die Zeit (1999), No. 16.

[40] Marc Freedman: „Senior Citizens: A New Force in Community Service”, USA Today Magazine, January 1997 (in *Britannica.com*).

[41] Bernd Guggenberger: Das digitale Nirwana. Vom Verlust der Wirklichkeit in der schönen neuen Online-Welt, Reinbek b. H. 1997, 11.

[42] Karin Wilkening: Wir leben endlich – zum Umgang mit Sterben, Tod und Trauer, Göttingen 2. Aufl. 1998.

[43] Arthur E. Imhof: Ars Moriendi. Die Kunst des Sterbens einst und heute, Wien-Köln 1991.

[44] Leopold Rosenmayr: Altern im Lebenslauf. Soziale Position, Konflikt und Liebe in den späten Jahren, Göttingen 1996.

Publikationen

„Krisen. Eine soziologische Analyse“, Wien-Köln-Graz 1986; „Arbeitslosenprotest und Resignation in der Wirtschaftskrise“, Frankfurt-New York 1988; „Soziologie. Themen, Theorien, Perspektiven“, Wien-Köln-Graz 3. Aufl. 1995; „Die Sozialpartnerschaft. Modell der Vergangenheit oder Modell für Europa?“, Wien 1996; „Bilder des Wohlfahrtsstaates“, Marburg 1996; „Die McGesellschaft“, Graz 1998; „Good Bye New Orleans“, Graz 2006; „Die zweidimensionale Gesellschaft“, Wiesbaden 2006. Herausgeber der Reihe „Sozialethik“ der Österreichischen Forschungsgemeinschaft beim Passagen Verlag. Zahlreiche Aufsätze über Wirtschaftstheorie und -politik, Politiksoziologie, Kultursoziologie, Wissenschaftssoziologie, sozialwissenschaftliche Theorie und Ideengeschichte.

Hubert Feichtlbauer

Geboren 1932 im Innviertel. Dr. rer. pol. an den Universitäten Wien und St. Louis (USA). Diplom-Dolmetsch für Englisch. Seit 1955 Journalist (u.a. Salzburger Nachrichten). Chefredakteur bei Wochenpresse, Kurier, Furche. Wirtschaftskammer Österreich (Leiter der Presseabteilung), freier Mitarbeiter beim ORF. Seit 1992 in Pension. Seither freier Journalist, Vorträge und Diskussionen zu Kirchen- und Gesellschaftsreform.

Auch Grenzen sind Chancen

Sie ist selbstverständlich 70 Jahre jung, nicht alt. Er ist auch 70, fügt aber rasch hinzu: „Ich fühle mich aber viel jünger!" Was voraussetzt, dass wir alle wissen, wie „man" sich mit 70 zu fühlen hätte. Ich weiß es nicht. Aber ich weiß ebenso gut wie wir alle, dass meine Eltern und gar Großeltern sich in dem Alter, in dem ich heute bin, ungleich älter, begrenzter, kränker, unglücklicher gefühlt haben. Denn unbestreitbar ist: Den von bisherigen Generationen erlebten drei Lebensaltern – der vorberuflichen Lernphase, der Erwerbszeit und dem Ruhestand – hat sich eine neue Lebensphase zugesellt, die der Sozialwissenschafter Leopold Rosenmayr „die gewonnene Generation" nennt: die immer länger werdende Wegstrecke, die sich zwischen die formelle Pensionierung und das endgültige Loslassen von Teilzeit-Weiterarbeit, ehrenamtlichen Tätigkeiten im Dienst der Allgemeinheit und genussvollen Freizeitaktivitäten aller Art geschoben hat.

Ja, wir sind als Senioren und Seniorinnen heute relativ gesünder, relativ beweglicher, relativ wohlhabender, relativ konsumfreudiger und auch relativ gebildeter als unsere Vorfahren, und wir haben allen Grund, diese Vorzüge aus vollem Herzen auch zu genießen. Es wäre freilich unrealistisch und den SeniorInnen gegenüber auch unfair, so zu tun, als bestünde das Älterwerden nur aus gesteigerten Lebensfreuden und als könnten Sprachbehübscher, Faltenglätter, Fitnesstrainer und Schönheitschirurgen das Altern aller Lasten und Leiden entkleiden. Solches vorzugaukeln wäre unredlich, weil jeder und jede von uns, die ihr eigenes Schicksal auch beschwert und beladen sehen, sonst annehmen müssten, sie seien die einzigen, die nicht schaffen, was angeblich allen anderen mühelos gelingt.

Wahr ist eben auch: Durch den Wortwechsel von „Alte" zu „Senioren" allein werden Menschen nicht jünger. Auch wenn für immer mehr Menschen immer mehr Pensionistenjahre zu Quellen ungetrübter Freude werden, gibt es doch zum Beispiel auch jene, die durch konjunkturelle Entwicklungen ungewollt in eine frühe Pension gedrängt worden sind und die darauf zunächst einmal mit Ärger und Frust reagieren. Sie muss man ermutigen, sich langsam und überlegt neue Betätigungsfelder in der Familie, in

Vereinen und karitativen Organisationen zu suchen und bedächtig einer Vereinsamung entgegenzuwirken.

Nicht alle sind den „Flotten" zuzählen, die Sozialwissenschafter neben „Zufriedenen", „Neugierigen" und „Zurückgezogenen" in der heutigen Altersgesellschaft ausgemacht haben. Zurückgezogenheit kann vielfache Ursachen haben: in der Persönlichkeitsstruktur, in individuellen Erlebnissen, in Krankheit, feindseliger Umgebung und hunderterlei mehr. Solche Menschen gewinnt man nicht, indem man sie, wenn auch noch so gut gemeint, halb gewaltsam zu Fitness- oder Tanzstunden schleppt. Aus Zurückgezogenen wieder Neugierige zu machen, die wir ein ganzes Leben lang sein sollten, ist zuerst eine schöne Aufgabe für ehrliche – und realistisch denkende – Freunde. Die Münchhausen-Typen, die sich mit eigener Kraft aus dem Sumpf ziehen, sind nicht so zahlreich.

Zu den Hilfen, die wir alternden Menschen schulden, gehört aber auch nicht nur das Ermuntern zum Weitermachen in Amt und Ehrenamt, Sport und Spiel, sondern auch das Erleichtern des Ja-Sagens zu Beschränkungen und Grenzen. Auch das wird uns ein ganzes Leben lang abverlangt. Aber die Grenzen werden im Alter deutlicher spürbar. Wer darauf überhaupt nicht vorbereitet ist, den treffen solche Einschränkungen besonders hart. (Das gilt im Übrigen auch für Amtsinhaber: Alles hinwerfen über Nacht ist unverantwortlich. Sich immer wieder an allen Positionen festkrallen, ist es auch.)

Man ist noch nicht krank, wenn man merkt, dass die Hörfähigkeit nachlässt. Als der Facharzt mir sagte, ein Hörgerät wäre jetzt sehr zu empfehlen, denn je früher man es trage, umso bessere Dienste könne es leisten, hatte ich dennoch keinen Freudenausbruch. Eine Schnecke im Ohr, wie dezent auch immer sie heute schon geformt ist: Dagegen wehren sich Vorurteil, Eitelkeit, Mangel an Selbstkritik: „So weit ist es doch bei mir noch nicht!" Als ob Hörhilfen eine Schande wären, obwohl wir uns an Sehhilfen in Form von Brillen und Kontaktlinsen und an Beißhilfen aller Art im Mund vielfach schon viel früher im Leben gewöhnt haben! Dreimal tapfer schlucken und dann wieder besser hören – so überwindet man diese Hürde am besten.

Eine andere Grenze, an die zu stoßen sich viele fürchten: der Abschied vom Autofahren. Für viele ist er die schwerste Prüfung von allen, die unter dem Titel „Einschränkung der Mobilität" unvermeidlich sind. Zuerst kommen die körperlichen Einschränkungen: Schultern, Knie, Hüften, Bandscheiben verursachen Schmerzen, die kein noch so „positives Denken" beseitigt. Da helfen nur Pillen, Infiltrationen, Infusionen, Operationen, neue Gelenke, Spazierstöcke. Alles kein reines Vergnügen, aber man beißt sich durch. Bis das Auto zu Schanden gefahren ist – natürlich nicht durch eigene Schuld, sondern die Unnachgiebigkeit einer falsch platzierten Betonmauer oder die Rücksichtslosigkeit eines „Mitbewerbers" auf der Straße, aber die Frage steht jetzt drohend vor dir: ein neues kaufen und es in der Garage verrotten lassen? Oder damit doch noch gelegentlich fahren und wieder einen Narren auf der Straße übersehen (oder den Narren in sich selbst)? Oder das entscheidende Stück Bewegungsfreiheit, das aus Stahl, Blech und Gummi besteht, freiwillig abgeben? Dazu gehört große Charakterfestigkeit. Der Hinweis allein, du gehörtest immer noch zu den „Flotten", kann da ein falscher Rat oder eine Einladung zur Selbsttäuschung sein. Grenzen erkennen und an ihnen reifen!

Klingt gut, wenn man einen solchen Satz am Computer heruntertippt. Aber man darf sich und anderen nicht vorlügen, das sei leicht oder gar lustig. Manchmal wird auch viel gelacht, wenn wir einander von solchen Grenzen erzählen – die zunehmende Vergesslichkeit zum Beispiel. Kürzlich sagte ich zu meiner Internistin: „Seit 35 Jahren fahre ich immer wieder von Wien in Richtung Krems und damit an den zwei Städten gleich westlich von Wien vorbei. Das kann nur Alzheimer sein, dass mir jetzt nur Korneuburg einfällt!" Die Ärztin tröstete mich: „Haben Sie Geduld! Wenn Ihnen die zweite Stadt irgend einmal von selbst wieder einfällt, ist es kein Alzheimer. Was man per Alzheimer vergisst, ist für immer verloren!" Beim Hinausgehen salutierte ich stolz und sagte: „Korneuburg und Stockerau." Bingo. Noch einmal davongekommen. Wir lachten beide. Aber nur kurz.

Denn wahr ist: Zunehmende Vergesslichkeit hat nicht nur ihre heiteren Seiten. Auch wenn sie nicht zu Alzheimer ausartet, kann sie peinlich werden. Nur ein kleiner Bruchteil der Fälle von Altersvergesslichkeit mündet in Demenz, also eine globale Beeinträchtigung höherer Hirnfunktionen. Und doch hieß es jüngst bei einem Gerontologen-Weltkongress: Das wesentliche Thema der Fachärzte für Älterwerden ist schon heute die Demenz! Das ist eine schwere Prüfung für die unmittelbar Betroffenen, aber eine mindestens ebenso große für deren Umgebung. Es ist sicher sehr schwer, sich einer solchen Erkenntnis zu stellen – aber viele merken es doch noch deutlich, wenn sie auf dem Weg dorthin sind. Nicht alle bringen dann die Einsicht und die Kraft auf wie der einstige US-Präsident Ronald Reagan, der sich auf seinem „Weg in den Sonnenuntergang“ noch in einer Fernsehansprache von seinem Volk verabschiedete. Für eine solche Erkenntnis müssten wir eigentlich genauso gerüstet sein wie für die Mitteilung: „Ihre Glatze ist nicht mehr aufzuhalten!“ Aber wir sind es nicht.

An Grenzen zu stoßen, ist alles andere als ein Unglück. Ein Unglück ist, darauf nicht vorbereitet und der Bewältigung der Grenzen nicht gewachsen zu sein. Grenzen stellen neue Herausforderungen dar, die Fantasien und Energien mobilisieren. Das gilt auch für die Gefahr der Vereinsamung, die im Alter drohen kann. In der Statistik der wachsenden Zahl von Ein-Personen-Haushalten sind nicht nur die Singles der frühen Sturm-, Drang- und Orientierungsjahre, sondern auch die der – oft noch sehr rüstigen – Witwen und Witwer enthalten, die einen Partner, eine Partnerin durch den Tod verloren haben. Da gilt es dann, in fortgeschrittenen Jahren noch ein bisschen Kochen oder ein bisschen Handwerken zu lernen. Dann kommen die begehrten Großmütter- und Großväter-Einsätze, aber auch freiwilliges Engagement in Freizeit- und karitativen Organisationen. So schnell droht nirgendwo Fadesse.

Einmal freilich wird es doch Ernst: weniger Anrufe, kaum noch Besuche, Kinder verziehen, gleichaltrige Freunde sterben, draußen ist es unwirtlich, mühsam und kalt. Eine Zeit lang erfüllt noch der Fernseher seine Partnerfunktion oder, in erfreulich zunehmendem Maß, der Computer. Das World Wide Web bringt die ganze weite Welt ins Haus. Wenn man damit umgehen kann. Sich eine „seniorenfreundliche Technik“ zu wünschen, ist ein frommer Wunsch. Auch Jüngere wünschen sich einfachere Handhabungen, und alle Herstellerfirmen arbeiten daran. Faktum bleibt: Ganz einfach wird es noch lange nicht sein, und älteren Menschen fällt das Anlernen und überhaupt jedes Neulernen schwerer als jüngeren – schon, weil man sich eben nichts mehr ordentlich merkt.

Auch diese Grenze anzunehmen ist nicht leicht. Wir möchten, aber wir schaffen es nicht mehr! Aber haben wir diese Erfahrung nicht längst schon auch im nichttechnischen, im zwischenmenschlichen Bereich gemacht? Wir möchten einem Enkel das schnelle Motorrad oder einer Enkelin das Lippenpiercing ausreden – und schaffen es nicht. Schon beim „Bitte, leg´ die zweite Hand beim Essen auf den Tisch!" und beim „Lass´ dein Zeug wenigstens nicht auf dem Boden liegen!" scheitern wir. Grenzerfahrungen des Alltags.

Auch das Alleinsein nach Scheidungen gehört zu solchen Erfahrungen. Das ist jetzt kein Plädoyer dafür, dass ein Paar einen grausam gewordenen Partnerkampf bis zum letzten Tag verlängern soll. Möglichst richtige Entscheidungen muss jeder, muss jede für sich selbst treffen. Politik hat keine Moralfunktion im Privatbereich. Aber ohne wackelnden Zeigefinger aussprechen muss man es: Eine mit 50 deshalb verabschiedete Frau, weil ihr 60-jähriger Mann es noch einmal mit einer 30-Jährigen versuchen möchte, muss unter Umständen viel Geduld, Fantasie und Energie aufwenden, um gesellschaftlich nicht zu entgleisen. Der Ausgleich, den das Schicksal dann vielleicht liefert, kommt erst 10 oder 20 Jahre später, wenn die damals Junge dem jetzt speckbäuchigen Alten den Wohnungs- oder Hausschüssel zurückgibt. Patchwork-Familien sind schon in jungen Jahren oft strapaziös. Im Alter können sie die Managementqualitäten der Beteiligten leicht überfordern. Dann heißt es, gewappnet zu sein.

Gewappnet wofür? Eigentlich nur für die Konsequenz der ohnehin banalen Erkenntnis, dass jedes Sonnenerlebnis auch seine Schattenseite hat, so auch ein schönes, freies, glücklicher gewordenes Alter. Mit dem Hinweis auf die Erfahrung von Begrenzungen des eigenen Vermögens soll und darf das Alter keinem Menschen vermiest werden. Die in unserer Lebenszeit neu dazu gewonnenen Lebenschancen sind keine Erfindung, sondern Tatsache. Sie in vollen Zügen auszuschöpfen, ist Menschenrecht! Ihre Begrenzungen zu verschweigen, würde freilich nicht den für uns allen notwendigen Optimismus, sondern einen uns alle gefährlichen Illusionismus nähren: „Wenn du nur willst, gibt es für dich keine Beschwerden mehr!" Wer eine solche Botschaft zu verbreiten suchte, dem würden mit

Recht die vielen davonlaufen, die unter echten und nicht nur eingebildeten Beschwerden stöhnen.

Andere zu pflegen, ist schon heute für viele Familienmitglieder zur Selbstverständlichkeit geworden. 80 Prozent aller Pflegeleistungen werden derzeit von Angehörigen, meist Frauen, erbracht. Dabei sollte man freilich nicht vergessen, dass es dabei wohl nicht bleiben wird. In einer Gesellschaft, in der es eine Selbstverständlichkeit ist, dass Männer und Frauen, Väter und Mütter, ja auch noch Großväter und Großmütter im Erwerbsleben stehen und gemeinsam Kinder und Haushalt versorgen, wird man diesen Berufstätigen nicht auch noch die Altenpflege zumuten können. Fremdpflege wird also zunehmen. Auf die eigenen Kinder deswegen böse zu sein, weil sie sich dieser Leistung entziehen, wäre dann keine faire Reaktion. Ja sagen zur eigenen Pflegebedürftigkeit und Ja sagen auch zu jenen, die zur Pflege bereit sind, kann eine Überwindung kosten, aber auch das Tor zu neuen Beziehungen öffnen. Ja sagen zu den trotz aller modernen Heilkunst unabwendbaren Folgen einer schweren Erkrankung wird nie leicht sein, aber vielleicht ein inneres Reifen möglich machen.

Wir werden dann öfter danken müssen – aber auch das gehört zum lebensbegleitenden Lernen. Behinderten Menschen wird bisweilen suggeriert, sie sollten nicht um Hilfe betteln, sondern auf ihren Rechtsansprüchen beharren. Ja, ja, da ist schon auch was dran. Aber noch wichtiger wäre es, zu erkennen, dass jeder und jede von uns abhängig ist von anderen: von Eltern, Lehrern, Partnern, Berufskollegen, Freunden, Nachbarn, Ärzten, Polizisten, Feuerwehr … Ihnen allen schulden wir immer wieder einmal Dank. Es ist keine Schande, diesen auch HelferInnen, PflegerInnen, Köchinnen und Handwerkern gegenüber auszudrücken. Und wenn dann einmal in der öffentlichen Debatte auch die Frage nach den Kosten der Altenversorgung, vor allem im allerletzten Lebensabschnitt, auftaucht, sollten wir nicht gleich gekränkt reagieren: Eine einfühlsam geführte Debatte auch darüber ist notwendig, weil ein Rechtsanspruch aller Hundertjährigen auf dieser Welt auf künstliche Organe vorläufig auch bei bestem Willen nicht durchzusetzen ist.

Im ganzen Leben steht jeder Chance auch ein Risiko gegenüber, jedem Wagnis ein mögliches Misslingen, jedem Griff nach den Sternen ein Gleichgewichtsverlust in schwindelnder Höhe. Alles Irdische hat seine Grenzen, die allem Erkennen, allem Wollen, allem Handeln gesetzt sind. Im Alter werden uns diese Grenzen stärker bewusst, Denk- und Handlungsspielräume werden enger, Schranken immer häufiger sichtbar. „Jetzt erst recht!" ist von einem bestimmten Zeitpunkt an nicht mehr die richtige Lebensparole. Die Natur (der Schöpfer) hat es so eingerichtet, dass wir auf diesen Zeitpunkt ein ganzes Leben lang vorbereitet werden: durch unser Wissen vom Tod. Alle Lebewesen müssen sterben. Der Mensch ist das einzige Lebewesen, das ein ganzes, bewusst geführtes Leben lang weiß, dass es einmal sterben muss. Jahrzehnte lang bekümmert uns dieses Wissen wenig – was verständlich ist. Unausdenkbar, wenn wir in jedem Moment unseres Daseins mit der Miene umherliefen: Wer weiß, ob mich nicht in der nächsten Minute schon der Schlag trifft!

Im Alter ist es nicht unangebracht, darüber ein wenig mehr als früher nachzudenken, eine Lebensbilanz zu erstellen (ehrlich, aber ohne skrupulöse Selbstanklagen), sich Gedanken über das eigene Nachher und auch über das Nachher der zurückgelassenen Familienmitglieder und Freunde zu machen, also auch ein Testament zu schreiben. Je früher man damit beginnt, je realistischer man damit umgeht, umso weniger wird auch die Kenntnisnahme dieser letzten, großen Lebensgrenze zu einer Belastung.

Das Alter ist kein festgefrorener Zustand (schon deshalb ist „Ruhestand" ein irreführendes Wort), sondern eine Entwicklungsphase wie Kindheit, Jugend, Berufsleben und alles, was danach noch kommt. Das ganze Leben ist Bewegung, Entwicklung, Entfaltung, work in progress. Auch das Altern ist auf progress, also Weiterentwicklung, angelegt. „Altern ist ein Lebenskurs für Fortgeschrittene", sagt die Psychologin Krista Schüssel. Lebenskurse dienen dem Erlernen des rechten Umgangs mit Möglichkeiten und Grenzen. Aber auch Grenzen sind Chancen. So kann gerade auch das Zugehen auf die letzte Tür des Lebens zum entscheidenden Fort-Schritt werden.

Ernst-Wolfram Marboe

Geboren 1938 in Wien. Regie- und Schauspielstudium, Akademie für Musik und Darstellende Kunst (Max Reinhardt-Seminar), Studium der Theaterwissenschaft, Wien. Zahlreiche künstlerische Aktivitäten als Inspizient, Regisseur, Autor und Redakteur im In- und Ausland. Ab 1967 führende Funktionen im ORF (1984–1993 Programmintendant Fernsehen). Träger zahlreicher Auszeichnungen und Preise. Seit 2000 Intendant der Raimundspiele Gutenstein.

Vom Denken und von Gedanken über ältere Menschen und Kultur

Oh, Mitmensch, seiest du Frau, seiest du Mann, lass' dich nicht vereinnahmen, dich nicht in Klassen und Kasten einteilen und normieren als „Pensionist"!

Traue keinem „Hirtenbrief" von Parteivorsitzenden an die Adresse mit dieser einschränkenden Bezeichnung. (Wenn schon Punzierung, dann den Ehrentitel „Senioren").

Sei vorsichtig in diesen Tagen des Wahlkampfes mit Versprechungen aus den Denkwerkstätten der „Spin Doktoren".

Oh, Mitmensch, der du gelernt hast, deine Tage zu zählen, auch wenn sie in Jahre gebunden sind und du dadurch ein weises Herz besitzt, denke und bedenke, dass du einzigartig bist und wir alle älter werden von Geburt an.

Denke und bedenke, dass niemand weiß, wie viele Tage ihm noch geschenkt sind. Wozu geschenkt?

Das Leben scheint gelebt, mehr oder weniger erfolgreich, mehr oder weniger gerecht, mehr oder weniger glücklich.

Was ist zu tun? Außer der Instandhaltung des Alltags, der immer beschwerlicher wird, und der Behandlung von „Wehwehchen", die immer häufiger werden.

Was ersinnen gegen Nachtgedanken, dass Ruhm ein leerer Wahn ist und der Traum vom Glück eine Illusion? Alles vergänglich! Wie wenig wissen wir über und von „Unsterblichkeit", also hoffnungslos dem Vergessen preisgegeben?

Was hat das mit Kultur zu tun?

Ich wage einen Gedanken: Wenn ich zu wählen habe zwischen einer „Kultur des Todes" und einer „Kultur des Lebens", dann entscheide ich mich lieber für Zweiteres.

Die Kultur des Todes hat viele Facetten und feiert „fröhliche Urständ'" in diesen Zeiten. Es ist die Kultur der Gewalt, die Kultur des beinharten Konkurrenzkampfes, die so genannte Kultiviertheit von Freiheiten, die sich zum Bösen neigen.

Oh, Mitmensch, mache Gebrauch von deiner Meinungsfreiheit und äußere dich, wenn du deinem Gefühl und Gewissen folgend feststellen musst, dass Kunst zur politischen Agitation in ihrer Freiheit missbraucht wird und Theater „als Fortsetzung der Politik, nur mit anderen Mitteln“ gesehen wird.

Oh, Mitmensch, lass´ dich nicht dazu verführen, kein offenes Ohr, keinen offenen Blick, kein offenes Herz der Kultur, der Kunst gegenüber zu haben; wage es aber, in der Begegnung mit zeitgenössischer Kunst dir einzugestehen, dass du sie manchmal nicht verstehst, wage es, dies auch auszusprechen. (Es kann dieses „Nichtverstehen“ ja bei dir selbst liegen oder aber an der Nichtqualität eines künstlerischen Schmarrens).

Oh, Mitmensch, der du zu den „Älteren“ gezählt wirst, wende dich den herrlichen Erlebnissen der Kultur des Lebens mehr zu als den kritischen Belastungen durch Ärgernis, Verdrossenheit und Resignation.

Zur Kultur des Lebens zählen das Gespräch, die Diskussion (nicht unbedingt dazu geschaffen, immer recht haben zu wollen), die Auseinandersetzung in Wort und Schrift, um ein Drittes, eine beglückende, befreiende Erkenntnis zu finden.

Streitkultur ist Kultur des Lebens, Esskultur ebenso, Musizieren ein Schritt auf der Himmelsleiter.

Theater spielen (letztlich spielen wir alle, wer es weiß ist klug) und damit, in Max Reinhardtschem Sinne, die eigene Kindheit in die Tasche gesteckt und sich auf und davon gemacht zu haben, vielleicht auch als Besucher der Raimundspiele in Gutenstein, wo ein paar „Alte Bellheims“ mit jungen Künstlern Ferdinand Raimunds „Gefesselte Fantasie“ im Sommer zum Besten geben.

Phantasie als Quelle der Kreativität.

Phantasie in den Erzählungen der Großeltern für die Enkel.

Phantasie im Eros der Beziehung von Mensch zu Mensch.

Phantasie als Fundament der Empathie, jener Zaubermacht in der Liebe zum Nächsten, die ihm sagt : „Ich weiß, wie es dir geht, alles wird gut!“

Irene Achatz

Mag.[a]; Diplom in allgemeiner Krankenpflege in Innsbruck; Universitätskliniken; Berufspraxis in Innsbuck, Göteborg, Stockholm und Wien; Studium der Philosophie und Geschichte an der Universität Wien; Ausbildung zur Lehrerin zur Gesundheits- und Krankenpflege in Wien; seit 1990 Lehrerin für Gesundheits- und Krankenpflege an der allgem. Gesundheits- und Krankenpflegeschule am AKH/Universitätskliniken Wien. Unterrichtsschwerpunkte: Pflege von Patienten mit chronischen Erkrankungen, Palliative Care und Ethik in der Pflege.

Liebe und Alter

1. Einleitende Gedanken

Zu den grundlegenden Aspekten unseres Daseins gehört es, Verbundenheit und Anteilnahme mit anderen Menschen zu empfinden. So definieren wir uns laut Nussbaum durch mindestens zwei Arten von Verbundenheit: enge familiäre und/oder persönliche Beziehungen sowie Beziehungen sozialer und politischer Art.[1]

Ein Leben, dem die Fähigkeit zur gegenseitigen Verbundenheit fehlt, ist ein reduziertes menschliches Leben, unabhängig davon, was es sonst noch aufweisen mag.

Angesichts der steigenden Anzahl alter und sehr alter Menschen, ist auch eine Auseinandersetzung mit dem Thema „Liebe" in all ihren Formen sowohl für die älteren Menschen besonders in Bezug auf die individuelle Lebensführung, als auch für Menschen, die in die Betreuung und Begleitung eingebunden sind, von großer Bedeutung, und zwar hinsichtlich einer theoretischen Auseinandersetzung als auch der praktischen Umsetzung.

2. Was ist Liebe? Versuch einer philosophischen Annäherung

Versuchen wir der Frage nachzugehen, was Liebe[2] sei, ergibt sich eine Vielfalt von Antworten. So wird Liebe beschrieben als „… eines der stärksten Gefühle, das schwer zu begründen ist, … Freude am Anderen, … Vertrautheit und Geborgensein, … geachtet und respektiert zu werden". Offensichtlich wird dabei, dass es sich um eine Beziehung zwischen zwei oder mehreren Menschen handelt, und zwar um eine auf gegenseitiger Anziehung beruhende Beziehung. Da Liebe immer mit Gefühlen verbunden ist, die sehr tief sein können, verbindet man mit ihr stets etwas Innerliches und Intimes. Außerdem lässt sich erkennen, dass es nicht nur „die Liebe", sondern eine Vielzahl von Formen gibt.

In der Dynamik der Liebe entsteht eine Kraft, die mich zum Anderen streben lässt. Die Kraft, die die Liebende/den Liebenden mobilisiert, wird in der Philosophie als „Strebekraft" oder „appetitus" bezeichnet. Diese Strebekraft macht die Liebende/den Liebenden geistig, gedanklich, emotional und physisch mobil. Die Strebekraft spielt in nahezu allen Situationen des menschlichen Lebens eine wichtige Rolle. Sokrates formuliert dies folgendermaßen: „Liebe ist das, was uns auf das zustreben lässt, was wir nicht besitzen."[2] Die Liebenden sind somit ineinander verzahnt. Liebe geht aber noch über das Empfangen hinaus und schließt das Geben zugleich mit ein.[3]

Buber formuliert diese Konstellation in folgender Weise: „ Es gibt kein Ich an sich, sondern nur das Ich des Grundwortes Ich-Du und das Ich des Grundwortes Ich-Es."[4] Die Ich-Du Konstruktion bezieht sich auf die Sphäre der Begegnung zweier Menschen, wo es um mich und dich geht. Das Entscheidende dabei ist, dass der Andere als bestimmter Anderer erfahren wird und somit in keiner Hinsicht als Objekt erscheinen kann. Bei Buber heißt es weiter: „Wer Du spricht hat kein Etwas zum Gegenstand" [...] Die Beziehung zum Du ist unmittelbar. Zwischen Ich und Du steht keine Begrifflichkeit, kein Vorwissen und keine Phantasie [...] kein Zweck, keine Gier und keine Vorwegnahme."[5]

Scheler versteht Liebe im Horizont eines sinnvollen und geglückten Lebens. „Liebe ist die Bewegung, in der jeder konkret individuelle Gegenstand, der Werte trägt, zu den für ihn und nach seiner idealen Bestimmung möglichen höchsten Werten gelangt; oder in der sein ideales Wertwesen, das ihm eigentümlich ist, erreicht."[6]

In einem ersten Schritt wurde Liebe beschrieben als eine Dynamik, die die Strebekraft aktiviert. Um den Begriff der Liebe noch etwas näher zu bestimmen, sollen im Folgenden die Formen der Liebe kurz beschrieben werden.

- *Eros* als „Urform" der Liebe geht in seiner Konzeption auf Plato[7] zurück. Der Begriff beschreibt die leidenschaftliche und intensive Kraft des Menschen. Eros erlaubt uns zum Äußersten zu gehen. Eros ist jene Kraft, die uns befähigt, unsere Ziele zu erreichen. Nach Platos Vorstellung hat der Antrieb des Eros seine Wurzeln in der tief versenkten Sehnsucht des Menschen nach dem Gut(en) an sich. Eine solche Konzeption birgt natürlich Probleme für menschliche Beziehung.[8]

- *Nutzliebe* und *hedonistische Liebe* besagen, dass sie dem Liebenden einen Vorteil, Nutzen oder Lust bringen. In dieser Form der Liebe geht es nicht um das Wohl der anderen Person, sondern um den persönlichen Nutzen.[9] Aristoles schreibt dazu: „Dergleichen Freundschaften lösen sich bald auf. [...] Der Nutzen bleibt aber nicht, sondern ist bald dieser, bald jener. Wenn er sich nun aber entfernt hat, um dessentwillen sie Freunde waren, so löst sich auch die Freundschaft auf, da sie ja durch jenes bedingt war."[10]
- *Freundschaftsliebe* versteht sich als geistige, aber auch körperliche Vereinigung zweier Menschen, die einander im gegenseitigen Wohlwollen verbunden sind.[11] Ein Charakteristikum der Freundschaftsliebe ist somit die Gegenseitigkeit. Sie basiert außerdem auf einer expliziten Wahl des Freundes. Dies beinhaltet, dass ich mittels Verstandes und Willens mich für diese Person entscheide und diese Entscheidung jeden Tag erneuere.[12] Aristoteles bezeichnet Freundschaft als das gegenseitige bewusste Wohlwollen zweier Menschen. Aristoteles unterscheidet drei Arten von Freundschaft, die bereits oben erwähnten und die Freundschaft um der Tugend willen. Nur diese ist von ethischem Wert.[13] Hier wird der Begriff der Liebe zur Haltung und bewussten Einstellung. Nach Kant ist Freundschaft eine moralische Kategorie, die er wie folgt definiert: „Freundschaft ist die Vereinigung zweier Personen durch gleiche wechselseitige Liebe und Achtung."[14] Weiters heißt es: „Moralische Freundschaft (zum Unterschied von der ästhetischen) ist das völlige Vertrauen zweier Personen in wechselseitiger Eröffnung ihrer geheimen Urteile und Empfindungen, soweit sie mit beiderseitiger Achtung gegeneinander bestehen kann."[15]
- *Gottesliebe* ist eine besondere Form der Liebe. Mit Hilfe des Verstandes ist es dem Menschen möglich, Gott als sein Wesen zu denken und zu lieben. Philosophie und Theologie zeigen, dass die Liebe zu Gott eine geistige Liebe sein muss.
- *Nächstenliebe* gilt im Sinne von philosophischer Ethik und Religion primär den Mitmenschen und je nach Lesart allen Mitmenschen (im philosophischen Sinne allgemeine Menschenliebe/Philanthropie) oder den Bedürftigen.

Diese kurze philosophische Annäherung sollte lediglich zeigen, dass im theoretischen Sinn der Begriff der Liebe unterschieden bzw. kategorisiert werden kann. In der konkreten Lebenssituation werden wir meist Mischformen und selten die reine Form antreffen.

Da Philosophie Liebe zur Weisheit ist und nicht die Weisheit selbst, könnte sie uns dazu ermutigen, unsere Lebensvollzüge zu reflektieren, um vielleicht etwas Klarheit darüber zu bekommen, worauf sich unsere Liebe ausrichtet. Diese Auseinandersetzung ist im Alter genauso von Bedeutung wie in anderen Lebensabschnitten.

3. Ausdrucksformen der Liebe im späten Leben

Wenn wir davon ausgehen, dass Liebe konstitutiv für das menschliche Leben ist, so gilt dies – wie bereits erwähnt – auch für die späte Lebensphase.

Veränderungen im Alter

Je älter wir werden, umso sichtbarer und spürbarer werden die Veränderungen unseres Körpers. Haut und Haare verlieren an Stärke und Elastizität. Knochen, Gelenke werden anfälliger für Belastungen. Aber auch die inneren Organe ändern sich in ihrer Funktion.

Viele Leiden, wie z.B. Diabetes, neurologische Erkrankungen, Erkrankungen des Bewegungsapparates, Tumorerkrankungen, Depressionen u.v.a.m. können zu Einschränkungen führen.

In Bezug auf die Sexualität nimmt beim Mann mit zunehmendem Lebensalter die Fruchtbarkeit langsam ab. Auch kann es zu Erektionsstörungen kommen. Diese können hormonell bedingt sein, auf Durchblutungsstörungen zurückgehen oder andere Ursachen haben.

Zu den Veränderungen, die die Frau betriffen, gehört die Menopause, die durch die hormonelle Veränderung zu geringerer Gewebeelastizität und Schleimhautproduktion führen kann.

Zu den sozialen Veränderungen zählen die veränderte demografische Relation von Frauen zu Männern, die zu der Schwierigkeit führt, im höheren Lebensalter einen Partner zu finden.

Zu den körperlichen, geistigen und sozialen Veränderungen kommt noch hinzu, dass unsere Gesellschaft Liebe und Sexualität von älteren Menschen ablehnend gegenüber steht bzw. ältere Menschen als asexuell betrachtet.

Trotz der vielfältigen Veränderungen bedeutet dies aber nicht, dass das Grundbedürfnis nach Liebe und Sexualität verloren geht. Sowohl Sexualität als auch Liebe können, wie der gesamte Lebensvollzug überhaupt, gestaltet und beeinflusst werden.

Die vielfältigen Spielarten der Zärtlichkeiten

Liebe und Sexualität sollen im Alter genauso beglückend sein wie in jungen und mittleren Jahren. Wenn sich auch die Bedingungen, wie oben ausgeführt, verändern, gibt es keinerlei Gründe, warum Gefühle der Liebe, Zuneigung und Verbundenheit zu anderen Menschen anders sein sollten.

Die Art und Weise, wie ein älterer Mensch diese Grundbedürfnisse ausübt, hängt im Wesentlichen mit seiner Biografie zusammen.[16]

Die Liebe im hohen Lebensalter kann auch über nonverbale Zärtlichkeiten, etwa durch Blicke und Mimik, zum Ausdruck gebracht werden. Das liebende Miteinander kann sich durch Berührung in Form von Streicheln und Händchen halten äußern. Auch die liebevolle Anrede ist ein Zeichen der zärtlichen Zuwendung. Auch das vertrauliche Gespräch und der geistige Gedankenaustausch stellen eine Spielart der Zärtlichkeit dar.

Der mehr oder weniger häufige Geschlechtsverkehr im Alter stellt nur *eine* Ausdrucksform der Liebe dar. Der Austausch von anderen Zärtlichkeiten kann in dieser Lebensphase viel wichtiger als der Geschlechtsakt selber werden.

Da Liebe durch Emotionen gekennzeichnet ist, ist das Mitfühlen eine Form der Zärtlichkeit. Das Mitfühlen ist charakterisiert dadurch, dass mir das Gefühl des Anderen gegenständlich wird. Es besteht eine Intention des Fühlens am Erlebnis des Anderen.[17]

Auch das Miteinander-Fühlen zeigt die Verbundenheit mit dem Anderen. Man fühlt miteinander dieselbe Freude oder dasselbe Leid. Das Miteinander-Fühlen ist auf einer höheren seelischen Ebene angesiedelt. Mitfühlen und Miteinander-Fühlen sind Ausdrucksformen der Liebe, begründen diese jedoch nicht.[18]

Die Bedeutung des Gebens und Nehmens von Zärtlichkeiten liegt vor allem darin, dass man sich vom anderen Menschen respektiert und anerkannt weiß.

4. Zusammenfassung

Liebe ist ein essenzielles menschliches Grundbedürfnis, das durch hohe Reziprozität charakterisiert ist. Ein weiteres Charakteristikum ist, dass durch die Dynamik der Liebe geistige, körperliche und physische Kräfte frei werden. Gerade diese Kennzeichen stellen die Pflegenden vor besondere Aufgaben.

Es wurde schon erwähnt, dass die Gesellschaft die Altersliebe mehr oder weniger in all ihren Formen abwertet. Eine besondere Situation stellen hier pflegerische Betreuungseinrichtungen dar. Diese „totalen Institutionen" berücksichtigen die Bedürfnisse der mitunter geistig und körperlich eingeschränkten Menschen in Bezug auf Liebe und Sexualität kaum bis gar nicht. Die große Differenziertheit, die das Thema Liebe im Alter beinhaltet, wird wenig reflektiert. Sie ist auch in Aus- und Fortbildung eher ein Randthema.

Das Sprechen über Liebe und Sexualität ist gerade bei älteren Menschen mit Scham besetzt.

Da die Thematisierung der Liebe und der Sexualität selbst oft eine Gratwanderung darstellt, ist hier sehr einfühlsames Nachfragen und Ansprechen verlangt.

Um alte Patienten[19] und Patientinnen angemessen auch in der Dimension der Liebe zu betreuen und zu begleiten, bedarf es umfangreicher Kenntnisse, Fertigkeiten sowie positiver Grundhaltungen und Einstellungen.

Da die konkrete Gestaltung der Liebe sich in der Praxis vollzieht, kommt den Pflegenden in der direkten Patientenpflege die Aufgabe zu, mit den Betroffenen dieses Thema zu enttabuisieren. Auf der strukturellen Ebene wäre es wichtig, dass alte Menschen in Institutionen Wohnbereiche zur Verfügung gestellt bekommen, die ihnen Raum für Intimität und Rückzugsmöglichkeiten bieten. Viele ältere Einrichtungen entsprechen nicht diesen Anforderungen. Für Ehepaare sollte es selbstverständlich sein, dass sie gemeinsam eine Wohneinheit oder ein Zimmer beziehen dürfen. Strukturelle Gegebenheiten zu ändern ist immer auch eine Aufgabe der Leitung in Zusammenarbeit mit der Sozialpolitik.

Ein wesentlicher Aspekt ist m. E., dass sich Pflegende dafür einsetzen sollen, dass dieser Erfahrungsbereich, der sehr wesentlich für ein gelingendes Leben ist, ernsthaft öffentlich diskutiert wird, um die Zu- und Anerkennung der Liebe im Alter zu forcieren.

Aufgabe der Pflegewissenschaft wäre es, Forschungen zum Thema Liebe als komplexes Phänomen aufzunehmen.

Da Liebe mit tiefer emotionaler Zuwendung verbunden ist, kann sie nicht wie andere Rechte eingefordert werden. Als Pflegende sind wir jedoch verpflichtet, den uns anvertrauten Menschen mit Respekt zu begegnen und sie liebevoll zu betreuen.

Anmerkungen

1 Nussbaum C. Martha: Gerechtigkeit oder das gute Leben. Gender Studies. Frankfurt/Main 1999, S.194
2 zitiert nach Peschl S. 5
3 ebd. S. 5
4 Buber Martin: Das Dialogische Prinzip. Gerlingen 1994, S. 7
5 ebd. S. 10
6 Scheler Max, Wesen und Formen der Sympathie. 1923, S. 187
7 vgl. Plato: Das Gastmahl. 1960
8 Eine genaue Ausführung der Probleme würde den Rahmen der Ausführungen sprengen.
9 vgl. Peschl S.10
10 Aristoteles: Die Nikomachische Ethik. München [5]1984, VIII
11 vgl. Peschl S. 11
12 ebd. S.13
13 vgl. Aristoteles NE VIII
14 Kant, Metaphysik der Sitten II, zitiert in: Regenbogen Armin, Meyer Uwe (Hg.), Wörterbuch der philosophischen Begriffe. Darmstadt 1998 S. 230
15 ebd. S. 230
16 vgl. Schmitt Marina/Re Susanna: Partnerschaft im Alter. In: Kruse A., Martin M: Enzyklopädie der Gerontologie S. 379
17 vgl. Purdea George: Philosophie der Begegnung zu zweit. Wien 1998, S.9

[18] ebd. S.10-11

[19] Ich wähle bewusst den Begriff Patient in diesem Kontext, weil er im klassischen Sinne die Dimension der Abhängigkeit, der erhöhten Vulnerabilität und die eingeschränkte Privatsphäre enthält.

Literatur

Aristoteles: Die Nikomachische Ethik. München 1984.

Buber, Martin: Das dialogische Prinzip. Gerlingen 1984.

Kruse, Andreas; Martin, Mike: Enzyklopädie der Gerontologie. Altersprozesse in multidisziplinärer Sicht. Bern 2004.

Plato: Das Gastmahl. Hamburg 1960.

Peschl, Markus F.: Philosophie der Liebe. Wien 2004 (Skriptum).

Purdea, George: Philosophie der Begegnung zu zweit. Wien 1998 (Skriptum WUV).

Regenbogen, Armin; Meyer, Uwe (Hrsg.): Wörterbuch der philosophischen Begriffe. Darmstadt 1998.

Scheler, Max: Wesen und Formen der Sympathie. 1923.

Ingrid Korosec

Geboren 1940 in NÖ. Mehr als 40 Jahre Managementpositionen in der Privatwirtschaft. 1983–1986 Landtagsabgeordnete in Wien, 1986–1995 Abgeordnete zum Nationalrat, 1991–1995 Generalsekretärin der ÖVP, 1995–2001 Volksanwältin. Seit 2001 Landtagsabgeordnete in Wien.

Die altersbunte Gesellschaft

Weltweit führt der demografische Übergang, der noch lange nicht abgeschlossen ist, zu einer stetigen Zunahme des Anteils der „Alten". Es wäre aber falsch, von den „Alten" als einer homogenen Gruppe zu sprechen; es sollten vielmehr (zumindest) vier Gruppen unterschieden werden: 55 plus, „junge Alte", alte Menschen, „Hochbetagte". Dabei gilt es, eine neue Rollenverteilung zwischen diesen Gruppen einerseits und jüngeren Altersgruppen andererseits zu finden. Anzustreben ist ein generatives Partnermodell (Füreinandermodell) statt des vielfach gegenwärtigen Konkurrenz- bzw. Konfliktmodells zwischen Jung und Alt.

Zu einem solchen Partnermodell gehört der Aufbau einer neuen Generationenkultur, einer Gesellschaft für alle Lebensalter, in der alle Generationen voneinander profitieren. Das Verhältnis der Generationen zueinander ist eine zentrale Kulturaufgabe der gesamten Gesellschaft. Alte Menschen sind keine Dauerbelastung oder gar Bedrohung der Gesellschaft. Nach dem Prinzip Geben und Nehmen sollte der Austausch zwischen den Generationen stattfinden.

Erforderlich sind der Aufbau und die Verbreitung eines neuen Images der 55 plus, ein verstärkter Wissensaustausch zwischen den Generationen und lebensbegleitendes Lernen. Weiters braucht es einen Zugang zu technologischer Aus- und Weiterbildung, einen flexiblen, stufenweisen Übergang in den Ruhestand, Unternehmensgründungen älterer Mitbürger, die durch günstige Kleinkredite zu fördern wären. Das Alter erlaubt jedenfalls den Aufbruch zu neuen Ufern, um sich rundum wohlzufühlen.

Was gibt die Generation 55 plus, wovon die jüngeren Generationen profitieren?

- Erfahrung, Ruhe, Gelassenheit, Weitsicht;
- oftmals besseren, verständnisvollen Umgang mit den Enkelkindern = Entlastung der Eltern, Wohlergehen der Kinder. (Am erfüllendsten allerdings ist dies für jene

Älteren, die nicht alleine auf die Familie als integrierendes Beziehungsgefüge angewiesen sind.)

- Leistung zahlloser Hilfsdienste, und das unentgeltlich;
- Hochbetagte schaffen Arbeitsplätze im Produktions- und Dienstleistungsbereich infolge eigener Pflege- und Betreuungsbedürftigkeit;
- Zum Teil höhere Kaufkraft als in den anderen Generationen = Beitrag zur ökonomischen Prosperität einer Gesellschaft;
- 55 plus nutzen ihre ein Leben lang gepflegten Netzwerke zugunsten der Jüngeren.

Was es zu ändern gilt:

- die eigene Schwächung infolge eines Mangels an Selbstwertgefühl, an sinnvollen Leistungen;
- den grassierenden Jugendkult, vielfach auch mitverbreitet von den „jungen Alten";
- ein weit verbreitetes Bündel an Vorurteilen sämtlicher Altersstufen;
- das „Sich-Aufopfern";
- die Schwäche, immer „Ja" zu sagen, die Angst vor den Konsequenzen eines „Nein".

Was es zu stärken gilt:

- die nur langsam wachsende Selbstgewissheit der Frauen;
- die Gestaltung eigener Entwicklungswünsche;
- den Jüngeren auch „Nein" sagen zu können.

Mit den „neuen Alten" und der damit einhergehenden „altersbunten Gesellschaft" sind auch neue Gefahren verbunden: weniger Solidarisierungspotential, mehr Ich-Bezug, Hedonismus. Andererseits steigen damit die Chancen der Aktivierung. Das eine bedingt das andere.

Altern als Chance und Abenteuer

Das neue Alter ist ein aufregendes Abenteuer, welches auch neue Freiheiten bringt, und zwar:

- Freiheit von beruflichen Zwängen;
- Freiheit von familiären Zwängen (Kinder erhalten, Kinder aufziehen);
- Freiheit, sich sowohl am Arbeitsmarkt als auch am sozialen, wirtschaftlichen und kulturellen Leben zu beteiligen – aus freien Stücken und nicht aus Zwang;
- sich auszuschlafen, wann immer man will;
- zu verreisen, wann immer man will.

Alter ist eine Chance, sich neu zu orientieren, verschüttete Möglichkeiten aufzuspüren, Erinnerungen auszugraben, Wunden, die einem im Laufe des Lebens zugefügt wurden, zu heilen, loslassen, zu lernen, bewusster und intensiver zu leben.

„Aktives Altern" bedeutet die Optimierung für physisches, soziales und mentales Wohlbefinden, was zu erhöhter Lebenserwartung in Gesundheit, Produktivität und steigender Lebensqualität führt.

Neues wagen, statt auf den Tod zu warten; moderne Modelle, Strategien, Wege ausprobieren, statt in die Isolation abzugleiten; neue psychische und physische Bewegung in den Alltag bringen, statt sich in langweiliger Untätigkeit krank zu machen; sich verändern, statt als Klischee, als Stereotyp zu enden.

Das Alter muss als wichtiger, normaler Lebensabschnitt angesehen werden und nicht als pathologischer Zustand. Alter ist keine Krankheit.

„Das Leben im Verbund": Nicht Alten- oder Pflegeheim, sondern eine neue Wohnkultur wird die Konsequenz sein, ebenso eine Stärkung privater Gesundheitsdienste. Die Alten von morgen sollten nicht mehr in so hohem Maße zu den „Kulturverlierern" gehören wie die Alten heute.

„Das späte Leben in unserer westlichen Welt ist eine Periode auf der Suche nach Inhalt" (Thomas R. Cole).

Die Entwicklungsgewinne der neuen Altengeneration setzen voraus, dass Ziele bestimmt und von Motivationen und dem Hinneigen zu den Zielen besetzt werden. Denn Ziele entfalten eine große Anziehungskraft und fordern uns heraus. Und gerade das Alter bedarf der Herausforderungen wie keine andere Lebensphase.

Demokratie – Bürgergesellschaft

Die Politik sieht die Alten immer noch vorwiegend als gesellschaftliche Belastung, als Betreuungsobjekt und als WählerInnen. Alterskultur besteht aber darin, politisches Bewusstsein durch gelebte Gegenbeispiele zu wecken.

Es sind Rahmenbedingungen zu schaffen, damit keine Altersgruppe zur Belastung einer anderen wird. Dazu gehört, dass den Jungen keine untragbaren Lasten für die Alten aufgebürdet werden. Die Alten wiederum sind nicht gegen ihren Willen aus der Arbeitswelt und von der Mitgestaltung der Gesellschaft auszuschließen.

- Voraussetzungen schaffen, damit neue Modelle für soziale Sicherheit, Arbeitswelt, das Gesundheitswesen, die Weiterbildung sowie für das Pensionseintrittsalter erarbeitet werden können.
- Maßnahmen für die Jungen, damit ihre finanzielle Alterssicherung garantiert werden kann. Neben der staatlichen Pensionsvorsorge Aufbau privater und betrieblicher Versorgungseinrichtungen.
- Die Politik muß Rahmenbedingungen schaffen, um Konkurrenzmodelle durch Gesellschaftsmodelle ersetzen zu können, in denen Jung und Alt – sich ergänzend – in Frieden und Zuversicht miteinander die Probleme lösen, voneinander profitieren und eine Gesellschaft für alle Lebensalter aufbauen können.
- Aus der demografischen Entwicklung müssen Konsequenzen mit Blick auf Wirtschaftswachstum, Pensionierungsalter,

Kostenentwicklung der Pensionen und deren Auswirkungen auf die Krankenkassen gezogen werden.

- Stärkere Mitwirkung älterer Bürger bei politischen Entscheidungen, die sie betreffen. Die bisherige inhaltliche Vertretung von Alten-Interessen und Entwicklungschancen muss generationenübergreifend mit Rücksicht auf Jugendanliegen und -bedürfnisse erweitert werden.
- Alte Menschen sollen mehr als bisher politisch als Aktivitätsressource gesehen und informiert werden. Dazu bedarf es vielfältiger Ankoppelung von Basis- und Gruppenprozessen an Institutionen. Daneben soll Selbsthilfe in Gruppen regional gefördert werden. Es ist eine Kulturaufgabe, Gruppen, die Ältere aktivieren, finanziell und ideell zu unterstützen. Wo sind die Angebote zur geistigen Pflege eines z.T. kulturell heimatlosen Alters in Dörfern und Städten?

Eine „neue soziale Politik" soll an der Entfaltung sozialer Netzwerke mitwirken. Solidaritäten müssen in der heutigen Zeit des Isolations-Individualismus mühsam konstituiert werden – und zwar jenseits von Nützlichkeit, die der Markt verlangt. Heute drängt der ökonomische Verstand den sozialen Verstand zurück. Dem müssen Politik und Bürgergesellschaft entgegenwirken.

Eigenverantwortlichkeit der Älteren

Eine eigene Lebensführung wird gerade durch die Vielfalt der Angebote der Konsumwelt, der Unterhaltung oder der Reisen noch schwieriger. Erforderlich sind aufeinander beziehbare Bewusstseinsprozesse von Zielen und Mitteln. Prüfung und Selbstprüfung gewinnen an Bedeutung.

Wer weiß, was er will und es verfolgen kann, fühlt sich besser. Erst durch Befreiungsprozesse können die Potenziale des Alters erschlossen werden. Selbstverantwortung und Selbstsorge sind komplementäre Teile der späten Freiheit. Verarbeitung von Ängsten und die Reduktion von Zwängen sind allerdings Voraussetzung.

Die Gesellschaft der Zukunft wird einen mehr um die eigene Sinnfindung und Daseinsgestaltung bemühten Menschen verlangen. Es wird nicht ein Alter, sondern viele Alter geben. Arbeit und Verpflichtungen werden nicht mehr so allgemein und so früh wie heute aus dem Leben zurücktreten können. Und sollen es auch nicht. Aufgaben erhalten die Sinnhaftigkeit des Lebens. Achtsamkeit und Selbstsorge, nicht nur ökonomische Maximierung, werden sich im Lebenslauf mehr geltend machen müssen. Langes Leben, das mehr und mehr Allgemeingut wird – wenn auch Wohlbefinden und Gesundheit trotz ausgleichender sozialer Sicherungssysteme nach wie vor von den verfügbaren finanziellen Mitteln abhängen – verlangt Lebenssteuerung, ein bewusstes Dasein in Arbeit, Bildung und Genuss.

Körperliche Aktivität erhöht das physische wie psychische Wohlbefinden. Auch das gehört zur Eigenverantwortlichkeit: Die Disziplin dafür aufzubringen, Tag für Tag.

Gesundheit und „Aktives Altern“

Die Gesundheitspolitik muss grundsätzlich neu orientiert werden. „Es geht nicht darum zu leben, sondern gut zu leben“, gab schon Seneca vor rund 2000 Jahren die Richtung vor. Gesundheit wird im Alter lebenswichtig. Deshalb nehmen immer mehr Menschen, unabhängig von den Krankenkassen, ihre Gesundheit selber in die Hand: Wellness ist aktive Gesundheitsvorsorge und ganzheitlich orientierter Lebensstil.

Mit zunehmendem Alter verändert sich der Gesundheitsstatus. Die Berücksichtigung der gesamten Lebensentwicklung ist ein guter Weg, um optimale Gesundheit und Wohlbefinden bis ins hohe Alter zu erhalten. Im Erwachsenenalter sollen vorbeugende Maßnahmen zur höchstmöglichen Funktionalität im Alter beitragen und den Ausbruch von Krankheiten verhindern oder verlangsamen (UNO-Dokument der 2.Weltversammlung zum Thema Altern).

Es bedarf neuer Methoden, mit denen rechtzeitig physische und psychische Behinderungen zu behandeln sind. Damit sollen Vereinsamung und Isolation alter Menschen verhindert werden.

Die Altenberatung ist zu modernisieren und auszubauen, ebenso Aus- und Weiterbildung in Geriatrie und sozialer Gerontologie – auch auf der Ebene der lokalen und regionalen Verwaltungen sowie in der Erwachsenenbildung. Gleichzeitig sind Ausbildungs- und Forschungsstätten – von Professuren bis zu Instituten – dringlich einzurichten.

Aus- und Weiterbildung sind auch für die Pflege- und Dienstleistungsberufe sowie für deren Qualitätssicherung vonnöten.

Motivationsbündel, ältere Menschen zu Sport- und Bewegungsaktivitäten zu veranlassen: Funktionslust, Erfüllungslust, Aufbaulust. Die Motive der Menschen gezielt ansprechen. Neue Formen der Hinführung zum Körper. Wohnortnahe Angebote, Mitmach-Aktionen, Vernetzung aller in diesem Bereich tätigen Institutionen.

Überernährung ist nicht nur aus dem Lustmoment, sondern auch aus Angst und Stress erklärbar. Eine Auseinandersetzung mit Ängsten und depressiven Phänomenen gehört daher zur Altersprophylaxe, um u.a. auch Fettsucht zu verhindern. Das erlernte Auf-sich-Nehmen einer bewältigbaren Dosis von Bewegung, Sport und Ernährungskontrolle kann dazu dienen, Ängste abzubauen. Selbstbejahte Aufgaben erzielen gesundheitsfördernde Effekte. Relativ gute Gesundheit bis weit ins höhere Alter hängt stark von der Schulbildung und anderen Wissenskomponenten ab: Mehr Aufmerksamkeit gegenüber dem eigenen Körper, mehr Selbstsorge, verstärkter Zugang zu medizinischer Behandlung.

Die Pflegefrequenz setzt heute eher spät im Leben ein. Pflege legt den Angehörigen große und schwere Probleme auf – zeit- und kostenmäßig. In Europa und den USA werden 80% aller Pflegebedürftigen von Familienangehörigen in Privatwohnungen betreut, darunter auch die schwersten Pflegefälle.

Gesundheit und Überleben stützen sich auf einen starken Anstieg des Medikamentenkonsums. Prophylaktisches Verhalten und Gesundheitsvorsorge sind nach wie vor wenig verbreitet. Dem muss entgegengewirkt werden.

Notwendige Voraussetzungen für „Aktives Altern“:

- Imagewandel (des Bildes, das eine Gesellschaft von älteren Mitbürgern hat).
- Förderung durch Gesundheits- und Sozialsysteme. Diese sollen bilden, ermutigen und Älteren die Kontrolle über ihre eigene Gesundheit ermöglichen.
- Kosteneffizienz der Gesundheits- und Sozialsysteme, Zugang für alle, unabhängig von Alter und Einkommen.
- Beseitigung aller Altersdiskriminierungen.
- Bezahlbare Medikamente.

Zusammenfassung

Es muss daher dringend ein Denkprozess in der Gesellschaft in Gang gesetzt werden. Denn mit den heutigen Denkmustern, den heutigen Lebens- und Arbeitsmethoden werden die kommenden Entwicklungen nicht bewältigt werden können.

Ein Paradigmenwechsel ist notwendig. Das bedeutet:

- Das Alter muss als normaler Lebensabschnitt angesehen werden und nicht hauptsächlich als pathologischer Zustand, weil Alter keine Krankheit ist.
- Das Alter und die Alten brauchen ein neues Image. Dies bedeutet, dass alte Menschen nicht aus den Medien – auch nicht bildlich – verdrängt, sie aber auch nicht falsch dargestellt werden dürfen. Das heute übliche konsumorientierte Image verlangt nach dem Trugbild des schmerz- und leidensfreien Alters. Dieses übliche Wonne-Bild ist jedoch eine Transformation des Jugendkults in das Alter und es trägt wesentlich zur falschen Sicht der Altersgruppe bei. Das neue Image muss der Wirklichkeit ohne Verleugnung und Verdrängung Rechnung tragen. Das gibt den Alten die Chance, sich mit den geänderten körperlichen Bedingungen auseinander zu setzen. Den Jungen sollte es die Möglichkeit bieten, ein realistisches Bild ihres Lebens in wenigen Jahren zu erhalten.

- Es muss eine neue Alterskultur geschaffen werden, die alten und jungen Bürgern den gleichen Stellenwert in der Gesellschaft einräumt.
- Den heute jungen Menschen dürfen keine finanziell unbewältigbaren Lasten für die ältere Generation aufgeladen bzw. in Aussicht gestellt werden.
- Den älteren Mitbürgern muss ein Leben in Würde und Sicherheit gewährleistet werden, frei von Ausbeutung jeglicher Art sowie physischem oder psychischem Missbrauch.
- Ältere Mitbürger sollen in der Gesellschaft integriert sein und bei politischen Entscheidungen, die sie betreffen, noch stärker als bisher mitwirken.

Ingrid Turkovic-Wendl

Geboren 1940 in Wien. Neben der Absolvierung des humanistischen Gymnasiums große sportliche Erfolge als Eiskunstläuferin (2 x Europameisterin, 1 x Silber bei der Weltmeisterschaft, 1 x Bronze bei den olympischen Spielen). Nach der Matura 12 Jahre Star der Wiener Eisrevue und der US-Show Ice Capades. Ab 1972 freie Mitarbeiterin des ORF als Sprecherin, Eiskunstlaufkommentatorin und Präsentatorin großer Unterhaltungssendungen. Ab 1979 Moderatorin bei 3Sat. Ab 1988 angestellte Redakteurin und Reporterin in der Sportabteilung des ORF. Moderation der Sendung „Seniorenclub". Sowohl als Programmsprecherin als auch als Sportkommentatorin mehrmals zur beliebtesten Moderatorin gewählt. Seit Dezember 2002 Abgeordnete zum Nationalrat, Bereich Senioren, Sport Gesundheit und Kultur. Seit 2005 Bundesobmann-Stellvertreterin des Österreichischen Seniorenbundes.

Neue Wege der Lebensgestaltung im Alter

1. Veränderung der Lebensphasen

Die demografische Entwicklung macht uns klar: Wir leben länger!

Egal, ob diese Tatsache als bedrohende Schlagzeile oder als frohe Botschaft in den Raum gestellt wird, es gilt darauf zu reagieren. In vielen Fällen tun dies die betroffenen Menschen mit einem guten, sicheren Instinkt und passen diese „gewonnenen" Jahre in ihren persönlichen Lebensbogen ein; die einen in Eigeninitiative, die anderen aus „zweiter" Hand in Form von Informationen aus den Medien, von Freunden oder tradierten Bildern.

Waren es vor 30 Jahren noch 12 Jahre, die nach der Pensionierung gelebt und geplant werden konnten, so sagt uns die Statistik, dass wir nun 20 bis 30 Jahre oder noch mehr zu gestalten haben.

Über einen Menschen, der seinen 90.Geburtstag feiert, staunen wir nicht mehr. Wir fragen sofort nach seinem Wohlbefinden und seinen Aktivitäten. Schon allein, dass wir heute bewusst gar keine Altersgrenze festlegen wollen, beweist, dass wir dieser Entwicklung positiv gegenüberstehen.

Diese positive Haltung ist zu begrüßen. Weniger populär ist allerdings die Erkenntnis, dass nicht nur die Erwartungshaltung ausschlaggebend ist, sondern auch das bewusste Erkennen und aktive Gestalten der Situation.

Wenn es um das Aufgeben der Bequemlichkeit und Passivität geht, wird das sonst so erfreuliche Thema sofort mit Skepsis „verpackt":

Wir arbeiten doch seit Jahrhunderten daran, uns das Leben bequemer zu machen! Die technische Entwicklung in den letzten 100 Jahren hat uns in vielen Fällen entscheidend geholfen, Arbeiten weniger mühevoll absolvieren zu können. Dabei denke ich weniger z. B. an die Landwirtschaft als an unseren privaten Lebensbereich, der nun von Autos, Rolltreppen, Lifts, Küchenmaschinen, Computern und TV-Geräten beherrscht wird.

Ich sage bewusst beherrscht, denn wenn eines dieser Hilfsmittel einmal außer Betrieb ist, glauben viele von uns, dass sie „ohne" nicht mehr zu Rande kommen. Die Überlegung, dass manche

Situation nicht wirklich schlecht ist, wenn etwa statt Rolltreppe die Stiegen benützt, statt Staubsauger Besen und Bürste eingesetzt werden und der geliebte Schweinsbraten durch Apfel plus Joghurt ersetzt wird – diese Überlegung ist äußerst suspekt und vor allem nicht beliebt!

Es fällt uns schwer zu erkennen, dass wir mit dieser Einstellung eines unserer besten und schönsten „Lebensmittel“ verkümmern lassen: unsere Beweglichkeit! Die Beweglichkeit unseres Körpers, unseres Geistes und unseres Herzens. Und auch die schöne Gabe, unser Leben verändern zu können.

Die Starrheit, die wir in vielen Fällen verhindern und verzögern könnten, wird so viel zu früh unsere „gewonnenen“ Jahre negativ beeinflussen. Durch Verlust an Mobilität und Souveränität.

Wenn ich bei Veranstaltungen ältere Menschen treffe und über dieses Thema spreche, habe ich den Eindruck, dass ich zwar Verständnis finde, dass aber die Umsetzung als Einschränkung empfunden wird.

Es ist mir durchaus klar, dass SeniorInnen, die den Zweiten Weltkrieg und die Jahre nach dem Krieg erlebt haben, nichts vom Verzicht auf das geliebte panierte Schnitzel hören wollen:

Endlich ist genug – mehr als genug – zum Essen da; endlich muss man nicht alles zu Fuß gehen. Der radikale Verlust von „allem“ in den Kriegstagen hat sicher eine tiefe Verlustangst hinterlassen und die Menschen geprägt. Jetzt gilt es, das Erreichte festzuhalten und nichts mehr verändern zu wollen. Kann man dieser Generation den Hang zur Unbeweglichkeit verübeln?

Ein Beispiel einer Seniorenbegegnung in der Steiermark illustriert das Widersprüchliche dieser Situation:

Eine Bäuerin erzählt ohne Selbstmitleid, dass sie noch nie vom Hof weggekommen ist, noch nie einen Tag Urlaub gemacht hat, weil Hof, Tiere und Familie ihre Arbeitskraft rundherum brauchen. „Einmal für einen Tag wegfahren, einen Ausflug machen, wäre so schön!“ Am Abend treffe ich bei einer Frauenveranstaltung die Tochter dieser Bäuerin. Sie ist Filialleiterin der Bank des Ortes, hat also eine angesehene Position. Sie hat im Ausland praktiziert, ehe sie wieder in den Heimatort in der Steiermark zurückgekehrt ist. „Meine Mutter hat alles darangesetzt, dass ich ins Ausland gehe und etwas lerne. Ich sollte all das erreichen, was in ihrem

Leben anders gelaufen ist. Sie ist ganz stolz auf mich." Stolz auf seine Frau Filialleiterin war auch deren Mann.

Da ist innerhalb einer Generation eine gesellschaftliche Veränderung eingetreten, über die ich gestaunt habe, die aber bei den Betroffenen als Selbstverständlichkeit gesehen wurde.

2. Persönliche Lebensgestaltung

In meinem Buch „Denn das Leben ist Bewegung" habe ich das Thema der persönlichen Lebensgestaltung ausführlich behandelt.

Ich habe, gemeinsam mit dem Arzt DDr. Wolfgang Graf und dem Fitnesstrainer Christian Beer, Fragen der Chancen und Möglichkeiten für ein gutes Älterwerden dargestellt – auf Basis einer Vielfalt von Erfahrungen, die wir aus unserer „Arbeit" mit älteren Menschen gewonnen haben.

Der Arzt wendet sich bewusst gegen den „Anti-Aging"- Begriff: Altern ist ein biologischer Verlauf, der bereits mit Anfang bis Mitte 20 beginnt und unvermeidbar ist. Anstatt vom Anti-Aging sollte vom Better-Aging gesprochen werden, also von besser und gesund altern.

Der Fitnesstrainer nimmt uns mit seinen Erfahrungen die Angst, in jeder Altersstufe, auch in späteren Lebensjahren, mit Sport oder Bewegungstraining zu beginnen. Denn es ist leider eine Tatsache, dass unser Körper die Tendenz hat, alles, was wir nicht „benutzen", ob unsere Muskel oder unser Hirn, auf ein Minimum zu reduzieren. „Bei Nichtbenützung findet ein Abbau des Gehirns und der Muskulatur statt. Unser Körper schränkt damit massiv seine Wahlmöglichkeit, seine Souveränität ein. Wir werden abhängig von anderen. Das ist aber eine der größten Ängste beim Altwerden." Daher appelliert Christian Beer an unseren Charakter und unsere Eigenverantwortung, mit unserem Körper entsprechend gut umzugehen. Das heißt, rechtzeitig mit all den gesundheitsfördernden Maßnahmen zu beginnen, die uns Arzt, Therapeut oder einfach unser Hausverstand sagen.

Laufen, Lernen, Lieben, Lachen und Loben

Diese fünf „L“ können entscheidend mithelfen, dass unser Leben in den reiferen Jahren schön, unabhängig und befriedigend gestaltet werden kann.

Laufen hat nichts mit Rennen zu tun; es steht für Beweglichkeit in jener Form, die für unsere körperliche Verfassung möglich ist. Meist können wir unsere Beweglichkeit schon mit sehr einfachen Übungen steigern. Es bedarf nur der Bereitschaft, unsere Bequemlichkeit ein wenig zu überwinden.

Lernen steht für das Nützen der nun zur Verfügung stehenden Zeit, sich neuen Interessengebieten zuzuwenden.

Ob es sich um das Lernen einer neuen Sprache, einer neuen Fertigkeit, wie das Verfliesen der Badezimmerwand, das Studium der Soziologie oder der Computertechnologie handelt, das ist sekundär.

Die Hauptsache ist, Sie widmen sich mit voller Konzentration einem Thema, das für Sie etwas Neues bringt, für das Sie sich ordentlich Mühe geben müssen und das Sie dann, nach erstem Stöhnen, mit großer Zufriedenheit zurücklässt.

Wer mehr über ein Thema weiß, kann die Begegnung mit der Materie viel mehr schätzen und bewundern. Bleiben Sie auch ein „bewundernder“ Mensch. Damit ist nicht jene Naivität gemeint, die heute als das Gegenteil von „Coolness“ gehandelt wird, sondern Abenteuerlust auf Überraschung, Gefühl und Begeisterung. Lernen Sie auch, sich für Freude und große Gefühle nicht zu genieren. Wann, wenn nicht jetzt, dürfen wir zu Gefühlsausbrüchen stehen? Wir dürfen diese auch von Herzen genießen! Die Zeiten, wo man als älterer Mensch in „Würde“ erstarren musste, sind endgültig vorbei.

Lieben macht unser Herz auf. Es erfüllt uns mit Freude, mit Zuneigung, ich hoffe auch mit jener Geduld, die uns hilft, die Eigenarten, die wir im Laufe unseres Lebens angesammelt haben, auch bei anderen zu akzeptieren. Vielleicht sogar gerne zu haben. Andere gehen uns manchmal auf die Nerven. Macht nichts.

Da haben wir dann beim Gegenüber auch einen „Freibiss" für eine eigene Marotte. Fangen Sie auch beim Lieben mit Zielen an, die Sie umsetzen können und nicht bei jenen Erwartungen, die wir gerne zu hoch ansetzen. Hierher gehört auch die Bereitschaft, etwas „loszulassen" – zum Beispiel, eine Position an die jüngere Generation abzugeben.

Wenn man sich mit viel Liebe dazu durchringt, hat man für sich – und auch für den anderen – ein kleines Paradies erobert.

Die körperliche Liebe in späten Jahren ist kein Tabu. Ich bin davon überzeugt, dass alte Menschen schon immer ihre Wege gefunden haben, einander in Liebe zu finden. In der Öffentlichkeit wurde darüber nicht gesprochen. Die körperliche Liebe soll ihre Geheimnisse nicht verlieren; auch ist „tun" schöner als darüber „reden"; freuen wir uns einfach auf das nächste Tun.

Die Frage, ob *Lachen* gut tut, werden wir ohne zu zögern mit einem begeisterten Ja beantworten. Die Frage nach unserem letzten Lachkrampf wahrscheinlich mit einer gewissen Nachdenklichkeit. Wir schieben den Mangel an „Lachmuskelkater" auf den Ernst des Lebens. Schade! Dabei haben wir doch mit unseren eigenen Unzulänglichkeiten – und unserem Talent, uns zumindest in späteren Jahren nicht mehr so ungeheuer ernst zu nehmen, täglich Grund über uns selbst zu lachen. Lachen kann ansteckend sein! Menschen werden durch Lachen zufriedener, kreativer und spontaner.

Lachen lenkt von Schmerzen ab, senkt die Stresshormone Adrenalin und Cortisol. Lachen ist eine heilende Kraft. Der Atem wird stark angezogen, es kommt zu einem beschleunigten Austausch von Luft, die Verbrennung wird gefördert, der Herzschlag beschleunigt, der Blutdruck gesenkt und die Muskulatur entspannt sich.

Nützen wir also bei unserer neuen persönlichen Lebensgestaltung jede Möglichkeit, die uns zum Schmunzeln oder zum Lachen bringt!

Wichtig ist schließlich auch *Loben*. Ein sehr kluger Mensch hat mich einmal mit einer Bemerkung sehr überrascht. „Schmeicheln Sie mir unverhohlen, ich glaube Ihnen jedes Wort."

So wie es jedem von uns gut tut, gelobt zu werden, sollten wir mit unserem Lob gegenüber anderen nicht sparen! Wir loben einander viel zu wenig!

Gerade in Österreich ist man mit Anerkennung, die sich auch entsprechend artikuliert, nicht sehr großzügig. Wir bilden uns zwar eine Menge auf den sprichwörtlichen Charme ein, aber wenn es darum geht, einem Menschen mit Lob zu helfen, dann sind wir merkwürdig stumm – oder nur gedankenlos, achtlos? Probieren Sie einmal aus, wie gut eine nette Bemerkung beim Gegenüber ankommt. Wie ein gezieltes, anerkennendes Kompliment die Stimmung hebt. Eine Steigerung dieses „Achtgebens" auf den Anderen wäre dann noch, wenn man seine Bemühungen aufmerksam verfolgt und ihn auf diesem Weg mit Lob begleitet.

Lob, Komplimente, Aufmerksamkeiten – sie kosten wenig Mühe und tun so gut. Warum also loben wir so selten?

3. Rolle der Frau – Rolle des Mannes

In der Rollenverteilung zwischen Mann und Frau ist eine grundlegende Veränderung eingetreten. Bis in die jüngere Vergangenheit hinein war die Frau und Mutter Pflegerin in den verschiedensten Bereichen des Familienlebens, der Mann, der durch seine Arbeit das Geld für den „Familienbetrieb" beschaffte, war das Familienoberhaupt.

Es gab zwar immer schon starke, unabhängige Frauen, die ihre Fähigkeiten in der Familienführung bewiesen, und die Männer, die dieses Talent der Frau in einem partnerschaftlichen Verhältnis erleben wollten.

Das letzte Jahrhundert hat Schritt für Schritt ein neues Selbstverständnis für beide Geschlechter eingeleitet, das „erlebt" und „geübt" werden muss, wobei die Emanzipation der Frau keineswegs schon abgeschlossen ist.

Einen Kinderwagen im öffentlichen Raum zu schieben, das Baby zu wickeln und zu füttern, wäre für meinen Großvater eine Herabsetzung seiner männlichen Würde gewesen. Eine offen gezeigte Schwäche! Und auch noch für meinen Vater! Mit welcher Selbstverständlichkeit „zelebrieren" junge Väter heute diese Tätigkeiten! Die Väterkarenz wird immer mehr angenommen. Überlegungen, ob Frau oder Mann mehr finanzielle Mittel zum Haushalt beisteuern, beeinflussen ebenfalls die Rollenverteilung.

Diese neue Rollenverteilung ist allerdings im urbanen Raum anders entwickelt als im ländlichen: Ein Bauernhof schafft andere Notwendigkeiten, Abhängigkeiten und Unabhängigkeiten als ein Haushalt in der Stadt.

Auf der einen Seite gibt es zwar immer noch die Stammtische nach dem Kirchgang für Männer, während die Frau den Sonntagsbraten richtet; das veränderte Berufsbild hat aber grundlegende Neuerungen ergeben. Viele junge Bauern sind zu Nebenerwerbsbauern geworden; ihre Frauen sind de facto als Betriebsleiterinnen des Hofes eingesetzt. Daraus erwächst für die jungen Bäuerinnen eine neue Eigenständigkeit. Sie tragen eigene Verantwortung und treffen ihre freien Entscheidungen. Eine eigene Pension erhalten die Bäuerinnen auf alle Fälle – seit 1992 -, egal ob sie nun allein die Betriebsführung des Hofes leisten, sich diese Aufgabe mit ihrem Mann teilen oder mitversichert sind.

Partnerschaft bei der Arbeit, Austausch der Aufgaben im Beruf und Alltag. All das wird von der jungen Generation im bäuerlichen Bereich deutlich angestrebt.

Wieweit sich das Thema „Pflege“ zu einem Partnerthema entwickeln wird, muss sich erst zeigen. Heute sind es noch vorwiegend Frauen, die diese schwierige Aufgabe übernommen haben.

Die schöne Idee, dass sich jüngere Seniorinnen und Senioren um die älteren kümmern werden, steht im Raum und wird allgemein befürwortet.

Wie und wann wir sie umsetzen, liegt bei uns.

Auch hier gibt es Beispiele, die von Jungen, in diesem Fall vorwiegend von jungen Männern, vorgelebt werden.

Zahlreiche Zivildiener sind wunderbare, fürsorgliche Betreuer von pflegebedürftigen Alten. Sie würden gerne in der Altenpflege tätig bleiben, könnten sie mit diesem Verdienst eine Familie gründen und erhalten.

Die Einstellung ist da. Die Sichtweise von Werten auch, die ein Miteinander der Menschen bestimmen.

Wir werden diese Betrachtungsweise unseres Lebens immer mehr brauchen, je mehr Menschen älter werden und in ihren allerletzten Jahren der Pflege und Hilfe bedürfen.

Publikationen

Kunstlaufgeschichte Österreichs „Eis mit Stil", 1978. Lebensgeschichte „Mein großer Bogen", Verlag Böhlau, 2002. Bewegungsratgeber für Körper und Geist „Denn das Leben ist Bewegung", Verlag 55plus, 2005.

Paul M. Zulehner

Studium der scholastischen Philosophie (Schwerpunkt Religionssoziologie) und katholischen Theologie, Innsbruck. 1961 Promotion zum Dr. phil. Danach wissenschaftliche Hilfskraft, Institut für Moraltheologie und Gesellschaftslehre, Innsbruck. 1964 Priesterweihe, Erzdiözese Wien. 1966 Promotion zum Dr. theol. und in der Leitung des Wiener Priesterseminars.1974 Habilitation bei Rolf Zerfaß, Würzburg („Säkularisierung, Religion nach Wahl"). Kommissarische Vertretung des Lehrstuhls für Religionspädagogik und Kerygmatik, Bamberg. 1974–1984 Universität Passau (ab 1978 Aufbau der dreijährigen Berufseinführung für Kapläne). 1984 Lehrstuhl für Pastoraltheologie und Kerygmatik, Wien. 1985–2000 theologischer Berater beim CCEE. Dekan an der Katholisch-Theologischen Fakultät, Wien

Lebenskultur fürs Älterwerden

Im Jahr 1991 wurde unter der Leitung von Prof. Wolf D. Oswald an der Universität Erlangen-Nürnberg (D) am Institut für Psychogerontologie ein auf wissenschaftlicher Basis aufgebautes Senioren-Trainingsprogramm mit dem Namen „SIMA“: „Selbstständig im Alter“ entwickelt. Es gibt davon auch Abwandlungen, so für Österreich SelbA mit der gleichen Bedeutung „Selbstständig im Alter“. Das Ziel dieser Altenbildnerischen Initiative ist, die gewonnenen Lebensjahre besser zu nützen, und zwar als eine Zeit des Lebens und des Reifens. Inzwischen ist nachgewiesen, dass der eingeschlagene Weg gut und richtig ist.

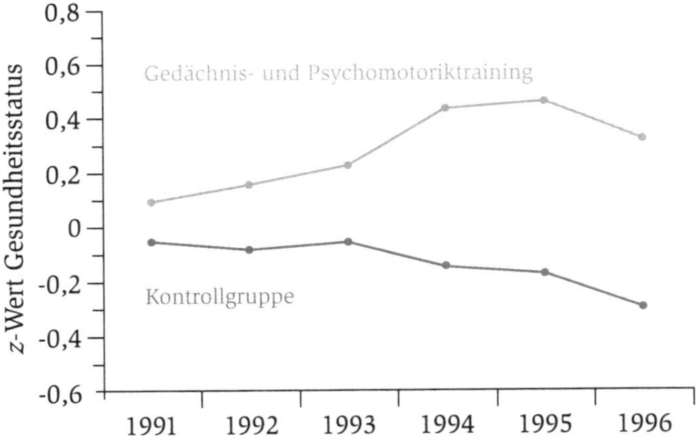

Quelle: Gesundheitsstatus von SelbA-Trainierenden:
Oswald, Ruprecht, Hagen (2001): SIMA in „Stichworten“

Ich stütze mich auf diese gelungene Initiative in meinen folgenden Ausführungen, gebe aber dem „S“ in „SimA“ eine erweiterte Bedeutung: *selbstverantwortlich* übernehme ich, füge dann aber *solidarisch* und *spirituell* als weitere Bedeutungen bei.

1. Selbstverantwortlich

Selbstverantwortlich, so das Seniorentrainingsprogramm, soll der ältere Mensch vor allem für seine Gesundheit sein. Dabei steht gerontologisch fest, dass von der Wissenschaft zwar die höhere Lebenserwartung medizin-technisch, aber noch nicht qualitativ gemeistert wurde. Geriatrie als Altenmedizin entwickelt sich zwar rasch. Ihr Ziel lautet: Gesünder alt werden durch Prävention und Rehabilitation.

Die Hauptherausforderungen in gesundheitlicher Hinsicht sind Unbeweglichkeit, Instabilität, Inkontinenz, intellektueller Verfall. Diese haben oftmals folgenreiche soziale „Nebenwirkungen". So ist zum Beispiel Inkontinenz häufig Ursache für Isolation und Abschiebung (25% kommen deshalb in Heime). 60% der Menschen in Alten- und Pflegeheimen leiden unter dieser Behinderung.

Wie belastend die Lebenslage mancher älteren Menschen ist zeigt, dass der Alterssuizid ansteigt. Bei Männern handelt es sich oftmals um „Bilanzselbstmorde". Spätestens hier wird deutlich, wie sehr die gesundheitliche Seite des Altwerdens mit der psychosozialen Seite verwoben ist.

2. Solidarisch

Alte Menschen nützen ihre gewonnene Lebenszeit zunächst für sich selbst. Individualisierung steht im Mittelpunkt: also die Selbstsorge der Alten. Es ist eine Zeit für gesellschaftlich gestützte individuelle Entwicklungschancen. Leopold Rosenmayr spricht daher von der „Späten Freiheit". Wie wichtig dieses Moment in der Reifungsgeschichte eines Menschen ist, kann ersehen werden, wenn diese Selbstfindung misslingt. Leicht entsteht dann eine „Spät-Lebens-Lethargie" – ein Drittel der Alternden soll davon betroffen sein. Eine wichtige Voraussetzung für das Gelingen ist Vorarbeit im gesamten Leben.

Das Reifen geschieht aber – wie alle entscheidenden Entwicklungen im menschlichen Leben – sozial bezogen, also solidarisch. Sie gilt als das wichtigste „Reifungsmittel" auch im

Altern. Solche Solidarität ist praktisch immer wechselseitig, sie spielt sich zwischen den Generationen ab.

- Einerseits ist es Solidarität durch die Jungen: sie arbeiten für die Pensionen, sie pflegen die Alten.
- Andererseits gibt es Solidarität durch die Alten: diese betreuen Kinder, pflegen selbst Angehörige, übernehmen inner- und außerfamiliale ehrenamtliche Tätigkeiten. Wirtschaftlich ins Gewicht fallen enorme ökonomische Transferströme.

Eine besondere Form der Solidarität der Alten mit den Jungen ist die Tradierung bewährter Werte. Dabei ist schon klar, dass es im Vorrat kultureller Werte immer eine Entwicklung gegeben hat. Deutlich wird uns heute auch, dass wir, die Älteren, in manchen Werten auch von den Jungen lernen müssen. Zum Beispiel sind junge Menschen ökologisch viel sensibler als die älteren Menschen aller Kategorien. Es scheint, wie Margret Mead einmal meinte, so etwas zu entstehen wie eine präfigurative Kultur – von den Jungen sei die Zukunftsfähigkeit zu lernen. Vielleicht sollte man die Jungen in den Schulen nicht einfach in die Wertewelt von uns Alten einführen und in diesem Sinn Sozialisation betreiben, sondern „Kontrasozialisation" riskieren. Denn (so Erhard Eppler mit anderen) „wenn wir so weitermachen wie bisher werden wir nicht mehr lange weitermachen".

Wertesolidarität

Unbeschadet solcher Vorbehalte gibt es dennoch unverbraucht alte Werte, die zukunftsfähiger sind als die gerade modernen und zeit(un)geistigen. Das Antiquierte (so Günter Anders) erweist sich manchmal als das Avantgardistische. Könnte dies nicht zum Beispiel dafür gelten, dass Menschen, Alte, Ältere, aber nicht zuletzt auch Kinder und Heranwachsende einen Lebensraum brauchen, der geprägt ist von Stabilität und Liebe? Stimmt es wirklich, dass es den Menschen mit der Destabilisierung der Beziehungen besser geht als der früheren Generation, die an ihrer Beziehung in guten und bösen Tagen und deshalb reifend festgehalten hat (natürlich war es auch damals schon manchmal besser, Tisch und Bett zu trennen)? Und dann der große Wert der Freiheit und der

Verantwortung, und wie sich beide miteinander verweben? Wird die Freiheit nicht überhaupt erst im Raum der Verantwortung wirklich frei: frei nämlich zu einer liebenden Selbsthingabe? Das führt zum nächsten großen alten Wert, den zeitweilig sozialistische Bewegungen für sich gepachtet hatten, der aber heute wieder entideologisiert allen gut zugänglich ist: die Solidarität und in Verbindung damit die Gerechtigkeit. Nur eine gerechtere Welt hat Chancen auf Frieden. Daher muss man, so wieder eine alte Weisheit, der Freiheit stets Gerechtigkeit abringen. Deshalb braucht es nach der Globalisierung (neoliberaler) Freiheiten auf den Finanzmärkten und in den Großunternehmen rasch eine Globalisierung der Gerechtigkeit, wenn die Welt einen globalen Frieden haben und nicht unter einem globalen Terror in Angst und Schrecken leben will.

Nun sind alle diese typisch europäischen Werte, deren sich die moderne Kultur rühmt, dem Christentum entsprungen. Sie haben sich dann von dieser Grundlage emanzipiert, sind säkular geworden. Nunmehr gelten sie aber nicht mehr als unantastbar und als vorfindbar, sondern werden als stets neu erfindbar angesehen. Das führt dazu, dass sie „konstruktivistisch" immer mehr ausgehöhlt werden und ihre Substanz verlieren. Freiheit und Gerechtigkeit werden zu formalen Begriffen ausgedünnt, wobei die Mehrheiten bestimmen können, was Gerechtigkeit ist und wer Freiheit beanspruchen darf.

So ist vielleicht eine der größten Herausforderungen an die Solidarität mit den Alten, ob sie in der Lage ist, der nächsten Generation nicht nur die Werte in säkularem Modus zu vermitteln, sondern auch jenes glaubensstarke Christentum, aus dem diese Werte erwachsen sind und welches ein Garant dafür wäre, dass Menschenwürde und Menschenrechte (als säkulare Erscheinungsformen christlicher Werte) auch tatsächlich nicht weggestimmt werden: bei Embryonen, bei AlzheimerpatientInnen, deren Pflege immer teurer kommt, obwohl sie der Gesellschaft nichts mehr bringen, sondern nur „noch nehmen" – oder würden sie der Gesellschaft wie die Behinderten doch Wärme und Solidarität stärken?

Diese Erschließung des Christentums für die nächste Generation ist auch weltpolitisch längerfristig von höchster Bedeutung. Das

Christentum steht in wachsender Konfrontation mit dem Islam. Das eine schwächelt, das andere ist stark. Das eine zieht sich in die privatistische Unsichtbarkeit zurück, das andere ist öffentlich präsent. Das eine hat so wenige Kinder, dass es allein physisch auszusterben droht, das andere setzt sehr viele Kinder in die Welt und vermehrt sich allein schon dadurch. Das eine trennt Leben und Glauben, das andere schafft das nicht. Mit diesem Islam sind die großen Werte Europas nicht immer leicht zu verbinden. Wird also die Zukunft auf der Ebene der Religion entschieden? Sollte sich noch dazu ein fundamentalistischer Islam in Europa nach und nach durchsetzen (und das vielleicht nur deshalb, weil wir die Arbeitskräfte brauchen, um die Wirtschaft auf hohem Niveau zu halten und den Sozialstaat finanzieren zu können), dann könnte es sein, dass wir uns damit auch nach und nach von den europäischen Werten entfernen, die durch das Christentum hervorgebracht worden sind.

Familiale Solidarität

Im Bereich der intergenerationellen Solidarität kommt den Familien eine Schlüsselrolle zu. Diese bilden den Hauptort des Lebens der Alten. Das wird durch die für moderne Gesellschaften typische „Intimität auf Distanz“ (Leopold Rosenmayr) ermöglicht. Die Generationen wohnen zwar nicht unter einem Dach, aber in „Ruf- und Reichweite“. Das verhindert auch das Vereinsamen von alten Menschen. Konkret sieht das in Zahlen so aus:

- 80% der 40 bis 44-Jährigen haben zumindest einen lebenden Elternteil.
- 75% der über 60-Jährigen haben zumindest ein lebendes Kind, 60% ein Enkelkind.
- 58% haben ein Kind oder Enkelkind in Ruf- und Reichweite.

Weil die „familialen Lebensräume“ für alte Menschen so wichtig sind, wird auch umgekehrt ersichtlich, warum Scheidung nicht nur für kleine Kinder, sondern auch für die Alten enorme Folgen zeigt.

Älter werdende Menschen verlassen ungern jenen Lebensraum, an den sie sich ein Leben lang gewöhnt haben. Das führt dazu, dass sie auch dann daheim bleiben wollen, wenn sie pflegebedürftig werden. 80 % pflegen auch ihre Alten daheim. Das sind in Deutschland zurzeit 1,2 Millionen, 2030 werden es nach Hochrechnungen 2 Millionen sein. Das ist mit hohen Belastungen für die pflegenden Angehörigen verbunden.

Auf diese Weise werden die Familien und in ihnen besonders die Frauen an die Grenze ihrer Belastbarkeit geraten. Daraus folgt, dass es neben der Generationensolidarität auch eine neue Geschlechtersolidarität zur Entlastung der Frauen durch die Männer braucht. Nach einer Studie in Österreich 2002 sind 54 % der Männer und 75 % der Frauen der Ansicht: „Auch Männer sollten Pflegedienste (Kinder, Alte, Kranke) leisten" (Zulehner 2003). Eine Voraussetzung dafür ist die Bereitschaft zur Arbeitszeitverkürzung.

Dass ein Teil der Frauen, und noch mehr der Männer, zu einer solchen Verringerung der Arbeitszeit nicht bereit ist, hat mit einer Angst vor Nachteilen zu tun (siehe folgende Abbildung). Bei „traditionellen Männern" noch mehr im Falle der Pflegeausübung als bei „modernen Männern".

Bereitschaft von Männern und Frauen, für die Pflege von Alten und Sterbenden die berufliche Arbeit zu verringern:

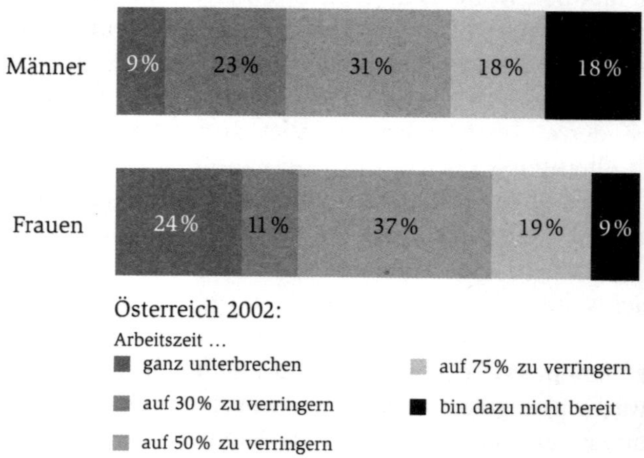

Wenn ich in Karenz/Pflegekarenz gehe, habe ich Angst, berufliche Nachteile hinnehmen zu müssen:

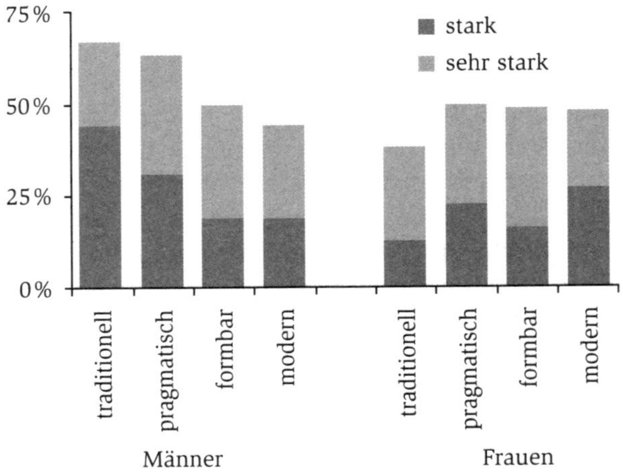

Gewalt in der Pflege

Erfolgt, was erfreulich ist, die Pflege alter Menschen daheim, dann taucht oftmals als verdrängtes Problem jenes der Gewalt auf. Diese kann durch die alten Menschen selbst verursacht werden. Sie drohen durch Enterben oder machen den Jungen das Wohnrecht streitig. Umgekehrt gibt es Gewalt gegen die Alten, und das in vielen Varianten: als Vernachlässigung, unterlassene Hilfeleistung, Einsperren, Anbinden, Schlagen, Beschimpfen, finanzielle Ausbeutung (Erpressung). Die Ursache solcher Gewalt ist oft Überforderung (40% der „Täter" sind Familienangehörige). Tragisch ist, dass durchaus vorhandene Hilfe aus „falscher Scham" nicht in Anspruch genommen wird. Gewalt ist zudem oft Ausdruck über Jahre gewachsener komplizierter, krankmachender Verhältnisse. Diese sind zu bearbeiten.

Sterben daheim

Neben der Pflege Alter „daheim" wird immer mehr auch das Sterben daheim bei uns wieder heimisch, und zwar auch in den Städten. Das ist aber nicht nur ein Wunsch vieler – sondern zugleich eine enorme sozialpolitische Herausforderung, die moderne Gesellschaften in Zeiten des Umbaus der sozialstaatlichen Errungenschaften auf Grund mangelnder Finanzen besonders betrifft. Kardinal Carlo M. Martini, damals Erzbischof in Mailand, hat diese Herausforderung bei einem Symposium der Europäischen Bischöfe in Rom zum Thema „Geburt und Tod als Herausforderung der Evangelisierung" in die Formel gekleidet: „So wie die Eltern die Kinder zur Welt bringen, sollen künftig die Kinder die Eltern aus der Welt begleiten können."

Will man dieses hohe Ziel sozialpolitisch erreichen, können folgende praktische Projekte weiterführen: räumlich verbundenes Wohnen, Erhöhung der Pflegekompetenz der Angehörigen, Aufbau einer ergänzenden ambulanten Pflege, palliative Kenntnisse und ethische Kompetenz bei praktischen Ärzten, „Karenzierung" pflegender Angehöriger (oder wenigstens Teilzeit).

Werden diese Voraussetzungen nicht rasch geschaffen, dann werden Pflegebedürftige und Sterbende „überflüssig" und „entsorgt". Es kann zutreffen, was Hans Magnus Enzensberger als Befürchtung so formuliert hat: „Selbst in reichen Gesellschaften kann morgen jeder von uns überflüssig werden. Wohin mit ihm?" (1993). Wie brisant eine solche Gefährdung angesichts der immer teureren letzten Lebenswochen ist, zeigt eine Befürchtung, die der Präsident der deutschen Ärzteschaft 1998 so auf den Punkt gebracht hat: „Dann müssen die Patienten mit weniger Leistung zufrieden sein, und wir müssen insgesamt überlegen, ob diese Zählebigkeit anhalten kann, oder ob wir das sozialverträgliche Frühableben fördern müssen." (Vilmar, 1998)

Entlastung des familialen Systems

Eine Gesellschaft ist dann auf einem altenfreundlichen Weg, wenn sie familienunterstützende Dienste ausbaut. Solche können dazu beitragen, familiale Solidarität zu stärken bzw. überhaupt zu erhalten. Im Einzelnen handelt es sich um Tagespflege, Tageszentren, Kurzzeitpflege, Angehörigenunterstützung, Ausbildung und Beratung.

Es sind auch Maßnahmen für den Fall zu erwägen, dass das familiale System nicht mehr trägt, weil keine Angehörigen da sind oder Menschen allein alt geworden sind. Nach Berechnungen werden künftig 40% der Alten kinderlos sein. Für diese

Personengruppe könnte es neuartige Tauschbeziehungen zwischen Nichtverwandten, über die Kernfamilie hinaus geben. Hier werden künftig auch christliche Gemeinden eine wichtige Aufgabe haben.

3. Spirituell

Beim Ausreifen eines einmaligen Lebens spielt die letzte Lebensphase eine bedeutende, ja entscheidende Rolle.

- Erik H. Erikson nennt die Aufgabe der achten und letzten Lebensstufe die Integration. Ihr Gegenpol ist „Verzweiflung" und Ekel. Sie ranken sich um das Gefühl, dass das Leben vertan, versäumt ist. Manche setzen dann dem ungelebten Leben ein Ende. Es kann das Leben auch missraten, weil die letzte Zustimmung zum Leben auch angesichts von Scheitern und Schuld misslingt.
- Nach Karl Rahner geht es in der letzten Lebensphase darum, das ganze Leben als Ganzheit vor sich bringen.
- Romano Guardini wiederum sieht das Leben als Kette von Beziehungsaufnahmen, letztlich zum Absoluten, zu Gott. Das Wissen um Ewiges erlaubt dem Glauben im Tod die Erfüllung und Vollendung des Lebens zu erkennen.

Religion im Alter

Angesichts solcher Wichtigkeit der Religion für Sinngebung im Alter überrascht es nicht, dass der Religion in der Altersforschung eine immer wichtigere Rolle beigemessen wird. Dabei wurde in der europäischen Altenforschung neben den Themen Gesundheit und Intelligenz der Alten dem Thema Religion bislang (fahrlässig) wenig Aufmerksamkeit gewidmet. Anders in Amerika. Das National Institute for Health Research hat 1993 vier Bände zum Thema Religion und Alter veröffentlicht. Darin ist von 212 Studien über die Rolle der Religion die Rede. Von diesen Studien beobachten 160 eine positive, 37 eine gemischte und 15 negative Auswirkungen der Religion auf das Altern.

Das sind nun im Einzelnen Gratifikationen der Religion im Alter, wobei die vernetzte Religion (also jene, die in einer religiösen

Gemeinschaft gelebt wird) eine deutlich höhere Wirkmächtigkeit entfaltet: Religiös vernetzte Alte haben einen niedrigeren Blutdruck. ihr Immunsystem ist besser, der Selbstwert höher, die Stressbewältigung gelingt eher. Religiös vernetzte Alte sind gemeinschaftsoffener, setzen sich mehr für andere ein. Religion verleiht dem Leben Sinn, hilft mit Verlusten und Kummer leichter umzugehen, lässt den Gedanken an den Tod bewältigen. Insgesamt fördert also Altersreligiosität die Lebensqualität nachhaltig. Vernetzt Religiöse sind weniger einsam, werden auch kaum unglücklich oder depressiv. Selbst Scheidungen sind seltener, was der Vereinsamung entgegenwirkt. Religiöse Alte neigen weniger zu Alkohol oder Drogen.

Die Zeitschrift „Psychologie heute" hat den Zugewinn der Religion im Alter vor dem Hintergrund solcher Erkenntnisse so zusammengefasst: „Wer im Alter an Gott und die göttliche Liebe im Menschen glauben kann, lebt insgesamt viel gesünder und glücklicher. Religion ist ein Jungbrunnen für Senioren." Der Glaube schafft also eine Art „existentieller Integration".

Die konkrete Altenarbeit hat begonnen, daraus den Schluss zu ziehen, auf die religiöse Seins- und Erlebnisdimension stärker zu achten und diese anzureichern. Als Möglichkeiten werden erwogen: Alte auffordern, über ihren Glauben zu sprechen; sich dessen Bedeutung für das Leben bewusster zu werden; die Nähe anderer zu begünstigen. Besonders in Heimen sollte es ermöglicht werden, das religiöse Leben persönlich wie in religiöser Gemeinschaft zu kultivieren.

Ich schließe mit einem Ausschnitt aus dem Brief an alte Menschen von Johannes Paul II., der sein eigenes Altern gleichsam zu einer eindrucksvollen Predigt für alte Menschen machte und dazu schrieb: „Daher verdienen alle sozialen Initiativen Lob, die es den alten Menschen ermöglichen, sich sowohl körperlich, intellektuell und im Beziehungsleben weiterzubilden als auch sich dadurch nützlich zu machen, dass sie ihre eigene Zeit, ihre Fähigkeiten und ihre Erfahrung den anderen anbieten. Auf diese Weise erhält und steigert man die Lebensfreude, die ein grundlegendes Gottesgeschenk ist." (1999, Nr. 16)

Literatur

Enzensberger, Hans Magnus: Die große Wanderung: 33 Markierungen; mit einer Fußnote „Über einige Besonderheiten der Menschenjagt“, Frankfurt a. M. [4]1992.
Marianne Gronemeyer: Leben als letzte Gelegenheit. Zeitknappheit und Sicherheitsbedürfnisse, Darmstadt, 1993.
Erikson, Erik H.: Identität und Lebenszyklus, drei Aufsätze. Frankfurt a. M. 2003.
Rosenmayr, Leopold: Die späte Freiheit, Berlin 1993.
Zulehner, Paul M.: Mannsbilder. Zehn Jahre Männerentwicklung, Ostfildern 2003.

Eigene Publikationen

Paul M. Zulehner ist Autor zahlreicher Bücher und Aufsätze, vor allem zu pastoraltheologischen Themen.
Die Forschungsschwerpunkte von Univ. Prof. DDr. Paul Michael Zulehner liegen in der sozialwissenschaftlichen Wahrnehmung und theologischen Deutung gesellschaftlicher Wirklichkeit sowie in der Gesellschafts- und Kirchenentwicklung.

III.

Neue Generationen-beziehungen

Neue Solidarität

Neue Daseinsvorsorge

Zur Einführung in dieses Kapitel:

Die einschlägigen Ergebnisse der von Univ.-Prof. Dr. Rudolf Bretschneider vom FESSEL-GfK Institut im Jahr 2006 erstellten Studie „Generation 50 plus“:

1. Generationenbeziehungen: Pensionen und Transferleistungen

In den Einstellungen zum Generationenvertrag im Zusammenhang mit dem Pensionssystem unterscheidet sich die ältere von der jüngeren Generation (12- bis 24-Jährige) entsprechend der jeweiligen Lebenssituation, wie aus der jährlichen Jugend-Onlinestudie hervorgeht. Die junge Generation, die ja auch noch Zeit hat, sich auf die zukünftige Situation einzustellen, sieht die Veränderungen im Pensionssystem und die damit verbundenen Pensionshöhen gelassener:

- 9% der Generation 50 plus, aber 31% der jungen Generation wären bereit, Einschnitte in ihrer Pension hinzunehmen.
- 77% der Älteren, aber nur 39% der Jungen betonen, dass sie überhaupt nicht einsehen, warum ihre Pensionsansprüche eingeschränkt werden sollten – vor allem die E-Schicht und schwächste Kaufkraftklasse mit den geringsten Haushaltseinkommen und frei verfügbaren Geldmitteln.

Bei Alt (vor allem bei den 55- bis 69-Jährigen) und Jung herrscht Konsens, dass die Pensionsdiskussion alle Generationen angehen würde. 76% der Älteren meinen das, genauso viele wie bei den Jugendlichen und jungen Erwachsenen im Jahr 2003.

Fast drei Viertel der ÖsterreicherInnen ab 50 fühlen sich finanziell gut abgesichert, aber die Vorsicht scheint in den letzten Jahren gestiegen zu sein. Fast die Hälfte ist bereit zu verzichten, um später versorgt zu sein. Mehr als die Hälfte gönnt sich was und spart nur, wenn etwas übrig bleibt. Deren Anteil ist ebenso gesunken wie die Verzichtbereitschaft gestiegen ist.

Finanzielle Wahrnehmung und Einstellung

Frage: Geben Sie mir bitte zu jedem Satz, den ich Ihnen jetzt vorlese an, ob diese Aussage auf Sie sehr zutrifft, eher zutrifft, eher nicht zutrifft oder überhaupt nicht zutrifft.

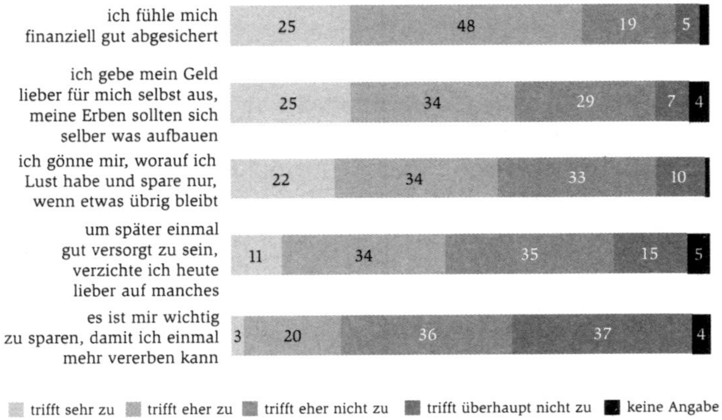

gereiht nach: trifft sehr/eher zu; nicht ausgewiesene Bereiche kleiner gleich 2
n = 1000; Befragungszeitraum 13. 01. – 10. 02. 2006

Angaben in %;
Quelle: FESSEL-GfK, Sozialforschung; Generation 50 plus 2006

Einstellung zu Generationenvertrag und Pensionen

Frage: Hier auf dieser Karte stehen zwei gegensätzliche Meinungen. Sagen Sie mir bitte welcher davon Sie eher zustimmen. Wenn Sie der linken Meinung eher zustimmen sagen Sie 1, wenn Sie der rechten Meinung eher zustimmen sagen Sie 5. Dazwischen können Sie Ihr Urteil abstimmen.

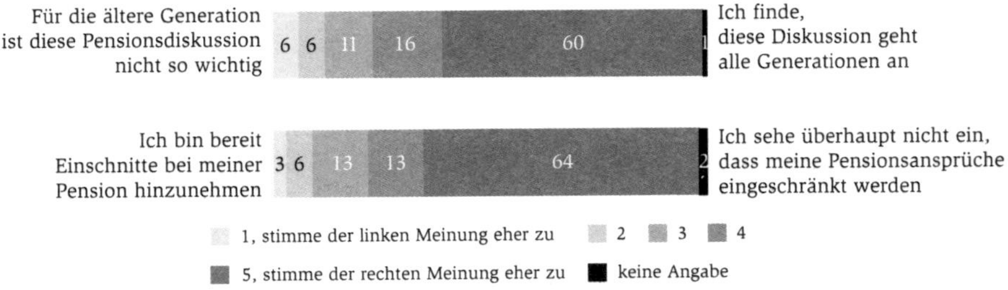

gereiht nach: trifft sehr/eher zu; n = 1000; Befragungszeitraum 13. 01. – 10. 02. 2006

Angaben in %; Quelle: FESSEL-GfK, Sozialforschung; Generation 50 plus 2006

Unterstützungsleistungen für Enkel unterscheiden sich nicht nach Sozialschichten, wohl aber die finanzielle Unterstützung für Kinder, die in den höheren Sozialschichten häufiger finanzielle Zuwendung erfahren als in den niedrigeren. Das ist allerdings insofern nahe liegend als natürlich auch die Möglichkeiten im höheren Einkommenssegment größer sind. Insgesamt wird aber auch in den Dörfern und kleineren Städten mehr unterstützt als in der Großstadt, was wiederum eher ein Phänomen der gesellschaftlichen urbanen bzw. ländlichen Strukturen sein dürfte.

In der Gewissensfrage „Sparen“ für die Erben oder den Erben Eigenverantwortung auferlegen und seine Mittel für sich selbst auszugeben wird doppelt so oft Letzteres bevorzugt.

Nichtsdestotrotz leistet ein Drittel finanzielle Unterstützung für die Enkel und/oder fast die Hälfte für die Kinder.

Transferleistungen an Kinder oder Enkelkinder

Frage: Unterstützen Sie Ihre Kinder oder Enkelkinder mit finanziellen Mitteln?

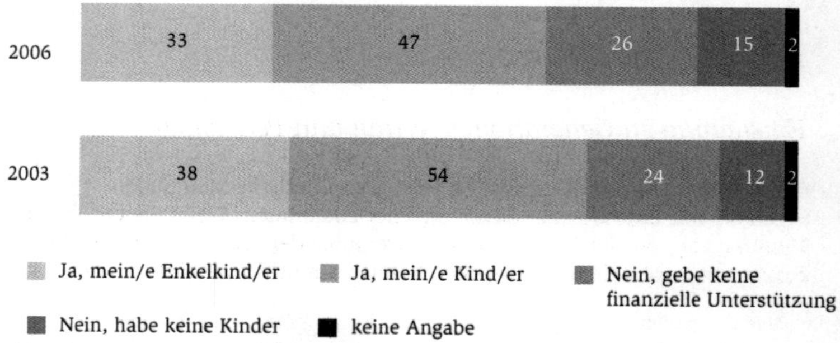

Quelle: FESSEL-GfK, Sozialvorschung;
Generation 50 plus 2006, n = 1.000, Befragungszeitraum 13. 01. – 10. 02. 2006
Generation 50 plus 2003, n = 1.000, Befragungszeitraum 14. 10. – 23. 11. 2003

Bernd Schilcher

Geboren 1940 in Graz. Studium der Medizin, Studium der Rechte in Graz. 1964 Promotion zum Dr. jur. 1975 Habilitation für Privatrecht. Seit 1978 Ordinarius für Bürgerliches Recht an der Universität Graz, Mitarbeiter am Salzburger Programm der ÖVP und am Modell Steiermark. 1976–1993 Landtagsabgeordneter in der Steiermark, 1974–1991 Vertreter der Steiermark im ORF-Kuratorium. 1985–1989 Klubobmann, Mitglied des Präsidiums des Steirischen Herbstes, Mitglied des Aufsichtsrates der Forschungsgesellschaft Joanneum, Mitglied und Vorsitzender des Aufsichtsrates der Steiermärkischen Krankenanstaltengesellschaft mbH. 1989–1996 Amtsführender Präsident des Landesschulrates für Steiermark. 1996–2001 Vorstand Institut für Bürgerliches Recht Universität Graz. Seit 2003 im Ruhestand.

Der Generationenvertrag
Solidarität zwischen Alt und Jung

Wir sind nicht imstande, an etwas zu denken,
was wir nicht vorher empfunden haben.
David Hume

Denken bedeutet, Wünsche zu beerdigen.
Elfriede Jelinek

1. Der Stoff, aus dem die Kriege sind

Es war im Sommerloch 2003, als der junge deutsche Bundestagsabgeordnete Mißfeldner zum Halali auf die Alten blies: Künstliche Hüften für Achtzigjährige, befand er, seien hinausgeschmissenes Geld. Krücken täten es auch. Die Medien griffen die „mutigen Äußerungen" des „ Age"-Revoluzzers dankbar auf und füllten mehrere Wochen hindurch die karg bestellten Seiten. Auch in Österreich.

„Der Konflikt der Generationen ist unvermeidbar", titelte beispielsweise der „Kurier". Hatte doch auch hierzulande eine 22-jährige Abgeordnete zum Nationalrat ultimativ einen Beitrag der Alten zur Finanzierung der anstehenden Pensionsreform eingefordert. Dass diese Generation Österreich mitaufgebaut hätte, wollte sie so nicht gelten lassen: „Viele von ihnen waren nicht unbeteiligt, dass das Land zerstört wurde." (Schilcher, 2003).

Die Antwort der Altvorderen ließ nicht lange auf sich warten. Bei uns wie beim nördlichen Nachbarn wurde den jugendlichen Aufwieglern die Gegenrechnung präsentiert. Die Generation 60 plus hätte ihren Generationenvertrag erfüllt, nämlich die Pensionen ihrer Eltern voll bezahlt und im Durchschnitt 2,5 Kinder pro Familie aufgezogen. Ganz anders hingegen die nachfolgende 40 plus-Generation. Sie hätte die Geburtenzahl dramatisch auf 1,4 pro Familie gesenkt und sei außerstande, für die Pensionen ihrer Eltern zu sorgen. Ein doppelter Vertragsbruch also, den die Jungen nicht den Falschen anlasten sollten.

Das Sommerbeben verebbte schließlich im Kompromiss zur österreichischen Pensionsreform. Der erwies sich nämlich letzten Endes als mutig, effizient und sozial verträglich. Auch wenn der aktuelle Anlass somit vorbei war, bleibt die Grundstimmung auch jetzt noch labil. Viele fragen sich, welche Überraschungen noch kommen könnten. Die so häufig beschworene Solidarität zwischen den Generationen ist zumindest um einiges brüchiger geworden. Und nicht wenige wühlen in den Bruchlinien.

So wird immer wieder behauptet, dass der Generationenvertrag die Alten überproportional begünstige und die Kinder benachteilige. Darüber könne auch der herrschende Jugendkult nicht hinwegtäuschen: Die Absicherung der heute 20 plus-Generation im Alter liege in den Sternen.

Aber auch auf der anderen Seite werden alte Stereotypen und Vorurteile hervorgeholt und frisch poliert. Die Jugend habe das Arbeiten verlernt und feiere sich durchs Leben. („Fun & Drug Generation"). Dazu komme der Tribut an die Bildungs- und Wellness-Gesellschaft. Immer mehr junge Menschen würden bis zu ihrem dreißigsten Lebensjahr studieren – und dann mit 57 Jahren in die „wohlverdiente" Frühpension verschwinden. Blieben also gerade einmal 27 Erwerbsjahre – aber sage und schreibe 53 „unproduktive" Jahre.

Die neuerliche Retourkutsche ließ nicht lange auf sich warten. So wurde den „jungen Alten" beschieden, dass die meisten von ihnen gleichfalls noch vor ihrem 60sten Lebensjahr in Pension gingen und dort sodann ein Luxusleben auf teuren Kreuzfahrten und in Fünf-Sterne-Hotels rund um den Globus führten. Auf Kosten der Jungen, die vermutlich mit überhaupt keiner gesetzlichen Pension mehr rechnen könnten.

Das ist der Stoff, aus dem die Kriege sind. Am Ende wirft jeder dem anderen vor, den „Generationenvertrag" gebrochen zu haben. (Bräuninger et. al., 1998; Gronemeyer, 1998; Kaufmann, 29. 12. 2000; Lampert, 1998; Mohl 1993).

2. Der Vertrag, der nie geschlossen wurde

Bekanntlich redet man meist von dem, was man nicht hat. Oder zumindest so nicht hat. Das ist auch beim Generationenvertrag der Fall. Denn abgeschlossen, wie das bei einem richtigen Vertrag üblich ist, hat ihn niemand. Weder ausdrücklich, noch implizit. Aber das gilt auch für den berühmten contrat social Rousseaus und den erst jüngst wieder breit diskutierten Gesellschaftsvertrag des John Rawls. Davor hatten schon Hugo Grotius, Samuel Pufendorf, Thomas Hobbes und John Locke Gesellschaftsverträge angenommen, die gleichfalls nie geschlossen wurden. Sie meinten damals mit ihrer Vertragstheorie einen Kultur-und Paradigmenwechsel, wie wir heute sagen würden: An die Stelle der fürstlich-absoluten Autorität und Obrigkeit, die behauptete, unmittelbar von Gott eingesetzt zu sein, sollte die – freiwillige – Übereinstimmung gleicher und selbstständiger Bürger treten.

Darauf weisen ja auch schon die rechtlichen Begriffe hin, die üblicherweise verwendet werden: Vertrag hat mit „sich vertragen" zu tun; im Wort contrat bzw. contract steckt das lateinische „contrahere", sich „vereinigen". Das gleichfalls aus dem römischen Recht stammende „pactum" (Pakt) leitet sich von „pax" = Friede her; und im Kern des hauptsächlich kirchlich und völkerrechtlich gebrauchten Ausdrucks „Konkordat" findet man die „concordia", also die Harmonie der Herzen. Verträge deuten somit auf freiwillige und friedliche Übereinkünfte hin.

Damit scheint der so genannte Generationsvertrag eine Metapher zu sein, die erneut einen, wenn auch nicht so tiefgreifenden Kulturwandel signalisiert: Neben die bislang nahezu ausschließlich geübte obrigkeitliche Anordnungskultur einer staatlich verfügten Alterversorgung (in Gestalt einer Pflichtversicherung samt Steuersubventionierung) tritt wieder in zunehmendem Maße eine freiwillige private Selbstsorge und eigenverantwortliche Existenzsicherung hinzu. Sowohl für die Jungen als auch für die Alten. („Selbstsorge" – Rosenmayr, 07. 06. 2003).

In Wahrheit handelt es sich dabei um eine Rekonstruktion. Nach dem seit mehr als 200 Jahren geltenden Modell des bürgerlichen Rechts, das schon vor dem Allgemeinen Bürgerlichen Gesetzbuch von 1811 gültig war, wurde sowohl die „Vorbereitungsgeneration" der 0 bis 14-Jährigen (heute: bis 20-Jährigen) privat, also von der Familie alimentiert, als auch die nicht mehr arbeitsfähige dritte Generation. (Unterhalts- und Obsorgepflicht der Eltern und Großeltern für die Kinder bzw. Selbstsorge und Unterhaltspflicht der Kinder und Enkel für die Alten.)

Erst 1906 wurde zunächst einmal für die Angestellten und danach 1939 für die Arbeiter von Staats wegen eine gesetzliche Pflichtversicherung für Pensionen eingeführt und die Privatautonomie in diesem Bereich ausgeschlossen. Zunächst hatte diese „staatliche" Pension nur den Zweck, die Eigenvorsorge zu ergänzen. Doch wurde sie im Laufe der Zeit immer mehr zur hauptsächlichen Existenzsicherung im Alter, bis sie schließlich fast eine Monopolstellung für die Alimentierung der dritten Generation erlangte.

Ebenso begann der Staat 1950 die Eltern mit Kindergeld und Familienbeihilfe bei ihrer Unterhaltspflicht gegenüber der Vorbereitungsgeneration zu unterstützen. Die gegenwärtige Regierung hat dieses Kindergeld kräftig erhöht, so dass es zumindest bei Familien mit geringerem Einkommen eine spürbare Hilfe bei der Alimentierung der Kinder darstellt.

Trotz dieser zunehmenden „Verstaatlichung" der Existenzsicherung für die erste und dritte Generation begann man bereits ab 1945 von einem „Generationsvertrag" zu sprechen. In Deutschland wurde im Zuge der Pensionsreform unter Adenauer das Wort vom „Drei-Generationen-Vertrag" gebräuchlich. Grund für diese Begriffswahl war damals in erster Linie das so genannte Umlageverfahren bei der Finanzierung der Pensionen (Renten). Demnach zahlt die zweite Generation („Erwerbsgeneration") mit ihren staatlich vorgeschriebenen Beiträgen nicht ihre eigene Pension ein, sondern die Alterssicherung ihrer Eltern. Für die Pensionen der Erwerbsgeneration sorgen dann wiederum deren Kinder. Dadurch entstehen wechselseitige Verpflichtungen: Jede Generation muss die Pensionsansprüche ihrer Eltern befriedigen und für so viele Kinder als künftige Beitragszahler sorgen, dass die nachrückende Erwerbsgeneration wiederum im Stande ist, ihre Verpflichtungen gegenüber ihrer Elterngeneration zu erfüllen. (Werding, 1998).

Diese wechselseitigen Verpflichtungen wurden als eine Art Vertrag empfunden, auch wenn er wiederum von niemandem formell abgeschlossen worden ist. Dabei legte man schon von Beginn an weniger Wert auf eine austarierte Angemessenheit der gegenseitigen Leistungsverpflichtungen, sondern eher auf die entsprechende Hilfeleistung im Notfall und eine insgesamt „faire altersmäßige Güter- und Einkommensverteilung". („Age Fairness in Resource Allocation" – Rosenmayr, 07. 06. 2003).

Hinzu kam der „allseitige Wille" der Bevölkerung, dass diese Art von wechselseitigen, jeweils immer drei Generationen betreffenden Verpflichtungen „jetzt und künftig bestehen sollen". (Becker, 2001)

Zu diesem Grundkonsens in Deutschland und Österreich gesellen sich nunmehr seit Ende der Achtzigerjahre neue, wiederum privatautonome Elemente. Wer heute als 30-Jähriger in 35 Jahren eine Pension in annährend entsprechender Höhe seiner Elterngeneration genießen will, muss zu einem guten Teil privat vorsorgen. Die Sozialversicherungspension reicht mit Sicherheit nicht mehr. (Mazal, 2000; Werding, 1998; Rosenmayr, 07. 06. 2003).

Das ist für andere Länder, wie vor allem die USA, die immer schon Kapital-gedeckte Renten kannte, aber auch für die Schweiz, die neben der staatlichen Pension schon seit langer Zeit die zusätzliche Betriebspension und die Privatpension etabliert hat, ganz selbstverständlich. Nicht so für uns: Denn sowohl in Deutschland als auch in Österreich haben sich andere Prioritäten im Konsumverhalten gebildet als in Ländern mit traditionell starker Eigenvorsorge.

3. Urlaub, Wellness und Auto – auf Kosten von Bildung, Gesundheit und Altersvorsorge.

Österreicher (wie auch Deutsche) haben in den letzten 40 Jahren markante Schwerpunkte für ihr Konsumverhalten entwickelt.

- Wir wohnen verhältnismäßig teuer und luxuriös;
- Die Auto- und Motorraddichte bewegt sich seit Jahren im oberen Drittel der europäischen Länder; angeblich gibt es bei uns die meisten Mercedes-Pkw pro Einwohner;

- Ähnliches gilt für die elektronische Kommunikation: unsere Ausstattung mit Computern und Handys kann sich international sehen lassen;
- ebenso boomt in unserem Land die Unterhaltungselektronik, vom Fernsehen über DVD bis zu den Computerspielen;
- Österreicher reisen viel, gern und vor allem ins Ausland;
- schließlich geben wir für Sport, Fitness und Wellness immer mehr Geld aus.

Eine kürzlich veröffentlichte WIFO-Studie (Th. Url/M. Wüger, 2005) zeigt, dass der durchschnittliche österreichische Haushalt € 1.577.- monatlich für den Konsum ausgibt. Davon entfallen auf Wohnkosten € 469 (29,7%), auf Kfz € 269.- (17,1%), auf Fitness, Sport und Wellness € 302.– (19,2%). In Pensionisten-Haushalten verringern sich alle Ansätze um 13%.
Dagegen sind zahlreiche existentielle Leistungen bei uns für den einzelnen Bürger geradezu konkurrenzlos billig. Das betrifft:

- Schule und Erziehung,
- Universitäten und Fachhochschulen,
- Spitäler und sonstige Gesundheitskosten,
- und vor allem die Alterspensionen.

Nach der erwähnten WIFO-Studie gibt der durchschnittliche österreichische Haushalt für Gesundheit € 64,– (4,1%) monatlich aus und für Bildung überhaupt nur € 5,– (0,32%).

Der Zusammenhang der beiden Konsumgütertypen liegt auf der Hand: Je weniger der Einzelne für Schule, Universität, Spital und Altervorsorge ausgeben muss, desto mehr bleibt ihm für Urlaub, Wellness und Auto. Und umgekehrt.

Gleichzeitig gerät die öffentliche Hand an die Grenze der Belastbarkeit der Bürger durch Steuern und Sozialversicherungsbeiträge. Diese so genannte Abgabenquote liegt in Österreich bereits bei 42,9% und wird in Europa nur von Belgien (45,6%), Dänemark (49,6%), Frankreich (43,7%), Finnland (44,3%), Norwegen (44,9%) und Schweden (50,7%) übertroffen. (Monatsberichte des deutschen BM der Finanzen, 2006,106). Eine weitere Erhöhung würde zweifellos mit massivem Steuerwiderstand und großflächiger Abgabenumgehung bekämpft werden.

Daraus folgt aber, dass mehr Mittel für Schule, Erziehung, Universitäten, Gesundheit und Altervorsorge nur durch Umschichtung erreicht werden können: Sowohl bei den öffentlichen Haushalten, wo bereits nahezu die Hälfte aller Staatsausgaben, nämlich 56,6 Milliarden Euro auf Sozialleistungen entfallen, wie auch in den privaten Haushalten, die die steigenden Selbstbehalte bei Gesundheit und Bildung, aber vor allem für die Existenzsicherung im Alter gleichfalls nur mit einer „Umschichtung" im Konsumverhalten kompensieren können.

Derartige Veränderungen erzeugen, wie schon die Pensionsreform gezeigt hat, Unruhe und Widerstand. Viele empfinden sie als Eingriffe in „wohlerworbene Rechte" des Einzelnen, wie vor allem auch in die erwähnte „faire altersmäßige Güter- und Einkommensverteilung". Hinzu kommt, dass eine Reihe von Politikern und Gewerkschaftern wie auch ein Teil der Bevölkerung immer noch die Ansicht vertreten, dass Selbstsorge und Eigenverantwortung lediglich gewissenlose „Erfindungen" des wuchernden Neoliberalismus darstellten, der die „soziale Kälte" auf sein Banner geschrieben habe.

4. Wie „wohl" ist wohlerworben – und wer verdient „lebenslang" beim Lernen?

Bevor auf diese Einwände und Vorbehalte eingegangen wird, sollte man einige der gängigen Begriffe und Vokabel hinterfragen, welche die Diskussion eher belasten als fördern.

Beginnen wir gleich mit den erwähnten „wohlerworbenen Rechten". Sie sind in erster Linie dann eine Provokation, wenn es um besonders hohe Pensionen von Managern, Politikern und Spitzenbeamten geht. Mag sein, dass hier der Neid eine Rolle spielt, aber der Begriff ist nicht nur in diesem Zusammenhang, sondern in allen Fällen der Altersversorgung problematisch. Was ist daran „wohlerworben" im Sinne einer individuellen Verdienstlichkeit, wenn heute eine Pension von der nächsten Generation bezahlt wird, die sich auf Grund massiver demografischer und sonstiger struktureller Veränderungen immer weniger in der Lage sieht – und sehen kann – eine auch nur annähernd ausreichende Existenzsicherung zu gewährleisten? Je mehr aber an Steuermittel dazugezahlt werden muss, desto uneinsichtiger wird das Epitheton „wohlerworben". Und zwar selbst dann, wenn der Pensionist bzw. Pensionistin die eigene Verpflichtung aus dem Generationenvertrag voll erfüllt hat – allerdings zu Bedingungen, die die Erfüllung erheblich einfacher gemacht haben als heute.

Mit Recht lehnt daher der Verfassungsgerichtshof den Begriff der „wohlerworbenen" Rechte ab. Statt dessen spricht er einsichtiger von Vertrauensschutz: Kein Bürger darf durch Veränderungen und Eingriffe in seine Rechte so überrumpelt werden, dass er sich für seine Lebensführung nicht mehr darauf einstellen kann. (Mazal, 2004).

Mindestens so provokant ist die Redeweise vom „wohlverdienten" Ruhestand. Vor allem in einer Zeit, in der – aus vielen Gründen, auch aus solchen, für die Ruheständler nicht verantwortlich sind – der Durchschnitt der Erwerbsgeneration schon nach 37 Erwerbsjahren (dazu sogleich) in Pension geht und immer noch über 60% seines Aktivlohnes bezieht. Die heutige Generation, die das finanziert, aber gleichzeitig weiß, dass ihre Pension nach erheblich mehr Erwerbsjahren nicht einmal annähernd so hoch sein wird, kann das schwerlich als „wohlverdient" empfinden. (Rosenmayr, 07. 06. 2003).

Andere, häufig verwendete Begriffe sind zwar nicht so provokant, aber auch in keiner Weise förderlich. So beispielsweise die seit Jahrzehnten im Schwange befindliche Aufforderung zum „lebenslangen" Lernen. Das hört sich zunächst einmal nach einem Strafurteil an: „lebenslang", was ja nicht gerade aufmunternd klingt. Dazu kommt das Gefühl jedes so Angesprochenen, chronisch unfertig zu sein. Und schließlich stimmt der Inhalt nur sehr bedingt. Sieht man von großen Betrieben und staatlichen Einrichtungen ab, die ihre Mitarbeiter tatsächlich „on the job" trainieren, gehört Österreich zu jenen Ländern, die noch weit davon entfernt sind, die Fort- und Weiterbildung auch nur annähernd so zu fördern wie die Erstausbildung. Und das hat nicht zuletzt unmittelbare Auswirkungen auf den Generationenvertrag. Denn solange höhere Schulen und Universitäten keine regelmäßigen Weiterbildungsangebote machen, bleibt es bei der „Marschgepäckstheorie" der Erstausbildung. Sie soll dem Absolventen das theoretische Rüstzeug für das ganze weitere Leben bieten. Also muss auch der ganze „Stoff“ untergebracht werden.

Da nun aber der Umfang diese „Stoffes“ immer mehr zunimmt, dauert die Erstausbildung immer länger. Vor allem an den Universitäten. Während in England und in den skandinavischen Ländern z.B. Juristen mit 22 - 23 Jahren fertig werden, sind sie bei uns 26 - 27 Jahre alt, wenn sie ihr Studium beenden. Und zwar im Durchschnitt - so dass die oben erwähnte Annahme, viele würden ihr Erwerbsleben erst mit dreißig beginnen, gar nicht so falsch ist. (Schilcher, 2006).

Es wäre daher schon ein Fortschritt, würde man von einem „lebensbegleitenden“ Lernen sprechen oder noch besser von regelmäßigen, berufbegleitenden Kursen an den Universitäten und Fachhochschulen - die dann dort allerdings auch tatsächlich eingerichtet werden müssten. Genauso wie im Übrigen „Part time Studies“ - also Studienangebote für die Erstausbildung von Berufstätigen am Abend.

5. Wenn immer mehr Pensionisten für eine immer längere Zeit von immer weniger Erwerbstätigen erhalten werden sollen, die immer kürzer arbeiten

Wie dringend sind nun aber die erwähnten Änderungen am Generationenvertrag wirklich ? Muss tatsächlich staatlich und privat umgeschichtet werden - von den immens teuren und Strukturkonservierenden Sozialleistungen hin zu Bildungsinvestitionen bzw. vom Reisen und Urlauben, von der Unterhaltungselektronik und den Wellnessprogrammen zu mehr Selbstsorge bei der Alterssicherung und in der Gesundheit?

Die immer wieder kolportierten Zahlen deuten darauf hin.(Fischer Weltalmanach, 2006).

1. Da ist zunächst der so genannte Pensionistenquotient, also das Verhältnis der Pensionisten zu den Beitragszahlern. Es hat sich in den letzten Jahren ständig verschlechtert, d.h. es kommen infolge der rapiden Geburtenrückgänge immer

weniger Beitragszahler auf einen Pensionisten. Gegenwärtig stehen sich bei uns 3,7 Millionen Erwerbstätige und 2,08 Millionen Pensionisten gegenüber. Das heißt, es sind nur noch 1,8 Beitragszahler, die künftig für die Existenzsicherung eines Pensionisten aufkommen. Und da unsere Gesellschaft – Gott sei Dank – immer älter wird, aber zugleich bedauerlicherweise immer weniger Kinder in die Welt setzt, ist vorhersehbar, dass sich der Pensionistenquotient in den nächsten Jahren noch weiter verschlechtert.

2. Ganz erheblich hat sich auch die Pensionsdauer verändert. 1970 durfte ein Pensionist, der in jenen Jahren tatsächlich mit 65 in den Ruhestand trat, auf Grund der damaligen Lebenserwartung mit durchschnittlich 9 Pensionsjahren rechnen. Heute liegt das durchschnittliche Pensionsantrittsalter bei 57 Jahren und der Ruheständler kann mit 21 (!) Pensionsjahren rechnen. (Rosenmayr, 07. 06. 2003).
3. Andererseits sinkt in Österreich, wie schon angedeutet, die Anzahl der Erwerbsjahre. Da immer mehr junge Menschen eine immer längere Erstausbildung genießen, erhöht sich die Vorbereitungszeit für das Erwerbsleben. Im Durchschnitt steigen die Jungen heute mit 20 bis 22 in das Arbeitsleben ein. Gleichzeitig ist das effektive Pensionsantrittsalter, wie gesagt, auf 57 gesunken. Damit bleiben nur noch knapp 37 Berufsjahre. 1970 waren es noch 43 gewesen.

Auf diese Weise müssen immer mehr Pensionisten für eine immer längere Zeit von immer weniger Erwerbstätigen, die immer kürzer arbeiten, erhalten werden. Das kann auf die Dauer nicht funktionieren.

Wenig hilfreich ist es zunächst, wenn diese objektiven Entwicklungen in Form von subjektiven Schuldzuweisungen interpretiert werden. Die schon mehrfach erwähnten Vorurteile und Stereotype erklären nichts, sondern schüren nur die Konflikte.

Tatsächlich ist die junge Generation nicht faul, arbeitsscheu und vergnügungssüchtig, sondern nur viel zu lange in der Erstausbildung. Das ist, wie wir gesehen haben und noch sehen werden, ein ideologisches und ein strukturelles Problem.

Ebenso wenig stimmt das Vorurteil, alle Erwerbstätigen hätten nur eines im Sinn, nämlich so früh wie möglich in die Pension zu flüchten. Auch hier liegen die wahren Ursachen tiefer.

6. Die „gewonnene Generation" der jungen Alten

Damit im Zusammenhang steht allerdings auch eine Reihe von Widersprüchen und Paradoxien. Auf einen dieser Widersprüche haben wir schon hingewiesen. Da gibt es einerseits einen immer noch nicht verebbten Jugendwahn und Jugendkult, und auf der anderen Seite große Unsicherheit über die finanzielle Zukunft dieser jungen Leute im Alter.

Hinzu kommt, dass die heutige Realität des Alterns mit unseren überkommenen Vorstellungen nicht übereinstimmt. Geheimrat Goethe wurde mit 50 als „edler Greis" angesprochen und vor 40 Jahren hatte, wie gesagt, ein 65-Jähriger nur noch 9 Pensionsjahre vor sich. Nunmehr können 60-Jährige noch mit 21 weiteren Jahren rechnen. Manche, wie z.B Prof.Rosenmayr, sprechen daher schon von einer „gewonnenen Generation", nämlich der 60- bis 80-Jährigen. Diese „vierte" Generation, die sich vor allem in den letzten 30 bis 40 Jahren zwischen die Erwerbsgeneration und die ehemaligen Ruheständler geschoben hat und sich nunmehr deutlich gegenüber den „Hochbetagten" der 80- bis 100-Jährigen abgrenzt, hat wenig mit den Vorstellungen von gebrechlichen Alten gemeinsam, die nur noch Tauben fütternd auf sonnigen Parkbänken sitzen oder gar in Pflegeheimen auf ihr Sterben warten. (Rosenmayr-Böhmer, 2003 ; Imhof, 1981)

In Wahrheit ist es beispielsweise diese vierte Generation, die heute die ehemals dritte der Hochbetagten pflegt. Denn 80% der Pflegebedürftigen werden gegenwärtig zu Hause im eigenen Heim versorgt und nur 20% in Pflegeheimen. Das ist nicht nur die viel billigere Lösung, sondern auch die menschlich befriedigendere. (Fink, 1988; Rosenmayr, 23. 02. 2004).

Dass die „jungen Alten" heute insgesamt weitaus leistungsstärker, beweglicher und neugieriger sind als die 60 plus-Generation vor 40 Jahren, verdanken sie nicht nur den besseren und humaneren Bedingungen am Arbeitsplatz und ihrer gesünderen

Lebensweise, sondern natürlich auch der ärztlichen Kunst, dem Sport und der modernen Fitnessberatung.

Hier kommt nun ein weiteres Paradoxon. Je gesünder, fitter und leistungsfähiger die jungen Alten werden, desto weniger Chancen haben sie am Arbeitsmarkt. Wer heute 50 ist, kriegt in aller Regel keine Arbeit mehr. Das heißt, die frühe Flucht in die Pension hat in erster Linie mit mangelnden Alternativen zu tun. Durch das Senioritätsprinzip in der gewerkschaftlichen Lohnpolitik haben die ältesten Arbeitnehmer die höchsten Einkommen. Das macht sie teuer. Dazu kommt aber – worauf viel zu wenig geachtet wird – die Tatsache, dass ihr Wert in den Augen der Arbeitgeber nicht mit ihrem Einkommen steigt. Arbeitgeber wollen nämlich immer noch ein „junges Team“, statt älterer erfahrener Mitarbeiter. Denn Erfahrung stellt in unserer Wissenschafts-orientierten Welt keinen Wert dar. Zumindest nicht in Österreich und Deutschland. Hier zählen vife, clevere, rasch anpassungsfähige weit mehr als erfahrene, verlässliche und urteilsfähige Mitarbeiter.

7. Vom deutschen Idealismus demontiert: die Erfahrung. Sie muss künftig wieder zählen

Es ist nun tatsächlich der schlechte Ruf, den die Erfahrung in Österreich und Deutschland traditionell genießt, der die Ursache für zahlreiche Schieflagen im Rahmen des Generationenvertrages darstellt.

Das war nicht immer so. Noch bei Kant heißt es: „Dass alle unsere Erkenntnis mit Erfahrung anfange, daran ist gar kein Zweifel“. Leider hat aber schon der deutsche Idealismus daran zu zweifeln begonnen. Hegel und Schelling, später Fichte und Schleiermacher, haben die praktische Erfahrung weitgehend aus dem wissenschaftlichen Diskurs eliminiert und an ihre Stelle die Beschäftigung mit großen, oft auch „letzten“ Ideen gesetzt.(Weischedel, 1956).

Heute schreibt Hubert Markl, ein bekannter deutscher Biologe und derzeitiger Präsident der Max Planck Gesellschaft in seinem sonst durchaus lesenswerten Buch „Wissenschaft gegen Zukunftsängste“:

„Ich unterscheide das Wissen der Menschen, also ihre Kenntnisse und Fähigkeiten von der bloßen Erfahrung." Gewiss könnten Menschen „auch durch beispielhaftes Vormachen lernen", aber: „Erfahrungen dieser Art macht auch der Elefant; lebenserfahren sind auch alte Affen." (Markl, 1998).

Die Gleichsetzung von Erfahrung und Nachäffen ist bezeichnend für die deutsche und österreichische Wissenschaftsauffassung. Was heute in diesen beiden Ländern ein ordentlicher Professor ist, der setzt auf Theorie. Erfahrung und Praxis sind ihm suspekt. Sie riechen förmlich nach abgesunkenem Niveau: „Das ist doch bestenfalls Fachhochschule."

Wir kennen diese Einstellung noch aus dem antiken Athen. Schon dort galten Handwerker, die sich auf Erfahrung stützten, als „Banausen". Aristoteles hat ihnen sogar das Bürgerrecht verweigert. Denn ihre praktische Tätigkeit galt als „niedrig und schmutzig", jedenfalls im Vergleich zur einzig erstrebenswerten reinen Wissenschaft in Gestalt der „sophia" nebst der dazugehörigen Kontemplation. Daher gab auch kein anständiger Bürger einem Handwerker seine Tochter zu Frau. (Rossi,1997).

Wie wenig man von Praxis und Erfahrung im modernen österreichischen Wissenschaftsbetrieb hält - davon können vor allem die Mediziner und Techniker ein Lied singen. Da in beiden Sparten selbst Ordinarien gleichzeitig praktische Berufe ausüben und die Erfahrung jeweils auch im Lehr-und Forschungsbetrieb eine große Rolle spielt, mussten Mediziner und Techniker ständig um ihre Anerkennung als Wissenschafter ringen. Jahrzehnte hindurch war die Medizin nur eine „Kunst" und ihre akademische Ausübung bestenfalls ein Kunsthandwerk. Dasselbe gilt für die Technik: Man denke nur an die verräterische Formel „nach Stand der Wissenschaft und Technik".

In den anglo-amerikanischen und skandinavischen Wissenschaftsbetrieben ist das immer anders gewesen. Dort gilt eine akademische Karriere auch heute noch als Höhepunkt einer erfolgreichen beruflichen Praxis. In der Schweiz wiederum üben beispielsweise Professoren der juridischen Fakultäten gleichzeitig den Beruf von Richtern, Anwälten oder Regierungsmitgliedern aus.

Bei uns hingegen hat es sich längst eingebürgert, dass man noch während des Studiums oder gleich danach als Studienassistent beginnt, Universitätsassistent wird, sich habilitiert und dann auf einen Ruf wartet. Auf diese Weise bereiten immer mehr akademische Lehrer ex lege „wissenschaftlich" auf eine Berufspraxis vor, von der sie selber keine Ahnung haben – dafür aber meist ein kräftiges Vorurteil.

Das alles setzt sich nach unten fort. Auch AHS Lehrer führen ihre Schüler zu Berufen oder Studien, von denen sie in aller Regel nichts wissen. Und schon in Pflichtschulen fristet die Erfahrung ein Mauerblümchendasein. Lehrplan und Theorie sind alles. Lieber schaut man sich Vögel auf Farbdias an als sie in der Natur aufzusuchen. (Schilcher, 2006)

Kein Wunder, wenn diese Haltung auch am Arbeitsplatz dominiert. Mit dem schon erwähnten Ergebnis, dass man den zu teuer gewordenen älteren Mitarbeitern kaum eine Träne nachweint. Dabei wäre es so naheliegend, die Erfahrung und Urteilsfähigkeit, die Verlässlichkeit und soziale Verträglichkeit der Alten mit der Unbefangenheit und Innovationskraft, der Energie und Unverbrauchtheit der Jungen zu kombinieren. Nicht ein „junges Team" *oder* ein „erfahrenes" ist erstrebenswert, sondern gute Mischungen aus beiden. (Rosenmayr, 07. 06. 2003).

Hier trifft es sich gut, dass schon das Diktat der leeren Pensionskassen zum Umdenken zwingt. Es besteht kein Zweifel, dass wir demnächst bis 67 Jahren und bald danach bis 70 arbeiten werden. Die Sorge, dass dann die jungen Alten die Hochbetagten nicht mehr daheim pflegen werden, ist berechtigt. Nur wird es künftig ohne Professionalisierungsschub im Pflegebereich ohnehin nicht gehen. Die höheren Kosten können durch den längeren Erwerbsverdienst aufgefangen werden. Und was die humane Seite betrifft, so werden sich auch hier Mischformen von persönlicher und professionalisierter Pflege entwickeln.

8. Die vielen ideologischen Barrieren, die der notwendigen Verkürzung der Erstausbildung im Wege stehen

Die Wiederentdeckung der Erfahrung wird sich aber auch auf die Vorbereitungsgeneration auswirken. Sie ist heute in Österreich und Deutschland vorwiegend aus ideologischen und strukturellen

Gründen viel zu lange in der Erstausbildung. Die oben erwähnte, immer noch geltende „Marschgepäckstheorie“ geht von zwei falschen Voraussetzungen aus. Einmal davon, dass das Ziel jeder Bildung und Ausbildung die Vermittlung von Wissen ist. Daher dominiert bei uns das „Stoffdenken“. In anderen Ländern, insbesondere in den angloamerikanischen steht das vor allem von Karl Popper propagierte „Probleme-Lösen“ im Vordergrund, so wie das Ziel, in einer pluralistischen Gesellschaft miteinander leben zu lernen. (Popper, 1963/1994: „Wir studieren nicht Fächer, sondern Probleme“).

Die Unterschiede sind gravierend. Wer Probleme lösen möchte, braucht nicht nur Wissensstoff, sondern vor allem Erfahrung für die Fragestellungen und Prioritätensetzungen, weiters Übung im Umgang mit Wissensmanagement und systematischem Denken, aber auch so genannte soft skills, wie Organisationsfähigkeit, Team-Geist und Beharrlichkeit für die Durchführung. (Papmehl/Siewers (Hg), 1999). Darauf bereiten unsere Schulen kaum vor. Es gibt auch viel zu wenige Praxis- und Erfahrungszeiten während der Ausbildung.

Das miteinander Leben lernt man wiederum nur in „Schulen für alle“ – und nicht in streng separierten „Sonderschulen“ für Gute und Schlechte, Hochbegabte und Behinderte, Legastheniker und Gehörlose, Blinde und Ausländer.

Die zweite falsche Voraussetzung liegt in der gleichfalls ideologisch motivierten strikten Trennung zwischen allgemeinbildenden und berufsbildenden Schulen. Da letztlich jede/r Schulabgänger/in einen Beruf ergreift und umgekehrt in jedem Beruf mehr oder weniger theoretisch reflektiert werden muss, kann es sich nur um Schwerpunktbildungen innerhalb einer gemeinsamen Schule handeln, deren Abgänger in jedem Fall „reflective practitioners“ sind. (Schilcher, 2006).

Doch muss die Erfahrung nicht nur in die Schulen kommen – es müssen auch ihre AbsolventInnen schon viel früher als heute und viel öfter mit praktischer Erfahrung außerhalb der Schulen konfrontiert werden. Das erfordert neben mehr Praxiszeit während der Ausbildung vor allem auch modulare Ausbildungseinheiten nach Schulabschluss. Den Bachelor sollte man mit 22 Jahren erreicht haben. Nach einer praktischen Berufszeit kann man den Magister absolvieren. Hernach kommen immer wieder Hochschulkurse, die den Praktiker oder die Praktikerin mit letzten Ergebnissen der Forschung vertraut machen.

Wird der erste Hochschulabschluss mit 22 erreicht statt wie heute mit 26 bis 27 und werden mittlere Abschlüsse (Fachschule, Matura, Berufschule) mit 18 geschafft werden, statt mit 20 bis 21, würde sich die durchschnittliche Vorbereitungszeit selbst bei künftig viel höheren Akademikerquoten als unseren mageren 10% mit dem 20sten Lebensjahr begrenzen lassen. Gleichzeitig wird das Pensionsantrittsalter stufenweise auf 65, 67 und 70 Jahre angehoben. Das bedeutet im Ergebnis eine künftige Erwerbsdauer von 45 bis 50 Jahren.

Doch hat die kürzere Erstausbildung auch noch andere Vorteile. Wer früher im Beruf steht und Geld verdient, denkt wieder an frühere Familiengründungen. Werden den Familien zudem ausreichende Betreuungsangebote für ihre Kinder gemacht, so könnte sich auch wieder eine Trendwende bei der Geburtenfreudigkeit einstellen. Länder in denen 30 – 40% der Bevölkerung unter 15 Jahren sind – bei uns sind es gerade einmal 13 – 14% – kennen eine ganz andere, nämlich optimistische und vorwärtsgerichtete Grundstimmung, als sie bei uns in Europa herrscht. Das Ziel in unserem Generationenvertrag muss daher lauten: Länger leben *und* mehr Kinder haben.

9. Wir müssen noch lernen, mit den gewonnen Jahren umzugehen

Länger Leben muss freilich auch gelernt sein. Wir haben damit noch wenig Erfahrung. Daher fällt es der neuen Generation der jungen Alten einerseits selber schwer, sich zurechtzufinden – wie es aber auch ihrer Umgebung schwer fällt, vernünftig mit ihr umzugehen. (Egger, 1999; Rosenmayr, 23. 02. 2004). Darauf weisen schon die mehr oder minder kläglichen Versuche hin, einen passenden Namen für die jungen Alten zu finden. (Rosenmayr, 21. 08. 2004; 31. 10. 2003).

Die meisten Bezeichnungen schwanken zwischen Ratlosigkeit, Übertreibung und schlechtem Gewissen. Da ist z.B. von den „best agers“ die Rede. Das erinnert stark an eine Weinverkostung, bei der es bekanntlich um die besten Jahrgänge geht. Noch fataler ist der Ausdruck „Selpies", was „Second Life People" bedeutet und damit recht deutlich an Second Hand Shops erinnert, die immer einen Geruch von gebraucht und abgestanden verbreiten. Auch der Ausdruck „Woopies" lässt sich schwerlich positiv assoziieren: Er meint „Well off old people", weckt aber die Vorstellung von einer etwas überwuzelten Rockband der späten Sechzigerjahre. Den Vogel schießt zweifellos die Bezeichnung „Kukidents" für die jungen Alten ab. Die dürfte ihrem Selbstverständnis ähnlich nahe kommen, wie wenn man sie „Berlusconis" nennen würde und dabei auf jene – gar nicht mehr so seltene – geliftete, geglättete, abgesaugte, mit Prothesen aller Art versehene Ersatzteillager-Generation verweisen würde, die partout for ever young bleiben möchte.

Noch schlimmer ist die spezielle gesellschaftliche und wirtschaftliche Ratlosigkeit gegenüber Frauen über 50. Da diese Jahrhunderte hindurch in erster Linie über ihre Funktion als Mutter definiert wurden, war ihre öffentliche Präsenz lange Zeit stark verkürzt. Die Noch-nicht-Mutter, die Mutter und die Nicht-mehr-Frau, die sich vermutlich ihren Enkerln widmet. Zwar gibt es seit einiger Zeit inmitten eines großen Straußes von Girlie-Zeitschriften auch ein oder zwei Journale, die sich mit der Frau ab 50 beschäftigen; doch absehen davon, dass die dort Abgebildeten alle wie höchsten 30 aussehen, präsentieren sie nach wie vor auch deren Mode, Schmuck und Kosmetik. Einzig der Hinweis, dass die traumhaften Roben und lässigen „Casuals" jeweils „in allen Größen" vorrätig seien und die verschiedenen Cremes nicht zuletzt gegen Falten schützen sollen, geben verschlüsselt den neuen Adressatenkreis der „älteren Frau" wider. (Ballhausen et.al., 1986; Schlaffer, 2006).

Der längst noch nicht überwundene Jugendwahn setzt sich dann, auch bei Männern, in den Zeitungs- und ORF-Programmen fort, die, vor allem im Bereich der Unterhaltung, immer noch allein auf den 14-jährigen Gymnasiasten aus Pinkafeld setzen; dasselbe ereignet sich beim Bekleidungs- und Sportswear-Angebot, in den Supermärkten, wo alles prinzipiell so klein angeschrieben ist, dass man ohne Brille chancenlos ist, bis hin zu den Urlaubs-Schnäppchen, die sich stets im unmittelbaren Einzugsbereich von

Dezibel-starken Diskotheken befinden. Wieso das so ist, weiß niemand und gehört zu den am besten gehüteten Geheimnissen der meist jugendlichen Wirtschafts- und PR-Berater. Je größer das Käuferpublikum der 60 plus-Generation wird und je höher ihre Einkommen, desto unerklärlicher ist die beharrliche Ausgrenzung dieses Konsumentensegments in der heutigen Zeit.

Was uns hauptsächlich fehlt, ist die Erfahrung mit dem neuen Phänomen, dass Menschen immer älter werden. Das wird schon begrifflich nicht verwunden: Man spricht eher abschätzig von „Überalterung" oder vom „ergrauten Europa", statt sich ganz einfach über den Zuwachs an Lebensjahren zu freuen. Zumal es ja kein Naturgesetz ist, dass höheres Alter durch weniger Kinder erkauft werden muss. Ganz im Gegenteil – gerade eine reife und wohlhabende Gesellschaft kann sich Kinder ganz besonders leisten.

10. Das sind also die Ziele und Inhalte des neuen Generationenvertrages

Schon nach dem bisher Gesagten gewinnen Ziele und Inhalte des österreichischen Generationenvertrages durchaus an Konturen. Im Kern dieses Vertrages geht es um die wechselseitigen Verpflichtungen der nunmehr vier Generationen:

1. Die jeweilige Erwerbsgeneration sorgt für Nachwuchs, also für die „Vorbereitungsgeneration" der Kinder. Diese Sorge umfasst die ausreichende Anzahl dieser Kinder sowie ihre Erziehung und Entwicklung. Hier muss es wieder – nicht nur in Österreich, sondern in ganz Europa, vielleicht mit Ausnahme von Frankreich und Irland, die eine höhere Geburtenrate aufweisen – zur Überzeugung kommen, dass wir ganz entschieden mehr Kinder brauchen und dass dies auch durchaus möglich und leistbar ist. Eine wichtige Hilfe dafür sind vermehrte staatliche Betreuungsangebote.
2. Was die Bildung und Berufsvorbereitung der Kinder und Schüler betrifft, so muss ihre Ausbildungszeit kürzer, erfahrungsbetonter und zielgerichteter werden. Wichtigstes Ziel der schulischen Bildung ist es, dass die jungen Menschen

miteinander leben lernen – was für heterogene Klassen und „Schulen für alle" spricht – und wozu letztlich auch gehört, dass sie lernen, Probleme zu lösen.

3. Das alles müssen sie künftig im praktischen Beruf früher beweisen als heute. Der Erstausbildung folgen dann immer wieder Sequenzen von praktischer Berufsarbeit und Theorie-Modulen an mittleren, höheren und Hochschulen zur nötigen Fort- und Weiterbildung.
4. Schon von Beginn ihrer Beruftätigkeit an werden künftige Erwerbsgenerationen mehr Mittel für ihre Bildung, Gesundheit und Altersvorsorge zur Seite legen müssen als heute (Selbstsorge). Das wird zumindest zu gewissen Teilen auf Kosten der bisher besonders hohen Aufwendungen für Wellness und Urlaub, Kfz und Kommunikation, Unterhaltungselektronik und Wohnkomfort gehen.
5. Aber auch die öffentliche Hand wird umschichten: Von den immens teuren und Struktur-konservierenden Sozialleistungen hin zu zukunftsfördernden Investitionen in Bildung, Gesundheit und sonstige Infrastruktur. Derartige Investitionen regen nicht zuletzt das gegenwärtig etwas stagnierende Wachstum an.
6. Eine neue gewerkschaftliche Lohnpolitik, welche mit höheren Anfangsgehältern beginnt und dafür die Einkommenskurve ab 40 abflachen lässt, verbunden mit einer Neubewertung und Positionierung der Erfahrung im Berufsleben wie auch in der Ausbildung und in der Wissenschaft, wird zu einem attraktiven Mix von Jung und Alt führen. Gleichzeitig werden die Erwerbsgenerationen nicht bloß 37 Jahre wie heute, sondern 45 bis 50 Jahre aktiv bleiben. Das entspricht nicht zuletzt der gestiegenen Lebenserwartung.
7. Sowohl die Kinder- und Schülerbetreuung als auch die Pflege der Hochbetagten werden in Zukunft stärker professionalisiert und – zumindest teilweise – in staatlich geförderte Einrichtungen ausgegliedert werden. Nur so ist eine Berufstätigkeit von Mann und Frau bzw. der jungen Alten über 60 möglich. Die dadurch entstehenden zusätzlichen Kosten werden zwischen den früher beginnenden und länger arbeitenden Erwerbsgenerationen sowie den zusätzlich beschäftigten Frauen (deren Berufstätigenquote von derzeit

45% auf 65 – 70% steigen wird) einerseits und dem Staat geteilt werden, der zumindest die baulichen und einrichtungsmäßigen Infrastrukturkosten übernimmt. (Höheres Steueraufkommen durch mehr Beschäftigte; Umschichtung von Sozialleistungen und sonstigen Transferzahlungen).

8. Aber auch die Generation der Hochbetagten wird gesünder und aktiver bleiben. Sie wird mehr Sport betreiben, an Fitness interessiert sein, sich bewusster ernähren und sämtliche, heute noch für die jungen Alten entwickelten Programme zur geistigen Anregung nützen. Zudem wird es den Hochbetagten wie den jungen Alten möglich sein, auch eine gewisse Zeit mit ihren Enkerln zu verbringen, so dass die Erwerbsgenerationen auch noch von dieser Seite Entlastung bekommen.
9. Schließlich müssen wir alle zusammen Erfahrung mit dem neuen Altern bekommen und lernen, damit besser umzugehen. Auch das kann in einer Kombination von „training on the job" und theoretischer Unterstützung (Lehrstühle für Geragogik und Pflegewissenschaften) geschehen.
10. Über alle diese Schritte und Maßnahmen muss es einen „informierten Konsens" in der Bevölkerung geben. Das bedeutet, dass die Zivilgesellschaft und die Politik, die Wissenschaft und die Wirtschaft, die Kirchen und die Sozialpartner aufgerufen sind, den Dialog und die Diskussion zu beginnen. Offene Themen gibt es genug:
    - Da sind die staatlich geförderten Kinder- und Schülerbetreuungseinrichtungen;
    - Da muss über die Neubewertung der Erfahrung in Bildung, Erziehung und im Berufsleben nachgedacht werden;
    - Weiters ist über die Verkürzung der Erstausbildung der Vorbereitungsgeneration und über die Verlängerung der Aktivzeit der Erwerbsgeneration zu reden;
    - Klarzustellen ist auch die Bedeutung und Notwendigkeit der Selbstsorge und Eigenverantwortung im Bereich der Bildung, der Gesundheit und der Altersvorsorge;
    - Dazu muss im Gegengleich über die Sinnhaftigkeit der Umschichtung von den Sozialleistungen und Transferzahlungen in den staatlichen Budgets zu Bil-

dungs-, Gesundheits- und Infrastrukturmaßnahmen diskutiert werden;
- Und schließlich bedarf die Frage der Angemessenheit der Güter- und Einkommensverteilung zwischen den vier Generationen immer wieder neuer diskursiver Bestätigung.

11. Die österreichische „Generationen-Bilanz" ist in Ordnung

Um diese „faire Verteilung" darzutun, geht es nicht nur um die Anzahl der Kinder, für die jede Erwerbsgeneration verantwortlich ist bzw. um die Höhe der staatlichen Kinderförderung sowie um eine ausreichende Existenzsicherung der jungen Alten und der Hochbetagten, sondern auch um eine möglichst vollständige „Generationen-Bilanz". („Generational Accounting"). Und da sind bislang immer wieder wichtige Posten außer Betracht geblieben.

1. Das beginnt mit den privaten Direktzahlungen der Ruhestandsgeneration an die Kinder und Enkel. So werden nach den Berechnungen von O. Farny/F.Gall/M.Predl, 1997, jährlich 4,48% des BIP (2004: 235,1 Milliarde Euro), somit 10,5 Milliarden Euro Jahr für Jahr durch Schenkungen und Erbschaften an die jüngeren Generationen transferiert. (Rosenmayr, 23. 02. 2004, der außerdem betont, dass ein Drittel der Alten regelmäßig an die Kinder und Enkel Zahlungen leistet.)
2. Hinzu kommt eine noch nie in der Geschichte der Menschheit da gewesene Anhäufung von Privatvermögen. Nach der erwähnten Studie beträgt das Privatvermögen in Österreich (Land- und Forstwirtschaftliches Vermögen, Grundvermögen, Betriebsvermögen und Finanzvermögen) 298,1% des BIP. Das sind wiederum auf der Grundlage des BIP 2004 700,1 Milliarden Euro.
3. Diesem gewaltigen Betrag stehen nach der mehrfach zitierten Untersuchung Schulden der privaten Haushalte in der Höhe von 34,6% des BIP gegenüber. Auf Basis des BIP 2004

ergibt das 81,4 Milliarden Euro. Somit beträgt das private Reinvermögen in Österreich 618,7 Milliarden Euro.

4. Für eine „Gesamtbilanz des Betriebes Österreich" muss man diesem privaten Reinvermögen noch das öffentliche Infrastrukturvermögen, vermindert um die Staatsschulden, hinzufügen. Tatsächlich hat der Staat Österreich 150,9 Milliarden Euro Schulden; für die jährlichen Zinszahlungen muss er 7,1 Milliarden Euro aufwenden. Die Staatschuldenquote beträgt somit 63,6%, gemessen am BIP. Mit dieser Quote liegt Österreich unter dem Durchschnittswert der Euro-Zone von 71,8% – und somit auch erheblich günstiger als Deutschland (71,4%), Belgien (88,1%), Italien (107,9%), Frankreich (68,0%), Portugal (72,1%) und Griechenland (106,0%). Auch Japan (69,4%) und vor allem die USA (167,1%) liegen weit vor Österreich. (Monatsberichte des deutschen BM der Finanzen, 2006, 104).
5. Dieser österreichischen Staatschuld stehen gewaltige Werte des öffentlichen Infrastrukturvermögens gegenüber, die von den Generationen seit 1945 zum größten Teil neu geschaffen wurden. Genaue Berechnungen darüber gibt es nicht. Doch geht aus den üblichen Untersuchungen der öffentlichen Bruttoinvestitionsrate zumindest hervor, was unter Infrastruktur verstanden wird. (Czerny et.al., 2005). Das sind zunächst alle Netze der Energie- und Wasserversorgung sowie der Abwasser- und Abfallbeseitigung; dazu kommen der gesamte Landverkehr (Straßen und Bahn), die Flughäfen und die Flugsicherung, der Transport in Rohrleitungen, die Netze der Telekommunikation, alle Immobilien sämtlicher Ressorts, insbesondere die Gebäude und Einrichtungen der Schulen, Universitäten und Fachhochschulen, die Spitäler und Ambulatorien, die Rehab-Einrichtungen und Pflegeheime, die Museen und Kulturhäuser, die Veranstaltungshallen, Rundfunkgebäude und Einrichtungen des ORF. Schließlich müssen noch die 54 Wirtschaftsbetriebe des Bundes und – leider nirgendwo gezählten – der Länder und Gemeinden hinzu gerechnet werden. Dabei darf, im Gegensatz zu den aktuellen Bruttoinvestitionsraten-Berechnungen, keine Rolle

spielen, ob es sich um ausgegliederte oder nicht ausgegliederte Einrichtungen des Staates handelt.

6. Bei vorsichtiger Schätzung dürfte der Mindestwert dieses öffentlichen Infrastrukturvermögens beim Dreifachen des BIP liegen, also zumindest 705 Milliarden Euro betragen. Die obere Grenze ist vermutlich beim Fünffachen des BIP angesiedelt, also bei 1.175,5 Milliarden Euro. Diesen gigantischen Aktiva stehen Passiva von „lediglich" 150,9 Milliarden Euro gegenüber. Da sich diese Situation im privaten Bereich wiederholt – € 700,1 Milliarden Aktiva, bei 81,4 Milliarden Passiva – ist das „Unternehmen Österreich" ein hochaktiver Betrieb mit höchsterfreulichen „Bilanz-Überschüssen". Die kommen natürlich auch und vor allem den künftigen Generationen zugute. Das allgemeine Gefühl, dass die Güter- und Einkommensverteilung zwischen den Generationen in Österreich stimmt, lässt sich so zumindest annäherungsweise durch Zahlen untermauern. Unser Generationenvertrag ist rundherum in Ordnung und muss auch nicht, wie das in Deutschland gelegentlich behauptet wird, in die Bundesverfassung aufgenommen werden. (Tremmel et.al., 1998).

Literatur

A. Ballhausen et.al., Zwischen traditionellem Engagement und neuem Selbstverständnis – weibliche Präsenz in der Öffentlichkeit, Bielefeld 1986.

Ch. Becker, Verantwortung und Verantwortungsbewusstsein. Über Solidarität zwischen den Generationen. München 2001.

B. Bräuninger/ A.Lange/ K.Lüsch, Krieg zwischen den Generationen ? in: Zeitschrift für Bevölkerungswissenschaft 1998, 2ff.

Th. Chorherr, Pensionsschock. Planung statt Panik. Wien 2003.

M. Czerny/ M.Scheiblecker/ M. Schratzenstaller, Neuberechnung der Infrastrukturinvestitionen nach Wirtschaftsbereichen 1995 bis 2004, in: WifO-Monatsberichte, 12/2005, 835 ff.

W. Egger, Krisen im dritten und vierten Lebensalter des Menschen. Gerontopsychologische Aspekte des Senioren-und Hochbetagtenalters, in: Voitsberger Manuskripte 2/ 1999, 22 ff.

O. Farny / F.Gall / M. Predl, Vermögen, Erben und Erbschaftssteuer in Österreich, in: Wirtschaftswissenschaftliche Abteilung der Kammer für Arbeiter und Angestellte in Wien (Hg)., Wien 1997.

U. Fink (Hg), Der neue Generationenvertrag. Die Zukunft der sozialen Dienste. München-Zürich 1988.

Der Fischer Weltalmanach 2004, 2005, 2006.

GEO –Wissen: Altern und Jugendwahn, Sonderheft 03/ 1991.

R. Gronemeyer, Die Entfernung vom Wolfsrudel. Über den drohenden Krieg der Jungen gegen die Alten. Frankfurt/Main 1998.

A. E. Imhof, Die gewonnenen Jahre. München 1981.

F. X. Kaufmann, Der Generationenvertrag muss kinderfreundlich werden. Frankfurter Allgemeine Zeitung (FAZ) 29 12 2000.

H. Lampert, Der Generationenvertrag in der Bewährung. In: Schriftenreihe Kirche und Gesellschaft, Heft 253, Mönchen - Gladbach 1998.

H. Markl, Wissenschaft gegen Zukunftsangst, München-Wien 1998.

W. Mazal, Eigenvorsorge und Solidarität als Gestaltungselemente des Sozialrechts, in: Bernd von Maydell et.al., Entwicklung der Systeme sozialer Sicherheit in Japan und Europa. Berlin 2000, 213 ff.

W. Mazal, Zum Generationenvertrag - rechtliche Überlegungen. Wien 2004, Manuskript 27 Seiten.

H, Mohl, Droht ein Krieg der Generationen ? Stuttgart 1993.

Monatsberichte des (deutschen) Bundesministeriums der Finanzen 2004, 2005, 2006.

Monatsberichte des (österreichischen) Wirtschaftsforschungsinstituts 2004, 2005, 2006.

A. Papmehl/R.Siewers (Hg), Wissen im Wandel. Wien-Frankfurt 1999.

K. R. Popper, Vermutungen und Widerlegungen, Tübingen 1963 / 1994, I, 96 ff.

L. Rosenmayr, Altsein im 21. Jahrhundert. In: Deutsches Zentrum für Altenfragen (Hg), Die ergraute Gesellschaft. Berlin 1987, 439 ff.

L. Rosenmayr - Böhmer (Hg), Hoffnung Alter, Wien 2003.

Derselbe, 100 Jahre alt. Ein neuer Lauf des Lebens. In: Die Presse, 10 12 2005.

Derselbe, Düstere Zukunft des ergrauenden Europas ? In: Die Presse, 04 08 2005.

Derselbe, Vom Umfallen und Aufstehen. In: Die Presse, 13 11 2004.

Derselbe, Schönes neues Alter. In: Die Presse, 21 08 2004.

Derselbe, Licht und Schatten im späten Leben. In: Die Presse, 23 02 2004.

Derselbe, Von Lust und Last. In: Die Presse, 07 06 2003.

Derselbe, Das späte Leben hat viele Gesichter. In: Die Presse, 27 03 2002.

P. Rossi, Die Geburt der modernen Wissenschaft in Europa. München 1997.

B. Schilcher, Hirnverkehr: Und wo bleibt die Erfahrung ? In: G.Sperl / M. Steiner (Hg), Hirnverkehr. Reihe „Was für Zeiten“, Nr. 5, Wien 2006, 25 ff.

Derselbe, Droht der Krieg der Generationen ? In: Die Presse, 29 04 2003.

Derselbe, Jung-Schwarze im Sommerloch, in: Die Presse 19 08 2003.

H. Schlaffer, Das Girlie von heute trägt Runzeln, in: FAZ 17 02 2006.

J. Tremmel/M.Laukemann/Ch. Lux (Hg), Die Verankerung von Generationengerechtigkeit im Grundgesetz. In: Zeitschrift für Rechtspolitik 1998, 432 ff.

Th.Url/M.Wüger, Die Konsumausgaben österreichischer Haushalte im Pensionsalter, in: WifO-Monatsberichte 11/ 2005, 775 ff.

W. Weischedel (Hg), Immanuel Kant, Werke in sechs Bänden, Rankfurt /Main 1956, II, 45.

M. Werding, Zur Rekonstruktion des Generationsvertrages, Tübingen 1998.

„Die Zeit“ 14 04 1997, „Betrug an der Jugend?“

Günther Burkert-Dottolo/Andreas Reiter

Biografie von Günther Burkert-Dottolo:
Geboren 1952 in Graz. Seit 1996 Direktor und wissenschaftlicher Leiter der Politischen Akademie der ÖVP. Wahlforscher, Politologe und Zeithistoriker, Berater im strategischen und politischen Bereich. International vergleichende Analysen gesellschaftlicher Entwicklungen und deren Auswirkungen auf Wirtschaft und Politik (Schwerpunkt Westeuropa, asiatischer Raum, Balkan). International renommierter Experte hinsichtlich Issue-Management, Trendbeobachtung und Wahlkampfanalysen. Lehrtätigkeit, Institut für Politikwissenschaft, Universität Wien.

Gesellschaftliche Trends in einer alternden Gesellschaft und deren politische Folgen

Die Ausgangssituation

Gesellschaftliche Veränderungen sind nichts Neues. Die Zusammensetzung der Gesellschaft verlief schon in der Vergangenheit höchst unterschiedlich: So gab es nach den Weltkriegen aufgrund der vielen im Krieg Gefallenen einen plötzlich signifikant höheren Frauenanteil. Gleichzeitig nahmen die Geburten nach den grausamen Jahren des Mordens wieder massiv zu. Zukunftsoptimismus machte sich breit.

Trotzdem stellt die Situation nach dem Zweiten Weltkrieg in der Langzeitentwicklung eine gewisse Ausnahme dar: Die so genannte „Aufbaugeneration" nach 1945 konzentrierte ihren Optimismus auf wachsende Anteile am Zugewinn des Bruttoinlandsprodukts und verbrachte ihr ganzes Leben zufrieden in einem Beruf. Abgesehen von der Ölkrise in den 70er Jahren war der Wirtschaftsboom allgegenwärtig und damit selbstverständlich, materielle Wohlhabenheit ging mit Individualisierung und Säkularisierung einher. Die Möglichkeit privater Geburtensteuerung ermöglichte hier eine Festigung des Erreichten. Deutschland und Österreich haben nach 1945 – anders als etwa Frankreich – auf eine staatlich gelenkte Bevölkerungspolitik verzichtet und sind damit – wie viele andere Staaten im südlichen Europa – an das Ende der Geburtsstatistik gerutscht.

Die langfristig prognostizierten Zuwanderungs-Gewinne von durchschnittlich 80.000 Migranten können die Geburtendefizite bis 2025 zwar kompensieren – das Wirtschaftswachstum wird aber auf einem niedrigen Niveau stagnieren. Aufgrund der privaten Altersvorsorge nimmt die Sparquote[1] nämlich stark zu (für 9 von 10 Österreichern ist die Eigen-Vorsorge wichtig), was wiederum den privaten Konsum der Haushalte deutlich schwächt. Gleichzeitig boomt der Diskont-Lifestyle, womit die Lebenshaltungskosten auf gleichem Level gehalten werden können.

Die neue Arbeitswelt ist eine alte

Die Wettbewerbsfähigkeit eines Landes beginnt im Klassenzimmer und hört im Altersheim auf. Da die neue Arbeitswelt eine alte sein wird, bringt sie eine neue Kultur der Arbeit im Alter hervor. Die über 50-Jährigen (derzeit rund 1/3 der österreichischen Bevölkerung) werden in den nächsten Jahren zur dominanten Bevölkerungsgruppe, zum Motor der Wirtschaft, zum Angelpunkt sozialpolitischer Innovationen. Und: sie bieten eine ideale Folie für gesellschaftliche Projektionen im Spannungsfeld zwischen Jugendwahn und Altersrassismus:

- Als Best Agers werden sie von Werbung und Wirtschaft immer mehr als attraktive und kaufkräftigste Zielgruppe umworben. Schließlich verfügt die Generation der Erben (Erbalter 55 Jahre) heute über 1/3 am Gesamtvermögen in Österreich, ca. die Hälfte hat ein monatliches Haushaltseinkommen von mehr als 1.450 Euro, weitere 24% 2.050 Euro.[2]
- Andererseits hält die Alters-Diskriminierung der Generation 50 plus am Arbeitsplatz – mit Ausnahme weniger weitsichtiger Human Ressource-Manager – die nächsten Jahre noch an: Österreich ist bei den Silver Workern Schlusslicht der EU.

Der Personalabbau bei älteren Arbeitnehmern ist auch mit Folge eines – in einer hyperdynamischen Informationsgesellschaft – überholten Senioritätsbonus. Hier ist ein Paradigmen-Wandel in den nächsten Jahren zu erwarten: Künftige Entlohnung richtet sich nicht an den absolvierten Jahren aus, sondern an der absolvierten Leistung.

Damit im engsten Zusammenhang steht eine schwere Beschädigung des Selbstbildes älterer Arbeitnehmer: 82% der über 50-Jährigen in Österreich glauben, in ihrem Alter am Arbeitsmarkt nicht mehr gefragt zu sein.[3] Die gleichzeitige Mythen-Pflege von den angeblich hedonistischen Power-Oldies bzw. den angeblich nicht mehr jobtauglichen Älteren verschärft die Bruchlinien zwischen den Generationen. Die Front zwischen den „Rentenkaisern“[4] und den Jungen, die sich um ihre Zukunft betrogen fühlen, wird schärfer, der Generationenvertrag steht auf dem Spiel. Dies zeigt auch eine Umfrage, bei der sich 54% der ÖsterreicherInnen unter 30 Jahren für eine Aufkündigung des Generationen-Vertrags aussprachen, während von den über 60-Jährigen ihn 81% beibehalten wollten.[5]

Selbstverantwortung als zentraler Wert

In einer individualisierten Gesellschaft ist Selbstverantwortung ein zentraler Wert. Der Selbst-Unternehmer (Selbstzahler, Selbstversorger usf.) wird zum Leitbild in der Gesundheits-Ökonomie. Gesundheits-Investitionen werden als Investment in das „Unternehmen Ich" verstanden, in die Ich-AG. Es ist daher nur systemlogisch, dass in den USA Übergewichtige ihre Diät als medizinische Sonderausgabe von der Steuer absetzen können. Investments in das „Unternehmen Ich" funktionieren auch in die andere Richtung: durch Kostenaufschläge für ungesunden Lebensstil usf. Auch in Deutschland hat bereits ein Gesundheitsexperte gefordert, Übergewichtige (BMI ab 25) sollen höhere Beiträge in die Krankenversicherung zahlen. Empowerment heißt die Leitstrategie im liberalisierten Gesundheitswesen, postmoderne Lebensunternehmer vollziehen den Wertewandel weg von der Reparatur-Medizin hin zu einer Präventiv-Medizin (Salutogenese). Wer auf sich hält, investiert in seinen Körper: die Investitionen in Wellness-Programme, in Sportarten (von den Nordic Sports bis hin zum Laufen), in Anti-Stress-Management und in Workouts, in Power Food und Vitamin-Cocktails usf. nehmen ständig zu.

Forever Young wird zum Mantra der alternden Gesellschaft. Dieser Wert wird in Gesundheits-Tempeln, Anti-Aging-Farmen und auf Laufpfaden inszeniert. Der Kampf gegen das Altern wird mit allen Mitteln aufgenommen, von Frauen wie – immer stärker – auch von Männern (die männliche Andropause wird künftig zu einem boomenden Lifestyle-Zweig der Männermedizin). Angesichts steigender Lebenserwartung und wachsender Selbstbehalte ist die proaktive Gesundheits-Vorsorge ein strategischer Pfeiler individueller Lebensführung.

Die Frage nach der modernen Solidarität

Die umfangreichen Investitionen, die heute bereits von den Einzelnen in ihren gesunden Lebenswandel getätigt werden, finden bei uns – wie das amerikanische Beispiel zeigt – noch nicht die gemeinschaftliche Anerkennung. Solidarität hat in den letzten Jahrzehnten zu sehr das Schwergewicht auf die Beteilung möglichst aller aus dem gemeinsamen Topf bekommen. Dass moderne Solidarität gerade das Verschonen des staatlichen Topfs bedeutet, wird wohl die Diskussion der nächsten Jahre bringen müssen. Ansammeln von Guthaben, wenn man staatliche Solidaritäts- und Transferzahlungen nicht in Anspruch nimmt, könnte eine Überlegung sein. Jedenfalls muss die Zukunft den Trans-Fair-Zahlungen gehören, also nicht nur den Nutznießer, sondern vor allem auch den Beitragszahler im Visier haben.

Die All-Age-Kultur

In einer hybriden Gesellschaft ist alles transitorisch, alles geht ineinander über – auch die einzelnen Lebens-Alter. Die Grenzen zwischen Jung und Alt verschwimmen: „seriösen“, traditionsbewussten 18-Jährigen stehen erlebnissüchtige 40-Jährige gegenüber, die cool sein wollen. Oder, wie es ein Jungabgeordneter im Deutschen Bundestag formulierte: „Es gibt Junge, denen der Kalk aus der Hose rinnt und elanvolle Senioren. Die Kompetenz muss der Maßstab sein“. Diese All-Age-Kultur wirkt sich – insbesondere für die Jugend – entwicklungspsychologisch nicht nur positiv aus: Die Jungen von heute können nicht mehr so recht – und nicht mehr so schnell – erwachsen werden. Sie halten sich viel länger als früher in Komfortzonen und geschützten Lebensphasen auf, schieben z.B. die Studienzeit möglichst lange hinaus, bekommen (wenn überhaupt) viel später (Frauen mit 29 Jahren) das erste Kind. Andererseits aber können junge Leute auch nicht mehr so richtig jung sein. Denn jung sind ja schon ihre Eltern, die Baby Boomer. Diese haben nicht nur die guten Jobs besetzt, sondern auch die ewige Jugend.

Für viele Erwachsene wiederum ist ihre inszenierte Jugendlichkeit so etwas wie ein Schutzschild, ein Firewall vor den gesellschaftlichen Umwälzungen. Die dynamische Veränderungskultur in Wirtschaft und Gesellschaft überfordert heute viele Menschen. Sie regredieren, schützen sich mit „infantilem" Verhalten, umgeben sich mit Retro-Produkten und richten es sich in einer „verlängerten Kindheit" ein. Die Erfolge der Wicki, Slime und Piper-Parties, auf denen sich die damals Sozialisierten treffen, kommen nicht von ungefähr.

In unserer alterslosen Gesellschaft spüren Jugendliche heute vielfach keine Grenzen mehr, die sie einreißen, kaum noch Tabus, die sie verletzen können, keine Spielwiese (außer der Konsum- und Popkultur), in der sie gegen die Erwachsenen revoltieren und damit Identität gewinnen können. Deswegen haben sich junge Leute in den letzten Jahren vermehrt auf das Body Design zurückgezogen, auf den Körper-Kult und seine modische Übersetzung. Über die Inszenierung des Körpers (Mode, Piercings, Tattoos, aber zunehmend auch über Schönheits-OPs) inszenieren sie ihre biografischen Sehnsüchte. „Wenn die Außenwelt nicht mehr kontrollierbar ist, kapriziert man sich auf die Gestaltung des äußeren Ich."[6]

Die optionale Gesellschaft

Dass die Gesellschaft einen offensiveren Begriff des Alterns entwickelt und starre Verhaltens-Grenzen zwischen den Generationen aufhebt, ist – insgesamt gesehen – zweifellos mehr als erfreulich. Zum einen wird damit die Gesellschaft offener, optionaler, zum andern wird die Wirtschaft stimuliert. Je älter die Gesellschaft wird, desto stärker drehen sich die Märkte. Schon heute wird z.B. jedes fünfte Fruchtgläschen des Babynahrungsherstellers Hipp nicht von einem Kleinkind gegessen, sondern von Eltern oder Senioren. Die strategische Aufmerksamkeit der Wirtschaft verschiebt sich zunehmend hin zu den älteren Konsumenten. Erstmals in der Geschichte der Menschheit sind nicht mehr die Jungen der Mainstream, sondern die Alten. Masse ist Macht.

Doch die gut verdienenden Baby Boomer, die ab 2020 in Rente gehen, werden womöglich im Alter Abstriche machen müssen: sie haben es verabsäumt, ihre Kapitalanlagen international zu diversifizieren (Asset Meltdown).

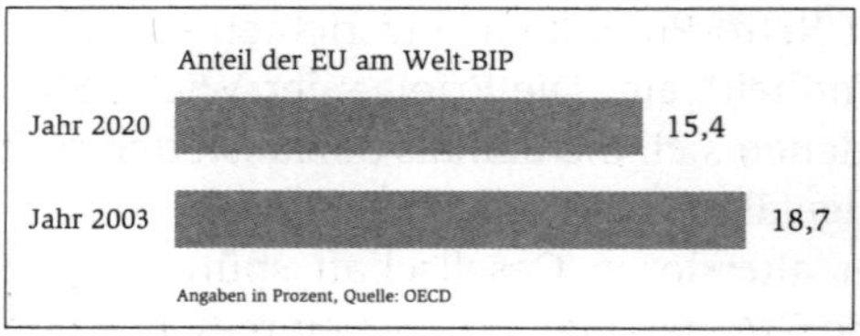

Mittelfristig hängt der demografische Wandel wie ein Damoklesschwert über ganz Europa, immerhin nimmt die Bevölkerung in den EU-Ländern bis 2050 um rund 11% ab. Im alten, schrumpfenden Europa sinkt das Binnenmarktvolumen. Der Standort Europa verliert an Attraktivität, Investoren wandern verstärkt ab in junge, dynamische Wachstumsmärkte. So hat Nestlé sein Headquarter bereits nach China verlegt, da sich der Umsatzanteil innerhalb der EU von 60% auf 40% verringert hatte. Volkswirtschaftliche Prognosen sehen das Wachstumspotenzial im alternden Europa bis 2050 auf 1-1,5% zurückgehen.[7]

Aber nicht dass die westlichen Gesellschaften stark altern, ist das zentrale gesellschaftliche Problem, sondern die Tatsache, dass immer weniger Junge nachkommen. Das demografische Beben – dramatischer Anstieg der Alten bei gleichzeitig sinkender Geburtenrate – wird damit zu einem sozialpolitischen Zündstoff der Zukunft.

Soziale Altersvorsorge

In Zukunft wird die soziale Altersvorsorge an Bedeutung gewinnen, informelle soziale Gemeinschaften werden stark zulegen. Selbstorganisierte lokale Gemeinschaften werden die frühere Groß-Familie re-inszenieren: intergenerative Initiativen (z.B. Seniorengenossenschaften, gemeinschaftliche Wohnprojekte etc.),

Nachbarschafts-Börsen, die Freiwilligen-Dienste zwischen Jungen und Alten vermitteln, Zeit verschenken usf.

Neue strategische Beziehungen zwischen den Generationen werden entstehen, intergenerative win-win-Modelle, informelle Transferleistungen komplementär zu den öffentlichen (stark reduzierten) Ressourcen. Die pensionierte Lehrerin, die Kinder aus der Nachbarschaft betreut, die berufstätigen Mütter, die dafür im Wechsel der alten Dame im Haushalt helfen, der Consultant im Ruhestand, der Jungunternehmer unterstützt usf. – Möglichkeiten der aktiven Teilnahme am sozialen nachbarschaftlichen Leben gibt es genug. Der Hyper-Individualismus (Ich-AG) des frühen 21. Jahrhunderts wird von einem pragmatischen Netzwerk-Denken abgelöst, einer stärkeren Balance zwischen Ich und Wir.

Damit einher gehen auch die bei den älteren Generationen immer stärker ausdifferenzierteren Lebensstile. Die Flexibilisierung der Lebensstile wird auch im dritten und vierten Lebensalter zur Norm. Die lineare Biografie gibt es künftig auch im Alter nicht mehr. Eine bunte Vielfalt an Lebens- und Wohnformen im Alter entsteht. Die Neuen Alten (oft WG-erprobte Baby Boomer) werden die Ghettoisierung durchbrechen und vermehrt gemeinschaftliche Wohnformen praktizieren. Die Erosion der Familie, die Mobilität der eigenen Kinder und die drohende Einsamkeit machen Haus- und Siedlungsgemeinschaften für ältere Menschen attraktiv. Gemeinschafts-Projekte verlangen eine hohe soziale Kompetenz – aber die haben ja die heute jüngeren Alten bereits in starkem Maß.

Daher sind Ghetto-Modelle wie Altenheime, Seniorenstifte usf. auf der Grünen Wiese Auslauf-Modelle. Die Werte haben sich geändert, wir haben es bereits heute mit außenorientierten älteren Menschen zu tun, die auch im Alter nicht auf Kommunikation mit der Außenwelt verzichten wollen. Motto: Intimität auf Distanz. Das heißt: die Zukunft gehört zentrumsnahen Wohnwelten, die alte Menschen an das Alltagsleben anbinden und ihnen die Interaktion mit der Nachbarschaft ermöglichen.

Eine – ethisch zu diskutierende – Alternative zu Haus- und Betreuungsgemeinschaften[8] ist die künftig zunehmende industrialisierte Alten-Pflege. Arbeitsintensive (Routine-) Bereiche werden durch High Tech (z.B. Tele-Monitoring) und Robotik ersetzt

(Medikamenteneinnahme etc.). Pflegeroboter sind in Japan schon länger Alltag, der Matsushita-Electric-Industrial-Konzern baute in Osaka ein Altersheim, in dem sich die Bewohner mit je einem Haustierroboter das Zimmer teilen. Der Pflegeroboter Care-O-bot kann neben einfachen Hausarbeiten Pulsschlag und Kreislauf, Medikamenteneinnahme überwachen (Preis-Barriere: 15.000 Euro). Wir werden wohl mindestens 15 Jahre darauf warten müssen, bis wir winzige Wegwerf-Roboter im 10er-Pack kaufen, die uns die Bude putzen oder die E-Mails laut vorlesen. Intelligente Kleider mit eingewebten Chips und Sensoren hingegen sind schon bald serienreif: So schlagen z.B. Sensoren Alarm, wenn hilfsbedürftige Menschen auf der Straße oder im Haushalt verunglücken. Sie alarmieren den Notarzt, wenn bestimmte Körperwerte (Blutfettwert, Herzfrequenz etc.) in den Gefahrenbereich kommen. Digitale Fußfesseln hindern z.B. demente Bewohner beim Verlassen des Pflegebereichs usf. Als Horror-Szenario denkbar ist ein Offshoring der Altenbetreuung: Betreuungsbedürftige (und mittellose) Alte werden aus Kostengründen ausgelagert in Altenheime in Billiglohnländer wie Moldau, Rumänien, Ukraine etc. Die Japaner führten das in den 1990er Jahren vor, indem sie Altenheime in Indonesien errichteten und japanische Alte dorthin auslagerten.

Österreich hat aber schon ein Vorzeigebeispiel: Das erste Modell eines smart home bietet z.B. seit einigen Jahren der Bauträger Hefel-Wohnbau in Dornbirn an. Ein intelligentes Haus-Management (EIB Hausbussystem), mit Sprach- und Lichtsteuerung des Haushalts – von den Jalousien über Beleuchtung, Herd, Waschmaschine, Unterhaltungs-Elektronik bis hin zu verstellbaren Betten, die auf Sprachbefehle reagieren. Die Neuen Medien und ein verbesserter technologischer Zugang – bis 2010 sollen ¾ aller Haushalte in Österreich ans Breitband angeschlossen sein[9] – ermöglichen auch älteren (immobileren) Menschen die Kommunikation und garantieren auch im hohen Alltag Kontakt zur Außenwelt. Die nächste Altengeneration wird selbstverständlich ständig (und kabellos) vernetzt sein: derzeit nutzen 46% der heute 50- bis 59-Jährigen das Internet.

Gerade diese Szenarien verlangen aber eine stärkere Einbindung der Erfahrung der Alten in den politischen Prozess. Insbesondere die Großelterngeneration hat Verständnis für die Sorgen der Enkel. Politisch gefährlich ist jeweils die mittlere Generation, die gerade an der Macht ist und die Lasten auf die jüngere Generation verschieben kann und die Alten entsorgt. Eine Koalition zwischen Jungen und Alten erscheint daher nur systemlogisch. Ob sie unter Ausschluss der mittleren Generation erfolgen muss, scheint zumindest diskussionswürdig.

Innovation ist nicht mehr jung

In einer alternden Gesellschaft ist die anthropologische Rolle der Jungen als Innovatoren bedroht. Künftig werden wir verstärkt die Alten als Agenten des Wandels erleben. Noch vor kurzem hat man die über 60-Jährigen als Kukident-Generation belächelt, als Grufties und Kompostis – die Älteren galten als Synonym für Entschleunigung, als Bremser der Turbo-Gesellschaft. Das wird morgen schon anders sein. Die Neuen (immer mobileren und gebildeteren) Älteren werden nicht nur zum Katalysator von Wirtschaft und Politik, sie werden auch zum Träger von Innovationen, von Produkt- wie auch von sozialen Innovationen.

Zahlreiche Studien belegen bereits heute den Werte-Wandel im dritten Lebensabschnitt: der Anteil der aktiven, genussorientierten Menschen stieg in den letzten Jahren in dem Maß an, in dem der Anteil der passiven Älteren zurückging. Als Richtwert gilt: rund zwei Drittel der Älteren sind aktiv, ein Drittel ist passiv. Die allmählich alternden Baby Boomer wissen: ein proaktiver Lebensstil ist Leitbegriff des „erfolgreichen" Alterns. Lebenslanges Lernen, Investments in die Gesundheit, körperliche und geistige Fitness sind eine Voraussetzung, um die Existenz auch im Alter absichern zu können.

Es ist paradox: je älter die Menschen werden, desto fitter werden sie sich künftig halten. Age Fitness wird zum zentralen Antrieb der ergrauenden Baby Boomer. Die jungen Alten werden kulturelle Revolutionen oder zumindest Evolutionen lostreten. Vor allem im Bereich von Arbeit und (Weiter-)Bildung sind hier in den nächsten Jahrzehnten nachhaltige Veränderungen zu erwarten. Heute studieren bereits 36.000 deutsche RentnerInnen an den Universitäten. In Zukunft wird das aber nicht mehr die Belohnung für ein lebenslanges Warten auf die Beschäftigung mit seinem Lieblingsfach sein, sondern zur Ausbildung für den letzten Berufseinstieg und -umstieg dienen. Das Schlagwort vom Lebenslangen Lernen wird zur Realität, da man in einem Leben mehrere Berufe erlernen wird und da ältere Menschen künftig länger berufstätig werden sein müssen.

Flexible Arbeitsformen (Teilzeit, selbstständige Projektarbeit, Manager auf Zeit etc.) begünstigen eine erhöhte Beschäftigtenquote Älterer und auch gleitende Übergänge in die Pensionierung (semiretirement). Weiterbildung (ob Senior Students oder firmeninternes Lebenslanges Lernen) wird damit ebenso unverzichtbar für die Alters-Fitness wie Work-Outs und Fitness-Programme. Allein in Deutschland arbeiten 6.000 Senior Experts – alles ehemalige Fach- und Führungskräfte. Sie beraten ehrenamtlich Firmen und Organisationen in 145 Ländern, meist Schwellen- und Entwicklungsländer. Intergenerative Transfers zwischen Alt und Jung werden immer beliebter. Eine Emnid-Umfrage zeigt: 64% der (deutschen) älteren Generation würden gerne ihre Berufserfahrung an Jüngere weitergeben. Die neuen Alten wollen keinen Ruhestand, sondern einen kreativen Unruhestand. Wir werden – allein schon aufgrund der demografischen Schieflage – künftig die älteren Arbeitnehmer mehr denn je brauchen. Nach Schätzung der OECD wird die Alterung Europas das Wachstum des Lebensstandards von 2040 an um jährlich 0,5% verringern.

Die demokratiepolitische Dimension

Die geschilderten – teilweise durchaus – dramatischen Veränderungen bleiben nicht ohne Auswirkungen auf die Politik und damit auf die Parteienlandschaft. Die grundsätzliche Frage stellt sich hier wie beim Aufbrechen des Umweltthemas in den späten 70-er Jahren: ergeben neue Konfliktlinien auch neue Parteien? Sind diese Konfliktlinien scharf genug, um deutlich abgrenzbares Zielgruppenmanagement zuzulassen?

In manchen Bereichen – etwa in den Medien – gibt es die klare Trennung bereits. Eine sich deutlich abzeichnende Bruchlinie ist die mediale Nutzung für politische Informationen. Jugendliche sehen Fernsehen als reines Unterhaltungsmedium und besorgen sich ihre Informationen fast ausschließlich über das Internet. Daher ist die Kommunikation für Jugendliche anders zu gestalten. Neben den Nachrichtensendungen sind auch alle „klassischen“ Politikjournale für Jugendliche wertlos. So war die meistgesehene Sendung vor den deutschen Bundestagswahlen die des Entertainers Stefan Raab, der einen Erstwählercheck durchführte und damit Millionen Jugendliche ansprach. Gleichzeitig wurde diese Sendung aber auch von einer Mehrheit der älteren Altergruppen gesehen, die sie normalerweise vollkommen ablehnt.

Eine weitere Neuerung brachte der deutsche Wahlkampf: Zum ersten Mal gab es kein Versprechen für eine Rentenerhöhung mehr. Diese Zurückhaltung im Verständnis einer nachhaltigen Politik auch für die nächsten Generationen wäre auch für den österreichischen Wahlkampf nur zu wünschen. Daran entzündet sich auch die Diskussion der professionellen Politikbeobachter. Bedeutet eine ältere Gesellschaft eine Ausrichtung der Politik und damit der Wahlkämpfe auf die Mehrheit der Bevölkerung, oder ist gerade diese Bevölkerung an einer nachhaltigen Politik auch für die Jugend interessiert? Österreichische Meinungsforscher konstatieren jedenfalls bei der Jugend weitgehendes Desinteresse an Politik.[10]

Die Kommunikation mit Alten ist jung

Die Diskussion über die Sicherung der Sozialsysteme, die für Junge von besonderer Bedeutung ist, spiegelt natürlich auch bei den Alten Handlungs- und Zukunftsfähigkeit von Politik wider: Wenn nämlich die Pensionssysteme für die Jungen gesichert sind, dann brauchen sich die heute Alten wohl keine Sorge mehr um ihre Zukunft zu machen. Vor einer eindimensionalen Ausrichtung der Politik auf die scheinbare Mehrheit ist daher eher zu warnen.

Auch die Frage nach der Ansprache von älteren Menschen ist aufgrund ihrer geschilderten geänderten Eigeneinschätzung mit Vorsicht zu beantworten. Werbefilme mit alten Menschen sprechen alte Menschen mit Sicherheit nicht an. Diskussionen in Bankenkreisen, ob die Betreuung von älteren Kunden durch ältere Betreuer erfolgen müsse, hat eher dazu geführt, dass es gerade Junge sind, denen ältere Menschen mehr Aufmerksamkeit schenken. Der erfolgreiche Versuch der ADEG-Handelsgesellschaft, einen 50 plus-Markt zu initiieren, widerspricht dem nicht: Dort geht es um die Lupe am Regal, damit für normalsichtige Menschen das Kleingedruckte auf den Packungen lesbar wird, dort geht es um groß beschriftete Regale u.ä. Politik kann davon sicher in ihrer Vermittlung lernen: Die Verwendbarkeit und Verwertbarkeit von politischen Botschaften hängt stark mit ihrer Aufbereitung zusammen: sich in diesem Fall nicht zu sehr auf junge, gut sehende Designer zu verlassen, sondern brillentragende Versuchspersonen einzubinden, scheint sinnvoll. Genauso sollten politische Kommunikatoren aus dem „Mercedes-Beispiel" lernen: schneller Bildschnitt und leiser Ton können Botschaften nicht weitervermitteln. Die Möglichkeiten der beschränkten Aufnahmefähigkeit müssen analysiert und darauf muss sanft reagiert werden. Der Wohlfühlfaktor des Mercedesfahrers besteht ja darin, dass er nicht merkt, mit welch perfekter Ausgleichstechnik er umgeben ist.

Tatsache ist, dass die Wahlbeteiligung bei den 60- bis 70-Jähigen am höchsten ist und die älteren Wähler eher parteitreuer sind. Die Jungen der Zukunft sind jedenfalls aus den Migrantenjugendlichen zu rekrutieren, die die Lebenswelt von Jungen in den nächsten Jahrzehnten bestimmen werden. Da die Wahlbeteiligung von Jugendlichen nicht signifikant anders ist als in anderen Wählergruppen, wird in Zukunft die Ausrichtung der Jugendlichen auf die politischen Parteien noch genauer beachtet werden. Das momentane Image einer jungen Partei, die damit auch die Zukunft beherrscht, wird sich damit kaum wandeln, da die Ansprache der Alten ja über die Jungen erfolgt. Seniorenvertreter der bestehenden Parteien seien vor dem Rückschluss gewarnt, dass ihre Klientel auch die Themen der Zukunft vorgeben wird.

Ein Szenario, das aufgrund der geschilderten Zukunftsentwicklungen durchaus realistisch erscheint, ist die Gründung einer Seniorenpartei als Single-Issue-Partei. Sie lebt von einer gewissen „Pflege" der Radikalisierungslinie zwischen den Generationen und schützt klassischerweise die Rechte der Alten. Die ja auch in Österreich bereits kandidierenden „Grauen Panter" mussten aber schnell zur Kenntnis nehmen, dass sie nur als Privilegienverteidiger in Erscheinung treten und damit ihre Wirkung schnell verpufft.

Internationale Beispiele können allerdings bereits studiert werden: Eine der ersten Seniorenparteien in Europa war der Algemeen Ouderen Verbond[11] (Allgemeine Partei für die Älteren) in den Niederlanden. 1993 vom damals über 70-jährigen Martin Batenburg in Eindhoven gegründet, richtete sie sich vor allem gegen Pensionskürzungen und Einsparungen im Gesundheitsbereich. Die Forderung nach Einfrieren der Mieten, mehr Sicherheit für die Fußgeher und häufigerer und billigere öffentliche Verkehrsmittel und Fürsorge für die Veteranen des Zweiten Weltkriegs und für Teilnehmer an Aktionen der UNO führten dazu, dass die AOV schon bei ihrem ersten Antreten auf kommunaler Ebene fünf Sitze im Gemeinderat von Eindhoven erreichte. Weitaus überraschender war aber, dass sie bei den darauf folgenden Wahlen mit sechs Sitzen in das niederländische Parlament einzogen und gemeinsam mit der dort ebenfalls mit einem Sitz reussierenden „Unie 55 + " eine starke Opposition bildeten. Die AOV wurde so auf Anhieb unter den 12 antretenden Parteien fünfstärkste mit 327.000 Stimmen.

Die Fehleranalyse der politischen Mitbewerber hat sicherlich länger gedauert!

Auch die englische „The Pensioners Party"[12], der eine namensgleiche Partei in Schottland zur Seite steht, bemüht sich, nicht als „Single-Issue-Partei" abgestempelt zu werden. Auch wenn sie sich als überparteilich darstellt und nur auf die 'grey vote' abzielt, will sie mehr sein: typischerweise gegen die EU, den Euro und das metrische Maßsystem, restriktiv in der Asylpolitik, gegen Besteuerung von Pensionisten. Diese und viele andere populistische Forderungen brachten aber – nicht zuletzt aufgrund des englischen Wahlrechts – keinen zählbaren Erfolg.

Einen bewusst anderen Zugang wählte die Deutsche Seniorenpartei (DSP) – Die Generationenverbindende,[13] was sie schon in ihrem Namen zum Ausdruck bringt. Ihr Gründungsanlass war die Diskussion um das Ausschließen von gewissen medizinischen Versorgungen für ältere Menschen, die teilweise von der jüngeren Generation begonnen, teilweise aber auch von Politikern unterstützt wurde („Mißfelderismus"). Die DSP verstand sich aber von Anfang an als Solidargemeinschaft, weshalb hier auch Jüngere zur Mitarbeit eingeladen sind. Entgegen den anderen vergleichbaren Parteigründungen verfügt diese Partei auch über Forderungen im Rahmen der Demokratiediskussion: neben „Einsparungen bei der politischen Klasse" ist das vor allem die Beibehaltung der vierjährigen Legislaturperiode und die stärkere Berücksichtigung der Rügen seitens der Rechnungshöfe. Auch Einsparungen bei den Verwaltungen der Rententräger und der Krankenkassen sind in anderen ähnlichen Parteiprogrammen nicht zu finden. Entgegen den Erfolgen der jungen Parteien erreichte die DSP nur bei den Kommunalwahlen in Hamm mit 1,6 % einen Sitz. Bei der Landtagswahl von Schleswig-Holstein erzielte sie 2005 nur 0,2 % der Stimmen.[14]

Die Zukunft der Parteien ist jung

Doch auch Junge können und wollen generationenübergreifend Politik machen. So definiert sich die „junge partei deutschlands" (jpd)[15] als „ein Zusammenschluss junger Menschen aller parteipolitischer Richtungen, die in Deutschland wieder eine Politik sehen wollen, bei der die Bürger im Mittelpunkt stehen. Wir kritisieren an der derzeitigen Haltung aller großen Parteien, dass es das vorrangige Ziel geworden zu sein scheint, dem politischen Gegner zu schaden." Sie behaupten die Bedeutungslosigkeit parteilicher Jugendorganisationen und sehen daher ihre Tätigkeit für Junge als unverzichtbar. „Dazu suchen wir den Dialog zu allen Gesellschaftsteilen, um ihre Erfahrungen und Kritik für uns zu gewinnen und einen Konsens zu schaffen, auf dessen Basis gegenseitige Akzeptanz und Fürsprache möglich ist." Bildungspolitik, ein vereinfachtes gerechtes Steuersystem, die Abschaffung aller Subventionen, den Abbau der Bürokratie und die Senkung der Staatsquote, ein Sozialsystem ohne Lücken, eine Rente mit starker Eigenbeteiligung, die Stärkung der EU, eine Außenpolitik im Rahmen der UNO, eine europaweite Berufsarmee, bei Abschaffung der Bundeswehr, Zivildienst für Männer und Frauen, Legalisierung von Cannabisprodukten ab 18, höheres Kindergeld, niedrigere Einkommenssteuer, Entlastung der Unternehmen durch niedrigere Unternehmenssteuer, mehr Geld für Bildung, Forschung und Kultur, Einstellung von mehr Lehrern und Schuldenabbau: dem allen stehen als Finanzierunganssatz eine Erhöhung der Mehrwertsteuer auf europäischen Durchschnitt, höhere Steuern auf Mineralöl und Tabak, Steuern auf Cannabisprodukte, keine Steuerrückerstattungen, Privatisierungen, Zusammenlegung aller Krankenkassen, Zusammenlegung von Kranken- und Pflegeversicherung, Reduzierung der Verwaltungsbehörden, Verkauf aller Aktienpakete, mehr Eigenbeteiligung bei Rente, Spezialisierungsaufgaben der Bundeswehr in der Europaarmee gegenüber.

Die Zukunft der Parteien ist jung und alt

Für die bereits existierenden Parteien bedeutet es jedenfalls, dass sie keine einseitige Ausrichtung auf eine Altersgruppe durchführen dürfen. Wollen sie weiterhin überregional von Bedeutung sein, müssen sie auch junge Themen wahrnehmen. Auch wenn die Versuchung aufgrund der Demografie groß ist, der Mehrheit der Wähler – diese wird immer älter – mehr zu versprechen. Ob die Parteien in den Wahlkämpfen ihre Kampagnenformen ändern müssen, wird noch einer Diskussion bedürfen: gezielte Ansprache jugendlicher oder älterer Wähler oder einen Wahlkampf für alle, mit Inhalten, die unverbindlich sind. Eine gegabelte Wahlkampfstrategie – also zielgruppengemäße Aufsplitterung – reicht von einer unterschiedlichen Mediennutzung für verschiedene Altersgruppen bis zu unterschiedlichen Ansprachen in der direkten Ansprache vor Ort mit jeweils eigenen Foldern. Da die

Jüngeren bei den privaten Fernsehsendern ihre Heimat haben, die Älteren bei den Kukident-Sendern (öffentlich-rechtlich), sind solche ausdifferenzierte Strategien durchaus zu gestalten, sie sind nur noch kostenintensiver und schwieriger als die schon bekannten Kampagnen.

Reduziert man diese Problematik wieder auf die Grundbefindlichkeit der Bevölkerung, dass „Soziale Balance" das Zukunftsthema der nächsten Jahre ist und alle anderen Themen zurückstehen müssen, hat jedenfalls eine Single-Issue-Partei keine guten Aussichten auf Erfolg. Der Erfolg der Grünen Parteigründungen war ja in den 80er-Jahren ein Missachten des damals bedeutenden Umweltthemas durch die bestehenden Parteien. Seitdem sind die traditionellen Parteien schon sensibler für neue Themen geworden, was den Spielraum für Neugründungen massiv einschränkt. Die deutschen Beispiele zeigen nur die Inflexibilität der bestehenden Parteien, offensichtlich vor allem auf kommunaler Ebene „brennende" Fragen rechtzeitig aufzugreifen.

Notwendige Maßnahmen für die Zukunft

Der Wohlstand auch eines alternden (ab 2010 viel stärker ethnisch gemischten) Österreichs kann daher bis 2025 – bei nur knapp steigender Geburtenrate – nur mehr aufrecht erhalten werden, wenn

- eine intelligente Zuwanderungspolitik die jungen skilled migrants (= qualifizierte Migranten) dank der hohen Standortqualität anzieht (Image Österreichs als Wissensstandort mit hoher Freizeit- und Lebensqualität). Die neuen Migranten-Ströme – die deutlich über den 90.000 Personen des Jahres 2003 liegen – bringen High Potentials aus Russland, der Ukraine und Asien (China, Indien, Malaysia etc.) ins Land. All diese neuen Migranten werden als Brückenköpfe in Human Ressources für die wachsende Exporttätigkeit in diese wachsenden Märkte (auch anderer emerging countries) eingesetzt;

- frauen- und familienfreundliche Arbeitszeit-Modelle (lebenszyklische Arbeitszeiten etc.) entwickelt werden und flächendeckende Betreuung für Kinder von 3 -15 Jahren garantiert wird. Gleichzeitig führt ein früherer Schuleintritt (mit 4 Jahren) und damit früherer Ausbildungs-Abschluss zu einem rascheren Aufstieg im Beruf. Damit sinkt auch wieder das Erstgeburtsalter. Der Frauen-Anteil an den Erwerbstätigen nimmt bis 2021 um 9% zu;[16]
- ein verstärkter Einsatz von IT, Robotik, Automation etc. erfolgt, der auch ein Absinken des BIP verhindert.

Anmerkungen

1 Ausgaben für Privat-Vorsorge 2003: 601 Euro/Haushalt, Q.: Fessel GfK 2004

2 Derzeit beziehen ca. 230.000 Österreicher/innen eine Ausgleichszulage, Q.: ÖGB 2004

3 Q.: Fessel GfK 2004

4 Q.: FORMAT 36/2003

5 4% sind für Aufkündigung, 15% o.A.; Q.: OGM 2003

6 Interview mit dem Soziologen Peter Gross, in: Weltwoche 7/2003

7 Q.: Deutsche Bank Research, Die demografische Herausforderung, 2003

8 Benchmark sind hier die über 1.400 Abbeyfield-Hausgemeinschaften in Grossbritannien

9 Q.: Prognos 2002

10 Die Presse v. 3.1.2006, S.4

11 http:// aov.nl/aov/

12 http://www.thepensionersparty.org

13 http://www.deutscheseniorenpartei.de

14 http://de.wikipedia.org

15 http://www.jungepartei.de

16 Q.: ÖROK 2004

Wolfgang Mazal

Geboren 1959 in Wien. 1981 Promotion zum Dr. iur. in Wien. 1981–1983 Wiener Theologische Kurse, 1989/90 Erwin-Schrödinger-Stipendium, Aufenthalt an der Forschungsstelle für Sozialrecht und Gesundheitsökonomie, Universität Bayreuth. 1992 Habilitation in Wien (Österreichisches Arbeits- und Sozialrecht). 1981/82 Assistent, Institut für Kirchenrecht, Rechtswissenschaftliche Fakultät Wien, zugleich Gerichtsjahr (Oberlandesgericht Wien), Praxis bei Price Waterhouse Wien. 1983–1992 Assistent und Lehrbeauftragter, Institut für arbeits- und Sozialrecht, Universität Wien und TU Wien. Stellvertretender Vorstand, Institut für Arbeits- und Sozialrecht, Universität Wien.

Zum Generationenvertrag – Rechtliche Überlegungen

Einleitung

Geht man davon aus, dass der Generationenvertrag als fiktiver Vertrag gesehen wird, der die Generationen zum wechselseitigen Zusammenhalt und Leistungsaustausch verpflichtet, scheint es aus rechtlicher Sicht zunächst müßig, sich mit diesem Vertrag unter rechtlicher Perspektive auseinanderzusetzen, weil er eben fiktiv ist.

Aber auch in der positiven Rechtsordnung gibt es nämlich zum einen Dauerschuldverhältnisse und zum anderen Verträge, bei denen man die Einhaltung wesentlicher Leistungspflichten realiter nicht oder jedenfalls nicht zur Gänze erzwingen kann; zu denken ist etwa an den Gesellschaftsvertrag, den Arbeitsvertrag oder den Ehevertrag. Diese Verträge unterscheiden sich in vielen Facetten von den punktuell auf eine Erfüllungshandlung zugeschnittenen Zielschuldverhältnissen (etwa ein Kaufvertrag).

Die genannten Dauerschuldverhältnisse haben mit der Vorstellung vom Generationenvertrag zum einen gemeinsam, dass sie sich auf Lebensbereiche von im Regelfall hoher existenzieller Bedeutung beziehen, und zum anderen, dass die unmittelbare Durchsetzung bestimmter – auch wesentlicher – Verhaltens#pflichten (etwa der Arbeitspflicht beim Arbeitsvertrag oder der Pflicht zu ehelicher Treue beim Ehevertrag) im Klagsweg nicht möglich ist; Verletzungen wesentlicher Vertragsbestimmungen werden bei solchen Pflichten vielmehr mit der „Aufkündigung" des Vertrages quittiert.

Natürlich bestehen zwischen den genannten rechtlich geregelten Verträgen einerseits und dem Generationenvertrag andererseits mannigfaltige Unterschiede in der Realität wie im normativen Kontext, deren ich mir bewusst bin: Für die hier interessierende Fragestellung ist beispielsweise von Bedeutung, dass etwa bei den rechtlich geregelten Dauerschuldverhältnissen immerhin die Leistungsinhalte nach gesetzlichen Bedingungen festgelegt sind, und die Rechtsordnung zumindest klagsweise durchsetzbare Ansprüche aus der Beendigung zur Verfügung stellt. Auf diese

Weise sind den Leistungspflichten im Streitfall jedenfalls sowohl Konkretisierung als auch zumindest indirekte Durchsetzbarkeit im Klagsweg verliehen, was dem Generationenvertrag fehlt.

Die hier interessierende Frage lautet einfach: Unter welchen Bedingungen kann ein Pakt, auch wenn er nicht einklagbar ist, „halten".

Realbedingungen für das Funktionieren von Dauerschuldverhältnissen

Vertragsinhalt und Vertragsbegründung

Nachhaltigkeit der Lebenschancen

Ein Vertragsinhalt wird typischerweise bei der Vertragsbegründung fixiert, was beim Generationenvertrag naturgemäß anders ist als bei den rechtlich geregelten Dauerschuldverhältnissen. Daher finden wir über den Inhalt des Generationenvertrags unterschiedliche Aussagen.

Versucht man, alle Diskussionen zum Generationenvertrag zu abstrahieren, geht es darum, dass jede Generation deswegen, weil sie von der Vorgeneration Lebenschancen erhalten hat, diese Lebenschancen nutzen kann und soll, dass sie jedoch damit die Verpflichtung erwirbt, zum einen die Vorgeneration am Nutzen teilhaben zu lassen, wenn diese selbst dazu nicht mehr in der Lage ist, und zum anderen der Nachgeneration zumindest jene Lebenschancen zu hinterlassen, die sie selbst vorgefunden hat.

So gesehen ist der Generationenvertrag als zentrale Verpflichtung zur „Nachhaltigkeit", oder – um eine theologische Formulierung der ökumenischen Versammlung in Basel zu verwenden – zur „Bewahrung der Schöpfung" zu sehen.

Humanität als Verpflichtungsgrund

Akzeptiert man diese Sicht vom Inhalt des Generationenvertrages, liegt darin auch die eigentliche Wurzel seiner Begründung: Die wechselseitige Verpflichtung zwischen den Generationen ist nicht Ergebnis eines bewussten Vertragsschlusses, sondern eine anthropologische Grundkonstante, die ihrerseits aus der Interdependenz der Generationen folgt. Die Abhängigkeit zwischen den Generationen folgt letztlich aus der Natur des Menschen, der seine physische Existenz und die kulturelle Dimension seines Menschseins aus der Generationenabfolge ableitet.

Komplexität als Herausforderung
Sieht man den Generationenvertrag in diesem Sinne als wahrhaft humane Beschreibung des Verhältnisses der Generationen schlechthin, ist ihm zwingend eine enorme Komplexität eigen. Diese Komplexität zu erkennen und zu akzeptieren ist jedoch notwendig, weil man nur auf diese Weise einer punktuellen Reduktion auf einzelne Aspekte vorbeugen kann. Nicht zu übersehen ist jedoch, dass die Komplexität – in rechtlicher Kategorisierung gedacht – die Kenntnis des Vertragsinhalts und damit die Einsicht in die Verhaltenspflichten erschwert.

Entscheidend herausfordernde Konsequenz der Komplexität ist es so gesehen, einerseits der Bevölkerung zu vermitteln, dass das Generationenverhältnis multidimensional ist, und andererseits der Versuchung der Tagespolitik zu widerstehen, sich aus der Diskussion bloß punktueller Facetten Vorteile bei einzelnen Interessengruppen zu verschaffen: Wenn beides nicht gelingt, wird der Inhalt des Generationenvertrags verdunkelt und wird das Bild vom Generationenvertrag als Vehikel für die Durchsetzung von Gruppeninteressen missbraucht.

Individualinteressen und Generationenthema
Besonderheiten des Generationenvertrags bestehen nun zum einen darin, dass die Vertragspartner („Generationen") nicht nur fiktiv sind, sondern auch, dass sie als Fülle von Individuen zu sehen sind, die sich ihrerseits keineswegs zwingend bloß als Teil ihrer Generation, sondern als zum individuellen Glück bestimmte Einzelwesen begreifen.

Damit geht es beim Generationenvertrag in Wahrheit immer auch darum, wie sich das Verhältnis des Individuums gegenüber der Gruppe bestimmt. Für mich interessant ist dabei, dass sich der Stellenwert der Vorstellung vom Generationenvertrag offensichtlich in Europa anders darstellt als im amerikanischen Modell und sich auch von asiatischen – etwa in Japan anzutreffenden – Vorstellungen unterscheidet. Sowohl im Gegensatz zum amerikanischen, an einer Prärogative des Individuums orientierten Menschenbild als auch zum asiatischen, der Prärogative der Gruppe verpflichteten Menschenbild, hat Europa seit Aristoteles und dessen Rezeption über Thomas von Aquin die Vorstellung vom Menschen als „zoon politikon" verinnerlicht: Als Individuum erfährt der Mensch seine Individualität wesensmäßig auch in seiner Gemeinschaftsbezogenheit.

Das europäische Menschenbild bestimmt idealtypisch die Gleichwertigkeit des Pols der Individualität und des Pols der Gruppenbezogenheit des Menschen. Hieraus resultiert nicht zuletzt der europäische Sozialstaat, der den Schutz des Individuums durch die Gruppe und gleichzeitig die Verantwortung des Individuums innerhalb der Gemeinschaft postuliert. Sind auch die Gewichtungen dieser Pole in den europäischen Gesellschaften evidentermaßen unterschiedlich groß, lässt die Vorstellung vom Generationenvertrag es in der europäischen Vorstellungswelt jedoch weder zu, die Interessen des Individuums den Interessen der Generation noch die Interessen der Generation dem Egoismus einzelner Individuen zu opfern.

Vertragsverantwortung

Motive vertragskonformen Verhaltens

Neben den Fragen des Vertragsinhalts ist für das Funktionieren eines Vertrages Voraussetzung, dass die Beteiligten den Willen entfalten, den Vertrag einzuhalten. Dieser Wille manifestiert sich in der Außenwelt in vertragskonformem Verhalten und kann auf verschiedenen Beweggründen beruhen: Typisch für rechtlich klagbare Verträge ist, dass ein äußeres vertragskonformes Verhalten auch dann, wenn der Wille nicht auf eigener innerer Einsicht beruht, immerhin extern durch die Androhung von Rechtszwang für den Fall vertragswidrigen Verhaltens sichergestellt werden kann. Vertragskonformes Verhalten ist so gesehen typischerweise auch durch eine Überlegung der Konsequenzen vertragswidrigen Verhaltens motiviert: Das lateinische Leitwort „quidquid agis prudenter agas et respice finem" (wie auch immer du handelst, handle klug und bedenke, was dabei herauskommt) zeigt dabei eine unübersehbare Parallele zur ökonomischen Theorie, nach der die Überlegung der Opportunitätskosten eines der entscheidenden Handlungsmotive ist.

Hier eröffnet sich nun ein Blick auf eine wesentliche Besonderheit des Generationenvertrags: Fehlt bei einem Vertrag diese reale Perspektive der Abwägung positiver und negativer Konsequenzen vertragskonformen oder vertragswidrigen Verhaltens, ist also nicht einmal eine indirekte Sanktionierung vertragswidrigen Verhaltens konkret zu gewärtigen, ist die Vertragskonformität des Verhaltens nicht mehr eine Frage letztlich der ökonomischen Abwägung unter der Perspektive individueller Betroffenheit, sondern eine Frage der individuellen – beim Generationenvertrag auch kollektiven – Verantwortung.

Verantwortung als Beziehungsthema

Hier zeigen sich Unterschiede zwischen rechtlich geregelten Dauerschuldverhältnissen einerseits und Generationenvertrag andererseits, weil die zu vertragskonformem Verhalten erforderliche Motivation beim Generationenvertrag nicht – wie bei einklagbaren Verträgen üblich – auch aus der Furcht vor direkten oder indirekten (über die Vertragsauflösung erfolgende) Sanktionen (insofern von „Außen“) kommen kann, sondern ausschließlich von „Innen“, aus dem Bewusstsein des Vertragspartners und seiner Verantwortung kommen muss. Weil es keinerlei äußere organisierte Sanktion für den Bruch des Generationenvertrages gibt, muss jeder Vertragspartner bereit sein, den erforderlichen Konsens als Dauerzustand zu leisten.

Voraussetzung für das Funktionieren des Generationenvertrags ist so gesehen, eine Dimension der Verantwortung in den modernen Lebensentwürfen zu entwickeln und transparent zu machen. Wenngleich es dabei je nach dem individuellen Menschenbild unterschiedliche Vorstellungen geben kann, scheint doch die Notwendigkeit, sich als Person gegenüber welcher Instanz auch immer rechenschaftspflichtig zu wissen, eine entscheidende Voraussetzung für das Funktionieren eines rechtlich nicht klagbaren Vertrages zu sein.

Bereitschaft zur Vertragsanpassung

Anpassung als Vertragspflicht
Aus dem Umstand, dass die Vorstellung vom Generationenvertrag ein Dauerschuldverhältnis anspricht, lässt sich noch eine aus meiner Sicht interessante Parallele zwischen dem Generationenvertrag und rechtlich geregelten Dauerschuldverhältnissen ziehen:

Vertragsverhältnisse, die über lange Dauer funktionieren sollen, setzen eine Bereitschaft voraus, das Verhältnis in seinen Inhalten immer wieder zu überprüfen und gegebenenfalls bereit zu sein, den Vertragsinhalt anzupassen. Rechtlich wird diese Notwendigkeit beispielsweise über die Anwendung von Generalklauseln durchgesetzt, etwa in der clausula rebus sic stantibus oder in der Berufung auf die Guten Sitten; auch vertragliche Nebenpflichten können Grundlage für eine rechtlich durchsetzbare Vertragsanpassung sein, im Arbeitsverhältnis etwa die Fürsorgepflicht des Dienstgebers oder die Treuepflicht des Dienstnehmers.

Fest steht jedenfalls, dass gerade bei komplexen Dauerschuldverhältnissen Vertragsanpassung notwendige Voraussetzung für den Erhalt des Verhältnisses über länger Zeit ist: Gelingt die Anpassung nicht, ist die Vertragsbeendigung der vorprogrammierte Ausweg aus der mangels Anpassung zwingenden Eskalation von Konflikten zwischen den Vertragspartnern.

Auswertung

Gewinnung neuer Balancen im Sozialstaat
Setzt man die Notwendigkeit der Vertragsanpassung im Dauerschuldverhältnis mit der Komplexität des Vertragspartners in Beziehung, schlägt sich die Bi-Polarität der menschlichen Natur in der Notwendigkeit nieder, immer neu die Balance zwischen Eigenverantwortung und Solidarität zu suchen, und stehen wir unmittelbar vor Konsequenzen des Generationenvertrages auf die aktuellen Sozialstaatsdebatten.

Was den Sozialstaat betrifft, hat Europa im Ausbau des Sozialstaats durch Jahrzehnte hindurch betont auf Solidarität gesetzt und die Notwendigkeit von Eigenverantwortung vernachlässigt. Die Ursachen dafür mögen in – vielleicht hochmütiger – Abgrenzung von der betont auf Eigenverantwortung setzenden Gesellschaft der USA gelegen sein, vielleicht wollte man in Zeiten des Kalten Kriegs gegenüber dem verbal betont auf Solidarität bauenden kommunistischen Staaten nicht negativ abfallen; vielleicht war es auch ein naiver Glaube daran, das Paradies auf Erden verwirklichen zu können.

Angesichts der Finanzierungsprobleme des Sozialstaats ist man in Europa derzeit dabei, die Eigenverantwortung des Individuums in ihrer Balance gegenüber der Solidarverantwortung der Gemeinschaft neu zu bestimmen.

Ich bin freilich davon überzeugt, dass Europa im globalen Wettbewerb der gesellschaftlichen Systeme und der Ökonomien seine aus dem europäischen Menschenbild resultierende Position als asset begreifen sollte: Der Grad der Freiheit in einer Gesellschaft und der Entfaltungsmöglichkeiten für das Individuum wird auf Dauer wesentlich auch dadurch gesichert, dass ein ausreichendes Maß an Sozialer Sicherheit und Regeln besteht, die die Balance zwischen den Chancen der individuellen Freiheit und den Notwendigkeiten gesellschaftlicher Solidarität bestimmen.

Generationensolidarität und Pensionsreform

Von aktueller Bedeutung ist die Reflexion der Generationensolidarität im Zusammenhang mit Pensionsreformen. Dabei steht für mich außer Zweifel, dass die Anpassung der Rechtsnormen im Interesse der Aufrechterhaltung des Generationenvertrages zwingend geboten ist, wenn sich innerhalb einer Generation die demografischen Grundlagen des Pensionssystems so verändern wie dies in unserer Zeit der Fall ist: Es bedeutet ja eine massive Veränderung der normierten Balance zwischen der Aktivgeneration und der Pensionistengeneration, an einem Pensionssystem festzuhalten, wenn sich dessen kalkulatorische Grundlagen massiv verändern: Dass der Umstand, dass sich die Lebenserwartung gravierend erhöht und gleichzeitig das Arbeitskräftepotenzial angesichts einer stark sinkenden Geburtenrate absehbar reduziert, Auswirkungen auf das Pensionssystem haben muss, ist unbestreitbar; wer sich weigert, diesen Veränderungen durch Reformen

Rechnung zu tragen, sondern an einer erreichten Rechtslage trotz geänderter Rahmenbedingungen festhalten will, darf nicht auf Generationensolidarität pochen, sondern nutzt schlichtweg den Vertrag in seinen Effekten zulasten der künftigen Generation aus.

Wenn das Parlament in einer solchen Situation beispielsweise langfristig zumindest anstrebt, die Möglichkeit einer vorzeitigen Pensionierung abzubauen und zumindest grundsätzlich wieder den Pensionsantritt zum Regelpensionsalter zu erreichen, ist das nicht nur legitim, sondern geboten, um die Balance nicht noch weiter zulasten der jüngeren Generation zu verschlechtern; und wenn die Pensionsformel langfristig (bis 2028!) maßvoll, aber doch so stark verändert wird, dass sie nach heutigem Ermessen eine Finanzierung des Systems gewährleistet, ist dies für Individuen, die noch 25 Jahre Aktivjahre vor sich haben, ein zumutbarer Tribut an die Generationensolidarität.

Wenn man auch über Einzelfragen jeder Pensionsreform gravierend unterschiedlicher Auffassung sein kann, so sollte man doch darüber nicht die Generationensolidarität grundsätzlich in Frage stellen und den Generationenvertrag für aufgekündigt erklären: Auch im politischen Alltagsgeschäft gilt es, die Kirche im Dorf zu lassen.

Wohlerworbene Rechte und Vertrauensschutz

Die regelmäßige Bemühung der Argumentation „wohlerworbene Rechte“ ist für das Verständnis der Generationen keineswegs förderlich und aus meiner Sicht deswegen doppelt ärgerlich, weil diese Wendung etwas anspricht, das es nicht gibt: Sowohl der Verfassungsgerichtshof als auch der Oberste Gerichtshof lehnen den Begriff in jahrelanger Judikatur ausdrücklich ab. Dafür mag im Kontext des Pensionssystems nicht nur ausschlaggebend sein, dass eine subventionierte Position niemals „wohlerworben“ sein kann, sondern auch, dass es andernfalls einer Generation frei stünde, Rechte zu begründen, die unveränderbar sind, auch wenn sie zulasten der nächsten Generation gehen. Zur Aufrechterhaltung des Generationenvertrags unter Umständen notwendige Veränderungen wären unmöglich, würde es derartige Rechtspositionen zulasten anderer Generationen geben, die gleichsam sakrosankt wären. Dies ist gerade im Hinblick auf die Altersversorgung wichtig, weil die Rechtsordnung ein umlagefinanziertes Alterssicherungssystem zur Verfügung stellt.

Damit ist freilich nicht gesagt, dass jegliche Rechtsposition beliebig veränderbar ist, doch soll unterstrichen werden, dass die Höchstgerichte dem Konzept der „wohlerworbenen Rechte" ein anderes Konzept entgegensetzen, das gerade unter dem Blickwinkel des Generationenvertrages bestechend ist – das Konzept des Vertrauensschutzes. Dieses Konzept ist semantisch viel überzeugender als der in der politischen Praxis gängige Begriff „wohlerworbene Rechte", weil dieser Begriff letztlich das ICH ohne Rücksicht auf Verluste in den Vordergrund zu schieben scheint; im Begriff „Vertrauensschutz" ist das ICH zwar ebenfalls angesprochen, doch signalisiert der Begriff in stärkerem Maß, dass das ICH nicht gleichsam auf sein Recht pochend, sondern auf den Zusammenhalt der Generationen vertrauend geschützt ist: Vertrauen ist in einer Beziehung möglich, was mir eine sympathischere Konnotation ist als der Rechtsbegriff – zumal sich über das Epitheton „wohlerworben" eben trefflich streiten ließe, wenn man die Rechtsposition nicht gänzlich aus eigenen Mitteln bezahlt hat, sondern auch eine Subventionierung durch die Gemeinschaft in Form des Staatszuschusses erfolgt.

Rechtlich ist der Vertrauensschutz in den verfassungsrechtlichen Schranken manifestiert, die bei einer Veränderung der pensionsrechtlichen Regelungen zu beachten sind. Er wird dogmatisch zum einen auf die Bindung des Gesetzgebers an das aus dem Gleichheitssatz erfließende Sachlichkeitsgebot sowie an das Grundrecht auf Schutz des Eigentums gestützt. Damit ist ein Schutz gegen überfallsartige massive Veränderungen zumal von Personen gewährleistet, die nicht mehr anderweitig disponieren können, ohne dass der Generationenvertrag durch Tabuisierungen gefährdet wäre.

Dass man daher bei Pensionsreformen grundsätzlich nicht überfallsartig vorgehen darf, ist zutreffend, doch muss man bedenken, dass ein aufgeschobenes Inkrafttreten von verschlechternden Pensionsreformen regelmäßig zu ungerechtfertigten Vorzieheffekten führt, die wiederum zulasten der jüngeren Generation gehen. Aus diesem Grund haben alle Pensionsreformen der letzten Jahre zwar bestimmte Maßnahen wie die Anhebung des Frühpensionsalters kurzfristig in Kraft gesetzt, um Vorzieheffekte zu reduzieren, die kurzfristigen Auswirkungen jedoch minimal gehalten, um angehende Pensionisten nicht ungebührlich zu belasten.

Bewältigung des Wandels

Kultur von Sicherheit und Wandel

Begreift man den Generationenvertrag als langfristiges Dauerschuldverhältnis, und akzeptiert dabei die Notwendigkeit seiner Adaptierung in Einzelfacetten, um den Vertrag als Ganzes zu erhalten, wird die Frage der Bewältigung des dazu notwendigen Wandels bedeutsam, wenn sich weite Bereiche des wirtschaftlichen, gesellschaftlichen und kulturellen Lebens so massiv verändern, wie dies in den letzten Jahren der Fall war und wohl auch in absehbarer Zeit der Fall sein wird.

Aufgabe verantwortlicher Politik ist es aus meiner Sicht, in einer solchen Situation in der Bevölkerung mittelfristig die Erkenntnis zu verankern, dass das größtmögliche Maß an Sicherheit nur dadurch erreicht werden kann, dass man sich rechtzeitig für kontrollierte Veränderung öffnet. Nicht das Festhalten an Erreichtem kann Sicherheit garantieren, sondern nur die Bereitschaft, das Erreichte an geänderte Rahmenbedingungen zu adaptieren. Zur Aufrechterhaltung des Generationenvertrages ist es notwendig zu akzeptieren, mit Unsicherheiten zu leben, was anstrengend ist und immer neue Prioritätensetzungen erfordert, jedoch auch eine zentrale Dimension des Humanen wieder fühlbar machen kann.

Gerade im Zusammenhang mit dem Pensionsthema ist es für mich wichtig, das Augenmerk auf die zur Bewältigung von Unsicherheiten notwendige Vertrauenskultur zu legen: Vertrauen ist eben ein Beziehungsthema und setzt voraus, dass sich die einzelnen Teile der Gesellschaft wechselseitig nicht überfordern.

Solidarität im Generationenverbund

Dabei ist auch eine Diskussion um den Stellenwert von Solidarität zu führen, die im Zuge der politischen Debatten um die Pensionsreform allenthalben dort aufgeflackert ist, wo – plakativ gesehen – jede Veränderung zum Nachteil der älteren Generation als unsolidarisch etikettiert wurde.

Die Komplexität des Generationenvertrages gebietet, in diesen Diskussionen freilich eine umfassendere Sicht, zumal Solidarität zwar ein hoher Wert, jedoch kein Wert an sich ist. Solidarität steht in einem unauflöslichen Spannungsfeld zu Eigenverantwortung und darf erst dort eingefordert werden, wo eine Risikobewältigung in Eigenverantwortung nicht möglich oder nicht zumutbar ist.

Demokratie und Gerechtigkeit

Damit ist auch die letzte Frage angerissen, die sich in der Umsetzung des Generationenvertrages – und dabei zuletzt wiederum in Pensionsreformdebatten – gestellt hat, die Frage nach Gerechtigkeit in der Demokratie. Ich halte es für bedenklich, wenn Veränderungen – deren Notwendigkeit im Kern gesellschaftlich unbestritten ist – aus tagespolitischen Gründen in ihren Wirkungen extrem verzerrt dargestellt und in der Bevölkerung madig gemacht werden. Das subjektive Gefühl, ungerecht getroffen zu sein, und zu den Verlierern des Strukturwandels zu zählen, steigt; der Ruf nach Bindung politischer Entscheidungen an das Ergebnis „runder Tische“ oder des Gesetzgebers an eine vorangegangene Einigung zwischen zwar verdienstvollen, demokratisch jedoch nicht zur Gesetzgebung legitimierten Institutionen wie die Sozialpartner wird laut.

Diese Diskrepanz zwischen den subjektiven Gerechtigkeitsvorstellungen und dem Gesetz als konkrete Ausprägung objektiver Gerechtigkeit im Maß des politisch Realisierbaren zu akzeptieren und auch innerlich zu bejahen, ist eine der großen Herausforderungen der Demokratie! Wer ob der Diskrepanz zwischen den subjektiven Vorstellungen von gerechten Lösungen und dem politisch Realisierbaren das Gesamtsystem der demokratischen Auseinandersetzung – handelnde Personen und Institutionen – leichtfertig in ein negatives Licht bringt, gewinnt zwar möglicherweise tagespolitische Vorteile, gefährdet aber nicht nur die Aufrechterhaltung des Generationenvertrages, sondern letztlich auch die Mechanismen der Demokratie – wohl eine der größten Errungenschaften, die es gilt, im Generationenverbund zu bewahren.

Rudolf Frey

Geboren 1932 in Salzburg; Reifeprüfungsjahr 1950; Generalkonsul, Kommerzialrat; verheiratet, 5 Kinder. 1950 Einstieg in den elterlichen Betrieb; 1954 Einzelprokura Firma Rudolf Frey; 1962 Einzelprokura Rudolf Frey KG; 22.7.1974 Übernahme des Schweizerischen Honorarkonsulates in Salzburg; 1979 Alleininhaber der Firma Rudolf Frey KG; 1980 Verleihung des Goldenen Verdienstzeichens des Landes Salzburg; 1981 Staatswappen-Verleihung durch Herrn Handelsminister Staribacher; 1983 Gremialvorsteher des Fahrzeughandels in der Wirtschaftskammer Salzburg; 1988 Ernennung zum Kommerzialrat durch den Herrn Bundespräsidenten; 1988 Sektionsobmann Handel in der Wirtschaftskammer Salzburg; 1989 Vorsitzender des Aufsichtsrates Salzburger Flughafen; 1992 Verleihung des Goldenen Ehrenzeichens des Landes Salzburg; 1995 Goldene Ehrennadel des Salzburger Handels; 1.2.1999 Doyen des Consularischen Corps Salzburg; 11.1.2000 Ernennung zum Generalkonsul des Schweizerischen Konsulates in Salzburg; Firmeninhaber der Firmen Rudolf Frey in Salzburg, St. Veit und Villach.

Ein gelebter Generationenvertrag

Mein Beitrag im Rahmen der Denkwerkstatt ist stark geprägt von meinen persönlichen Lebenserfahrungen. Ich stamme aus einer Unternehmerfamilie in dritter Generation. Auch durch meine über das eigene Unternehmen hinausgehende jahrzehntelange Beschäftigung in der Standesvertretung (Wirtschaftskammer) konnte ich umfassende Erfahrungen sammeln, wie, nach langen Berufsjahren, ein bestehendes Unternehmen an die nächste Generation weitergegeben werden sollte. Leider ist dies in vielen Betrieben nicht möglich, was nicht nur vom volkswirtschaftlichen Standpunkt aus zu bedauern ist.

Ich möchte versuchen, die wesentlichen Aspekte einer erfolgreichen Unternehmensnachfolge aufzuzeigen, ein geradezu klassisches Problem der Alt/Jung-Beziehung.

Eine einfache Lösung wird dadurch erschwert, dass viele Selbstständige mit Freude bereit sind, über das normale Pensionsalter hinaus aktiv zu bleiben und in ihrer Tätigkeit Erfüllung und Zufriedenheit finden. Während dieser Zeit aber kann die Jugend bereits von ihren Erfahrungen profitieren und Selbstsicherheit und Unternehmerprofil gewinnen.

Wie eine möglichst problemfreie Übertragung vorzubereiten und sicherzustellen ist, kann in wenigen Punkten aufgezählt werden, von denen jeder einzelne wichtig ist:

1. Lassen Sie Ihren Kindern (bzw. allgemeiner gesagt vorgesehenen Nachfolgern) eine branchenbezogene Ausbildung zukommen.
2. Holen Sie nach Abschluss der Ausbildung (eventuell nach vorangegangenem Auslandsaufenthalt) Ihre Nachfolger rasch ins Unternehmen, egal ob männlich oder weiblich – es gibt kein Unternehmen, das nicht auch von einer Frau geführt werden kann!
3. Geben Sie dem Kind rasch Aufgaben mit Verantwortung, Rechte und Pflichten müssen sich die Waage halten.
4. Fehler, die von der jungen Generation begangen werden, sind Lernprozesse. Toleranz der Älteren ist Voraussetzung.

Sobald eine solide Basis dafür geschaffen ist, dass die Verantwortung übertragen werden kann, sollte dies auch geschehen; mit anderen Worten: Übertragen Sie zu Lebzeiten und im Vollbesitz der geistigen und körperlichen Kräfte Ihr Unternehmen an das Kind oder die Kinder. Sollten zusätzliche Kinder in der Familie sein, die in der Nachfolge nicht vorgesehen sind, dann befriedigen Sie deren Ansprüche. Dafür gibt es natürlich mehrere Möglichkeiten, die von der jeweiligen Struktur und Kraft der Unternehmen abhängig sind.

Die rechtliche Form der Übertragung, einschließlich steuerlicher Aspekte, wird von den jeweiligen Gegebenheiten abhängen; auch könnte eine weitere teilweise Mitwirkung (Konsulentenvertrag) vorgesehen werden.

Zusammenfassung

Schlagwortartig die Vorteile einer geordneten Übertragung:

- Rechtlich geregelte Lebensgrundlagen für die SeniorInnen.
- Hoher Zufriedenheitsgrad, wenn eine Fortsetzung respektive Erweiterung des Lebenswerkes stattfindet.
- Erhaltung eines möglichst hohen Bestandes an selbstständigen Unternehmen in jeder Größe.
- Für eine starke Wirtschaft brauchen wir Neugründungen, aber auch Fortsetzung traditioneller Betriebe.
- Die staatlich geregelte Selbssständigenpension (häufiger Kritikpunkt in Bezug auf Höhe) verliert an Bedeutung.

Aus der Anzahl der per Ende 2004 bestehenden Unternehmen, nämlich rund 444.000 Familienunternehmen, sind meines Erachtens auch klare Rückschlüsse auf die politische Landschaft erforderlich. Geht man von einem Durchschnitt von vier Personen im Wahlalter dieser Familien aus, stellt die daraus resultierende Gesamtzahl ein nicht unwesentliches Stimmenpotential dar, die in der politischen Betreuung unserer Gesinnungsgemeinschaft richtig einzustufen und zu motivieren sind.

Es entsteht ein Seniorenleitbild, das Erfahrung, Menschlichkeit und Souveränität einbringt, ohne die Aktivitäten der Jugend zu beeinträchtigen. Die Unabhängigkeit in Bezug auf Maßnahmen im Unternehmen prägt auch eine starke menschliche Bindung zu den Mitarbeitern, die dem Betrieb hinsichtlich auf deren Qualität, aber auch für die politische Prägung dieser Menschen positive Ergebnisse bringt.

Die vielgefürchtete Bewältigung des Wandels und die Anpassung der SeniorInnen in einem neuen wirtschaftlichen, gesellschaftlichen und kulturellen Umfeld, schaffen Sicherheit und Zufriedenheit in dieser altersbunten Gesellschaft, denn ich bin überzeugt, der Mensch lebt nicht länger von der Freizeit allein.

Leopold Scherer

Geboren 1937 in Großnondorf. 1956 Reifeprüfung an der Lehrerbildungsanstalt in Wien 1. Ab 1956 Land- und Forstwirtschaftliche Sozialversicherungsanstalt (ab 1961 als Gruppenleiter). 1965 Abteilungsleiter der Bauernkrankenkasse (Bereich Versicherungs- und Beitragswesen). Ab 1974 Abteilungsleiter in der Sozialversicherungsanstalt der Bauern. Ab 1986 Direktor im Hauptverband der Sozialversicherungsträger (Bereich Sozialversicherungs-Akademie). Ab 1994 Generaldirektor-Stellvertreter, Pensionsversicherungsanstalt der Arbeiter. Seit 1998 in Pension. Seit den 1970er Jahren verschiedene politische Tätigkeiten. Unter anderem: 1997–2000 Seniorenbund Bezirksobmann in Wien 14, 1997–1999 Landesobmann-Stellvertreter des Wiener Seniorenbundes. Seit 1999 Landesobmann des Wiener Seniorenbundes.

Politik von und für ältere Menschen

1. Politische und gesellschaftliche Mitbestimmung älterer Menschen

Der Anteil der älteren Generation an der Gesamtbevölkerung ist hoch und wird aufgrund der Bevölkerungsentwicklung weiter zunehmen. Für die Mehrzahl der älteren Menschen (das „positive Alter") ist das Leben durch Aktivität, Unabhängigkeit, soziales Eingebundensein, Interessenvielfalt, rege Teilnahme am Freizeitleben und reges politisches Interesse geprägt. Der Widerstand gegen jede Art der Bevormundung nimmt deutlich zu.

Trotz dieser Umstände stellen ältere Menschen keinen ihrem Potenzial entsprechenden Mitwirkungs- und Mitbestimmungsfaktor im gesellschaftlichen und politischen Leben dar. Der Zugang zu effizienter Einflussnahme auf politische Macht und politische Entscheidungen entspricht derzeit weder der Zahl noch der Qualifikation und den Fähigkeiten der älteren Generation.

Älteren Menschen wird – manchmal auch unbewusst – abwertend begegnet. Anstatt die Lebenserfahrung von Jahrzehnten zu achten und zu nutzen, werden nicht selten nur die Defizite älterer Menschen gesehen. Anstatt ihre Kapazitäten und kostbaren Potentiale wahrzunehmen und im politischen Alltag umzusetzen, wird der Ältere gedanklich auf das so genannte Altenteil abgeschoben. Es besteht die Tendenz, die Älteren in verschiedenen Bereichen bewusst auszugrenzen. Dies führt zu einer enormen Einschränkung des Selbstvertretungsrechtes. Besonders deutlich wird dies bei der Zusammensetzung der Kandidatenlisten für Wahlen und im Rahmen der Sozialversicherungs-Selbstverwaltung.

Der Versuch der „Alten", einen höheren Status bzw. mehr gesellschaftliche Anerkennung z.B. durch ein relativ hohes Konsumniveau oder durch familiäre Aktivitäten (Unterstützung der Kinder-Generation) zu erreichen, muss als wenig erfolgreich bewertet werden.

Es muss selbstverständlich sein, dass jede Gesellschaft notwendigerweise aus mehreren Generationen besteht und dass es immer um die Integration von Gruppen mit sehr verschiedenen Lebenslagen und Interessen geht. Einzelnen Gruppen – im ge-

genständlichen Fall der älteren Generation – die Teilhabe an der Macht bzw. an Entscheidungsprozessen abzusprechen, unterminiert die Gesellschaft selbst.

Eine zeitgemäße Seniorenpolitik muss gleichwertig mit anderen Politikfeldern die positiven Aspekte sowie Möglichkeiten der Mitbestimmung und Mitgestaltung durch ältere Menschen bei allen sie betreffenden (politischen) Entscheidungen betonen und diese Möglichkeiten schrittweise, aber zügig umsetzen. Diese Politik muss sich voll an den allgemeinen Bürgerrechten orientieren (einschließlich aller politischen Rechte). Jeder Ausschluss der Senioren von der politischen Teilhabe ist inakzeptabel, eventuelle Zugangsbarrieren sind abzubauen. Es empfiehlt sich, das Verbot der Diskriminierung der älteren Generation in der Bundesverfassung und den Landesverfassungen festzuschreiben.

Es kann angenommen werden, dass die bestehenden Diskriminierungen den Interessenvertretungen der anderen Bevölkerungsgruppen hinlänglich bekannt sind. Deshalb gibt es doch auch einige Silberstreifen am Horizont für die ältere Generation: Es gibt unter anderem eine (!) Abgeordnete zum Nationalrat als deklarierte Seniorenvertreterin, einige Bundesrats- und Landtagsabgeordnete sowie zwei Seniorenvertreter in der Trägerkonferenz des Hauptverbandes der Sozialversicherungsträger. Daneben gibt es Senioren-Beiräte in verschiedenen Bereichen, die aber für die Ziele der älteren Generation (volle Gleichwertigkeit der Mitbestimmungsmöglichkeit) zumindest teilweise als kontraproduktiv bewertet werden müssen, weil sie

a) nicht gleichwertig mit den wirklich maßgeblichen Gremien sind,
b) der bestehenden Tendenz zur altersmäßigen Segregation der Gesellschaft Vorschub leisten.

Gerade diese Gettoisierung muss aber vermieden werden, weil es keinen sachlichen Grund gibt, für die Vertretung der Interessen der älteren Generation Sondereinrichtungen zu schaffen.

Schlussendlich wird es immer mehr zum Skandal, dass durch die Weigerung der großen Oppositionspartei, der Einführung der Briefwahl zuzustimmen, einem erheblichen Teil der älteren Generation das Wahlrecht de facto verweigert wird.

Mitbestimmung der Pensionisten in der Sozialversicherungs-Selbstverwaltung

Selbstverwaltung ist die Bildung besonderer öffentlicher Verbände, denen die Gesetzgebung einen bestimmten Ausschnitt der öffentlichen Verwaltung zur weisungsfreien Besorgung unter lediglich nachprüfender Aufsicht des Staates überlässt. Dabei wird jener Personenkreis herangezogen, der von der jeweiligen öffentlichen Aufgabe sowohl hinsichtlich der Mittelaufbringung als auch der Mittelverwendung betroffen ist.

Neben der Sozialversicherung gibt es noch zwei Einrichtungen, denen Ausschnitte der öffentlichen Verwaltung zur weisungsfreien Selbstverwaltung übertragen wurden und die damit hoheitliche Funktion ausüben:

- die territoriale Selbstverwaltung durch die Gemeinde-Verwaltungen und
- die berufliche Selbstverwaltung durch gesetzliche Interessenvertretungen (Kammern).

Für alle Selbstverwaltungsbereiche gilt, dass es sich um Einrichtungen mit Pflichtmitgliedschaft handelt (man kann bei Erfüllung der Voraussetzungen für die Pflichtmitgliedschaft weder aus der Gemeinde noch aus der Sozialversicherung oder der gesetzlichen Interessenvertretung austreten).

Die österreichischen PensionistInnen sind von der gesetzlichen Krankenversicherung sowohl hinsichtlich der Mittelaufbringung (als Beitragszahler) als auch hinsichtlich der Mittelverwendung, von der Pensionsversicherung hinsichtlich der Mittelverwendung betroffen. Sie erfüllen damit in vollem Umfang die Voraussetzungen für die Teilhabe an der Selbstverwaltung, damit durch die der Institution des Österreichischen Seniorenrates auch eine gesetzliche Interessenvertretung für die Entsendung von Versicherungsvertretern in die Verwaltungskörper der Sozialversicherungsträger (des Hauptverbandes) gegeben ist. Dieses Entsendungsrecht haben derzeit nur die Interessenvertretungen der Dienstgeber (Selbstständigen) und Dienstnehmer. Die PensionistInnen sind davon – mit Ausnahme der Trägerkonferenz des Hauptverbandes der Sozialversicherungsträger – ausgeschlossen. Damit müssen zwei Millionen PensionistInnen und ihre Angehörigen weiterhin jene Rechte und Pflichten zur Kenntnis nehmen, die die Interessenvertretungen der Dienstgeber und Dienstnehmer festgelegt haben.

Die schon seit einigen Jahren laufenden Bemühungen des Seniorenbundes um eine gleichwertige Mitwirkungsmöglichkeit sind bisher bei der Arbeiter- und Wirtschaftskammer auf wenig Gegenliebe gestoßen, weil mit einer Zustimmung für beide Institutionen die Verringerung von Macht und Einfluss verbunden wäre. Trotzdem ist es hoch an der Zeit, den derzeitigen Zustand, für den die PensionistInnen wenig Verständnis aufbringen können, zu beenden.

Wie die derzeitige Situation demokratiepolitisch einzuschätzen ist, lässt sich an einem Vergleich mit der Gemeindeverwaltung, einem anderen Selbstverwaltungsbereich, ermessen: Es käme in Österreich sicher niemand auf die Idee, die ältere Generation oder eine andere Gruppe von wahlberechtigten GemeindebürgerInnen von der Mitwirkung in der Gemeindeverwaltung auszuschließen. Die Schaffung einer gleichwertigen Pensionistenkurie bei den Trägern der gesetzlichen Kranken- und Pensionsversicherung ist als überfällig zu bewerten.

2. Die Sicherung der Pensionen

Umfragen über die notwendigen Schwerpunkte der Seniorenpolitik sehen mit schöner Regelmäßigkeit die Sicherung der Pensionen an erster Stelle. Nun ist zwar die Politik bzw. Interessenvertretung des Seniorenbundes ebenso bunt wie die „altersbunte" Gesellschaft, aber: Die Sicherung der Pensionen ist nicht alles, aber ohne Sicherung der Pensionen ist alles nichts (Prof. Dr. Anton Amann, 2006). Alle Regierungen hatten die Sicherung der Pensionen im Regierungsprogramm. Vor allem in Vorwahlzeiten wurde diese Sicherheit von allen Parteien versprochen.

Tatsächlich hält die Mehrzahl der österreichischen Bevölkerung die Pensionen für nur teilweise oder überhaupt nicht gesichert (eine ähnliche Meinung herrschte vor 30 bis 40 Jahren über die Jetztzeit). Diese Meinung war bis vor wenigen Jahren zweifellos berechtigt, weil die Prognosen von Experten und

Privatversicherungen recht eindeutig waren: Bei unveränderter Beibehaltung des bis 1999 geltenden Pensionssystems würde etwa bis zum Jahr 2050

- die Beitragsbelastung auf 40 bis 50 % des Erwerbseinkommens steigen oder
- die Einkommens-Ersatzrate durch die Pension von max. 80 auf max. 40 % sinken, weil auf einen Pensionisten nur mehr ein Beitragszahler käme.

Die Printmedien schreiben den baldigen Zusammenbruch des Pensionssystems herbei. Gegenteilige Versicherungen der Politiker wurden nicht geglaubt bzw. waren oft kontraproduktiv.

Für die Horrorprognosen waren insbesondere zwei Gründe ausschlaggebend:

1. die demografische Entwicklung bzw. die so genannte Überalterung der Gesellschaft (richtiger wäre die Bezeichnung „Unterjüngung", weil wegen der geringen Kinderzahl die jüngere Generation teilweise fehlt). Es wurde angenommen, dass damit auch die Zahl der Beitragszahler in Zukunft sinken müsste.
2. die enorme Verlängerung der Pensionsbezugsdauer (von 1970 bis 2000 von durchschnittlich 9 auf 20 Jahre!), ausgelöst durch ein sinkendes Pensionsanfallsalter (durchschnittlich vom 62. auf das 57. Lebensjahr) und durch die gestiegene Lebensdauer.

Die sozialpolitische Motivation für die gesetzlichen Regelungen, die das Sinken des Pensionsantrittsalters ermöglicht haben, war in der Hauptsache die Verwendung der Pensionsversicherung als Mittel zur Entlastung des Arbeitsmarktes. Diese Politik muss u.a. aus folgenden Gründen als sehr problematisch beurteilt werden:

- Die Frühpensionierung Arbeitsloser ist eine rein *passive* Maßnahme (das Gegenteil einer *aktiven* Arbeitsmarktpolitik).
- Mit den enormen Kosten wurde kein Arbeitsplatz geschaffen oder erhalten.
- Die Frühpensionierung Arbeitsloser ist die mit Abstand teuerste Maßnahme zur Entlastung des Arbeitsmarktes.

- Es wurde damit die Finanzierbarkeit des Pensionssystems ernsthaft gefährdet.

Zu wenig Beitragszahler in Zukunft?

Die Annahme, dass es wegen der geringen Kinderzahl in Zukunft zu einem Rückgang der erwerbsfähigen Bevölkerung – und damit der Beitragszahler kommen wird, ist kein unabwendbares Schicksal, wie sich in den folgenden Entwicklungen bereits jetzt zeigt:

1. Durch die seit dem Jahr 2000 getroffenen Reformmaßnahmen wird das faktische Pensionsantrittsalter an das gesetzliche angenähert und damit die Lebensarbeitszeit verlängert (Österreich hat hinsichtlich des frühen Pensionsantrittsalters gemeinsam mit Italien den „Weltrekord" gehalten und den geringsten Anteil an Erwerbstätigen der 55- bis 64-Jährigen aufgewiesen).
2. Die Erwerbsbeteiligung der Frauen kann und wird weiter steigen. Diese Entwicklung kann durch weitere Verbesserungen der Vereinbarkeit von Familie und Beruf gefördert werden.
3. Die in Österreich angebotenen bzw. freien Arbeitsplätze sind für die Bürger der Nachbarstaaten (insbesondere für Deutsche) so attraktiv, dass sich auch ohne Öffnung des Arbeitsmarktes für die Bürger der Oststaaten ausreichend Bewerber finden. So hat die Zahl der Arbeitnehmer mit deutscher Staatsbürgerschaft die Zahl der türkischen Arbeitnehmer bereits überschritten.

Ein Arbeitskräftemangel in Österreich sollte aber nicht vorwiegend durch ausländische Arbeitnehmer behoben werden, sondern durch das verstärkte Nutzen des vorhandenen Arbeitskräftepotentials und der Kompetenzen älterer Arbeitnehmer.

Beitragserhöhung zur Pensionssicherung?

Die Erfahrungen zeigen, dass Beitragserhöhungen als Problemlösung insbesondere von Menschen bevorzugt werden, die relativ knapp vor der Pensionierung stehen. Grundsätzlich sind aber Beitragserhöhungen aus folgenden Gründen als kontraproduktiv zu bewerten:

- Die Erhöhung von Sozialbeiträgen ist ein zusätzlicher Anreiz, das Sozialsystem in Form von Pfusch bzw. Schwarzarbeit zu umgehen.
- Hohe Lohn- bzw. Lohnnebenkosten sind ein Anlass, den Faktor Arbeit durch vermehrten Kapitaleinsatz zu ersetzen.
- Hohe Lohn- bzw. Lohnnebenkosten sind ein Hindernis für die Schaffung von Arbeitsplätzen.
- Die Erhöhung von Sozialbeiträgen verstärkt vorhandene Tendenzen, Betriebe in Niedriglohnländer zu verlagern.

Es zeigt sich, dass hohe Sozialabgaben ein erheblicher Wettbewerbsnachteil sind. Weil Pensionsbeiträge und Lohnnebenkosten in Österreich schon jetzt rekordverdächtig sind (Pensionsbeitrag in Österreich: 22,8%, in Deutschland 19,5%), ist eine Beitragserhöhung zumindest kurz- und mittelfristig auszuschließen. Eine *Wertschöpfungsabgabe,* die kapitalintensive Unternehmen mit geringer Beschäftigtenzahl stärker zur Abdeckung der Kosten des Sozialsystems heranzieht, ist nur im internationalen Gleichklang vorstellbar, weil sich sonst die Preisstruktur unserer Volkswirtschaft zum Nachteil des Standortes Österreich verschieben würde.

Kapitaldeckungssystem als Rettung?

Unsere Pensionen werden im Wege des Umlageverfahrens finanziert: Die von den Erwerbstätigen (einschließlich der Dienstgeber) eingezahlten Beiträge werden im selben Jahr für die Finanzierung der Pensionen verwendet. Die rasch wachsende Bevölkerung im Alter von 60 und mehr Jahren und der – wie eingangs erwähnt – befürchtete Rückgang der Bevölkerung im erwerbsfähigen Alter hätte – ohne rechtzeitige Reformen – dazu geführt, dass z.B.

schon 2030 auf je drei Erwerbstätige zwei Pensionisten entfallen wären. Unter diesen Umständen wäre das Umlageverfahren nicht zu halten gewesen. Manche Experten haben deshalb – vor den Reformen der derzeitigen Bundesregierung – behauptet, dass unser Pensionssystem nur durch das Kapitaldeckungssystem (aus den Beiträgen wird für jeden Versicherten ein Kapitalstock gebildet, aus dessen Ertrag die zukünftige Pension finanziert wird) gerettet werden könne.

Nunmehr haben sich einerseits – durch die Reformen der Bundesregierung – die Voraussetzungen gravierend geändert, andererseits ist ein Umstieg auf das Kapitaldeckungssystem auch aus folgenden Gründen abzulehnen:

- Die wirtschaftlichen Zusammenbrüche der vergangenen 100 Jahre hat nur das Umlageverfahren „überlebt" (unmittelbar nach Kriegsende 1945 konnte mit der Auszahlung von Pensionen begonnen werden). Das Kapitaldeckungssystem hätte völlig versagt.
- Die jetzt aktive Generation müsste doppelt belastet werden: einerseits zur Finanzierung der schon laufenden Pensionen (für die es noch keinen Kapitalstock gibt), andererseits zum Aufbau eines Kapitalstockes für die eigene Pension.
- Auch ohne wirtschaftliche Zusammenbrüche kann es beim Kapitaldeckungssystem zu erheblichen Ertragseinbußen kommen, wie das die Jahre 2000 bis 2002 bewiesen haben.

„Volkspension" als Problemlösung?

Das österreichische Pensionssystem ist beitrags- bzw. leistungsorientiert: Eine höhere und längere Beitragsleistung führt zu einer höheren Pension. (Beitrags-)Leistung lohnt sich. Mit einer Beitragszahlung in der Dauer von 40 bis 45 Jahren wird mit der staatlichen Pension der Lebensstandard während der Aktivzeit auch im Ruhestand annähernd sichergestellt. Neben der Beitragsgerechtigkeit und dem Lebensstandard-Prinzip ist auch die soziale Komponente im lockeren Maße gegeben, wofür insbesondere folgende Regelungen sprechen:

- Mit der Ausgleichszulage wird ein bedarfsorientiertes Mindesteinkommen garantiert, falls die Pension und sonstige Einkünfte (einschließlich der Einkünfte des im gemeinsamen Haushalt lebenden Ehegatten) unter dem Mindesteinkommen liegen. Eine Mindestpension ist aus Gründen der Beitragsgerechtigkeit nicht vorgesehen.
- Die Anrechnung beitragsfreier Versicherungszeiten („Ersatzzeiten") für Kindererziehung (bis zum 4. Lebensjahr des Kindes), Präsenz- und Zivildienst, Krankengeldbezug sowie Zeiten des Bezuges von Arbeitslosengeld und Notstandshilfe.
- Bei Invalidität (Berufsunfähigkeit) in jüngeren Jahren wird die Zeit bis zum 58. Lebensjahr (Wert für 2006; ab 2009: 60. Lebensjahr) als Versicherungszeit gewertet.

Die Volkspension würde die Abkehr vom Lebensstandard-Prinzip und von der Beitragsgerechtigkeit bedeuten. Sie wäre nur eine Mindestversorgung und somit ein völlig unakzeptabler sozialpolitischer Rückschritt (eine umgekehrte Entwicklung – also von einer Volkspension zu unserem System – ist vorstellbar bzw. sozialverträglich).

Die Idee, die Probleme unseres Pensionssystems durch eine Volkspension zu lösen, ist somit strikte abzulehnen. Abzulehnen sind auch „schleichende" Nivellierungen im Rahmen von Pensionsanpassungen.

Zusätzliche Absicherungen des Lebensstandards

Trotz des Grundsatzes, dass mit der gesetzlichen Pension bei einem vollen Versicherungsverlauf (40 bis 45 Versicherungsjahre) der vorherige Lebensstandard annähernd sichergestellt werden kann, ist es sehr sinnvoll, zusätzlich privat bzw. betrieblich vorzusorgen. Dies gilt insbesondere

- für Menschen mit Versicherungslücken (deutlich weniger als 45 Versicherungsjahre);
- bei Erwerbseinkünften über der Höchstbeitragsgrundlage;
- als Vorsorge für frühzeitige Pensionierungen;

- grundsätzlich für die Differenz zwischen dem gewohnten Erwerbseinkommen und der Pension, weil die gesetzliche Pension 80% des durchschnittlichen Erwerbseinkommens der besten 18 Jahre (Wert für das Jahr 2006) selbst bei einem vollen Versicherungsverlauf nicht überschreiten wird. Durch die Verlängerung des Durchrechnungszeitraumes nur ein Jahr jährlich bis auf maximal 40 Jahre (2028) wird sich diese Differenz vergrößern.

Für eine dauerhafte Alterssicherung und materielle Autonomie kommen neben der gesetzlichen Pension grundsätzlich vier weitere Quellen in Betracht:

- Betriebliche Zusatzpensionen,
- Eigenvorsorge bei privaten Versicherungen oder Geldinstituten,
- Fortsetzung der Erwerbstätigkeit,
- Eigenvorsorge in Sachwerten (z.B. Immobilien).

Zusammenfassung

1. Durch die seit dem Jahr 2006 beschlossenen Reformen hat die Bundesregierung die Pensionen in Österreich über das Jahr 2050 hinaus gesichert. Selbst die EU-Kommission hat in einer kürzlich veröffentlichten Studie bestätigt: Während die meisten EU-Staaten in den nächsten Jahren und Jahrzehnten mit einer wahren Kostenexplosion rechnen müssen, wird Österreich davon verschont bleiben, weil die Bundesregierung rechtzeitig reagiert hat.

   Damit würde auch der fiktive „Generationenvertrag“ abgesichert: Einerseits müssen die älteren Menschen darauf bauen können, dass – nach vielen Jahren des Einzahlens in das Pensionssystem – ihr Leben im allgemeinen finanziell abgesichert ist, andererseits darf der Generationenvertrag nicht dadurch in Frage gestellt werden, dass junge Menschen befürchten müssen, selbst nur einzahlen zu müssen, aber nicht mehr adäquat profitieren zu können (Rosenmayr, 2000).

Weil Reformen vor dem Jahr 2000 tatsächlich sträflich vernachlässigt bzw. hinausgeschoben wurden, hatte sich ein großer Rückstau ergeben. „Diejenigen, die Punkt und Komma des ASVG verteidigen, die starren Bewahrer ‚wohlerworbener Rechte', sind in Wirklichkeit die Totengräber des ASVG." (Prof. Dr. Helmut Kramer, 1999)

2. Der mittelfristig prognostizierte Arbeitskräftemangel in Österreich soll vorwiegend durch das verstärkte Nutzen des vorhandenen Arbeitskräftepotentials und der Kompetenzen älterer Arbeitnehmer behoben werden.
3. Eine Erhöhung der Pensionsbeiträge ist auszuschließen. Eine Wertschöpfungsabgabe ist nur im internationalen Gleichklang vorstellbar.
4. Ein Umstieg vom Umlageverfahren auf das Kapitaldeckungssystem zur Finanzierung der Pensionen wird ausgeschlossen.
5. Ein Volkspensions-System anstelle unseres beitragsorientierten, den Lebensstandard weitgehend sichernden Systems wird abgelehnt.
6. Die laufenden Pensionen sind durch volle Abgeltung der Teuerung in ihrem Wert zu sichern.
7. Das Mindesteinkommen der Pensionisten (Ausgleichszulagen-Richtsätze) soll über der Armutsgefährdungsschw elle liegen.
8. Pensionsbezieher sollen in der Möglichkeit des Zuerwerbs zur Pension nicht durch Ruhebestimmungen oder dergleichen eingeschränkt werden.
9. Zusätzliche Absicherungen des Lebensstandards im Alter (z.B. durch betriebliche Zusatzpensionen oder Eigenvorsorge) sind zu empfehlen.

Werner Haidenthaler

Geboren 1944 in Großraming, OÖ. 1962–1967 Studium der Rechtswissenschaften, Wien (Dr. jur.). Anwalts- und Gerichtspraxis sowie Tätigkeiten in der Industrie (Personal, Marketing). 1970–1985 Österreichische Finanzverwaltung. Ab 1985 Leiter der Steuerabteilung der VOEST ALPINE AG. Seit 1991 Vorstandsmitglied ebendort (2004–2005 stv. Vorstandsvorsitzender).

Warum wird die kapitalgedeckte Eigenvorsorge diskriminiert?

Ein Plädoyer für die aufgeschobene Besteuerung

Eine die erste Säule ergänzende kapitalgedeckte Eigenvorsorge für die Zeit nach der Erwerbstätigkeit stellt einen wichtigen Teil der Altersvorsorge dar.

Nun geht es gewiss nicht darum, vom Umlageverfahren auf ein Kapitaldeckungsverfahren umzusteigen; das wäre aus vielen Gründen unsinnig und schlicht unmöglich.

Aber wir sollten die kollektive Eigenvorsorge im Kapitaldeckungsverfahren steuerlich nicht länger diskriminieren, damit die Trag- und Leistungsfähigkeit der „2. Säule" möglichst schnell und wirkungsvoll erreicht wird.

Historischer Rückblick

Die früheren Wurzeln der Altersversorgung liegen begrifflich im Bereich des Ausgedinges und der sozialen Wohltat einer Altersrente. So wurde es auch nicht als illegitim empfunden, diese Versorgungsansprüche an ein bestimmtes Wohlverhalten zu knüpfen. Im Bereich des ASVG sind dies z.B. die Ruhensbestimmungen, aber auch im öffentlichen Bereich und in der betrieblichen Altersversorgung waren bestimmte auflösende Bedingungen akzeptiert. Ein Beamter, der beispielsweise selbst nach dem 40. Lebensjahr aus dem öffentlichen Dienst austritt, verliert seine bis dahin erworbenen Pensionsansprüche und wird mit Überweisungsbeträgen in die Sozialversicherung abgefunden. Die Folge ist eine massive rückwirkende Verschlechterung seiner Altersversorgung. Ähnliche auflösende Bedingungen finden sich auch in den leistungsorientierten Pensionszusagen leitender Angestellter, aber auch statutarische Pensionsansprüche von MitarbeiterInnen waren kündbar. In den 80er Jahren musste im Bereich der verstaatlichten Industrie teilweise flächendeckend davon Gebrauch gemacht werden, sowohl gegenüber Anwartschaftsberechtigten als auch bereits in Pension Befindlichen.

Unverfallbarkeit der Ansprüche

Hier hat das Pensionskassenrecht den Bruch mit der alten Kultur vollzogen und unverfallbare Ansprüche auf der Grundlage eines beitragsorientierten Systems geschaffen. Erst damit wurde anerkannt, dass die Altersversorgung Teil der Gegenleistung für die in der Vergangenheit erbrachte Arbeitsleistung ist. Die Beiträge sind „verdientes Entgelt" - wenn auch mit aufgeschobener Auszahlung. Dennoch werden - zum Unterschied zur 1. Säule - Arbeitgeberbeiträge steuerlich anders behandelt als die eigenen Beiträge der ArbeitnehmerInnen. Während ArbeitnehmerInnen ihre Beiträge aus dem zu versteuernden Einkommen zu leisten haben, gilt für die Arbeitgeberbeiträge das „Prinzip der aufgeschobenen Besteuerung". Das System der aufgeschobenen Besteuerung ist international üblich und unter dem Code „EET-System" (= Excempt-Excempt-Taxed = aufgeschobene Besteuerung) bekannt. Da es für Arbeitnehmerbeiträge nicht gilt, müssen diese der Lohnsteuer unterworfen werden, ist eine 4%ige Versicherungssteuer zu entrichten und nichtsdestotrotz die spätere Pension mit 25% steuerpflichtig; falls sie erlebt wird, denn im Falle vorzeitigen Ablebens verfallen alle Ansprüche und auch eine Abfindung ist - richtigerweise - nicht möglich.

Damit wird das Risiko des Verfalls eigener Beiträge zugunsten der Solidargemeinschaft nicht nur nicht prämiert, sondern massiv sanktioniert.

Folgerichtig ruht das Schwergewicht der betrieblichen Altersvorsorge auf den Arbeitgeberbeiträgen und damit den außerordentlich wettbewerbsrelevanten Lohnnebenkosten.

Der Zugang zu einer Pensionskasse ist überdies nur im Rahmen eines Dienstverhältnisses möglich und somit den übrigen Erwerbseinkünften verwehrt.

Mehr Transparenz

Für Vorsorgewillige gibt es neben dem Gestrüpp des Pensionskassenrechts noch ein komplexes Wirrwarr von Einzelprodukten, angeboten von Banken und Versicherungen mit unterschiedlichen Besteuerungsregeln sowohl in der Anspar- als auch in der Leistungsphase. Die nach Pensionseintritt zur richtigen Besteuerung notwendige analytische Differenzierung des Rentenmix wird die zusätzlichen Einkünfte durch diese Verwaltungskosten minimieren.

Bei der Vielfalt der Produkte ist auch der tatsächliche Versorgungsanspruch (netto!) dem/der Einzelnen nicht wirklich bewusst. All das mündet schließlich in einem nicht unerheblichen „Angstsparen". Die Sparquote in Österreich ist mit 9% die höchste seit 1996 und in Deutschland hat sie sich seit 1999 kontinuierlich auf 12% gesteigert. Das scheint die Folge einer kollektiven Verinnerlichung zu sein, dass sich der Generationenvertrag am Ende als Kettenbrief erweisen könnte und ein einfaches klares Konzept einer allgemein zugänglichen kapitalgedeckten Altersvorsorge nicht besteht. Es wäre an der Zeit, über ein „standard setting" nachzudenken und ein einheitliches Modell einer kollektiven Zukunftsvorsorge im Kapitaldeckungsverfahren zu entwickeln.

Vom Almosen zum Rechtsanspruch

Der habituelle Wandel älterer Menschen vom Empfänger (von der Empfängerin) von Ausgedingen und sozialen Wohltaten zum/zur autonomen BürgerIn resultiert schließlich aus einer unbedingten Legitimation seiner/ihrer Altersversorgung und wohlerworbenen Ansprüchen kraft eigener Leistung.

Die Rahmenbedingungen für die im Erwerbsleben stehenden Menschen haben sich grundlegend verändert. Kontinuierliche Arbeitsverhältnisse und Einkommensentwicklungen, die sich linear über ein Arbeitsleben erstrecken, werden eher die Ausnahme sein. Die Kontinuität der Beschäftigung wird erreicht über die Mobilität zwischen den Berufen und Beschäftigungsformen. Dafür soll aber auch eine individuelle Lebensplanung als legitimer Akt persönlicher Autonomie respektiert und rahmenrechtlich begleitet werden.

Die aufgeschobene Besteuerung

Der Schlüssel zu einer 2. Säule, die diesen Erwartungen gerecht wird, liegt in der *kapitalgedeckten Eigenvorsorge mit aufgeschobener Besteuerung für alle Erwerbseinkommen in unbeschränkter Höhe.* Das klingt radikal, doch sind die Folgen durchaus wünschenswert – auch aus unterschiedlichen Perspektiven bewertet.

Ein striktes Abfindungsverbot ist zur Optimierung versicherungstechnischer Risiken und Ergebnisse jedenfalls unverzichtbar, so wie es auch in der 1. Säule der Fall ist. Schon dadurch wird das Risiko eines vollständigen Verlustes bei vorzeitigem Ableben – beim Einzelnen zugunsten der Risikogemeinschaft – die Zahlungswilligkeit und damit die Nutzung der aufgeschobenen Besteuerung auf natürlichem Wege begrenzt. Aber auch die theoretische Annahme, dass diese Begrenzung nicht stattfindet, schafft eher Chancen als Risiken.

Die Institutionen, die dieses System einer 2. Säule einer kollektiven Altersvorsorge tragen werden, sind die Versicherungen mit der „kollektiven Lebensversicherung" und die Pensionskassen mit ihren privatrechtlich definierbaren „Versicherungs- und Risikogemeinschaften" (VRGs).

Durch die aufgeschobene Besteuerung bilden sich im Wege der Kapitaldeckung Deckungsrücklagen als wachsende Besteuerungsreserve – unentrinnbar und stets evident für die Aufsichtsbehörde.

Davon abgesehen wird – als theoretische Folge überhöhter Einzahlungen – das Problem einer kollektiven Überversorgung angesichts wachsender Kosten für Gesundheit und Pflegeaufwand sowie nachhaltig steigender Lebenserwartung sicher niemandem Angst machen.

Die unbegrenzt mögliche Eigenvorsorge je nach Einkommen, Familienstand und ureigensten persönlichen Bedürfnissen entlastet letztlich auch die Arbeitgeberbeiträge und damit die Lohnnebenkosten.

Die aufgeschobene Besteuerung für die kollektive Altersvorsorge im Kapitaldeckungsverfahren träte an die Stelle bisheriger Vorsorgeprodukte, und zwar ersatzlos. Ein Akt präventiver Verwaltungskostenminimierung.

Die 3. Säule ist die individuelle private Vermögensbildung und bedarf neben Vermögensteuerfreiheit und Endbesteuerung keiner weiteren steuerlichen Förderung.

Darüber hinaus besteht bei den Pensionskassen in zwei Punkten Sanierungs- und Regelungsbedarf, wenn ein nachhaltig akzeptabler Standard für die Säule „Kapitaldeckung" geschaffen werden soll:

a) Der erste Punkt betrifft Pensionskürzungen, die auch gerichtsanhängig wurden:
Anlässlich der Auslagerung bzw. Übertragung von betrieblichen Pensionsverpflichtungen in eine Pensionskasse werden die zukünftigen Pensionsansprüche versicherungsmathematisch ermittelt und der Kapitalwert auf einen Gegenwartswert abgezinst. Der dafür verwendete Prozentsatz wird als geschäftsplanmäßige Verzinsung bezeichnet, weil angenommen wird, dass diese Erträge in Zukunft bis zur Fälligkeit der Pensionszahlung durch die Veranlagung des Kapitals erwirtschaftet werden können.
In den diesen Auslagerungen zugrunde liegenden Betriebsvereinbarungen (abgeschlossen zwischen Unternehmen und Belegschaftsvertretungen) finden sich Zinssätze zwischen 3,5% und mehr als 6%. – *aber*: Die Übertragungsverbindlichkeit für auszulagernde Pensionsansprüche ist bei einem Rechnungszinssatz von 7% eben nur halb so hoch, wie wenn die geschäftsplanmäßige Verzinsung mit 3,5% festgelegt worden wäre.
Wenn die tatsächlichen Veranlagungserträge des verwalteten Kapitals die festgelegte geschäftsplanmäßige Verzinsung übersteigen, stehen diese Zusatzerträge für positive Wertanpassungen zur Verfügung.
Im umgekehrten Fall muss eine negative Wertanpassung – soll heißen Kürzung der Rente – vorgenommen werden.

b) Der zweite Punkt betrifft das Problem der Mindesterträge.
Ursprünglich sah das Pensionskassengesetz 1989 eine Mindestertragsgarantie für die Berechtigen vor, für die das Eigenkapital der Pensionskasse (= Haftungskapital der Aktionäre) haftete. Nach Eintreten des Ernstfalles wurde das Gesetz geändert und den Berechtigten anstelle der Garantie

nunmehr die Haftung für den Mindestertrag zugeordnet: Aus den Finanzierungserträgen ihres Deckungskapitals ist eine Mindestertragsrücklage zu bilden, für die überdies Körperschaftsteuerpflicht besteht.

Angesichts dieser Härten wurde aber auch die Möglichkeit geschaffen, alternativ auf einen Mindestertrag zu verzichten.

Davon wird aus einsichtigen Gründen zu fast 100% Gebrauch gemacht, mit der Folge, dass zumindest subjektiv das Gefühl besteht, in der betrieblichen Altersvorsorge gibt es keine Wertsicherung.

Diese beiden Punkte haben evidentermaßen einen starken inneren Zusammenhang:

Eine Lösung – um einen allgemein akzeptablen Standard für eine kollektive kapitalgedeckte Eigenvorsorge zu finden – könnte darin bestehen, dass

a) die zulässige geschäftsplanmäßig zu unterstellende Verzinsung einheitlich festgelegt wird (~ 4%) *und*
b) ab Pensionseintritt ein über den geschäftsplanmäßiger Rechnungszins hinausgehender Finanzertrag in eine Werterhaltungsrücklage eingestellt wird.

Damit würde sich ab Auszahlungsbeginn die Pension nicht in Höhe der Finanzierungserträge des veranlagten Kapitals, sondern im Ausmaß der Wertsicherung verändern.

Ob es – falls diese Rücklage nicht ausreicht – für die Wertsicherung der Renten eine öffentliche Ausfallshaftung geben sollte, ist im Sinne einer Gleichwertigkeit beider Säulen argumentierbar. Auch dürfte es diesen Fall nur selten und ausnahmsweise bei signifikanten Inflationsschüben geben. In einer solchen Situation hat der Fiskus in der Regel eine Risikoabsicherung auf der Einnahmenseite.

Das Kernproblem der aufgeschobenen Besteuerung betrifft den vorübergehenden Steuerausfall, der im kameralistischen System auch durch die Bildung eines Steuerpools in den Deckungsrücklagen nicht neutralisiert wird.

Wohl aber würde diese Besteuerungsreserve für das Rating eine positive Berücksichtigung finden.

Der mögliche Lösungsansatz einer echten Gegenfinanzierung hat den Arbeitstitel „§ 48 b PKG“ und ist im Folgenden ausformuliert:
„§ 48 b PKG“: Kapitalisierte Einkommensteuervorauszahlung für kapitalgedeckte Rentenansprüche (volle Endbesteuerung)

„Leistungsberechtigte aus beitragsorientierten Ansprüchen können bei erstmaliger Inanspruchnahme ihrer Rentenansprüche erklären, dass sie die darauf ruhende Lohn- bzw. Einkommensteuer in kapitalisierter Form vorab versteuern wollen. Der kapitalisierte Steuerbetrag ist dem Deckungskapital zu entnehmen und beim ersten Rentenauszahlungstermin an das Finanzamt von der Pensionskasse abzuführen. Die so vorab versteuerten Rentenansprüche inklusive der Hinterbliebenenansprüche unterliegen keiner weiteren Besteuerung. Zur Ermittlung des kapitalisierten Steuerbetrages wird der halbe Durchschnittssteuersatz der Jahre herangezogen, in welchen noch ganzjährig ein Aktiveinkommen bezogen wurde. Dieser halbe Durchschnittsteuersatz wird vom Wohnsitzfinanzamt des Berechtigten der Pensionskasse unter Vorweisung des Antrags des Leistungsberechtigten mitgeteilt und beträgt mindestens 10 %, maximal jedoch 25 %. Die Bemessungsgrundlage des kapitalisierten Steuerbetrages ist das noch unversteuerte Deckungskapital, bei Ansprüchen aus Arbeitnehmer-Beiträgen beträgt sie ein Viertel des Deckungskapitals.“

Damit würde den BezieherInnen kapitalgedeckter Rentenansprüche bei Pensionsantritt das Recht eingeräumt, *wahlweise* anstelle der jährlichen Versteuerung einmalig *alle* auf diesen Rentenansprüchen lastenden Steuern in einem zu entrichten. Diese einmalige Abschlagszahlung würde ihrer Deckungsrücklage in der Pensionskasse entnommen werden.

Da zu diesem Zeitpunkt die tatsächliche Lebensdauer nicht bekannt ist, wäre es aus der Sicht aller Beteiligten ein „Glücksgeschäft“.

Die Begrenzung mit max. 25% entspricht in etwa dem Barwert der derzeitigen Progressionsbesteuerung bei Einkünften aus nicht selbstständiger Arbeit.

Jedenfalls entsteht beim Fiskus ein Gegenfinanzierungseffekt, bei den Pensionskassen eine erhebliche Verwaltungsvereinfachung und bei den Pensionsbeziehern geringerer Behördenstress.

Die aktuellen Ereignisse in Frankreich betreffend die Arbeitsrechtsreform, aber auch die Diskussion in Deutschland über Rentenkürzungen für Kinderlose, zeigen, dass der Begriff Generationengerechtigkeit eine sehr reale politische Dimension erhalten hat.

IV.

Neues Leben
Neue Fragen
Neue Antworten

Zur Einführung in dieses Kapitel:

Die einschlägigen Ergebnisse der von Univ.-Prof. Dr. Rudolf Bretschneider vom FESSEL-GfK Institut im Jahr 2006 erstellten Studie „Generation 50 plus":

1. Einstellungen zum Gesundheitssystem

Das Stimmungsbild bezüglich des österreichischen Gesundheitssystems reflektiert die Befindlichkeiten einer Bevölkerungsgruppe, die sich zu 58% einen sehr guten oder guten Gesundheitszustand zuschreibt, nur 8% geben an, sich schlecht oder sehr schlecht zu fühlen. Ein Drittel beschreibt seinen Gesundheitszustand als mittelmäßig. Die Mehrheit kann die meisten Tätigkeiten noch ohne Schwierigkeiten ausüben. Der erste deutliche Bruch im Gesundheitszustand zeigt sich ab 70 Jahren.

37% glauben, dass die hohe Qualität des österreichischen Gesundheitssystems in den nächsten 20 Jahren noch finanzierbar sein wird, 44% glauben es nicht - vor allem die höheren Sozialschichten und Kaufkraftklassen. Dieses Verhältnis von Optimisten und Pessimisten hat sich seit 2003 zugunsten von etwas weniger Pessimismus geändert, am auffälligsten aber ist der Anteil derer, die diese Frage nicht beantworten konnten (19%, das sind fast fünfmal so viele wie noch vor zwei Jahren), was als Verunsicherung interpretiert werden kann.

Die Lösungsvorschläge oder besser gesagt Präferenzen der Befragten spiegeln eine gestiegene Ratlosigkeit wider. Im Jahr 2001 hatten mehr als viermal so viele Respondenten wie heuer eine Antwort auf diese Frage. Die Ratlosigkeit ist somit offenbar gestiegen. Außerdem ist unter denen, die dazu eine Meinung haben, auch eine gesunkene Bereitschaft zum individuellen Beitrag zu entdecken:

In den Angaben der Befragten, die überhaupt eine Meinung äußerten, fällt auf, dass der Anteil derer, die denken, dass die Finanzierbarkeit über Selbstbehalte sichergestellt werden sollte, deutlich abgenommen hat (-15 Prozentpunkte), aber auch der Anteil der Respondenten, die die Finanzierbarkeit über Beitragserhöhungen als Soll nennen, ist leicht gesunken (–4 Prozentpunkte).

Einschätzung des Gesundheitssystems

Frage: Das österreichische Gesundheitssystem bietet eine sehr hohe Qualität der medizinischen Versorgung und Betreuung. Die Beibehaltung dieser hohen Qualität kostet sehr viel Geld. Glauben Sie, dass das Gesundheitssystem in Österreich auf lange Sicht – also in den nächsten 20 Jahren – finanzierbar ist?

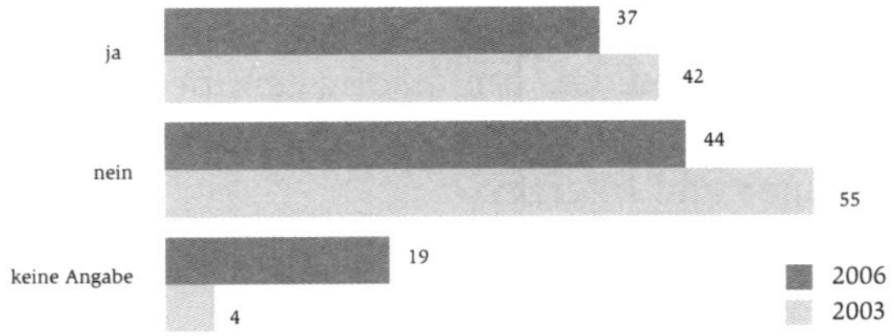

Angaben in %; Quelle: FESSEL-GfK, Sozialforschung;
Generation 50 plus 2006, n = 1.000, Befragungszeitraum 13. 01. – 10. 02. 2006
Generation 50 plus 2003, n = 1.000, Befragungszeitraum 14. 10. – 23. 11. 2003

Präferenzen der Finanzierung des Gesundheitssystems

Frage: Wenn das österreichische Gesundheitssystem aufgrund der steigenden Kosten nicht mehr wie bisher finanziert werden kann, aus welchen Bereichen sollten zusätzliche Einnahmen kommen, damit das Gesundheitssystem weiter finanziert werden kann?

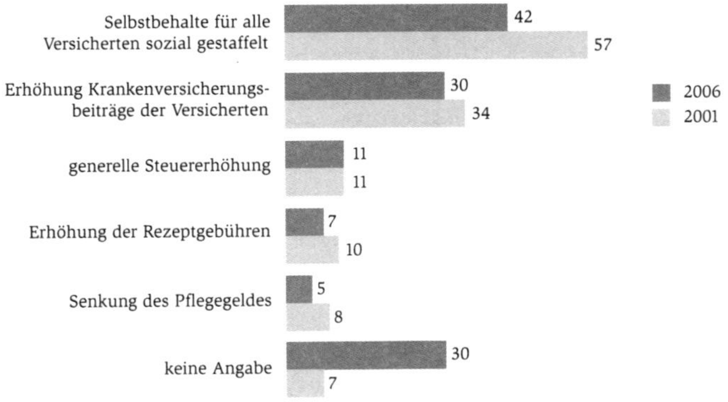

Angaben in %; Quelle: FESSEL-GfK, Sozialforschung;
Generation 50 plus 2006, n = 1.000, Befragungszeitraum 13. 01. – 10. 02. 2006
Generation 50 plus 2001, n = 1.000, Befragungszeitraum 12. 09. – 25. 10. 2001

2. *Die Bedeutung neuer Technologien*

Die technologische Generationenkluft besteht nach wie vor – so sehr sie sich im Lauf der Zeit, ganz von selbst, schließen wird, indem die Generationen aufrücken. Sie ist aber nach wie vor ein Thema, das sich allerdings schnell verändert. Mittlerweile haben auch in der Generation 50 plus schon drei Viertel ein Handy, vier von zehn einen Computer und drei von zehn einen Internetanschluss im Haushalt – auch wenn der treibende Motor und Hauptnutzer sicherlich in vielen Fällen ein anderes Haushaltsmitglied ist, am häufigsten berichten nämlich Respondenten, die in Mehrpersonenhaushalten leben, von Handys, Computer und Internet.

Technologien im Haushalt

Frage: Sagen Sie mir bitte, gibt es in Ihrem Haushalt ...

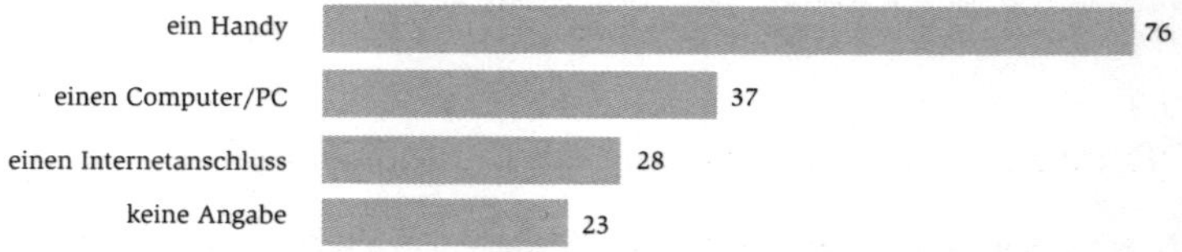

Angaben in %; Quelle: FESSEL-GfK, Sozialforschung;
Generation 50 plus 2006, n = 1.000, Befragungszeitraum 13. 01. – 10. 02. 2006

Handys

Bei Handys sieht die Generation 50 plus die wichtigsten *Vorteile* darin, immer erreichbar zu sein und unterwegs telefonieren zu können (vor allem Männer und je jünger die Nutzer sind). Ein Fünftel nennt auch keine Vorteile (öfter die Frauen). Auffällig ist auch die deutlich höhere Bedeutung des Handys für den Urlaub für Befragte aus dem obersten Sozialschichten.

Was am Handy am häufigsten stört sind die Kosten, aber insgesamt offenbar nicht allzu viel, denn fast die Hälfte der Befragten hatte keine Antwort auf die Frage nach Störfaktoren. Die Kosten beklagen öfter die jüngeren Altersgruppen; dass sie es eigentlich nicht brauchen, meinen eher die Älteren, die es auch häufiger zu kompliziert finden (die ab 65-Jährigen). Vor allem Männer ab 80 beklagen, dass Handys für Menschen ihres Alters nicht anwenderfreundlich wären.

68% haben (selbst) ein Handy – häufiger Männer, je jünger die Befragten sind (92% der 50- bis 54-Jährigen, aber nur 27% der Hochbetagten ab 80 Jahren), auch häufiger die höheren Sozial- und Kaufkraftschichten sowie Städter.

Frage: Welche Vorteile sehen Sie darin, ein Handy zu haben?

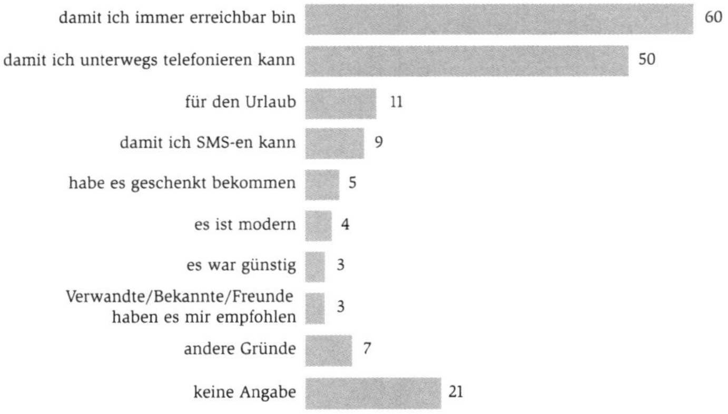

Angaben in %; Quelle: FESSEL-GFK, Sozialforschung;
Generation 50 plus 2006, n = 1.000, Befragungszeitraum 13. 01. – 10. 02. 2006

Chancenwahrnehmung Handy

Internet

Knapp der Hälfte der Respondenten fallen Vorteile des Internets ein. Als Vorteile werden in erster Linie der Zugang zu Information, fast genauso oft die Möglichkeit zur Kommunikation und an dritter Stelle die Möglichkeit, vieles von zu Hause aus erledigen zu können genannt. Entsprechend dem eher männlichen Interessen- und Nutzerprofil betonen auch Männer viel häufiger die Vorteile, auch häufiger die Jüngeren, die Oberschicht, die ebenfalls die technologischen Vorreiter sind, die auch öfter Erfahrung mit dem Medium haben.

Als *Hemmschwellen,* um an der virtuellen Welt teilzunehmen, zählen vor allem die Wahrnehmung, kein Internet zu brauchen (18 %), gefolgt von in etwa einem Zehntel, das die Kosten, Desinteresse und Bedrohungsgefühle wegen des Datenschutzes anführt. Es sind übrigens auch die Männer, die deutlich öfter nicht nur diverse Vorteile, sondern auch die Kosten und andere Störfaktoren ins Treffen führen, was mit einiger Wahrscheinlichkeit darauf zurückzuführen ist, dass mehr Männer als Frauen sich damit auseinandersetzen.

Chancenwahrnehmung Internet

Frage: Welchen Vorteile sehen Sie darin, ein Internetanschluss zu haben?

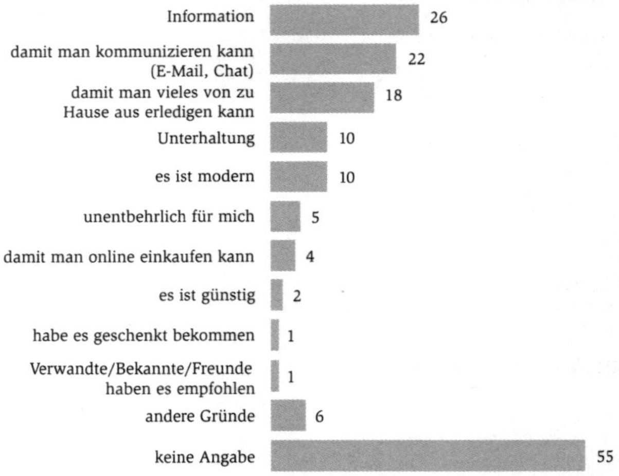

Angaben in %; Quelle: FESSEL-GfK, Sozialforschung;
Generation 50 plus 2006, n = 1.000, Befragungszeitraum 13. 01. – 10. 02. 2006

Zum besseren Verständnis der Lebenssituation älterer Menschen ist auch die Freizeitgestaltung der Befragten generell von Interesse: Zu Hause wird (wie bei allen Generationen, das ist keineswegs ein „Pensionistensyndrom") vor allem dem Medienkonsum gefrönt. Fast die Hälfte hat ein Hobby, für in etwa jeden Dritten hat das abermals mit Beschäftigungen rund um Haus und Garten zu tun. Unter den sozialen Interaktionen ist Telefonieren mehrheitlich wichtig und zentral, Ausgehen oder sich „live" mit anderen zu befassen wesentlich seltener. Gesellschaftliche Partizipation in Form von ehrenamtlicher, politischer oder bezahlter nebenberuflicher Tätigkeit ist ein Minderheitenprogramm, ebenso wie Kulturkonsum oder die Beschäftigung mit neuen Technologien, die in der älteren Generation erst ein relativ geringer Teil für sich erschlossen hat. Schließlich interessiert das Aktivitätsniveau der Älteren im Bereich ehrenamtlicher Tätigkeit bzw. Freiwilligenarbeit. Der Großteil der Befragten ist zwar nicht ehrenamtlich tätig, aber immerhin 30 Prozent, und zwar am häufigsten, nicht unbedingt ausschließlich, in religiösen und kirchlichen Organisationen. Diese wurden (von 25% der ehrenamtlich Aktiven) am öftesten genannt, gefolgt von knapp einem Fünftel, das in Sportvereinen tätig ist.

Die insgesamt am häufigsten ehrenamtlich Aktiven sind eher Männer, die noch jüngste Altersgruppe zwischen 50 und 54, aber auch die 70- bis 74-Jährigen, Ledige, Berufstätige im Vergleich zu Pensionisten, die höchsten Sozialschichten, Befragte ohne Kinder oder Enkel, eher Dorfbewohner und Menschen in kleineren oder mittelgroßen Städten als Großstädter.

Ehrenamtliche Tätigkeit

Frage: Ich lese Ihnen jetzt einige Dinge vor, die man in seiner freien Zeit machen kann. Geben Sie mir bitte zu jedem Punkt an, ob Sie täglich, mehrmals wöchentlich, einmal pro Woche, 1 – 3x im Monat, seltener oder praktisch nie tun.

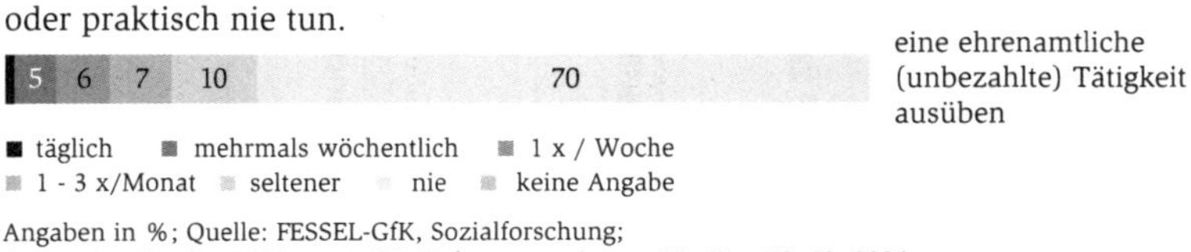

Angaben in %; Quelle: FESSEL-GfK, Sozialforschung; Generation 50 plus 2006, n = 1.000, Befragungszeitraum 13. 01. - 10. 02. 2006

Freizeitaktivitäten – Indoor

Frage: Ich lese Ihnen jetz einige Dinge vor, die man in siener freien Zeit machen kann. Geben Sie mir bitte zu jedem Punkt an, ob Sie täglich, mehrmals wöchentlich, einmal pro Woche, 1 - 3x im Monat, seltener oder praktisch nie tun.

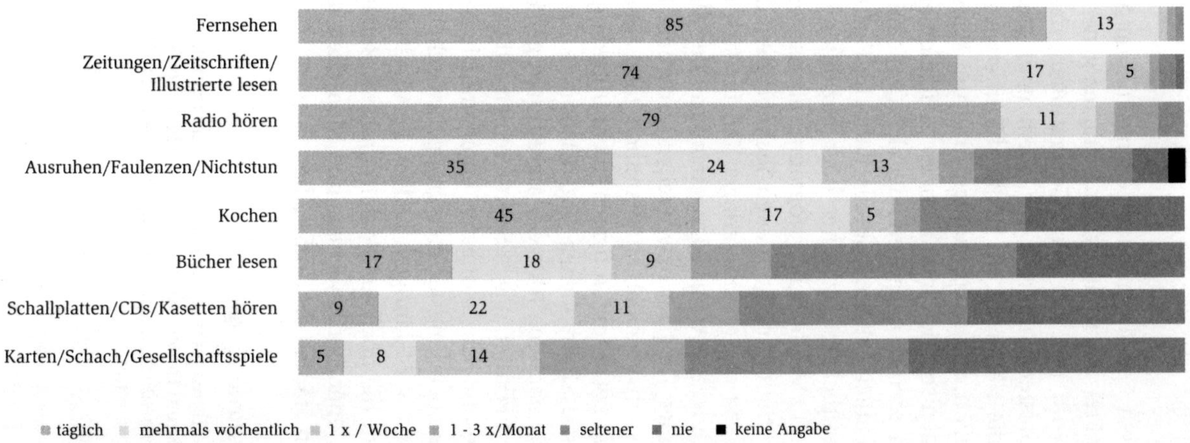

Angaben in %; Quelle: FESSEL-GfK, Sozialforschung;
Generation 50 plus 2006, n = 1.000, Befragungszeitraum 13. 01. - 10. 02. 2006

Leopold Scherer

Von diesem Autor finden Sie außerdem den Beitrag „Politik für ältere Menschen“ mit seiner Vita auf Seite 237.

Gesundheitsvorsorge im Älterwerden

Wir werden immer älter. Die Lebenserwartung steigt weiterhin deutlich an (in einer 10-Jahresperiode nur etwa eineinhalb Jahre). Ein heute 60-jähriger Mann hat noch eine durchschnittliche Lebenserwartung von 20 Jahren, eine 60-jährige Frau eine Lebenserwartung von 24 Jahren. Länger leben heißt allerdings noch nicht besser leben. Nach wie vor sterben zu viele Menschen vorzeitig oder haben im Alter eine stark verringerte Lebensqualität. Nur ein Viertel der 60-jährigen Männer und Frauen kommt ohne Dauermedikamente aus. Die zugewonnenen Jahre scheinen zu einem beträchtlichen Teil durch Krankheit und Autonomieverlust geprägt. Was hinzugewonnen wird an Lebenszeit, ist etwa zu zwei Drittel eine „gute" Zeit, etwa zu einem Drittel aber eher eine Art „schlechte" Zeit, zumindest vor dem Hintergrund des zu erwartenden Krankheitsbildes und dem damit verknüpften Verlust an körperlicher Autonomie und seelischer Funktionstüchtigkeit (Rosenmayr 1996). Der Schlüssel zu einer Verbesserung dieses Zustandes ist hauptsächlich ein gesundheitsbewussteres Leben.

Eine Definition von Gesundheitsvorsorge lautet, rechtzeitig so zu leben beginnen, wie man sich im Alter fühlen will. Besonders vorteilhaft ist es also, möglichst früh damit zu beginnen. Das heißt aber nicht, dass es mit 60 oder 70 (oder später) zu spät oder sinnlos ist. Es ist fast nie zu spät, wenn es nur um eine gesundheitsfördernde Veränderung des Lebensstils geht (selbst bei Menschen, die jahrzehntelang geraucht haben, kann sich nach Beendigung des Rauchens der Gesundheitszustand wieder weitgehend normalisieren, wenn auch in einigen Organen erst nach Jahren).

Der Lebensstil ist mit Abstand der wichtigste Faktor für unsere Gesundheit (die genetische Veranlagung, Umwelteinflüsse und die medizinische Versorgung sind durchschnittlich von geringerer Bedeutung). Und gerade über den Lebensstil-Faktor können wir im Wesentlichen selbst bestimmen. Es liegt an uns, sich prophylaktisch, also vorsorglich zu verhalten. Eine solch vorsorgende Haltung äußert sich insbesondere in der gespielten Umstellung der Ernährungsweise, im Nichtrauchen (die Lebenserwartung von Rauchern ist durchschnittlich um mehr als 10 Jahre kürzer als die von Nichtrauchern), in der Vermeidung von Alkoholmissbrauch und in gezielter bzw. vermehrter körperlicher Bewegung.

Leider unterscheidet sich das gesundheitsrelevante Denken sehr oft vom tatsächlichen Gesundheitsverhalten: drei Viertel der Bevölkerung bekunden Aufgeschlossenheit für eine gesunde Lebensführung, aber nur bei einem Viertel ist diese Einstellung auch von einem entsprechenden Verhalten begleitet. Als Beweis dafür kann die Gesundenuntersuchung dienen: Obwohl sie kostenlos ist, wurde sie im Durchschnitt nur von 800.000 ÖsterreicherInnen genützt – kaum mehr als zwölf Prozent der erwachsenen Bevölkerung. Dieses Auseinanderklaffen des gesundheitsrelevanten Denkens und des tatsächlichen Verhaltens zeigt sich besonders beim Risikofaktor Übergewicht (verantwortlich für ein deutlich erhöhtes Mortalitätsrisiko durch Bluthochdruck, Diabetes und Hypercholesterinämie): Je höher das Übergewicht, desto seltener neigen die Betroffenen dazu, ihr Gewicht zu kontrollieren bzw. Konsequenzen zu ziehen.

Sowohl beim Übergewicht als auch beim Rauchen und bei der Inanspruchnahme der Gesundenuntersuchung zeigt sich ein deutliches West-Ost-Gefälle: Der Anteil der VorarlbergerInnen, die die Gesundenuntersuchung in Anspruch genommen haben, ist mehr als dreimal so hoch wie der Anteil der WienerInnen. In diesen Unterschieden ist auch ein Grund für die deutlich unterschiedliche Lebenserwartung zu suchen (VorarlbergerInnen leben durchschnittlich um ca. drei Jahre länger als OstösterreicherInnen).

Einer der Gründe für die geringe Inanspruchnahme der Gesundenuntersuchung liegt in der Mentalität vieler Menschen, sich grundsätzlich erst dann um Dinge zu kümmern, wenn sie kaputt sind. Solange nichts wirklich schmerzt, sehen viele keinen Grund, ihren Lebensstil zu ändern oder einen Arzt aufzusuchen. Viele haben auch Angst vor unerfreulichen Diagnosen und deren Konsequenzen. Erste Anzeichen einer Erkrankung oder leichte Schmerzen werden solange wie möglich verdrängt.

Das alte Sprichwort, dass Vorbeugen besser als Heilen ist, wird trotz allgemeiner Bekanntheit von vielen Menschen geradezu sträflich missachtet, obwohl der Verzicht auf eine rechtzeitige Vorbeugung eine massive Bedrohung der Lebensqualität darstellt.

Aufgrund der angeführten Erfahrungen wurde vom Gesundheitsministerium unter dem Motto „Moderne Lebensstil-Medizin" die „Gesundheitsvorsorge neu" entwickelt. Sie kann seit Oktober 2005 in Anspruch genommen werden. Bei diesem neuen und verbesserten Angebot stehen gesundheitliche bzw. medizinische Information und Beratung im Mittelpunkt. Es geht nicht nur um die Früherkennung verbreiteter Zivilisationskrankheiten, sondern ebenso um Aufklärung und Unterstützung bei der gesundheitsfördernden Veränderung des Lebensstils. Das Beratungsgespräch dreht sich um Themen wie Bewegung, Ernährung und Rauchen, wobei die individuelle Lebenssituation miteinbezogen wird. Für Frauen ab 40 Jahren kommt eine Mammographie alle zwei Jahre in das Programm hinzu. Auch die Darmkrebsvorsorge für Menschen ab 50 wird durch die Koloskopie erweitert. Eine weitere Neuerung ist die Einbeziehung von Paradontalerkrankungen. Bei Menschen über 65 wird auch Augenmerk auf die Hör- und Sehleistung gelegt. Neu ist auch die Prophylaxe von Hautkrebs. Dabei sucht der praktische Arzt gezielt nach Auffälligkeiten, die dann vom Dermatologen genauer unter die Lupe genommen werden. Ein besonderer Schwerpunkt der ärztlichen Beratung soll der Vermeidung der Volkskrankheit Diabetes gewidmet sein, weil gerade diese Erkrankung oft erst sehr spät erkannt wird (der Großteil der Diabetes-Fälle ist durch mehr Bewegung und Reduzierung des Übergewichtes vermeidbar!).

Es darf erwartet werden, dass mehr Menschen als bisher die Vorsorgeuntersuchung in Anspruch nehmen werden, weil es eine gezielte Einladung dazu gibt. So werden Personen unter 40 Jahre alle drei Jahre und Personen über 40 alle zwei Jahre schriftlich zur Vorsorgeuntersuchung eingeladen. Auf Wunsch kann eine derartige Untersuchung wie bisher einmal jährlich kostenlos durchgeführt werden. Jede/r wird so umfassend über seinen gesundheitlichen Zustand informiert und kann selbst entscheiden, welche positiven Veränderungen des Lebensstils er/sie umsetzen will.

Zur Eintragung der Untersuchungsergebnisse und Laborbefunde wurde vom Gesundheitsministerium für die ältere Generation der „Gesundheitspass 60 plus" aufgelegt. Dieser Pass dient aber nicht nur der Dokumentation, er ist gleichzeitig auch eine jederzeitige Erinnerung und hervorragende Motivation zu mehr Gesundheitsbewusstsein und zu einem gesünderen Lebensstil. Damit diese vorteilhafte Wirkung auf breiter Basis entfaltet werden kann, empfiehlt sich die Zusendung dieses Dokuments an alle PensionistInnen, nicht nur an Pensions-Neuzugänge. Die Mehrkosten sollten angesichts der zweifellos zu erwartenden positiven Langzeitwirkung kein unüberwindbares Hindernis sein.

Die „Gesundheitsvorsorge neu" verlangt auch von vielen ÄrztInnen eine erhebliche Umstellung bisheriger Gewohnheiten: eine Abkehr von der (neuen) Reparaturmedizin und eine Hinwendung zur Gesundheitsberatung als Hauptaufgabe der Zukunft. Dazu sollte auch ein beispielgebendes Verhalten zählen: Rauchende bzw. übergewichtige ÄrztInnen werden als Gesundheitsberater viel an Wirksamkeit verlieren.

In manchen (pessimistischen?) Prognosen wird befürchtet, dass sich durch die steigende Lebenserwartung die Zahl der pflegebedürftigen Menschen dramatisch erhöhen wird. Durch eine gesundheitsfördernde Veränderung des Lebensstils der derzeit noch zu wenig gesundheitsbewusst lebenden Menschen, unterstützt durch die neue Vorsorgeuntersuchung, soll und kann erreicht werden, dass sich die beschwerde- und behinderungsfreie Lebenserwartung genauso schnell entwickelt wie die Lebenserwartung insgesamt. Damit entstünde auch kein zusätzlicher Pflegebedarf.

Unfallverhütung als Gesundheitsvorsorge

Jährlich sterben in Österreich mehr als 1.000 Personen über 60 Jahre nach Unfällen in ihrem Wohnbereich. Mehr als 130.000 werden schwer verletzt, wobei Stürze die häufigste Ursache sind. Weil Verletzungen gerade bei älteren Menschen meist schlechter heilen, sind Invalidität und Pflegebedürftigkeit vorprogrammiert. Die meisten Stürze werden durch bauliche Gegebenheiten oder Mängel verursacht. Der Aufwand zur Entschärfung dieser Unfallgefahren im Wohnbereich ist meist geringer als viele glauben. Die typischen Risikofaktoren für Unfälle in der eigenen Wohnung:

- Türschwellen und unterschiedliche Bodenniveaus,
- rutschende Teppiche,
- abgelegte oder abgestellte Gegenstände (vor allem im Vorzimmer und auf Stiegen),
- unzugängliche Beleuchtungen,
- unpassende Sitzhöhe des WCs und fehlender Haltegriff,
- fehlende Haltegriffe bei der Badewanne/Dusche,
- rutschende Bädematten,
- Schwelle beim Einstieg in die Dusche,
- rutschiger Küchenboden.

Diese Liste könnte noch fortgesetzt werden. Die zuständigen Behörden haben Broschüren aufgelegt, die wertvolle Informationen zur Erkennung und Beseitigung von Gefahrenquellen bieten.

Wahrnehmung einer Aufgabe als Gesundheitsvorsorge

Die Funktionsfähigkeit verschiedener körperlicher und geistiger Fähigkeiten hängt nicht (nur) vom Lebensalter ab. Entscheidend ist ein aktiver Lebensstil, der auf körperliches Training, auf vielseitige geistige Anregung achtet und Kontakte mit anderen Menschen schätzt. Wichtig für die Lebensqualität ist zusätzlich das Gefühl, gebraucht zu werden. Der Mensch braucht eine Aufgabe, die ihn zwar nicht überfordern, aber auch nicht unterfordern sollte. (Lehr, 1997)

Eine besonders sinnvolle und schöne Aufgabe ist es, anderen Menschen zu helfen. Damit wird auch die eigene Lebensqualität erhöht und sinnentleerte Inaktivität verhindert. Wissenschaftliche Studien beweisen, dass die psychische und physische Gesundheit ehrenamtlicher MitarbeiterInnen bzw. FunktionärInnen von Hilfsorganisationen (zu denen als Service-Einrichtung auch der Seniorenbund zählt) durch ihre Tätigkeit deutlich verbessert wird („eine Welle des Hochgefühls" nach Hilfeleistungen). Als gesundheitliche Folgen werden die Kräftigung des Immunsystems ebenso genannt wie die Abnahme physischer Schmerzen und die Aktivierung gesundheitsfördernder Gefühle. Dazu ist vor allem der regelmäßige *persönliche* Kontakt von entscheidender

Bedeutung. Wöchentlich jemanden zu helfen bringt mehr, als sich einige Male jährlich einer unpersönlichen Aufgabe zu widmen. Mit der Wahrnehmung solcher (ehrenamtlicher) Aufgaben helfen diese älteren Menschen nicht nur sich selber und einander, sie verringern auch die Gefahr, dass die „Alten" ein Klotz am Bein der jüngeren Generation werden.

Finanzielle Auswirkungen der Gesundheitsvorsorge

Die Erwartung, dass durch eine erhebliche Intensivierung der Gesundheitsvorsorge das Finanzierungsproblem des Gesundheitswesens nachhaltig gelöst werden kann, muss als unrealistisch bewertet werden. Den Einsparungen durch eine Verringerung der Leistungsinanspruchnahme stehen die Kosten der zusätzlichen Vorsorgeuntersuchungen und Mehrkosten durch die Verlängerung der Inanspruchnahme entgegen. Mehr Gesundheitsvorsorge und mehr Gesundheitsbewusstsein haben aber ohnedies nicht die vorrangige Zielsetzung, die Finanzprobleme der Krankenkassen zu lösen. Das Ziel ist eine Verbesserung der Lebensqualität der Menschen und eine Verlängerung des Lebens um möglichst viele gesunde Jahre. Die verstärkte Wahrnehmung der gesundheitlichen Eigenverantwortung durch die ältere Generation erleichtert zudem die Einforderung der Solidarität aller anderen Bevölkerungsgruppen zur Aufbringung der für das Gesundheitswesen notwendigen finanziellen Mittel.

Gesundheit ist nicht alles, aber ohne Gesundheit ist alles nichts.

Hans-Peter Rhomberg

Geboren 1940 in Kitzbühel. 1958–1964 Medizinstudium in Innsbruck und Wien; 1964–1970 Ausbildung zum Facharzt für Innere Medizin in Innsbruck und Hall in Tirol; 1970 Studienaufenthalt an der London School of Hygiene and Tropical Medicine; 1971–1973 Medical Officer und supplierender Leiter der Abteilung für Chronische Erkrankungen im Regionalbüro der WHO in Kopenhagen; 1973/74 Studienaufenthalt am Institute for Community Health and Preventive Medicine in Chicago, USA; 1974–1984 Rückkehr an die Klinik für Innere Medizin in Innsbruck; 1978 wissenschaftlicher Begleiter des ersten Tiroler Sozial- und Gesundheitssprengel in Zirl; 1983 Habilitation mit dem Vorsorgeprojekt „Tiroler Herzprojekt Oberperfuss 1977"; 1985–2005 ärztlicher Direktor und Primarius für Innere Medizin am ö. LKH Hochzirl-Anna Dengel Haus; 1992–1996 ist Hochzirl das erste WHO Collaborating Center for the Continuity of Care for the Elderly; 1989–2005 Vorstandsmitglied der Österr. Gesellschaft für Geriatrie und Gerontologie; 1999 - 2005 Konsulent der ÖÄK für Geriatrie; 2005 Übertritt in den Ruhestand. Zahlreiche Preise und Auszeichnungen.

Infrastrukturen für das vierte Lebensalter

Der Wert einer Gesellschaftsform wird einmal daran gemessen werden, wie sie ihre Alten behandelt hat.
Albert Einstein

1. Die Entwicklung der Geriatrie

Die Briten haben die längste Tradition auf dem Gebiet der Geriatrie. Dr. Marjory Warren hat schon 1935 im West Middlesex Hospital eine spezielle geriatrische Abteilung errichtet, wo sie, aufbauend auf eine hervorragende Diagnostik, mit der Rehabilitation älterer Menschen begann. Ihrem Konzept und dem Konzept der britischen Geriatrie lag zu Grunde, dass Alter für sich noch keine Krankheit ist und eine Reihe von Krankheitszuständen trotz Multimorbidität auf der Basis einer guten Diagnostik und entsprechender Therapie wesentlich verbessert werden können. Als Grundlage gilt bis heute, dass Bettlägrigkeit ohne unmittelbaren Grund für den alten Menschen gefährlich ist. Das weist auf die Mobilisation des alten Patienten/der alten Patientin hin. Diese aktivierende Pflege ist aber sehr personalintensiv und daher kostenaufwendig.

Nach dem 2. Weltkrieg nahm man sich zunächst in Glasgow, Manchester und London der akademischen Lehre an. Heute bestehen in Großbritannien mehr als 20 Lehrstühle für Geriatrische Medizin und es sind über 700 Fachärzte tätig. Seit 1950 ist die Geriatrie ein eigenständiges Fach. Die britische Geriatrie wurde wegweisend für die Geriatrie weltweit.

In Skandinavien wurde der erste Lehrstuhl bereits 1966 an der Universität Uppsala eingerichtet. Der zweite wurde 1977 in Göteborg errichtet. Heute besitzen alle schwedischen Universitäten entsprechende Lehrstühle. Norwegen hatte in den 1990er Jahren fünf Lehrstühle und Dänemark einen in Kopenhagen gegründet. In Dänemark ist die Geriatrie seit 1972 ein eigenständiges Fach.

In Europa existierten in 325 medizinischen Fakultäten bereits Mitte der 1990er Jahre 88 Lehrstühle für Geriatrie. In Australien hatten 8 von 10 Universitäten einen eigenen Lehrstuhl.

Begriffsklärungen

Gerontologie: Gerontologie ist die umfassende Wissenschaft vom Alter in biologischer, soziologischer, medizinischer oder verhaltenswissenschaftlicher Hinsicht u. a. m.

Geriatrie: Geriatrie ist das Fachgebiet der Medizin, die gerontologische Medizin, die sich in erster Linie aus der Inneren Medizin, Neurologie und Psychiatrie herleitet. Heute gibt es bereits Unterdisziplinen wie Gerontopsychiatrie, die sich mit Depressionen oder Demenz beschäftigt und Gerontorheumatologie, welche sich mit dem rheumatischen Formenkreis beschäftigt u. ä.

Der geriatrische Patient: Ein geriatrischer Patient ist ein biologisch älterer Mensch, der durch altersbedingte Funktionseinschränkungen bei Erkrankungen akut gefährdet ist, zur Multimorbidität neigt und bei dem ein besonderer Handlungsbedarf in rehabilitativer, somatopsychologischer und psychosozialer Hinsicht besteht. (Zentraleuropäische Arbeitsgemeinschaft geriatrisch – gerontologischer Gesellschaften, 1990)

Akutgeriatrie/Remobilisation (AG/R): Die Akutgeriatrie/Remobilisation umfasst sowohl die fächerüberschreitende Primärversorgung direkt aufgenommener geriatrischer Patienten als auch die Weiterführung der Behandlung akutkranker Patienten aus anderen Abteilungen. Sie erfolgt durch ein geriatrisch qualifiziertes, interdisziplinäres Team und durch ein multidimensionales Behandlung- und Betreuungsangebot, das medizinische, funktionelle, psychische, kognitive und soziale Aspekte der Erkrankungen geriatrischer Patienten gleichermaßen beachtet. Ziele sind die Behandlung der akuten Erkrankung, die Wiederherstellung und Erhaltung der Fähigkeit zur weitgehend selbstständigen Lebensführung, die Vermeidung weiterer Funktionsverluste, die Erhöhung der Lebensqualität und die Reintegration in das gewohnte Umfeld. Zielgruppe sind geriatrische Patienten mit folgenden vorliegenden Kriterien:

1. Somatische oder psychische Multimorbidität, die eine stationäre Akutbehandlung erforderlich macht;
2. Einschränkung oder Bedrohung der Selbstständigkeit durch Verlust funktioneller, gegebenen Falles kognitiver

Fähigkeiten oder durch psychische Probleme im Rahmen einer Erkrankung;

3. Bedarf an funktionsfördernden, funktionserhaltenden oder reintegrativen Maßnahmen.

Sozial- und Gesundheitssprengel: Der Sozial- und Gesundheitssprengel ist eine gemeindeorientierte, ambulante Struktur auf Vereinsbasis mit einer zentralen Koordinationsstelle (Sprengelsitz). Die ideale Größe liegt bei 7.000-10.000 Einwohner und kann daher auch mehrere Gemeinden oder eine Talschaft umschließen. In größeren Städten hingegen bilden Stadtbezirke einen Sprengel. Wir unterscheiden obligatorische und fakultative Leistungen.

2. Die Einrichtung eines Lehrstuhls für Geriatrie in Österreich

Im Jahre 1985 wurde vom Bundesministerium für Wissenschaft und Forschung der Medizinischen Fakultät in Innsbruck ein Lehrstuhl für Geriatrie angeboten. Aus damaliger Sicht kam die Fakultät zu dem Schluß, den Lehrstuhl abzulehnen. Man argumentierte, dass sich jedes Fach für sich auch mit den Krankheiten älterer Menschen zu beschäftigen hätte.

Im Jahr 2000 wurde an der Medizinischen Fakultät der Universität Wien ein Lehrstuhl für Gerontologie ausgeschrieben und ein Dreiervorschlag erstellt. Letztendlich wurde der Lehrstuhl aber nicht besetzt. Einzig und allein innerhalb der Privatuniversität Salzburg besteht ein Primariat für Geriatrie, das derzeit (2006) neu zur Besetzung ausgeschrieben ist. Wird dieses Primariat der erste Geriatrielehrstuhl Österreichs? Viel wird von der gewählten Person abhängen.

Somit gibt es bis heute an den österreichischen Universitäten keinen staatlichen Lehrstuhl für Geriatrie. In Innsbruck gibt es ein Institut der Österreichischen Akademie der Wissenschaften für Biomedizinische Alternsforschung, das hervorragende Arbeit auf dem Gebiet der gerontologischen Grundlagenforschung leistet, aber keine klinisch tätige Abteilung ist. Es ist daher dringend ein Lehrstuhl für Geriatrie zu fordern, der Forschung und Lehre übernimmt.

Schon heute sind in verschiedenen Bundesländern ausgezeichnete Referenzzentren für Geriatrie vorhanden, die sehr gute klinische Arbeit leisten, wie etwa Valduna-Rankweil, Hochzirl, Salzburg-Lehen, Graz, Klagenfurt, Villach, Wolfsberg, Wien (Sophienspital) u. a.

Obwohl die Feststellung, dass jedes Fach für sich mit den Erscheinungen des Alters und des Alterns zu tun hat, richtig ist, so weiß man heute, dass das Alter eine Reihe von Besonderheiten aufweist, die fachüberschreitend sind. So z.B. die Alterung der Organe und damit verbunden, die zunehmende Einschränkung ihrer Funktionen. Damit eng verknüpft ist die eingeschränkte Verträglichkeit von Medikamenten, die verlangsamt durch Niere und Leber ausgeschieden werden. Gerade hier braucht es die erfahrene Hand eines geriatrisch geschulten Arztes, der mit der Multimorbidität und der Arzneimittelinteraktion aufs Engste vertraut ist.

So haben wir ganz allgemein in der Geriatrie täglich mit Problemen der Immobilität, der Instabilität (Stürzen), der Inkontinenz und mit intellektuellen Defiziten (Demenz) zu tun.

Verstärkt werden all diese Faktoren durch die Isolation des alten Menschen, die besonders die Altersdepression fördert. Die funktionelle Einschränkung unseres Bewegungsapparates führt zur Sturzgefahr und in der Folge zu vermehrten Frakturen, besonders des Oberschenkelhalses, der Unterarme und der Wirbelsäule, was wieder zu einem erhöhten Bedarf an unfallchirurgischen Leistungen führt. All diese Leistungen sind mit hohen Kosten verbunden.

Auf Grund der Entwicklung der Wissenschaft in Europa und weltweit sowie der demografischen Entwicklung in Österreich ist es wesentlich, einen Lehrstuhl zu fordern, der längst etabliert sein sollte.

3. Der Facharzt für Geriatrie

Seit langer Zeit fordert die Österreichische Gesellschaft für Geriatrie und Gerontologie (ÖGGG) einen eigenen Facharzt für Geriatrie. Nachdem fast in allen Staaten der EU ein eigener Facharzt, ein

Additivfacharzt oder klinischer Facharzt existiert, liegt Österreich auch hier im Hintertreffen.

Das Problem besteht in der Tatsache, daß ein praktischer Arzt laut Ärztegesetz in Österreich derzeit keinen zusätzlichen Additivfacharzt ausüben darf. Während ein Facharzt für ein gewisses Fach z.B. Innere Medizin, Neurologie oder Psychiatrie nebenher einen oder mehrere Additivfächer führen darf.

Andererseits sollte dieser „Facharzt für Geriatrie" möglichst flächendeckend vorhanden sein, wozu sich der praktische Arzt, der ja den engsten Kontakt in der primary health care mit der Gesamtbevölkerung pflegt, in erster Linie anbieten würde. Voraussetzung dafür wäre die Änderung des Ärztegesetzes in dem dem praktischen Arzt der Titel eines „Facharztes für Allgemeinmedizin" zuerkannt würde. Dann könnte auch er in einem nächsten Schritt ein Additivfach für Geriatrie, das man dann vom Inhalt her definieren müsste, ausüben.

Von der Seite der Österreichischen Ärztekammer (ÖÄK) liegt diesbezüglich ein Ansuchen beim Bundesministerium für Gesundheit und Frauen vor. Es wäre daher vom Gesetzgeber diese Novellierung des Ärztegesetzes erforderlich, um den nächsten Schritt setzen zu können.

Dies würde zu einer erheblichen Qualitätsverbesserung in der Medizin des älteren Menschen führen.

In der Zwischenzeit hat die Österreichische Ärztekammer 1989 das so genannte Geriatriediplom mit 8 zweitägigen Modulen eingeführt. Im Dezember 2005 wurde das 1000. Diplom ausgestellt. Das Geriatriediplom ist heute in der langen Liste der ÖÄK Diplome das begehrteste. Dieser Facharzt wird auch nachhaltig von der Medizinischen Universität Wien unterstützt.

4. Departments für Geriatrie

1998 brachte das Österreichische Bundesinstitut für Gesundheitswesen (ÖBIG) im Rahmen der Revision des Österreichischen Krankenanstaltenplans (ÖKAP) eine „Expertise zur Geriatrie" heraus. Diese Expertise ist der Ausgangspunkt für eine geordnete Strukturentwicklung in der Geriatrie. Kernpunkt des neuen völlig überarbeiteten österreichischen Krankenanstaltenplanes 1999 ist die Verbesserung der Spitalsstrukturen für die wachsende Zahl der älteren Menschen durch die Schaffung geriatrischer Abteilungen und Departments. Demnach sollten 57 derartige Abteilungen bzw. Departments in Österreich geschaffen werden. In diesem neuen ÖKAP ist eine flächendeckende Einrichtung von Abteilungen und kleineren Departments für Akutgeriatrie und Remobilisation durch Umwidmung oder Zusammenfassung bestehender Bettenkapazitäten fixiert worden, die im Rahmen einer Inneren Medizin oder Neurologie errichtet werden können.

Strukturqualitätskriterien sind die Grundvoraussetzung für die Anerkennung von Abteilungen und Departments von AG/R und somit auch der Finanzierung im Rahmen des LKF. Diese Einheiten sollten folgende Leistungen anbieten: Akutbehandlung geriatrischer Patienten, geriatrische Rehabilitation, Konsiliartätigkeit auf anderen Abteilungen bzw. Krankenhäuser und tagesklinische Betreuung. Der Plan, der bis Ende 2005 erfüllt werden sollte, wurde weitgehend, aber doch unterschiedlich, bundesweit umgesetzt.

Die Erfahrung der letzten Jahre zeigt, dass weitere Verbesserungen notwendig sind. Ein geriatrisches Department (24 Betten) sollte möglichst wohnortnahe existieren. Es könnte dort ein Zentrum für die Aktivitäten der Sozialsprengel entstehen. Tageskliniken könnten die Behandlung der neurologischen Patienten besonders forcieren oder zur Entlastung von Angehörigen dementer PatientInnen beitragen. Daher sollte das Netz der Departments enger geknüpft sein. In Tirol z.B. sind bereits in jedem Bezirkskrankenhaus Ärzte mit einem ÖÄK Geriatriediplom vorhanden.

4. Das integrierte Department für Geriatrie

Da diese Departments an Interne oder Neurologische Abteilungen gebunden sind, hat es sich als überaus vorteilhaft erwiesen, wenn geriatrische und internistische Patienten auf den Stationen und z.T. auch in den Zimmern, soweit praktikabel, gemischt werden, weil auch ältere Menschen gerne mit jüngeren zusammen sind. Auch für die effiziente Belegung einer Station ist das Mischen von

Vorteil, da dadurch leerstehende Betten leicht vermieden werden können. Dies vermeidet die Ghettoisierung alter Menschen, die wie die Erfahrung Lainz und viele andere Beispiele zeigen, schreckliche Folgen haben kann. Beispiele dafür gibt es hinreichend auch in anderen Ländern, sowohl in Institutionen als auch bei ambulanten Diensten.

Eine derartige Mischung der Patienten verhindert vor allem auch das „Burnout Syndrom" beim Pflegepersonal und erweitert den Horizont der ÄrztInnen, die von nun an in erster Linie das Additivfach Geriatrie an Stelle des ÖÄK-Diploms führen sollten. Sowohl für die Ärzte als auch das Pflegepersonal wird der gestellte Aufgabenbereich attraktiver und damit erstrebenswerter.

Dieses Modell hat sich unserer Erfahrung nach in Hochzirl überaus bewährt und hat das ehemalige, so genannte Sterbehaus der 70er und 80er Jahre in eines der beliebtesten Krankenhäuser für ältere Menschen in Tirol verwandelt.

Für den Sozialsprengel ergeben sich im Bereich intramurale/extramurale Versorgung neue Schnittstellen, die zu einer wesentlich verbesserten Nachversorgung der Patienten führen sollte.

5. Die Sozial- und Gesundheitssprengel

Im April 1978 wurde in der Tiroler Marktgemeinde Zirl der erste Sozial- und Gesundheitssprengel auf Initiative des damaligen Gesundheitsreferenten des Landes und späteren Gesundheitsminister Dr. Herbert Salcher und des Bürgermeisters von Zirl, Reg. Rat Walter Turek, gegründet. Als Salcher wenig später Gesundheitsminister wurde, nahm das Kabinett Sinowatz die Sozial- und Gesundheitssprengel in das Regierungsprogramm auf. Diese wurden in Österreich unterschiedlich verwirklicht.

Man wollte den Aufgabenkreis möglichst weit stecken. Das Leistungsspektrum sollte sich von der Geburt bis in das hohe Alter erstrecken. Von Anbeginn an wollte man das Angebot möglichst flexibel gestalten. So begann man in Zirl 1978 mit zehn Leistungen, wie z.B. Hauskrankenpflege und Heimhilfe, Haushaltshilfen und Nachbarschaftshilfe, Essen auf Rädern, Aufnahme von alten und pflegebedürftigen Personen in das neue Altersheim,

Mütterberatung mit Schwangerschaftsturnen, umfassende Altenbetreuung mit Hilfe lokaler Vereine, Diätberatung. Weitere Schwerpunkte waren später Sozialhilfe, Behindertenhilfe, Alkohol- und Suchtgiftgefährdete, Raucherberatung, Familienberatung, Logopädie u. ä. Wurde eine Leistung nicht mehr benötigt, so sollte man diese aus dem Programm nehmen. Mit 64 Sprengeln besteht in Tirol ein flächendeckendes Netzwerk mit durchaus unterschiedlichen Leistungsangeboten. Im Vordergrund steht aber überall die Hauskrankenpflege und Leistungen für die ältere Generation, wie Essen auf Rädern, Pflegeartikelverleih u. ä.

Heute, im Zeitalter des LKF (Leistungsorientierter Krankenanstaltenfinanzierung), sucht man, in Anbetracht der Pauschalierung der Leistungen, die Patienten so rasch wie möglich in die häusliche Pflege zu entlassen. Das stellt sehr große Anforderungen an den Sozialsprengel und natürlich auch an die Finanzierung, die zum Teil vom Patienten selbst getragen werden muß. Viele Patienten können oder möchten sich die Kosten nicht leisten und bestellen die im Krankenhaus angeforderte Hauskrankenpflege ab. Dazu kommt noch, dass gleiche Leistungen in verschiedenen Sprengeln unterschiedlich teuer sind. So zahlt man z.B. für ein Pflegebett in einem Sprengel eine monatliche Miete, in anderen Gemeinden wird ein Pflegebett frei beigestellt. Ein Faktum, das zumindest bundesländerweit einheitlich geregelt werden sollte.

Ist die Hauskrankenpflege gerade in den ersten Wochen nach der Krankenhausentlassung nicht in der Lage, eine ausreichende Pflege, z.B. Pflege rund um die Uhr, zu gewährleisten, so wäre eine Kurzzeitpflege in einem Heim die Alternative. Diese Kurzzeitpflege geht jedoch finanziell voll zulasten der Pflegeperson, da die Regelung für eine permanente Heimpflege mit einem Finanzierungsanteil der öffentlichen Hand noch nicht zum Tragen kommt.Vielen Patienten ist das zu teuer und so lehnen sie diese Variante ab, was in vielen Fällen zu einer Verlängerung des Spitalaufenthaltes oder einer raschen stationären Wiederaufnahme führen muß (Drehtüreffekt).

Sicherlich wird die öffentliche Hand mehr finanzielle Mittel für die Sprengel bereitstellen müssen.

Manche Dienste, wie Physiotherapie, Logotherapie oder Ergotherapie sind höchst unterschiedlich in Städten und ländlichen Bezirken zu erreichen. Dementsprechend unterschiedlich sind auch die Kosten. Existieren in größeren Städten Tageskliniken, so wird man diese Einrichtungen am Land nicht finden. Vorarlberg hat fliegende Therapeutenteams, die die ländlichen Gemeinden wöchentlich aufsuchen. Sie wurden gegründet, um die erforderliche Fortsetzung einer im Krankenhaus begonnenen Therapie zu gewährleisten.

Familienregress oder „wer Pflege braucht, riskiert zu verarmen"

Dies sei an einem Beispiel kurz dargestellt: Zwei ASVG – Pensionisten haben das Unglück einen Schlaganfall zu erleiden und über Jahre zu einem Langzeitpflegefall in einer hohen Pflegestufe in einem Heim zu werden.

Ersterer verbrachte seine Pension an den Gestaden einer schönen Insel im Atlantik oder im Indischen Ozean. Er hat im Wesentlichen alle seine Ersparnisse mehr oder weniger flott aufgebraucht. Eine Eigentumswohnung oder andere Immobilien existieren nicht oder nicht mehr. Die öffentliche Hand kommt zur Gänze für seinen Unterhalt im Pflegeheim durch all die Jahre auf. Es bleibt ihm ein gewisses Taschengeld vom Pflegegeld und der Pension.

Der zweite hat sich ein kleines Eigenheim erbaut und bescheidene Ersparnisse bei Seite gelegt und möchte sie an seine Kinder weiter geben. Leider legt in diesem Fall das Land die Hand auf die Ersparnisse und die Immobilie und springt erst ein, wenn alles aufgebraucht ist.

Einzig und allein ein Bundesland tastet das Eigenheim nicht an, was wie ich glaube korrekt ist. In manchen Bundesländern besteht ein Intervall von fünf Jahren zwischen Überschreibung und Pflegeeintritt.

Aber wer kennt schon den Tag seiner Pflegebedürftigkeit?

Die Lehre aus der Geschichte: „Übergib dein Eigentum rechtzeitig an deine Nachkommen." Das ist aber auch für den Betroffenen nicht immer leicht und empfehlenswert, weil er dadurch unter

Umständen durch die Unbesorgtheit der nächsten Generation ohne Wohnung auf der Straße stehen und so zum Sozialfall werden könnte. In derartigen Fällen kommt es aber auch zu gravierenden Härtefällen mancher Kinder, die plötzlich ohne Wohnung auf der Straße stehen können.

Dies sind nicht selten vorkommende Begebenheiten aus der Erfahrung einer 20-jährigen Tätigkeit in einem geriatrisch orientierten Spital.

Der Gesetzgeber wäre besonders gefordert, sich dieser Ungleichheit bzw. Falle der Armut anzunehmen und die Lage trotz Knappheit der Ressourcen zu überdenken. Als ersten Schritt könnten die Länder die Fälle überprüfen, in denen es zum Verlust der Immobilie gekommen ist, und so die Größenordnung des Problemes darstellen. Vielleicht könnten die Länder auf diese Summe, die unter Umständen nicht allzu hoch ist, verzichten und so eine erhebliche Unsicherheit für die ältere Generation ausräumen.

Tschechische und slowakische „Schwestern"

Derzeit arbeiten rund 40.000 so genannte „Tschechische und slowakische Arbeitskräfte", die durch Agenturen vermittelt werden, in der Betreuung von alten und chronisch Kranken in Österreich. Sie kommen besonders denjenigen Patienten zugute, die zu Hause leben, jedoch eine Betreuung rund um die Uhr benötigen. Die Qualifikation dieses Personenkreises ist höchst unterschiedlich. Durch ihren Einsatz können sehr viele Menschen zu Hause bleiben und brauchen (noch) nicht in ein Heim zu gehen. Dennoch wird man sich in Österreich auf lange Sicht eine Regelung auf diesem Gebiet einfallen lassen müssen.

Ein Modell, das sich anbieten würde, ist das dänische Modell der Hauskrankenpflege, das mit Hilfe mobiler Pflegepersonen im ländlichen Raum eine entsprechene Versorgung vorsieht. Dänemark war das Land mit den meisten Altersheim- und Pflegebetten und suchte nach einem preisgünstigeren, dennoch teuren Modell, um den Menschen ein Leben zu Hause möglichst lange zu ermöglichen. Ähnliche Pilotprojekte gibt es in Vorarlberg (Ludesch).

Die Sozial- und Gesundheitssprengel haben sich österreichweit je nach dem Bedarf unterschiedlich entwickelt. Vorarlberg hat bereits seit 1899 (Lustenau) ein vorbildliches Hauskrankenpflegesystem, das heute flächendeckend ist. Ursprünglich hat es sich durch individuelle oder familiäre Beiträge erhalten. Heute wird es vom Land subventioniert, ist aber für den Patienten weitgehend unentgeltlich.

Es wäre an der Zeit, bundesländerweise die Sprengel nach gewissen einheitlichen Richtlinien zu überprüfen und auch gewisse Standards, die dann einheitlich vergütet werden können, einzuführen. So sind Haushaltshilfen, die für das Einkaufen, Aufräumen, die Wäsche etc. zuständig sind, eine große Stütze des diplomierten Pflegepersonals, das sich so vermehrt ihren pflegerischen Aufgaben zuwenden könnte.

Geriatriezentren und große Pflegeheime sollten aufgelöst werden und durch kleinere Einheiten ersetzt werden. Schlafsäle sind Zeugen einer vergangenen Epoche und müssen in Ein- oder Zweibettzimmer, maximal aber Drei- oder Vierbettzimmer umgewandelt werden.

So weit wie möglich sollte man auch immer neben dem Patienten/der Patientin die Angehörigen mit einbinden, die anfangs vielfach in der neuen Situation überfordert sind. Entsprechende Schulungen haben sich hier sehr bewährt. Die häusliche Versorgung wird in vielen Fällen immer noch günstiger sein als eine oft ungeliebte Heimeinweisung. Daher sollte man gerade auf diesem Gebiet nach Verbesserungen suchen.

6. Würde und Lebensqualität im höchsten Lebensalter

Im Rahmen des Netzwerkes geriatrischer Departments ließen sich Palliativbetten einbauen, wobei das nur eine der Möglichkeiten als Alternative für ein Hospiz ist. Denn eine professionelle Schmerzbekämpfung am Ende des Lebens soll heute zum Allgemeingut der Medizin gehören, bedarf aber auch gewisser Spezialisierung und Erfahrung im Team (Arzt, Pflegekraft, Sozialarbeiter). Auch ambulante Palliativeinrichtungen im Rahmen des Gesundheits- und Sozialsprengels (z.B. auch „fliegende Teams“ würden sich eröffnen, die auf bestehende Strukturen und Schnittstellen zurückgreifen könnten. Das ÖBIG hat entsprechende Leitlinien und Strukturqualitätskriterien erarbeitet. Die Ärztekammer hat ein eigenes Diplom, das wechselseitig mit dem Geriatriediplom erworben werden kann, geschaffen.

Jedenfalls sollte man im neu zu schaffenden Strukturplan 2006 zwischen Bund und Ländern auf derartige Möglichkeiten achten. Oberstes Ziel sollte es sein, dem alten Menschen solange wie möglich den Verbleib in seinen eigenen vier Wänden zu ermöglichen.

7. Zusammenfassung und Forderungen

Gefordert sind:

1. *Lehrstühle für das klinische Fach Geriatrie an Österreichs Universitäten*, damit unser Land in Forschung und Lehre mit den anderen Ländern Europas gleichziehen kann und ein lange bestehendes Versäumnis auf diesem Gebiet wettgemacht wird.
2. Zur Verbesserung der ärztlichen Versorgung sowohl in der Stadt als auch am Land auf dem Gebiet der Altersmedizin, soll ein *Additivfacharzt für Geriatrie* geschaffen werden. Da die praktischen Ärzte im Rahmen der Primary Health Care die ersten Ansprechpartner der älteren Generation sind, sollte auch für sie die Möglichkeit zu einer derartigen Zusatzausbildung geschaffen werden. Das erfordert aber zunächst die Schaffung eines *„Facharztes für Allgemeinmedizin“*, wozu es einer *Änderung des Ärztegesetzes* durch den Gesetzgeber bedarf. Ein entsprechender Antrag der Österreichischen Ärztekammer wurde dem Bundesministerium für Gesundheit und Frauen vorgelegt.
3. Verstärkter Ausbau von *wohnortnahen Departments für Geriatrie in allen bestehenden Bezirkskrankenhäusern*, wobei dem *integrierten Department* aus verschiedensten Gründen der Vorzug gegeben werden sollte.

   In diesen *integrierten Departments* sollten Additivfachärzte für Geriatrie mit Facharztdiplomen für Innere Medizin, Neurologie und Psychiatrie oder physikalische Medizin, aber auch Fachärzte für Allgemeinmedizin tätig sein und damit zu *neuen Zentren für Aktivitäten in den Sozialsprengeln* werden, z.B. in Tageskliniken zur ambulanten Fortführung der Physiko-, Ergo- oder Logotherapie bei Schlaganfällen. Wo erforderlich, könnten sie auch die Versorgung in Form von „fliegenden Therapeutenteams" in entlegenen Landesteilen bzw. Tälern übernehmen.

4. Vereinheitlichung der Aufgaben und der Finanzierung und der *Verbesserung der finanziellen Lage der Sozial- und Gesundheitssprengel.* Verbesserung des *Austausches an den Schnittstellen zwischen intramuralen und extramuralen Leistungen* in der Form einer Kontinuität der Nachsorge. Damit verbunden sollte eine erhebliche Steigerung der Qualität und Effizienz sein.
5. Es sollte eine bundeseinheitliche *gerechte Finanzierung von Alten- und Pflegeheimen* gefunden werden. Zugleich sollte man sich von Geriatriezentren zu Gunsten *kleinerer Wohneinheiten* verabschieden. Dies gilt auch für Schlafsäle, die in Ein- und Zweibettzimmer, maximal Drei- oder Vierbettzimmer umgewandelt werden sollten.

Literatur

Rhomberg Hans-Peter: Das Gesundheits- und Sozialsprengelmodell Zirl. Öst. Ärzteztg 38,2-95 –1983

Rhomberg Hans-Peter: Hochzirl – Anna Dengel Haus – Ein Modell ÖKZ, 34, 359, 1993

Rhomberg Hans-Peter: Geriatrie in Europa und Übersee. ÖKZ, 34, 359, 1993

Böhmer Franz, Rhomberg Hans-Peter, Weber Erwin (Hrsg.): Grundlagen der Geriatrie. Wien 2004

ÖBIG:Expertise zur Geriatrie im Rahmen der Revision des ÖKAP 1998, Mai 1998

Elisabeth Seidl

Geboren 1939. Diplomierte Gesundheits- und Krankenschwester, Tätigkeit in Praxis und Unterricht; 1968–1969 Weiterbildung in Pädagogik/Management, Kaderschule Zürich. 1975–1999 Direktorin des Pflegedienstes und der Gesundheits- und Krankenpflegeschule, Rudolfinerhaus Wien. 1973–1978 Studium der Psychologie und Soziologie in Wien. Seit 1992 Leiterin der Abteilung Pflegeforschung Wien, des Institut für Pflege- und Gesundheitssystemforschung der Universität Linz, Leitung und Durchführung von Forschungsvorhaben im Bereich der Pflegeforschung. 1995 Habilitation in „Soziologie der Pflege“ in Linz. Seit Oktober 2004 Vertragsprofessorin für Pflegewissenschaft.

Autonomie im Alter braucht „Pflege“

Die Bedeutung von Autonomie

Autonomie ist in unserer Gesellschaft ein Wert, der unverzichtbar ist. Aus theoretischer Sicht definiert der Philosoph Gillon Autonomie als „die Fähigkeit, zu denken, zu entscheiden und auf der Basis solchen Denkens und Entscheidens frei, unabhängig und unbehindert zu handeln.“[1] Im konkreten Leben wird es immer Einschränkungen für autonomes Handeln und Entscheiden geben, auch wenn es keine gesundheitlichen Einschränkungen gibt. Wie jedoch das größtmögliche Maß an Autonomie trotz Krankheit oder abnehmender Kräfte aufrechterhalten werden kann, ist die Kernfrage, die sich heute – in einer Zeit des Älterwerdens und der Individualisierung – unserer Gesellschaft stellt. Autonom sein kann, verkürzt gesagt, heißen, selbstständig zu handeln oder selbst zu entscheiden. Es ist eine Herausforderung an die professionelle Pflege und andere Gesundheitsberufe, dem Einzelnen ein größtmögliches Ausmaß an Autonomie zu ermöglichen, indem immer wieder Wege gesucht werden, Wahlmöglichkeiten anzubieten, was später noch ausgeführt wird.

Pflege im engeren und weiteren Sinn

Im Deutschen existiert mit dem Wort „Pflege“ nur eine Bezeichnung für die Tätigkeiten, die von professionell Pflegenden ausgeführt werden, sowie denen, die die Angehörigen für pflegebedürftige Personen ausüben. Im Englischen wird der Begriff „Nursing“ für professionelle Pflege gebraucht und „Caregiving“ für Pflege und Unterstützung durch Familienangehörige, Freunde oder auch ehrenamtliche HelferInnen.

Pflege im Sinn von Nursing bedeutet nicht nur Unterstützung des Menschen durch Handreichungen wie Körperpflege, Lagerung oder Nahrungsverabreichung. Sie beinhaltet auch Information, Beratung und Schulung – manchmal unter dem Begriff der „Patientenedukation“ zusammengefasst – und darüber hinaus auch emotionale Unterstützung in Form von Zuhören oder Trost.

„Caregiving", informelle Pflege, die auch von Ehrenamtlichen durchgeführt wird, erfordert im allgemeinen weniger spezielle Kenntnisse, umfasst dafür jedoch noch viele andere Tätigkeiten für den/die Gepflegten wie z. B. Arbeiten im Haushalt oder die Erledigung von Besorgungen. A. Ekwall, eine schwedische Pflegewissenschaftlerin, nennt folgende „Caregiving Activities":

- Eigene Aktivitäten anpassen, um da zu sein;
- Kontakt halten, zumindest einmal die Woche;
- Helfen bei Spital- und Arztbesuchen;
- Helfen mit Kochen, Waschen;
- Helfen mit persönlicher Pflege.

Eckwall hat untersucht, welche Art von Tätigkeiten ältere pflegende Angehörige und Ehrenamtliche, und zwar in einem Alter von 75 Jahren und darüber, tatsächlich durchführten. Männer und Frauen waren an diesen unterstützenden Tätigkeiten beteiligt.

In einigen Bereichen liegt der Anteil an Männern sogar noch höher, wie folgende Aufstellung zeigt: „Helfen bei Spitals- und Arztbesuchen" und „Helfen mit Kochen und Waschen". Bei Frauen steht das „Kontakthalten" im Vordergrund und die „Hilfe durch persönliche Pflege".

„Caregiving Activities" von über 75-Jährigen in Schweden
Quelle: Ekwall et al. 2004, S. 243

Caregiving Activities (in %)		
	Männer (n = 457)	Frauen (n = 326)
Eigene Aktivitäten anpassen, um da zu sein	51,9	51,5
Kontakte halten, zumindest einmal die Woche	28,4	44,8
Helfen bei Spital- und Arztbesuchen	60,4	53,4
Helfen mit Kochen, Waschen	61,5	31,6
Helfen mit persönlicher Pflege	11,8	17,5

Der Gesundheitszustand dieser pflegenden Angehörigen wurde nach der Studie von Eckwall nicht von allen als „gut“ oder „ziemlich gut“ bezeichnet; es gab auch solche, die ihn als „ziemlich schlecht“ oder in wenigen Fällen als „schlecht“ bezeichneten.[2] Selbst wenn ehrenamtliche HelferInnen zur Unterstützung bereit sind, hat die professionelle Pflege besonders bei Schwerkranken und vor allem in der letzten Lebensphase die Angehörigen durch ein umfassendes Unterstützungsangebot zu entlasten.

Ein Kooperationsmodell zwischen pflegenden Angehörigen von Demenzkranken und freiwilligen HelferInnen wurde in Schweden durch PflegewissenschaftlerInnen entwickelt. Am University College wurden SpezialistInnen für Demenzkranke als TutorInnen ausgebildet, die pflegende Angehörige und freiwillige HelferInnen in Studienzirkeln gemeinsam schulten. Wertvolle Beiträge brachten die pflegenden Angehörigen aus ihrer Erfahrung bei. In diesen Kreisen bildeten sich „Paare“, zusammengesetzt aus einem pflegenden Angehörigen und einer freiwilligen Helferin. Letztere verpflichteten sich, vier bis fünf Stunden wöchentlich die Pflege und Unterstützung zu übernehmen, und durch ein echtes Vertrauensverhältnis konnten die pflegenden Angehörigen entlastet werden. Die von den SpezialistInnen geleiteten Runden gingen aber in größeren Abständen weiter, um eventuelle Probleme zu besprechen, spezielle Bildungsmaßnahmen anzubieten und zu evaluieren.[3]

Wenn Angehörige sich entschließen, ihren Lieben das Sterben zu Hause zu ermöglichen, was manchmal auf beiden Seiten oft ein ganz großer Wunsch ist, durchleben sie auch sehr schwierige Phasen. Sie merken, wie durch die starke Beanspruchung ihr Lebensraum schrumpft, wie schwer es immer wieder ist, den Gedanken an den Abschied zu ertragen. Positive Entwicklungen und positive Erlebnisse können nur gelingen, wenn professionell Pflegende genügend Unterstützung bekommen und damit den Angehörigen einen exzellenten Beistand leisten. Dann kann ein trostvoller Abschied gelingen und bei den Angehörigen Dankbarkeit darüber entstehen, diesen wertvollen Dienst geleistet zu haben.

Werden pflegende Angehörige jedoch über Jahre hinweg mit der gesamten Verantwortung und allen Pflegetätigkeiten mehr oder minder allein gelassen, dann kommt es, wie Kesselring es in einer Studie in der Schweiz aufzeigt, zu enormen Überlastungssituationen. Die Arbeitsbedingungen, denen diese Menschen ausgesetzt sind – und Kesselring spricht absichtlich von Arbeit – lassen sich mit jener der bezahlten Arbeit nicht vergleichen. Der Zeiteinsatz ist oft unbegrenzt, umfasst Tag- und Nachtarbeit ohne Ferien und Freizeit:

- 90% der Befragten geben an, sieben Tage pro Woche zu arbeiten;
- 70% sagen, täglich mehr als 12 Stunden mit Pflege und Haushaltsarbeit beschäftigt zu sein;
- 56% stehen nachts regelmäßig mindestens einmal auf;
- nur 20% machen von Tagesheimen und Ferienbetten Gebrauch.

Die Belastung der pflegenden Angehörigen steigt:

- wenn die Persönlichkeit der PatientInnen stark verändert ist, wenn er gleichsam ein Fremder geworden ist;
- wenn sich der Zustand des Gepflegten trotz aller Anstrengung verschlechtert;
- wenn die Beziehung zum Patienten schwierig ist;
- wenn die Pflege große Opfer an Freizeit und eigener Lebensqualität abverlangt.[4]

Die Überlastungssituationen werden in den Ländern, wo professionelle Pflege im gemeinde- und familiennahen Bereich ausgebaut ist, nicht in diesem Ausmaß anzutreffen sein. Flächendeckend wird, wie später noch gezeigt werden wird, Pflege oder Unterstützung zu jeder Tages- und Nachtzeit angeboten. Die pflegerischen oder unterstützenden Leistungen werden je nach individuellem Bedarf angeboten.

Auch in Österreich ist in den letzten Jahren ein Abbau der Akutbetten zu verzeichnen, aber gegenüber den anderen EU-Ländern liegt Österreich mit Deutschland an der Spitze der Anzahl von Krankenhausbetten pro Einwohner, wie die folgende Grafik zeigt.

Krankenhausbetten in Akutkrankenhäusern pro 100 EW

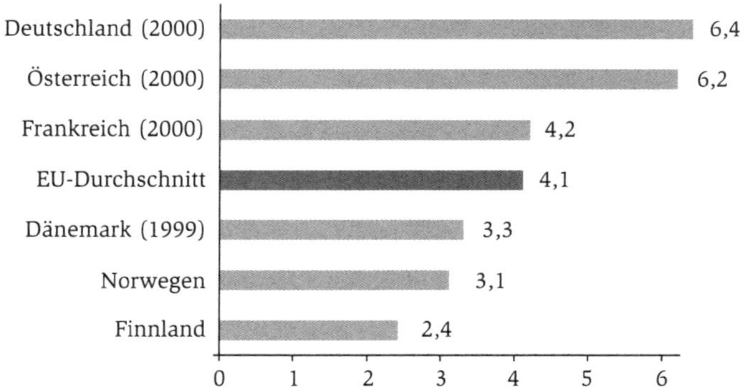

WHO Daten 2001, oder letztes verfügbares Datum

Die Zahl der Spitalsaufenthalte ist in den letzten zehn Jahren in Österreich sogar noch beträchtlich angestiegen, einerseits wegen der Verkürzung der Aufenthaltsdauer und andererseits wegen des Fehlens an extramuraler Pflege. In dieser Hinsicht liegen wir auch gegenüber den deutschsprachigen Ländern viel zu hoch. Es wird in Österreich betont, dass wir das beste Gesundheitssystem haben, weil der Zugang zum Krankenhaus gut und der niedergelassene Bereich der Ärzte gut ausgebaut ist. Es fehlt jedoch an Gesundheits- und Krankenpflegepersonen, die die PatientInnen nach der Spitalsentlassung im häuslichen Bereich pflegen könnten.

Die folgende Statistik zeigt, dass im Vergleich zu den skandinavischen Ländern die Anzahl der Pflegepersonen pro Einwohner auch viel zu gering wäre, um ein wirksames Netz häuslicher Pflege aufzubauen. Im Vergleich mit Finnland zum Beispiel hat Österreich nur ca. ein Viertel der diplomierten Pflegepersonen pro Einwohner. Die allermeisten von ihnen sind in Akutkrankenhäusern und stationären Einrichtungen eingesetzt.

Anzahl der Pflegepersonen in Österreich		
	stationär°	ambulant*
Dipl. Gesundheits- und Krankenpflegepersonen	47.687	1.734
Pflege-/AltenhelferInnen; AltenfachbetreuerInnen (seit 1990)	10.824	1.665
gesamt:	58.511	1.665

Quelle:
° Statistik Austria, 2005; Jahrb. d. Gesundheitsstatistik für 2003
* ÖBIG 2004 (Zahlen von 2002)

Der Aufgabenbereich der Pflegepersonen in den skandinavischen Ländern unterscheidet sich wesentlich von den österreichischen. Sie arbeiten in Gesundheitszentren und Gemeinden, sind eingesetzt bei der Pflege von chronisch Kranken und alten Menschen und ermöglichen das Sterben zu Hause. Ein Großteil ihrer Aufgaben liegt im präventiven Bereich. Es werden Gesundheitsprogramme angeboten für Schwangere, Wöchnerinnen, Klein- und Schulkinder und vor allem für ältere Menschen, für die sich aufgrund dieser Beratung häufig die Aufnahme in ein Krankenhaus erübrigt.

Die Pflege und Beratung in komplexen Gesundheitssituationen, zum Beispiel bei Aids-Patienten, bei Demenzkranken und ihren Angehörigen, generell bei chronisch Kranken im fortgeschrittenen Stadium, verlangt höchste Kompetenz im Sinne von Fachwissen, Kommunikations-, Beratungs- und Organisationsfähigkeiten.

Pflegewissenschaft in Europa

Seit den 1950er Jahren des vorigen Jahrhunderts wird daher in den angelsächsischen und skandinavischen Ländern die universitäre Bildung der Pflegepersonen vorangetrieben, zugleich mit Pflegeforschung und Theorieentwicklung in der Pflege. Die deutschsprachigen Länder haben unter anderem aus historischen Gründen einen großen Nachholbedarf. Auch die Länder des früheren Ostblocks haben, wie die Grafik zeigt, schon in den früheren 1960er Jahren mit der Akademisierung der Pflege begonnen, und die Entwicklung in Ostdeutschland hat nach der Wiedervereinigung eine rasche Förderung der universitären Bildung in Westdeutschland nach sich gezogen. In der jetzigen Bundesrepublik Deutschland existieren seit den früheren 90er Jahren etwa 50 Fachhochschullehrgänge für Pflegepädagogik, -management und -expertise und an fünf Universitäten wird Pflegewissenschaft gelehrt.

Pflegewissenschaft in Europa

1956	Großbritannien, Edinburgh
1961	Tschechoslowakei, Prag
1980	Griechenland, Athen
1982	Spanien, Madrid
1986	Finnland, 5 Universitäten
1991	Deutschland (BRD)
2000	Schweiz, Basel

Quelle: eigene Darstellung

Auf Initiative von Pflegepersonen wurde in manchen Ländern das Gesundheitssystem grundlegend verändert: Pflegeheime wurden zu Gesundheitszentren, wodurch die Hospitalisierungsraten deutlich gesunken sind. Neue, speziell angepasste Wohnformen für ältere Menschen wurden statt der konventionellen Pflegeheime geschaffen. In Dänemark z. B. ging die Zahl der Alten- und Pflegeheime in einem Zeitraum von 15 Jahren um ein Drittel zurück. In diesem Land wurden in allen 275 Städten und Gemeinden zentrale Stellen eingerichtet, durch die bei Bedarf rund um die Uhr häusliche Pflege und Unterstützung angefordert werden kann. Diese Pflegeleistungen werden über die Steuern finanziert und sind für den Einzelnen nicht steuerpflichtig. Dennoch sind die Kosten für das Gesundheitssystem nicht teurer als anderswo.[5]

Pflegewissenschaft in Österreich

In Österreich wurde Pflegewissenschaft trotz jahrzehntelanger Bemühungen von Pflegepersonen spät etabliert. Nach einigen Vorstufen wurde erst 1999 ein individuelles Diplomstudium an der Universität Wien etabliert, das von den Studierenden mit viel

Interesse angenommen wurde. Derzeit studieren ca. 650 Personen in Wien, etwas mehr als 40 Personen haben das Studium bereits abgeschlossen. Ein Pflegeforschungsinstitut besteht in Wien bereits seit 1992, es ist angeschlossen an die Universität Linz.

Seit 2005 existiert ein Ordentliches Studium in Graz, wo ebenfalls die Zahl der Studierenden sehr hoch ist. In Innsbruck studieren Pflegepersonen an der Privatuniversität UMIT. An allen drei Standorten sind derzeit Lehrstühle für PflegewissenschaftlerInnen eingerichtet.

Für Österreich besteht kurzfristig die Absicht, etwa fünf bis zehn Prozent aller diplomierten Gesundheits- und Krankenpflegepersonen universitär auszubilden und somit auf komplexe Pflegeaufgaben und innovative Führungs- und Entwicklungsaufgaben vorzubereiten.

Akademisch gebildete Pflegepersonen sind auch in der Lage, mit anderen Disziplinen und Berufsgruppen zusammenzuarbeiten und Strukturen zu schaffen, in denen ältere Menschen möglichst lange ihre Autonomie aufrecht erhalten können. Eine Voraussetzung dafür ist, dass es auch ein Anliegen der Politik wird, die entsprechenden Mittel bereitzustellen, um ausreichend universitäre Studienplätze zu schaffen.

Mögliche Unterstützungsangebote für ältere Menschen

Wohnen zu Hause
Um das Wohnen zu Hause so lange wie möglich zu gewährleisten, sind altersgerechte Wohnungen, Wohngemeinschaften und verschiedene Formen von betreutem Wohnen einzurichten.
Gesundheitliche Betreuung
Gesundheitsförderung, Beratung und vielseitige präventive Maßnahmen sind interdisziplinär aufzubauen und durchzuführen.
Bildung, Kultur und Beschäftigung
Bildungsstätten und Gesprächskreise mit z. B. politischen, ökologischen oder geschichtlichen Themenkreisen können das lebenslange Lernen unterstützen, Theatergruppen und Naturschutzprojekte den Einsatz von kreativen Fähigkeiten fördern.

Stätten sozialer Begegnung
Begegnungsstätten können den Kontakt zwischen den Generationen fördern und jungen Alten Möglichkeiten bieten, sich einzubringen.
Lokale Beratungszentren
Beratungszentren sind notwendig, um z.B. bei finanziellen und rechtlichen Fragen, bei Wohnungsumbau u.ä. Unterstützung anzubieten.
Hilfen bei der Bewältigung des Alltags
Unterstützung im Haushalt, Besorgung von Gehhilfen und anderen Hilfsmitteln zur Bewältigung des Alltags sind individuell dem Bedarf entsprechend zu organisieren.

Personelle Ressourcen

Im professionellen Bereich der Pflege werden für die verschiedenen Pflege- und Unterstützungsmaßnahmen Personen mit unterschiedlicher Aus- und Weiterbildung gebraucht.

Höchstqualifizierte Pflegepersonen sollen neben spezialisierten Aufgaben am Krankenbett auch verantwortlich sein für neue Pflege- und Unterstützungsformen, für den Ausbau der Hauskrankenpflege und die Einrichtung von Gesundheits- und Beratungszentren, aber auch für Weiterentwicklung des wissenschaftlichen Wissens durch Forschung.

Diplomierte Gesundheits- und Krankenpflegepersonen sollen verantwortlich sein für die ganzheitliche Planung, Durchführung und Evaluierung der Pflege der PatientInnen im stationären und ambulanten Bereich, für Schnittstellenmanagement und für die Vernetzung von professioneller und informeller Pflege.

PflegehelferInnen unterstützen die diplomierten Pflegepersonen bei der Durchführung der umfassenden Pflege.

HeimhelferInnen sind wichtig für die Unterstützung der Kranken und der Angehörigen im Haushalt, aber auch soziale Dienste, Besuchsdienste und ähnliches können wesentlich dazu beitragen, dass Pflege und Betreuung zu Hause gelingt.

Die Pflege, Betreuung und Gesundheitsversorgung, die in Zukunft notwendig sein werden, sind nur dann zu leisten, wenn ein exzellentes gesundheitspolitisches Konzept erarbeitet wird, in das Angehörige und ehrenamtliche Pflege eingebunden werden.

Der Bedarf an Pflege und Unterstützung wird nicht nur wegen des Älterwerdens der Bevölkerung stark ansteigen, sondern auch schwieriger zu decken sein, weil die Zahl derer, die Pflegeaufgaben übernehmen kann, in den nächsten Jahrzehnten deutlich abnehmen wird. Die Frauenerwerbstätigkeit hat stark zugenommen und die Beziehungen innerhalb der Familie werden immer komplexer. Derzeit liegt die Last der informellen Pflege zum Großteil auf Frauen, die oftmals für Pflegebedürftige mehrerer Generationen, der älteren, der gleichaltrigen und der jüngeren, Verantwortung tragen. Es sollte deshalb gelingen, die vielfältigen Tätigkeiten von Pflege und Unterstützung, wie sie oben dargestellt wurden, auch auf männliche Familienmitglieder zu verteilen. Je mehr der Pflege- und Unterstützungsbedarf in der Gesellschaft zunimmt, desto mehr Solidarität ist nötig. Keineswegs dürfen die Angehörigen jedoch mit Pflegeaufgaben allein gelassen werden.

Es ist eine politische Verantwortung, die Mittel bereitzustellen, um eine flächendeckende und ausreichende Gesundheitsversorgung sicherzustellen. Mein Traum wäre es, dass im Zusammenwirken von professioneller Pflege, Angehörigenarbeit und Beteiligung ehrenamtlicher HelferInnen so etwas wie eine „Caregiving society" entstehen kann, in der die Bewältigung der großen Herausforderungen der Zukunft gelingen kann.

Anmerkungen

[1] R. Gillon (1995) in Philosophical Medical Ethics, Wiley Medical, London, S.60; zit. nach J. Keenan, 1999, S.557
[2] A. Ekwall et al., 2004
[3] W. Jansson et al., 1998
[4] A. Kesselring, 1998
[5] E.B. Hansen, 2002

Literatur

Ekwall Anna et al. (2004): Dimensions of informal care and quality of life among elderly family caregivers. Scandinavian Journal of Caring Sciences, vol. 18, pp 239-248

Hansen Eigil Boll (2002) : Häusliche Versorgung für Hilfebedürftige und Schwerkranke Dänemark. In: Doris Schaeffer, Michael Ewers (Hrsg.): Ambulant vor stationär; Perspektiven für eine integrierte ambulante Pflege Schwerkranker, Hans Huber, Bern, S.118-128

Jansson Wallis et al. (1998): The circle model – support for relatives of people with dementia. Journal of Geriatric Psychiatry, vol. 13, pp 674-681

Keenan Jan (1999): A concept analysis of autonomy. Journal of Advanced Nursing, vol. 29(3), pp 556-562

Kesselring Annemarie (1998): Pflege daheim: Porträt einer harten Arbeit. Krankenpflege/Soins infirmiers, Jg. 91(1), S.6-9

Helmut Baumgartner

Studium der Germanistik, Geografie und Volkskunde in Wien. AHS-Lehrer und Schulleiter, Klagenfurt. Langjähriger Landesobmann der Österreichischen Professorenunion, Kärnten. Kollegium des Landesschulrates, Kärnten. Landesobmannstellvertreter und Bildungsreferent des Kärntner Seniorenbundes.

Pflege zwischen Menschenwürde und Kostendruck

Von den vielen Problemen, die sich im Zusammenhang mit der älteren Generation ergeben, sind Pflege und Betreuung ganz besonders schwierig zu lösen. Da die diesbezüglichen Anforderungen an die gesamte Gesellschaft sprunghaft zunehmen, ist es an der Zeit, dass sich die Politik dieser Problematik entschieden annimmt. Allerdings ist es jetzt höchste Zeit konkret zu handeln, immer wieder wird zur Genüge auf die tickende Zeitbombe hingewiesen. Da die Pflege zum überwiegenden Teil im familiären Bereich stattfindet, sind die jüngeren Seniorinnen und Senioren in spezieller Weise betroffen. Sind sie doch vielfach einer Mehrfachbelastung ausgesetzt. Die Rede ist von den Großeltern, der Generation um die 60 bis 65. 60 Prozent von ihnen beaufsichtigen ihre Enkel fallweise, 19 Prozent tun dies wöchentlich, 10 Prozent täglich. Immer stärker wird der Einsatz dieser Altersgruppe aber bei Pflege- und Hilfsleistungen. In einem Lebensabschnitt, in dem Senioren allmählich selber gesundheitliche Probleme bekommen, werden ihre Eltern pflegebedürftig. Die familiäre Hilfe wird in Zukunft aber sicher abnehmen. Gründe dafür sind zunehmend längere Berufstätigkeit, damit verbunden späterer Pensionsantritt und die sinkende Anzahl von Kindern. In Österreich wird schon in 20 Jahren ein Drittel der Bürger älter als 60 Jahre sein. Junge Menschen sind bald eine Minderheit. Eine Konsequenz dieser alternden Gesellschaft ist das sprunghafte Ansteigen von pflegebedürftigen Menschen.

Wer wird die Älteren pflegen?

Die Pflege ist überwiegend weiblich und geschieht zu geschätzten 80 Prozent in der Familie. Aber wie lange noch? Eine steigende Zahl an Scheidungen, immer mehr Singlehaushalte, höhere Berufstätigkeit und Mobilität der Frauen und weniger Kinder werden sich auf die Zukunft der häuslichen Pflege stärker auswirken. Dazu kommen die unglaublichen Belastungen, die häusliche Pflege für die Betroffenen bedeutet. Funktioniert aber der Familienverband nicht mehr so gut wie heute, bricht das ganze Pflegesystem zusammen. Mehr als die Hälfte der pflegenden Angehörigen sind rund um die Uhr eingespannt, können keinen Urlaub machen, müssen auf Freizeit, Entspannung und Ruhe verzichten und vermissen dadurch eine entsprechende Lebensqualität. Die Pflege von Angehörigen in der Familie ist oft eine Extremsituation. Der Einsatz rund um die Uhr ist aufreibend. Nur ein Drittel erhält für die Pflege finanzielle Unterstützung. 40 Prozent derer, die pflegen, sind bereits über 60 Jahre alt, 80% der zu Pflegenden sind älter als 70 Jahre.

Alle diese Fakten sind durch zahlreiche Studien bekannt. Besonders eindringlich ist eine Untersuchung, die 2005 von der Arbeiterkammer Tirol durchgeführt wurde und deshalb interessant ist, weil sie auch die Situation im ländlichen Raum berücksichtigt: In Tirol gibt es rund 23.000 pflegebedürftige Menschen. 4.700 Personen werden stationär in Heimen gepflegt. Das bedeutet, dass in Tirol rund 80 Prozent der Pflege in der Familie erfolgt. Deshalb erscheint es so wichtig, nicht nur die Situation in den Pflegeheimen zu verbessern, sondern vor allem die familiäre Pflege zu analysieren, zu unterstützen und langfristig zu sichern.

Die Ergebnisse im Detail

- Zwei Drittel der Personen, die in Tirol zu Hause gepflegt werden, sind weiblich und ein Drittel sind Männer. Rund 90% der Pflegefälle sind über 50 Jahre alt; immerhin 80% sind bereits über 70 Jahre alt.
- 40% derer, die pflegen, sind bereits über 60 Jahre alt; 87% davon sind Frauen.
- Worauf müssen die Personen, die jemanden pflegen, verzichten? 55% fehlt Freizeit, Entspannung und etwas Ruhe; nahezu 30% fühlen sich in ihrer Freiheit eingeschränkt und vermissen eine entsprechende Lebensqualität.
- Drei Viertel erhalten bzw. erhielten für die Pflegetätigkeit keinerlei Beratung oder Ausbildung.
- Mehr als die Hälfte kümmert sich um den jeweils zu Pflegenden bereits seit mehr als 3 Jahren.
- Die Hälfte der Tiroler, die jemanden zu Hause pflegen, ist da-

mit rund um die Uhr eingespannt. Unmittelbar in der Nacht muss rund ein Drittel die jeweiligen Angehörigen pflegen.

- Immerhin 56% der Befragten nehmen externe Hilfe für die Betreuung in Anspruch. Die Gruppe greift dann zu 43% auf die jeweiligen Sozialsprengel zurück. Nur 20% erfahren Hilfe von Bekannten, Nachbarn, etc.
- Zwei Drittel fühlen sich durch die Pflege belastet.
- Die Belastung liegt vor allem im großen Zeitaufwand für die Pflege (48%), oder auch darin, dass die zu pflegende Person sehr schwierig ist (29%); für 17% ist es eine körperliche wie auch seelische Belastung, 13% nennen den Verzicht auf Familie und ein eigenes Leben. Für 12% ist das Verhältnis zu anderen Familienangehörigen belastend. Jeder zweite gibt an, dass die Belastung bzw. die Anstrengungen, die mit der Pflege verbunden sind, größer sind als erwartet.
- Für mehr als ein Drittel ist durch die Pflege ihr Verhältnis zu anderen Familienmitgliedern (Partner und Kinder) belastet bzw. erschwert.
- Jeder Zweite, der jemanden in der Familie pflegen muss, empfindet das Verhältnis zu Freunden und Bekannten eingeschränkt.
- Immerhin 50% erhalten in der Pflege eine gewisse Unterstützung durch andere Familienmitglieder (Geschwister), nur knapp 30% durch die jeweiligen Partner.
- Fast drei Viertel erwägen nicht, ihre zu pflegenden Angehörigen in einem Heim unterzubringen. Dies vor allem, weil sie so lange pflegen möchten, so lange es geht, aber auch, weil der zu Pflegende dies verweigert bzw. die Familie es nicht möchte. 12% hindert das schlechte Gewissen daran. Für rund ein Viertel ist die Unterbringung in einem Heim sehr wohl ein Thema.
- Drastisch ist die Tatsache zu bewerten, dass rund 55% praktisch keinen Urlaub machen können, weil sie durch die Pflege so beansprucht werden. Immerhin 30% würden den zu Pflegenden für die Zeit eines Urlaubs in eine Kurzzeitpflegeeinrichtung geben.
- Nur rund ein Drittel bezieht als Pflegender eine finanzielle Unterstützung. Zwei Drittel erachten diese Entlohnung

als ausreichend, einem Drittel scheint diese finanzielle Entschädigung als zu gering.

- Zwei Drittel beurteilen die finanzielle Situation um den Pflegenden als nicht so gut bzw. gerade so ausreichend, dass das Notwendigste bezahlt werden kann.
- Rund 20% der Pflegenden mussten ihren Beruf für die Pflege ganz oder zumindest teilweise aufgeben.
- Mehr als ein Viertel der Pflegenden haben keine Pensionsversicherung, 8% wissen nicht, inwieweit sie überhaupt versichert sind.

Positives zum Abschluss: Mehr als vier Fünftel (83%) würden die Last der Pflege wieder auf sich nehmen.

Mobile Dienste

Die Unterstützung von pflegenden Familienangehörigen durch alle Arten der mobilen Dienste ist insgesamt vollkommen unzureichend. Das Bundespflegegesetz bietet im Wege der Subjektförderung vergleichbare Bedingungen für pflegebedürftige Menschen im ganzen Bundesgebiet. Die österreichische Versorgungslandschaft bis hinein in die kleinen Gemeinden bezüglich des Ausbaus der pflegerischen Infrastruktur und deren Finanzierung zeigt hingegen große qualitative Unterschiede und Unzulänglichkeiten, was in dieser Form schwer verständlich ist.

Die Forderung geht daher in die Richtung einer systematischen Aufwertung und des Ausbaus der mobilen Dienste als eines der zentralen Elemente einer leistungs- und zukunftsfähigen Versorgungslandschaft und der dafür notwendigen Zusatzdienste (z.B. Angehörigenbegleitung und -beratung, Hospiz, Palliativ-Care). Es bedarf daher einer hoch differenzierten Versorgung, die die regional unterschiedlichen Bedürfnisse berücksichtigt, die Ressourcen und Angebote optimiert, indem sie möglichst flexible und passgenaue Versorgungsmodelle verbindet und Effekte von Fehl-, Über- oder Unterversorgung marginalisiert. Sie soll wertvolle Eigenkompetenzen der familiären Pflege und Betreuung bestmöglich einbinden und stärken. Mobile Dienste leisten nicht nur einen Beitrag zur Umsetzung des Wunsches der Bürgerinnen und Bürger nach häuslicher Pflege, die Menschen können länger zu Hause bleiben, was immense Kosten spart, ist doch das Heim die teuerste Art der Unterbringung. Alle Kosten, die über der Zumutbarkeitsgrenze liegen, müssen schließlich von der öffentlichen Hand getragen werden.

Noch problematischer ist die uneinheitliche Finanzierungslage. Unzureichende Sätze der Leistungsabgeltung, unberechenbare und schlecht planbare wirtschaftliche Bedingungen der Träger, Risikoüberwälzung auf die Träger, die dadurch gegenüber dem Heimbereich benachteiligt sind und mangelhafte sozialpolitische Verantwortung der öffentlichen Hand sind einige der Mängel.

Ausbildung in den Pflegeberufen

Auf Grund der gesetzlichen Lage können derzeit nur öffentliche Krankenanstalten diplomiertes Pflegepersonal ausbilden. In Kärnten z.B. sind das 300 Personen, es gibt aber 600 Bewerber, 1000 Mitarbeiter würden aber gebraucht. Es entsteht der Eindruck, dass hier eine künstliche Verknappung der menschlichen Ressourcen erfolgt. Privatspitäler können kein diplomiertes Pflegepersonal ausbilden. Der Schwerpunkt „Pflegeberufe" im Bereich Arbeitsmarktservice muss noch wesentlich verstärkt werden, was die Unterstützung für Pflegehelfer und Heimhilfen angeht. Dies betrifft einerseits Aufschulungen, die Förderung des Wiedereinstiegs in Pflegeberufe und Fördermaßnahmen für Umsteiger sowie die Förderung haushaltsbegleitender Dienste.

Derzeit hat die Ausbildung für Pflegeberufe keine Anbindung an das Regelschulwesen, da sie erst mit 17 Jahren beginnt. Es muss daher ein konsequent modulares, durchlässiges und abgestimmtes System eingeführt werden, damit die Durchlässigkeit zum Regelschulwesen gegeben ist. Derzeit bietet die 3-jährige Fachschulausbildung keine Maturamöglichkeit und keine Anrechnung vorangegangener Abschlüsse. Die österreichische Ausbildung droht außerdem in ihrer Entwicklung europäischen Standards hinterherzuhinken. Man würde auch erwarten, dass die Ausbildung österreichweit überall gleich ist. Dem ist aber nicht so.

Durch Art.15a-Vereinbarungen konnte zwar der Grundstein für eine bundesweite Anerkennung der Berufe an der Schnittstelle zwischen Pflege und Sozialarbeit erreicht werden. Für eine zügige Umsetzung fehlen aber teilweise noch immer landesrechtliche Regelungen. Neben der Ausbildung im ersten Bildungsweg ist gerade im Pflegebereich auch der zweite Bildungsweg von großer Wichtigkeit.

Von entscheidender Bedeutung ist die Anhebung des Sozialprestiges für alle Pflegeberufe. Man müsste jedem, der sich auf diesem Sektor engagiert, gleichsam den roten Teppich ausrollen. Der Mangel an Pflegepersonal bringt es mit sich, dass in den letzten Jahren der Anteil osteuropäischer Arbeitskräfte, die in österreichischen Privathaushalten illegal als Altenbetreuer und Haushaltshilfen tätig sind, massiv zugenommen hat. Studien sprechen von bis zu 40.000 Personen. Die Aufbauarbeit und die professionellen Grundlagen der pflegerischen Infrastruktur in Österreich sind gefährdet, wenn gleichzeitig Personen ohne Ausbildungsnachweis, ohne Kontrolle, ohne sich an die österreichischen Arbeitsnormen zu halten, in direkter Konkurrenz zu professionellen Diensten tätig sind. Die pflegerische Versorgung Österreichs darf nicht auf Schwarzarbeit aufgebaut sein.

Schließen von Betreuungslücken

Grundsätzlich gilt es für Seniorinnen und Senioren, möglichst lange mobil zu bleiben, also alle Arten der Bewegungstherapie zu nützen. Neben altersbedingten Krankheiten und der wachsenden Immobilität leiden viele ältere Menschen an zunehmender Vereinsamung und der Reduzierung sozialer Kontakte. Auf Grund der begrenzten Ressourcen können Pflegefachkräfte diese soziale Aufgabe nur sehr bedingt erfüllen. Viele „jüngere" SeniorInnen sind bereit, freiwillig Zeit im Sinne eines Engagements für andere zur Verfügung zu stellen. Das Hilfswerk organisiert einen Besuchsdienst für Ältere bereits in einigen Bundesländern. Damit könnten Lücken in der Anwesenheit von Betreuungspersonal geschlossen werden. Der tägliche Tagesablauf – hauptsächlich bestehend aus Essen, Fernsehen und Schlafen – könnte mit relativ geringem Aufwand entscheidend bereichert werden. Als Partner sollen der Seniorenbund, aber auch die Wirtschaftskammer gewonnen werden. Durch regelmäßige Besuche vereinsamter Menschen soll deren soziales Netz wieder hergestellt werden.

Dringend notwendig ist die Förderung von Tagesbetreuungsplätzen für Senioren. Dort kann die Zeit bis zur Heimkehr von berufstätigen pflegenden Familienangehörigen sinnvoll verbracht werden. Es ist unverständlich, dass diese vergleichsweise billige Einrichtung nicht viel stärker forciert wird.

Das Gleiche gilt auch für das Thema Betreutes Wohnen: Der ältere Mensch kommt praktisch nur zum Schlafen nach Hause. Ideal wäre es, wenn nicht nur altersadäquate Wohnformen unterstützt würden, sondern schon viel früher ein altersadäquates und barrierefreies Bauen einsetzen würde.

Wesentlich einfacher wären diese Maßnahmen durchzusetzen, wenn nicht jedes Bundesland eigene Heimgesetze hätte.

Ausbau der Pflegeberatung

Viele von einer Pflegesituation Betroffenen nehmen professionelle Dienste zur Unterstützung der Pflegetätigkeit sehr spät in Anspruch – zum Teil aus falsch verstandener Scham, aus Mangel an Information, oder weil man die damit verbundenen Kosten nicht einschätzen kann oder leisten möchte. Daher müssen alle Personen, die zum ersten Mal mit einer Pflegesituation konfrontiert sind, eine qualifizierte Pflegeberatung bekommen. Zielgruppe sind jene rund 85.000 Personen, die eine erstmalige oder geänderte Pflegegeldeinstufung haben. Durch frühzeitige Beratung können nicht nur Betroffene entlastet werden, sondern durch die bessere Versorgung werden teure Folgekosten auf Grund von Pflegemängeln oder Überlastung eingespart.

Wichtig ist auch, pflegende Angehörige mit Menschen zusammenzubringen, die kurz vor dieser Lebenssituation stehen. Das persönliche Gespräch und die Weitergabe von persönlichen Erfahrungen sind überaus wichtig. Für die Pflegenden kann es überaus befreiend sein, endlich einmal über die tagtäglichen schweren Belastungen sprechen zu können.

Sozialleistungen

Erfreulicherweise gibt es die „gewonnene Generation“ der aktiven Seniorinnen und Senioren mit vielfach schönen Pensionen. Das kann aber nicht darüber hinwegtäuschen, dass viele Menschen am anderen Ende der Einkommensskala leben. Dass freiwillige Sozialleistungen wie etwa der Heizkostenzuschuss an Einkommensobergrenzen gebunden sind, leuchtet zwar ein. Andrerseits geht der Anspruch auf Heizkostenzuschuss bei einer noch so geringfügigen Überschreitung der Obergrenze aber verloren. Das ist für ältere und bedürftige Menschen nicht einsichtig, da sie bei gleichbleibenden Lebenshaltungskosten einen riesigen Verlust erleiden. Hier wäre die Einführung einer Einschleifregelung dringend notwendig.

Anlass zu Besorgnis gibt die Tatsache, dass immer mehr sehr junge Menschen (schon ab 23) bei den Gemeinden Sozialhilfe beantragen, wo man doch eher mit älteren Antragstellern rechnen würde. Gerade in der kleinen Landgemeinde, wo der Bürgermeister jeden persönlich kennt, wird diese Entwicklung als bedenklich angesehen. Die Menschen haben sehr eng umrissene Vorstellungen von der Art der Arbeit, die sie machen wollen, wenn diese Wünsche nicht erfüllt werden können, greift man, da man alle Tricks kennt, rasch nach der Sozialhilfe. Die Kosten dafür steigen gewaltig, die Experten an der Basis sind daher äußerst skeptisch, wenn neuerdings ständig von steigender Armut die Rede ist. Es herrscht daher die Meinung vor, dass es finanziell nicht attraktiv sein darf, nicht zu arbeiten.

Einbindung privater gemeinnütziger Träger

Die öffentliche Hand gelangt schon heute bei der Bewältigung der gewaltigen Pflegeaufgaben an ihre Grenze. Umso stärker wird sich dieser negative Effekt in der Zukunft einstellen. Private gemeinnützige Träger leisten einen substanziellen Beitrag als vermittelnde, intermediäre Institutionen in der Erfüllung von Aufgaben des Gemeinwohls. Die Vorteile privater Organisationen sind ihre Bürgernähe und ihre besondere Flexibilität im Reagieren auf relevante Änderungen der Bedarfslagen. Ein gewisser Qualitätswettbewerb führt außerdem zu einer Optimierung des Angebots. Sie eröffnen dem Unterstützung Suchenden eine Auswahl der Dienste, was den Bürgerinnen und Bürgern erfahrungsgemäß sehr wichtig ist. 70 % der Befragten geben an, dass es ihnen wichtig ist, den Dienst, der sie betreut, selbst wählen zu können, weil damit die persönliche Würde gewahrt bleibt.

Es bedarf daher einer konsequenten Entflechtung von Stellen, die Zuweisungs- und Anweisungsrechte wahrnehmen, und der dienstbetreibenden Institutionen (Trennung von Auftraggeber und Auftragnehmer).

Eine entsprechende Fördergerechtigkeit für privat getragene Institutionen und Initiativen dient einer gezielten Stärkung der Flexibilität und Vielfalt.

Konkrete Maßnahmen

- Jede denkbare Förderung von Menschen, die sich Pflegeberufen verschreiben wollen.
- Hebung des Sozialprestiges dieser Berufe
- Ausbildung im ersten Bildungsweg angelehnt an das übrige Schulsystem
- Massiver Ausbau mobiler Betreuungseinrichtungen
- Beratung für Pflegende
- Besuchsdienste für Ältere
- Tagesstätten für SeniorInnen
- Einrichtung von Kurzzeitpflege und Pflege bei Urlaub von Angehörigen
- Stärkung privater Trägerinstitutionen
- Abbau von Bürokratie: Vertrauen auf Gemeindeebene bei Anträgen etc.

Literatur

Arbeiterkammer Tirol, IMAD-Marktforschung: Repräsentativerhebung „Tiroler Haushaltspflegestudie 2004“, www.ak-tirol.com/www-398-IP-16368.html

Otto Pjeta

Geboren 1949 in Linz. 1967–1974 Medizinstudium in Innsbruck und Wien. Seit 1978 Allgemeinarzt in Steinerkirchen, OÖ, Umweltschutzarzt, allgemein beeideter gerichtlicher Sachverständiger. Seit 1978 in der Ärztekammer OÖ tätig: 1988–1989 1. Vizepräsident, 1989–2005 Präsident. 1990–1993 Vizepräsident der Österreichischen Ärztekammer, 1999–2003 Präsident der Österreichischen Ärztekammer. Seit 1989 Leiter des Referates für Medikamentenangelegenheiten. Seit 1995 Mitglied der String-Kommission des BMGF, seit 2003 Leiter des Hausapothekenreferates, Mitglied der Heilmittelevaluierungskommission des Hauptverbandes der Sozialversicherungsträger, Mitglied der Rezeptpflichtkommission im BMGF, Leiter des Referates für Kur- und Badeärzte, Leiter des Referates für Seniorenangelegenheiten. Seit 2004 Vorsitzender des Evaluierungsbeirates der ÖQMed, Vorsitzender des Qualitätsausschusses der ÖÄK.

Betreuung der 4. Generation durch die 3. Generation im Rahmen eines neuen Berufsbildes

Motivation und Beschreibung:

A) *Die demografische Entwicklung:*
Ich erinnere an die Daten der Statistik Austria. Es zeigte sich an Hand der Bevölkerungspyramide, dass weder durch Zuwanderung noch durch familienfördernde Maßnahmen die relative Zunahme der SeniorInnen und die daraus resultierenden Betreuungsnotwendigkeiten bewältigt werden können. Nach der Studie von FESSEL-GfK (2006) ist das Gesundheitsgefühl der 60- bis 69-Jährigen verglichen mit anderen Altersgruppen am zweitbesten. Auch das Bewusstsein, dass die 4. Generation Hilfe erwartet und man demnächst auch selbst Unterstützung benötigen wird, ist bei den 60- bis 69-Jährigen in hohem Maße vorhanden. Es besteht daher nicht nur ein Handlungsbedarf für neue Überlegungen, sondern auch ein hohes Potential bei den über 60-Jährigen, sich bei der Betreuung der über 80-Jährigen zu engagieren. Rahmenbedingungen und Vorschläge über das Ehrenamt und die Freiwilligkeit hinaus fehlen.

B) *Systematik der altersbedingten Pflege und Betreuung:*
Akutgeriatrie, Pflegeheime, Mobile Dienste, gemeindenahe Altenbetreuung und die Großfamilie. Es besteht kein Zweifel, dass es der ausdrückliche Wunsch der Mehrheit der SeniorInnen ist, möglichst lange im gewohnten, privaten Umfeld zu verbleiben. Die Kapazitäten der Pflegeheime sind ausgeschöpft, lange Wartezeiten sind die Norm. Der Mangel an Pflegekräften ist ein Faktum, das auch durch die Einbeziehung von ausländischen Pflegekräften nicht bewältigt werden konnte. Die künftige Finanzierung der Pflegeplätze in Pflegeheimen ist ungelöst.

C) *Helfende Hände:*
Ich nehme ausdrücklich Bezug auf die Darstellung der Zusammenhänge, die Prof. Mazal in seinem Beitrag

schildert. Es ist nicht zu erwarten, dass es in Zukunft einen einklagbaren Generationenvertrag geben wird. Die Verantwortung für den Lebensabend liegt in den Händen einer humanen Sozialpolitik, die die Vorraussetzungen für die Betreuung unserer hochbetagten Senioren schaffen muß. Die Aufgabe, die 4. Generation zu betreuen, kann in ihrer Dimension nicht durch die Erwartung auf Freiwilligkeit und Ehrenamt bewältigt werden. Ein Lösungsansatz wäre es, die 60- bis 75-jährigen im Rahmen eines Berufsbildes in den Betreuungsprozess einzubeziehen. In einem zeitlich befristeten Engagement einer altersbunten Gesellschaft könnte die Gelegenheit geboten werden, über Be-(Ent-)lohnung einen Lebensinhalt und Zusatzverdienst zu bekommen und damit gleichzeitig die humanen Lebensumstände von betreuungsbedürftigen über 80-Jährigen abzusichern. Nicht unwesentlich muss in diesem Zusammenhang auch der Hinweis auf die einfache Finanzierbarkeit eines Seniorenhelfers oder einer Seniorenhelferin bei Bestehen des Pflegegeldes sein.

Neben den schon genannten legistischen Vorraussetzungen könnte die Unterweisung für Seniorenhelfer Aufgabe eines Lehrganges an einer Akademie für Senioren sein, die seniorenzentriert eine Reihe weiterer Aufgaben im Sinne eines lebenslangen Lernens übernimmt.

Konzept SeniorenhelferIn
Eingeladen, an der „Denkwerkstatt" des Seniorenbundes teilzunehmen, darf ich Ihnen meine Überlegungen in Bezug auf ein neues Berufsbild für Senioren darlegen. Es ist dies natürlich nur ein Teilaspekt für ein künftiges Programm des Österreichischen Seniorenbundes, aber durch die bei den Sitzungen der Denkwerkstatt im Vorfeld präsentierten Zahlen und meinen berufsbedingten Erfahrungen glaube ich an die Aktualität meines Vorschlags.

Berufsbild:

1. Alltagshilfen für über 80-Jährige
2. Unterstützung bei der Durchführung von ärztlichen Anordnungen

3. Unterstützung bei der Durchführung von Pflegedienstanweisungen
4. Animation bei der Freizeitgestaltung
5. Unterstützung bei der Organisation des Haushaltes
6. Unterstützung in Belangen der Sozialbürokratie

Titel: Dipl. SeniorenhelferIn

Inhalte der Ausbildung:

- Grundsätze einer Haushaltsführung von Senioren
- Sozialintervention
- Freizeitgestaltung von SeniorInnen
- Umgang mit Pflegedienstanweisungen
- Umgang mit ärztlichen Anweisungen
- Erste Hilfe und Notfälle

Bezahlung:
Im Rahmen eines standardisierten Betreuungsvertrages, im Regelfall je nach Leistungsumfang (Stunden), Anteile des Pflegegeldes etc. Rahmenbedingungen sind vorzugeben.

Legistische Voraussetzungen:
Abklärung der Berufsvorbehalte, Erhöhung der pensionsbezogenen Freigrenzen bei einem Zusatzverdienst in Ausübung sozialer Tätigkeiten, Gesetz zur Schaffung des Berufes SeniorenhelferIn (für 60- bis 75-Jährige).

Aus der beruflichen Erfahrung eines Landarztes gesehen, ersuche ich daher abschließend den Österreichschen Seniorenbund, sich dieses Berufsbildes programmatisch anzunehmen und im Rahmen eines künftigen Regierungsprogramms umzusetzen. Ich erlebe täglich den intensiven, anstrengenden Einsatz der Pflegekräfte 365 Tage im Jahr, wobei der Bedarf laufend zunimmt. Weder die derzeitigen Strukturen, noch die künftige Generation werden diese Betreuungsproblematik lösen können, wenn wir nicht schon jetzt geeignete Maßnahmen treffen. Helfen wir den helfenden Händen.

Klaus Hecke

Geboren 1937 in Linz. Studium der Staatswissenschaften (Schwerpunkt Wirtschafts- und Finanzwissenschaften), Universität Wien. 1966 Dr. rer.pol. 1955–1957 Bundespolizeidirektion Linz, 1957–1958 Post- und Telegraphendirektion Linz. 1958–1966 Technische Keramik Traunkirchen/ Wien (Kaufm. Direktor). 1966–1968 Wissenschaftliche Hilfskraft und Hochschulassistent, Institut für Finanzwissenschaften, Universität Wien. 1968 – 1973 Bundeswirtschaftskammer, Sekretär des Generalsekretärs und Wirtschaftspolitischer Referent. 1973–1975 Geschäftsführer des Beirates für Wirtschafts- und Sozialfragen der Paritätischen Kommission. 1973–1994 Leiter der Wirtschaftspolitischen Abteilung, Wirtschaftskammer NÖ.

Wohnbedingungen und Wohnanpassung im Alter

1.
Der Wunsch nach einem sicheren, eigenständigen und selbstbestimmten Wohnen steht bei älteren Menschen im Vordergrund, sei es in einem Seniorenwohnheim, in einer „betreuten Wohnung", in den eigenen vier Wänden, bei den Kindern oder in einem Pflegeheim. Die meisten älteren Menschen wollen aber so lange wie möglich in der eigenen Wohnung bleiben.

Vor allem im ländlichen Bereich werden, wie z.B. in Niederösterreich, alle Seniorenwohnheime des Landes in Pflegeheime mit Ein- bis Zweibettzimmern umgewandelt. Seniorenwohnheime gibt es dann nur mehr durch private Träger, aber auch hier ist der Trend in Richtung Pflege unverkennbar. Zwei Drittel der Bewohner öffentlicher Pflegeheime sind auf Sozialhilfe angewiesen.[1] Im Pflegebereich ist derzeit ein Rückgang festzustellen. Die Wartelisten für Pflegeheime sind stark zurückgegangen und liegen derzeit im Schnitt bei drei Wochen. Im städtischen Bereich liegt das aber etwas anders. Betreutes Wohnen findet vor allem in der Familie und/oder durch professionelle Pflegedienste, wie Soziales Hilfswerk, Caritas oder Volkshilfe, statt. In NÖ gibt es rund 70.000 Pflegegeldbezieher, über Hilfsdienste werden rund 13.000 und in Pflegeheimen rund 7.000 ältere Menschen betreut, der überwiegende Teil der Betreuung erfolgt in der Familie.

Weil ältere Menschen mehr denn je Wert auf einen möglichst langen Verbleib in der eigenen Wohnung legen, ist die altersadäquate Ausstattung der Wohnungen/Häuser besonders wichtig. Ein Hauptgrund für die äußerst zögerlich durchgeführte Adaptierung ist die Scheu älterer Menschen vor dem organisatorischen Aufwand und der Adaptierung an sich.

2.
Altersgerechtes Wohnen für Senioren ist eine wesentliche Zielsetzung der Gesellschaft. Angesichts der zu erwartenden demografischen Entwicklungen ist die Politik gefordert, neue Denkanstöße für die Form des Wohnens im Alter zu setzen. Bis 2030 wird die Zahl der Pflegebedürftigen auf Grund der steigen-

den Lebenserwartung stark zunehmen. Gleichzeitig sinkt das Potential der in der Familie möglichen Pflege. Die Zunahme der Einpersonenhaushalte und Kinderlosen zeigt dies deutlich. Die modernen Geriatriezentren und Pflegeheime werden wahrscheinlich allein wegen der beschränkten Zahl der Plätze und infolge des Pflegekräftemangels, aber auch wegen der enormen Kosten nur für einen Teil, nämlich für die am schwersten Bedürftigen, eine Lösung darstellen. Andere und zusätzliche Lösungen sind daher gefragt.

3.
Nachhaltigkeit heißt, älteren Menschen die Möglichkeiten zu erleichtern, mit Hilfe von Betreuungsdiensten solange wie möglich in der eigenen Wohnung zu verbleiben. Daneben sind Modellprojekte umzusetzen, die den älteren Menschen integrative Betreuung ermöglichen.

4.
Während junge Menschen oft Probleme bei der Finanzierung ihrer ersten eigenen vier Wände haben, leben ältere Menschen oft allein und benötigen Unterstützung bei der Haushaltsführung oder bei Einkäufen. Projekte, wo junge Menschen ehrenamtlich für ältere Menschen Besorgungen machen, sind daher ebenso zu fördern wie Hauskrankenpflege und mobile Essensdienste.

„Wohn-Sharing"-Systeme, wo junge Menschen sich um den Haushalt kümmern und ältere Menschen dafür Wohnraum zu einem günstigen Mietpreis bieten, sind vom Staat, wo möglich, zu forcieren.

Neue Wege sind dringend anzugehen etwa durch „Betreutes Wohnen vor Ort". In der Nähe von Nachbarschaftszentren bzw. bei Pflege durch soziale Dienste soll diese gemeinsam mit dem Hausarzt möglichst lange in den eigenen vier Wänden und/oder in der Gegend, wo man sein Leben lang wohnt, stattfinden. Dies entspricht den Wünschen der Betroffenen und müsste finanziell machbar sein.

5.
Die Sicherheit für SeniorInnen im Lebensalltag muss höchste Priorität erhalten, da Unfälle im Haushalt eine häufige Verletzungs- und Todesursache bzw. einer der größten Kostenverursacher für das Gesundheitssystem darstellen.

Altersgerechtes Wohnen muss daher eine wesentliche Zielsetzung sein. Zu diesem Zweck soll ein Modellprojekt für ein Beratungssystem für seniorengerechte Wohnungsgestaltung bzw. für seniorengerechtes Planen und Bauen ausgearbeitet werden. Hierbei sind die Vorteile von seniorengerecht geplanten bzw. adaptierten Wohnungen in sozialer und finanzieller Hinsicht für den Einzelnen, aber auch für die Allgemeinheit herauszuarbeiten. Ergebnisse könnten sein:

- Einrichtung professioneller Beratungsstellen für altersgerechtes Wohnen.
- Kontaktherstellung mit der Wirtschaftskammer betreffend Liste mit einschlägigen Firmen. Beispiele: Bäderumbau, Duschen, Türschwellen, Stiegen, Stiegengeländer, Lichtquellen, Beratung über Funktion von elektrischen Geräten; Heilbehelfsmittel (Stöcke etc.); rutschfeste Böden, Einkaufswagen statt Tragkorb, Seniorenbetten, Toiletteneinbau im Schlafzimmer.
- Marketing: Seminare und Vorträge, Produktion eines Films, der Fälle von Stürzen usw. näher bringt. Zum Beispiel: Eine Frau stürzt über den Teppich und erleidet einen Schenkelhalsbruch. Prominente finden und für die Mitwirkung im Film motivieren.

Anmerkung

[1] Landesaltenplan für NÖ, im Auftrag der NÖ Landesregierung, ZENTAS – Univ.-Prof. Dr. Anton Amann und Bundesministerium für Soziale Sicherheit, Generationen und Konsumentenschutz, Bericht des Arbeitskreises für Pflegevorsorge 2004.

Nichts ist gefährlicher als zu Hause zu bleiben – Seniorensicherheit im Haushalt

Hoppala, ausg'rutscht – klingt freundlich und keineswegs bedrohlich. Aber: Wenn mehr Menschen über 60 Jahre als Folge von Haushaltsunfällen sterben als insgesamt im Straßenverkehr, dann muss einen das aufrütteln. Zynisch könnte man sagen: Nichts ist gefährlicher als zu Hause zu bleiben.

Zuerst einige Zahlen aus Europa: Auch in den 25 Mitgliedsstaaten ist bei 96,5 Millionen SeniorInnen über 60 die Todesrate bei Seniorenunfällen hoch. 21 % der europäischen Bevölkerung sind SeniorInnen, aber auf diese entfallen 53 % aller tödlichen Unfälle. Es gibt daher auch in Europa für die SeniorInnen eine höhere Todesrate als bei Verkehrs- oder Arbeitsunfällen.

In Österreich hatten im Jahr 2004 SeniorInnen über 60 127.500 Freizeitunfälle, davon 65.700 in den eigenen vier Wänden. Frauen sind wesentlich öfter betroffen als Männer, Stürze sind mit 82 % die häufigste Unfallart zu Hause. 2003 starben 1448 SeniorInnen bei Unfällen, davon 903 bei Stürzen.

Natürlich: Unfälle auf den Straßen, im öffentlichen Bereich dringen schon auf Grund der Medienberichterstattung besser ins Bewußtsein und dann gibt es Aktionen dagegen. In den Jahren 2003, 2004 und 2005 gab es die Aktion „Seniorensicherheit", die vom Österreichischen Seniorenrat und dem Bundesministerium für soziale Sicherheit, Generationen und Konsumentenschutz veranstaltet wurde, eine Aktion, die nicht nur unseren älteren Menschen mehr Sicherheit bringt, sondern die letztlich auch große Summen Geldes einsparen wird.

Es sind ja oft wirklich Kleinigkeiten, die zu fürchterlichen Unfällen führen: Türschwellen, schadhafte Bodenbeläge, rutschende Teppiche, mangelnde Beleuchtung, Badezimmer ohne Haltegriffe, fehlende Handläufe bei Treppen und vieles andere mehr.

Ein ganz wesentliches Wort in diesem Zusammenhang ist das Wort „Barrierefreiheit". Was versteht man darunter? Ich zitiere aus dem Vorschlag der Behindertenbewegung für das Bundes-Behinderten-Gleichstellungsgesetz:

„Barrierefreiheit bedeutet die gleichberechtigte Möglichkeit der Teilnahme, Zugänglichkeit und Nutzung des gestalteten Lebensraums in der jeweils für den einzelnen behinderten Menschen notwendigen Weise und unabhängig von der Art seiner Behinderung. Zu dem gestalteten Lebensraum gehören insbesondere bauliche Anlagen, Verkehrsinfrastruktur, Beförderungsmittel im öffentlichen Personenverkehr einschließlich Luft- und Schiffsverkehr, öffentlich zugängliche Terminals und Automaten, technische Geräte des täglichen Gebrauchs, Informations-/Kommunikationseinrichtungen und -dienstleistungen sowie Aus- und Weiterbildungseinrichtungen."

Gab es in der ursprünglichen Regierungsvorlage noch eine ähnliche Definition, so ist man bei der endgültigen Beschlussfassung davon abgegangen, weil Barrierefreiheit im Wesentlichen in die Bauordnungen der Länder fällt und man hier keine Verfassungsänderungen vornehmen wollte. Wie gesagt: Die Bauordnung ist Landeskompetenz und als überzeugter Föderalist tue ich mir einigermaßen schwer, das zu kritisieren. Aber: Wenn die eine Bauordnung Stiegengeländer ab drei Stufen, eine andere aber ab fünf Stufen vorsieht, dann ist eine gewisse Zusammenführung doch notwendig. Das könnte durch § 15A-Verträge zwischen den Bundesländern und dem Bund erfolgen, notfalls würde ich aber auch eine Bundes-Bauordnung in Kauf nehmen. Die Gefahr bei einer solchen Zusammenführung ist natürlich die, daß man sich auf einen Minimalkonsens einigen könnte – das darf nicht passieren, eine Zusammenführung muß auf höchstem Niveau stattfinden – zum Wohle der älteren und der behinderten Menschen. Inzwischen gibt es auf Bundesebene Bemühungen, hier zu rechtlich abgesicherten Regelungen zu kommen.

Barrierefreiheit nützt aber nicht nur behinderten Menschen, sie nützt vor allem auch älteren Menschen und sie nützt Müttern und Vätern mit Kinderwagen. Sie nützt letztlich allen Menschen, weil Unfälle oft auch aus Unachtsamkeit entstehen.

Nähere Ausführungen findet man in ÖNORMEN dazu, nämlich in der ÖNORM B 1600 und B 1601. Die ÖNORM B 1600 ist gerade überarbeitet worden und im September 2003 in neuer Form herausgekommen.

In Wien ist seit 1996 eine „Arbeitsgruppe zur Rechtsbereinigung behindertendiskriminierender Bestimmungen“ eingesetzt, wo ich die Ehre hatte, bis 2001 den Vorsitz zu führen, die sich bereits mehrere Jahre mit der Novellierung der Wiener Bauordnung und des Wiener Garagengesetzes beschäftigt hat. Es wurde ein Entwurf erstellt, der immer wieder seitens der Beamtenschaft – mit dem Argument der Kosten – verwässert wurde. Schließlich ist aber doch eine verbesserte Wiener Bauordnung beschlossen worden.

Es gibt immer wieder Probleme mit der Barrierefreiheit. So ist die Wiener Börse – wo die erste Veranstaltung zur „Seniorensicherheit“ stattfand – über irgendeinen Hintereingang barrierefrei zugänglich, wir haben es im Oktober 2003 aber für unumgänglich notwendig gehalten, durch eine Rampe auch den Vordereingang benützbar zu machen. Dabei war die Rampe wahrscheinlich etwas zu steil, aber es ist dies immer auch eine Raumfrage – also ist eine längere Rampe überhaupt möglich oder gefährdet sie durch ihre Anlage nicht wieder – und nicht zuletzt auch eine Kostenfrage.

Der Anspruch, umfassende Barrierefreiheit zu erreichen, wird sich in Österreich – mit vielen historischen Bauten und alten Häusern – erst in vielen Jahren erreichen lassen, es muß aber 100%ig gewährleistet sein, daß alles, was neu gebaut wird, auch barrierefrei ist. Es sollten bei Nichteinhaltung nicht nur Strafen ausgesprochen werden, sondern der Bauherr sollte gezwungen werden, Bauten, die nicht der Bauordnung entsprechen, wieder abzureißen.

Der Österreichische Seniorenbund hat bereits im Frühjahr 2003 in allen Bundesländern Veranstaltungen durchgeführt, um auf die Aktion Seniorensicherheit aufmerksam zu machen. Es folgten drei große Veranstaltungen in den Bundesländern, in die alle Seniorenorganisationen eingebunden wurden. Eine Ausbildung von Trainern wurde durch das Rote Kreuz durchgeführt und diese Trainer haben Multiplikatoren ausgebildet. Leider – so auch meine persönliche Erfahrung – haben sich als Multiplikatoren relativ wenige SeniorInnen gemeldet, die Teilnehmer kamen überwiegend aus Organisationen, die sich um ältere Menschen kümmern – wie Österreichisches Hilfswerk und Volkshilfe.

Ich führe das vor allem darauf zurück, dass seitens des Ministeriums für die Arbeit der Multiplikatoren keine Geldmittel vorhanden sind. Die Multiplikatoren mussten damit rechnen, nicht einmal die Fahrtkosten ersetzt zu bekommen (es sei denn durch ihre Seniorenorganisation - was aber bei einer breitflächigen Aktion auch deren Finanzen sehr belasten würde), inzwischen dürfte zumindest das überwunden sein. Aber aus diesen Gründen hielt sich auch die Begeisterung für die Ausbildung in Grenzen.

Ich gebe die Hoffnung nicht auf, dass hier seitens des Ministeriums noch Mittel flüssig gemacht werden, denn die höheren Ausgaben würden bei signifikanter Abnahme der Unfälle im Haushalt große Summen einsparen.

Vieles klingt ganz harmlos, aber seien wir uns alle bewusst:
Dies ist eine Sache auf Leben und Tod!

Quellen

Institut „Sicher leben" - Basic facts
(http://(www.kfv.at/index.php?id = 692)
Senioren-Unfallopfer Nr. 1 in Europa (OTS-Aussendung vom 24.2.2006)
Bundesbehindertengleichstellungsgesetz
Bauordnungen der Bundesländer
ÖNORM B 1600 und B 1601

Gerhard Silberbauer

Geboren 1936 in Wien. Als Werkstudent an der Universität Wien. 1956 – 2001 Bediensteter des Landes Niederösterreich. 1959 Promotion. 1972 Leiter der Abteilung Raumordnung und Regionalpolitik, 1987 Leiter der Gruppe Raumordnung und Umwelt. Langjährige nebenberufliche Tätigkeit in Unternehmungen, an denen das Land NÖ beteiligt war: Prokurist beim Verkehrs-Verbund Ostregion (VOR), Geschäftsführer bei der AVN. In leitender Funktion in zahlreichen Fachgremien tätig, jahrelange Leitung eines Instituts für Regionalforschung und Regionalplanung. Planung der NAFES (ARGE von Land NÖ und Wirtschaftskammer NÖ), 3 Jahre Vorsitzender des Fachbeirates ebendort. 2001 „EU-Erweiterungsbeauftragter des Landes NÖ“.

Probleme der regionalen Segregation von SeniorInnen und einige Vorschläge, was man tun könnte

Am Beispiel Niederösterreichs soll zunächst auf Probleme hingewiesen werden, die sich durch eine zum Teil sehr hohe regionale Segregation von Senioren und Seniorinnen ergeben. Aus Groß- und Mittelstädten kennt man seit langem das Erscheinungsbild abgewohnter, oft gründerzeitlicher Wohnviertel, das durch einen hohen Ausländeranteil mit einem ebenso hohen Anteil älterer Menschen geprägt wird. Eines der wichtigsten Ziele vieler Stadtentwicklungskonzepte ist eine möglichst gute soziale und altersmäßige Durchmischung der Stadtbevölkerung. Das Konzept der sozial-räumlichen Segregation (Entmischung) wurde bereits im Europa des 19. Jahrhunderts (Emile Durkheim und andere) entwickelt, in den Zwanzigerjahren vor allem von der berühmten Chicagoer Schule (Robert E. Park, Ernest W. Burgess) für „stadtökologische Forschungen" genutzt und fand über diesen Umweg auch in Europa Eingang in stadtsoziologische und stadtplanerische Prozesse.

Über die Konfliktträchtigkeit des Nebeneinanders von älteren und zugewanderten Menschen in Großstädten wurde und wird viel diskutiert.

Weniger im Vordergrund der gesellschaftlichen Aufmerksamkeit stand bisher die regionale Segregation älterer Menschen in peripheren ländlichen Gebieten, wie anhand des nördlichen niederösterreichischen Grenzlands exemplarisch gezeigt werden soll. Hier weisen die über Sechzigjährigen in vielen Gemeinden vergleichsweise extrem hohe Anteile an der Bevölkerung auf.

Ursachen: Jahrzehntelange Abwanderung der jüngeren Bevölkerung, hauptsächlich aufgrund des in quantitativer und qualitativer Hinsicht unzureichenden Arbeitsplätzeangebotes und des Fehlens zumutbarer Möglichkeiten des Tagespendelns, vor allem im Waldviertel. Es handelt sich hier um eine Langzeitwirkung der fast ein halbes Jahrhundert lang undurchlässigen Staatsgrenze.
Folgen: Bevölkerungsverluste mit einer erheblichen Ausdünnung der gesamten Dienstleistungsinfrastruktur in den kleineren Orten

und damit auch der Möglichkeiten für soziale Kontakte vor allem für ältere Menschen, die zurückblieben.

Fährt man durch die meist kleinen Ortschaften dieser Grenzlandregionen, bekommt man oft kaum eine Menschenseele zu Gesicht. In manchen Pfarren gibt es nur mehr ganz wenige Erstkommunionkinder. Nach meiner persönlichen Erfahrung ist die Vereinsamung der dort lebenden älteren Menschen kaum irgendwo anders größer. Von den 50 Orten bzw. Zählsprengeln mit den höchsten niederösterreichischen Anteilen an über Sechzigjährigen, die sich zwischen 40 und 60 Prozent bewegen, liegen 33 im nördlichen Grenzgebiet. Erfahrungsgemäß ist diese regionale Segregation von Senioren und Seniorinnen auch mit erheblichen regionalen Disparitäten in der Lebenserwartung älterer Menschen verbunden. Alleingelassene sterben früher!

Neben den üblichen sozialen Maßnahmen zur Milderung der negativen Auswirkungen extremer Segregation älterer Mitbürger, die aus Kostengründen nicht immer ausreichend zum Einsatz kommen, wären folgende zusätzliche Maßnahmen wünschenswert:

Einrichtung von Service-Pools durch aktive Senioren und Seniorinnen, an denen aber auch Junge mitarbeiten. Senioren und Seniorinnen sollen aktiv als Dienstleister wie auch passiv als Nutzer teilnehmen können. Diese Service-Pools werden allerdings in Gemeinden bzw. Orten mit starker Segregation älterer Menschen verstärkter professioneller Unterstützung bedürfen.

Der Aufgabenbereich eines Service-Pools könnte u.a. folgende Aktivitäten umfassen:

- Haushaltshilfen (Einkaufen, Bügeln, Gartenpflege, etc.),
- Gesundheitsbetreuung und –pflege,
- Gegenseitige Hilfen: Nachbarschaftshilfen,
- Bildungsangebote und Kurse speziell für Ältere,
- Pensionisten und Pensionistinnen für Aufgaben in der Gemeinde aktivieren,
- Einbindung Älterer ins Gemeindegeschehen, um von deren Erfahrungen zu profitieren,
- Forcierte Kombination von Seniorenheimen und offener Altenbetreuung,
- Kinderbeaufsichtigung durch Senioren und Seniorinnen,

- Zugverdienstmöglichkeit durch Funktionsübernahmen im Service-Pool,
- Einsatz einer bewährten, in jüngster Zeit etwas in Vergessenheit geratenen, früher von Historikern getragenen Aktion, die unter der Bezeichnung „Erzählte Lebensgeschichte" älteren Menschen die willkommene Möglichkeit bot, über ihr Leben zu berichten und den Jungen zu vermitteln, wie man früher lebte und welche Schicksale, aber auch welche Leistungen das Leben der älteren Mitbürger prägten.

Auch raumstrukturelle Maßnahmen – wie sie in Niederösterreich seit langem forciert werden – sind äußerst wichtig, wie z.B. die Förderung regionaler Schwerpunkte, eine Strategie, die auch unter dem etwas verwirrenden Slogan „Dezentrale Konzentration" seit Jahrzehnten in Raumplaner-Fachkreisen angepriesen wird, da und dort beachtliche Erfolge gebracht hat, aber aufgrund ihrer langfristigen Wirksamkeit einen langen Atem und besondere Konsequenz und Zähigkeit verlangt. Sie läuft darauf hinaus, regionale Zentren zu fördern, die sicherstellen, dass eine Region vor allem an ihren wichtigsten Standorten (z.B. in zentralen Orten vom Rang der Verwaltungsbezirkshauptorte) eine möglichst gute Versorgungsqualität in Bezug auf die kulturelle, soziale, gesundheitliche und wirtschaftliche Infrastruktur bieten kann. Dies soll die Nachteile abfedern, die sich daraus ergeben, dass das Ausstattungsniveau mit Dienstleistungen in vielen kleineren Orten aufgrund der allgemeinwirtschaftlichen Entwicklungstendenzen und der notwendigen Rationalisierungsmaßnahmen staatlicher Stellen abnimmt.

Auch wenn ein alter Mensch stationäre Betreuung braucht, soll er möglichst wohnsitznahe versorgt werden können. Jung und Alt sollen aber darüber hinaus in möglichst günstiger Erreichbarkeit das an Dienstleistungen vorfinden, was für eine den heutigen Ansprüchen genügende Lebensqualität vonnöten ist. Was an Einkaufsmöglichkeiten an solchen zentralen Standorten erforderlich ist, etabliert sich dort von selbst, nachdem rundherum die kleineren Geschäftseinheiten – doch dagegen scheint kein Kraut gewachsen zu sein – längst ihre Rollläden für immer heruntergelassen haben. Es ist aber gelungen, auch eine ausgezeichnete öffentliche Dienstleistungsinfrastruktur (Krankenanstalten, Pensionisten- und Pflegeheime, Bildungs- und Kultureinrichtungen etc.) unter Einsatz hoher öffentlicher Mittel bereitzustellen. Der Nachteil für die Senioren und Seniorinnen in den von der „Alterssegregation" besonders betroffenen kleinen Orten besteht freilich darin, dass für viele von ihnen die regionalen Zentren kaum erreichbar sind.

Weil die bestehenden Zentren in Niederösterreich aber im Vergleich zu nahegelegenen Groß- und Mittelstädten jenseits der Grenze verhältnismäßig klein sind, d.h. die 10.000-Einwohner-Marke kaum überschreiten, wird sich mit dem weiteren Erstarken der Wirtschaft im südböhmischen, südmährischen und westslowakischen Gebiet und der dadurch zunehmenden wirtschaftlichen Konkurrenz der Stellenwert der niederösterreichischen Städte nördlich der Donau nur dann halbwegs aufrecht erhalten lassen, wenn weiter wie bisher besondere Anstrengungen unternommen werden.

Vom Grenzland abgesehen, zeigt sich im übrigen Niederösterreich ein höherer Anteil von Gemeinden mit über Sechzigjährigen vor allem in bevorzugten Wochenendhausgebieten im Umland von Wien und im südlichen Niederösterreich (wie Semmering, Bucklige Welt, Schneeberggebiet, Wechsel, Mariazellerbahn-Gebiet, Eisenwurzen, Wachau, Wienerwald).

Die Ursachen: Nach Eintritt in den Ruhestand ziehen sich viele der früheren „Zweitwohnsitzer" in ihre Häuser auf dem Land zurück, die ihnen zwar meist einen höheren Wohnkomfort bieten als die Stadtwohnung, oft aber auch mit infrastrukturellen Nachteilen verbunden sind. Meist ist die Segregation älterer Menschen hier aber im Gegensatz zu jener des nördlichen Grenzlandes mit weniger Defiziten in Bezug auf soziale Kontakte verbunden, weil hier die Orte im Durchschnitt größer und die Verkehrsverbindungen besser sind. Viele vor allem der jüngeren Seniorinnen und Senioren engagieren sich lebhaft in ihrer Nachbarschaft, in ihren Gemeinden und dortigen Organisationen bzw. Vereinen und bilden oft das Rückgrat einer gut funktionierenden Freiwilligenhilfe.

Untersucht man die Veränderung des Anteils der über Sechzigjährigen zwischen 2001 und 2005, so zeigt sich, dass die höchsten Zunahmen in den Zweitwohnsitzgemeinden rund um

Wien und in den bevorzugten Erholungsgebieten vor allem im Süden Wiens auftraten (rund vier und mehr Prozent Steigerung z.B. in Raasdorf (Marchfeld), Biedermannsdorf, Breitenfurth bei Wien, Bisamberg, Purkersdorf, Perchtoldsdorf, Wiener Neudorf). Damit kündigt sich an, was an Zuwächsen bei der über 60-jährigen Bevölkerung in nächster Zeit zu erwarten sein wird. In absehbarer Zukunft werden immer stärkere Geburtenjahrgänge ins Pensionsalter eintreten, nämlich die Baby-Boom-Jahrgänge der 1950er und 1960er Jahre.

Für den Seniorenbund könnte in Niederösterreich vor allem in Gebieten, die durch einen hohen Anteil an bisherigen Wochenendhäusern gekennzeichnet sind – und das ist auch ein niederösterreichisches Spezifikum –, ein hohes Potential an möglichen Ansprechpartnern und Mitarbeitern vorhanden sein, zumal nicht nur die Altersklasse der über Sechzigjährigen, sondern auch der 50- bis 70-Jährigen hier in vielen Gemeinden sogar höhere Anteile aufweist als im nördlichen Niederösterreich.

Insgesamt soll sich der Anteil der über Sechzigjährigen in ganz Niederösterreich laut Prognose der Statistik Austria von 23,1 Prozent im Jahre 2004 bis zum Jahre 2050 um 11,1 Prozent erhöhen, das sind um fast 7 Prozent mehr als in Wien (!), was auf die – vor allem außerhalb des Wiener Umlandes – wesentlich schwächere Zuwanderung von Ausländern zurückzuführen ist.

Aus diesem Grunde sollte auch verstärkt darüber nachgedacht werden, wie durch eine flexiblere Zuwanderungspolitik der Segregation älterer Menschen vor allem im Norden Niederösterreichs entgegengewirkt und für eine bessere altersmäßige Durchmischung der Bevölkerung gesorgt werden könnte. Denn ärger als einem gewissen Konfliktpotential durch Menschen anderer Kultur und Lautstärke ausgesetzt zu sein, ist es, völlig isoliert und vereinsamt leben zu müssen.

Wolfgang Haupt

Oberst, geb. 1961 in Wien. Nach der Matura, 1981, Eintritt in Exekutivdienst. 1986–1987 Ausbildung zum Kriminalbeamten; 1992–1993 Sicherheitsakademie, Ausmusterung als Offizier des Exekutivdienstes; 1995–2002 Leiter der Kriminalbeamtenabteilung der Wirtschaftspolizei; Leitender Kriminalbeamter der EBT; 2000–2002 Aufbau als Gründungsmitglied des österr. Bundeskriminalamtes. Zahlreiche nationale und internationale Spezialausbildungen und Fortbildungsseminare. Seit 2002 Leiter der Kriminaldirektion 3 des Landeskommandos Wien; seit 2003 Präsident des Offizierklubs der Sicherheitsexekutive Österrreichs; seit 2005 Bezirksrat der VP in Wien-Donaustadt.

Sicherheit und Hilfe

„Es muss deutlich werden, dass Polizeiarbeit ein hoher Dienst an der Gesellschaft ist.“[1]

Über 20.000 Polizistinnen und Polizisten sorgen für die Sicherheit der Österreicherinnen und Österreicher. Mehr als 1000 Polizeiinspektionen österreichweit sind Ansprechstellen für alle Angelegenheiten der Inneren Sicherheit im Bereich der Kriminalitätsbekämpfung, der Hilfeleistung, der Gefahrenabwehr und der Prävention. Mit mehr als 4.500 Autos und Motorrädern fahren Polizistinnen und Polizisten zu ihren Einsätzen oder sind damit auf Streife in den Regionen Österreichs. Auf den Seen und Flüssen sorgt die Polizei mit über 70 Motorbooten und anderen Wasserfahrzeugen für Ihre Sicherheit.

Martha R., 71, Volksschullehrerin in Pension, wartet in Wien-Mariahilf, Ecke Gumpendorfer Straße – Mariahilfer Gürtel. Neben ihr steht eine gebrechliche, gepflegte alte Dame, Mitte der 80er. Sie ist sichtlich nervös, hält eine Handtasche in ihren Händen und spricht dauernd auf Martha R. ein. Fast wäre sie Opfer eines Handtaschenraubes geworden. Martha R. hat den Vorfall beobachtet. Das, was sie zuletzt bei der Informationsveranstaltung im Seniorenheim von der Wiener Polizei gelernt hat, hat jetzt der alten Frau deren Eigentum gerettet. Martha R. hat auch schon den Notruf der Wiener Polizei betätigt. Sie hat von ihrem Mobiltelefon aus einfach die Nummer 133 gewählt. Sie weiß auch, dass es in Österreich keinen Notrufmissbrauch gibt. Martha R. weiß ebenso aus Erfahrung, dass sie es am Notruf mit freundlichen und erfahrenen Polizistinnen und Polizisten zu tun hat. Und sie weiß auch, dass im Falle des Notrufes die Polizei im innerstädtischen Bereich spätestens in 4-5 Minuten anwesend ist. Das gibt ihr Sicherheit. Der alten Frau lässt sie diese subjektiv gefühlte Sicherheit bewusst spüren, denn sie hat Vertrauen zur Polizei. Die beiden bereits nach 3 Minuten eintreffenden Rayonsinspektoren des „Friedrich1“ bieten der alten netten Frau Sicherheit und Hilfe an.

Seniorinnen und Senioren verbinden mit Sicherheit durchaus ganz unterschiedliche Werte. Als besonders wichtig wird in diesem

Zusammenhang der subjektive Wunsch nach Gesundheit, finanzieller Unabhängigkeit und Freiheit genannt. Um diese Anliegen auch tatsächlich unbeschwert genießen zu können, rückt für die meisten älteren Menschen das subjektive und gesellschaftliche Verlangen nach persönlicher Sicherheit in den Vordergrund. Denn Sicherheit gehört zu den wichtigsten Grundbedürfnissen der Menschen und ist Bestandteil einer ganz persönlichen Lebensqualität.

Ein Wunsch, der auch bei der Polizei an oberster Stelle gereiht ist. Am besten, Straftaten können durch professionelle Arbeit und kompetente Beratung überhaupt vermieden werden. Einer der Grundgedanken der Präventionsarbeit ihrer Polizei überhaupt. Das Thema „Sicherheit" beeinflusst unseren Alltag und hat Auswirkungen auf das Lebensgefühl im persönlichen Umfeld. Präventionsarbeit ist eine gesamtgesellschaftliche Aufgabe und soll von jedem Bürger wahrgenommen werden. Aber nur gemeinsam mit Politik, Justiz, Schule, Wirtschaft, Polizei u.v.a.m.,[2] sowie mit großem Eifer und Engagement ist es in Zukunft möglich, die Kriminalität in Österreich auf einem international wirklich herzeigbar niedrigen Niveau zu erhalten. Deshalb müssen die BürgerInnen lernen, mehr für ihre eigene Sicherheit zu tun![3]

Ungeachtet dieser Aufforderung haben die Sicherheitsbehörden einerseits gefährlichen Angriffen auf Leben, Gesundheit, Freiheit, Sittlichkeit, Vermögen und Umwelt vorzubeugen, sofern solche Angriffe wahrscheinlich sind (leg.cit. § 22 Abs.2 SPG[4] i.d.g.F.[5]). Dadurch beauftragt der Gesetzgeber die Sicherheitsbehörden allgemein mit der Vorbeugung absehbarer gefährlicher Angriffe. Es muss also mehr als Nichtausschließbarkeit oder bloße Möglichkeit eines gefährlichen Angriffes vorliegen. Den Sicherheitsbehörden obliegt aber auch zur Vorbeugung gefährlicher Angriffe gegen Leben, Gesundheit und Vermögen von Menschen die Förderung der Bereitschaft und Fähigkeit des Einzelnen, sich über eine Bedrohung seiner Rechtsgüter Kenntnis zu verschaffen und Angriffen entsprechend vorzubeugen (leg.cit. § 25 Abs.1 SPG i.d.g.F.). Darüber hinaus obliegt es ihnen auch, Vorhaben, die dieser Vorbeugung dienen, zu fördern. Das bedeutet, dass der Gesetzgeber die Sicherheitsbehörden zur „kriminalpolizeilichen Beratung" verpflichtet. Ein Rechtsanspruch des Einzelnen auf kriminalpolizeiliche Beratung kann allerdings daraus nicht abgeleitet werden[6]. In erster Linie zählt dazu die seriöse und der Realität entsprechende Aufklärung darüber, welche Gefahrenpotentiale überhaupt existieren, welche zukünftigen Entwicklungen vorhergesehen und welche Lösungen gemeinsam erarbeitet werden können.

Anfang 2004 startete zum Beispiel das Projekt „Sicherheit für SeniorInnen“ der Wiener Polizei. Grundlage dazu bot die Beobachtung der Entwicklung bestimmter Deliktsgruppen aus dem Eigentumsbereich und die intensive Beobachtung des Täter- und Opferverhaltens. Analysen ergaben, dass SeniorInnen vermehrt Opfer bestimmter Straftaten wurden. Vorwiegend handelte es sich dabei um Taschendiebstahl, Handtaschenraub, Eigentumsdelikte im Anschluss an die Bargeldbehebung in Banken und beim Bankomaten, Trickdiebstahl und Wohnungsdiebstahl. Gemäß dem Motto, Prävention ist gesamtgesellschaftliche Aufgabe, wurden, von der Polizei initiiert, eine Unzahl von Partnern angesprochen und, gemeinsam mit diesen, Lösungen erarbeitet. Sowohl Banken, die Wirtschaft, Seniorenorganisationen, soziale Einrichtungen, die Kirche u.v.a.m. wurden in die polizeilichen Bestrebungen, die Entwicklung dieser Kriminalitätsformen zugunsten der SeniorInnen wesentlich zu verändern, proaktiv eingebunden und zur Zusammenarbeit eingeladen. Letztendlich wurden bei einer zentralen Seniorenveranstaltung auch die wesentlichsten Bedürfnisse der Seniorinnen und Senioren erfragt und akribisch notiert. Ergebnis des Projektes war die Entwicklung einer eigenen Broschüre „Sicherheitstipps für SeniorInnen“, die Entwicklung von Informationsblättern für Banken und soziale Einrichtungen, die Installierung von so genannten Seniorenbetreuern bei der Wiener Polizei als Erstansprechpartner und Berater und die Intensivierung von Informationsveranstaltungen in den Bezirksvertretungen, Seniorenheimen, Seniorenklubs und lokalen Seniorenorganisationen. Neben zielorientiert geplanten repressiven Maßnahmen wurden auch die Einzelberatungen und die Anwesenheit bei Messen und Veranstaltungen forciert. Ergebnis der Maßnahmen war:

1. die Eindämmung der Deliktshäufigkeit,
2. eine Steigerung des subjektiven Sicherheitsgefühles der Seniorinnen und Senioren und
3. die Verbesserung der Kommunikation zwischen SeniorInnen und der Polizei.

Begleitend dazu lassen sich aus der Kriminalstatistik der Kalenderjahre 2004 und 2005 auch folgende Zahlen ablesen. Während im Jahr 2004 im Vergleichszeitraum zu 2003 die strafbaren Handlungen gegen fremdes Vermögen nur um -0,1 % zurückgingen, war im Kalenderjahr 2005 ein dickes Minus von 7,4 % zu verzeichnen. Die in den ersten Monaten 2006 zu beobachtenden Zahlen sind tendenziell weiter rückläufig. Ähnlich verhält es sich auch bei den strafbaren Handlungen gegen Leib und Leben und gegen den Geldverkehr, wobei bei Ersteren 2005 ein Rückgang um -0,6 % und bei Zweiteren einer um -6,4 % zum Vergleichszeitraum 2004 zu veranschlagen waren.

Die Polizei arbeitet im Auftrag der Bürgerinnen und Bürger, nicht nur mit selbst erstellten Statistiken, sondern wendet auch Ergebnisse von externen Studien an. So etwa ergab die Studie des Grazer Universitätsprofessors Dr. Krainz bei einer Befragung von Einbrechern in der Strafanstalt „Karlau“, dass Alarmanlagen mit und ohne stillen Alarm am besten vor Einbruch schützen, weil die TäterInnen selbst am meisten Respekt vor entsprechend sichtbaren Alarmeinrichtungen haben. Ähnlich verhielt es sich bei der Anwesenheit eines Hundes im Objekt. Auch die Gegenwart von Polizeidienststellen erhöhte, wenn man so will, das subjektive Unsicherheitsgefühl der TäterInnen.

Ebenso interessant und aussagekräftig erscheint der Polizei im Kampf gegen die Kriminalität aber auch die Analyse der „modi operandi“, also der Arten und Weisen, wie TäterInnen bei der Verwirklichung der Straftaten vorgehen. So gelangen zum Beispiel im Bereich des Wohnungseinbruchs die TäterInnen am häufigsten durch Aufbrechen der Wohnungstüre und der Sperrvorrichtungen in die Wohnungen der Opfer. Vergleichbar dazu werden Wohnungstüren in verschwindend geringen Prozentzahlen nachgesperrt. Bei Wohnhäusern werden zum Beispiel wesentlich mehr Fenster aufgebrochen, nur sehr selten brechen die TäterInnen durch Eingeschlagen des Fensterglases ein. Beim Strassenraub und Taschendiebstahl ist der häufigste „modus operandi" das Entreißen von Handtaschen und das Bedrohen und Auffordern der Opfer zur Herausgabe von Gegenständen. Nur in seltenen Fällen wird dabei dann wirklich Gewalt gegen Personen angewendet.

Andere Analysen geben Auskunft über die gestohlenen Gegenstände, die sehr häufig oder weniger häufig von den TäterInnen verlangt werden. So sind in Wohnungen und Häusern nach wie vor Schmuck und Bargeld beliebtes Angriffsziel. Ebenso wichtig ist aber auch zu wissen, dass Schlüssel kaum gestohlen werden und sehr häufig auch gar kein Diebsschaden passiert. Ebenso verhält es sich beim Strassenraub/-diebstahl. Häufiges Diebsgut sind Handys, Handtaschen und Bargeld, kaum gestohlen werden Schlüssel.

Wichtig sind die Aussagen und professionellen Interpretationen aus den Analysen, die von den PolizistInnen unmittelbar und aktuell an die Opfer, aber auch an die Seniorinnen und Senioren weitergegeben werden. Natürlich auch um Tatsachen zu vermitteln und um zu beruhigen. Denn es kann daraus abgeleitet werden, dass Österreich eines der sichersten Länder der Welt ist. Es ist daraus zu schließen, dass Seniorinnen und Senioren, Bürgerinnen und Bürger sich in Österreich in einem sehr hohen Maße sicher fühlen können. Es ist aber auch daraus zu schließen, dass diese erlebte und tatsächlich messbare Sicherheit durch entsprechendes eigenes Verhalten noch wesentlich verbessert und erhöht werden kann. Deshalb ist es für die Polizistinnen und Polizisten genauso wichtig, über richtiges Verhalten zum Schutz des Eigentums und der körperlichen Unversehrtheit zu informieren und zu beraten.

Die kriminalpolizeiliche Beratung ist eine Dienstleistung, die in der Praxis von hervorragend ausgebildeten Seniorenbetreuern, PräventionsbeamtInnen im Eigentumsbereich, von RayonsbeamtInnen und den SpezialistInnen der Kriminalpolizeilichen Beratung angeboten werden. In jedem Fall ist die Beratung kompetent, produktunabhängig und kostenlos. In Wien können Seniorinnen und Senioren sogar in einem Kriminalpolizeilichen Beratungszentrum[7], einem Geschäft für „persönliche Sicherheit", ihre subjektiven Wünsche und Anliegen kommunizieren und zugleich Sicherheitstechnik, also Mechanik und Elektronik. persönlich erfahren. Besonders wichtig ist den engagierten MitarbeiterInnen aber zu vermitteln, wie das subjektive Verhalten jedes Einzelnen Kriminalität beeinflussen kann. Dabei sind Hilfe zur Selbsthilfe, Nachbarschaftshilfe, Vertrauen und Zivilcourage wichtige Eckpfeiler von Informations- und Beratungsgesprächen.

Als Beratungsunterstützung stehen unzählige Informationsbroschüren zur Verfügung. Im Anschluss an den Artikel seien einige davon, inklusive einer Auswahl an Sicherheitstipps, angeführt.

Frau Martha R. hat bereits gelernt! Sie hat gelernt, die Umgebung zu beobachten und Verdächtiges wahrzunehmen. Sie hat auch gelernt, ihr Vertrauen zu kontrollieren. Besonders wichtig war aber, dass Martha R. der alten Frau Sicherheit und Geborgenheit zuteil werden ließ, ihr half und mit ihr an einen Ort gelangte, an dem mehr Menschen auf der Straße waren. Martha R. hat der netten alten Frau auch den Tipp gegeben, die Handtasche quer über die Brust zu halten und beide Hände auf sie zu legen. Damit hat sie einen potentiellen Dieb abgehalten, der alten Frau die Tasche zu entreißen. Martha R. hat aber auch die Personsbeschreibung der verdächtigen Person in ihrem Gedächtnis notiert und teilte diese bei der Erstbefragung den Rayonsinspektoren mit. Durch das couragierte Verhalten hat Martha R. in weiterer Folge mitgeholfen, einem lange gesuchten Dieb das Handwerk zu legen. „Wenn Sie wollen," sagt Martha R. zur alten Frau, „nächste Woche ist ein Termin im Seniorenheim. Thema ‚Sicherheit für SeniorInnen'. Begleiten Sie mich dorthin? Und bitte nicht zuviel Bargeld mitnehmen!"

Martha R. hat es schon verstanden das Zitat: „Zusammenkommen ist ein Beginn, zusammenbleiben ein Fortschritt, Zusammenarbeiten ist ein Erfolg".[8] Das ist Anliegen ihrer Polizistinnen und Polizisten. Also: Sicherheit und Hilfe!

Für weitere Informationen:

Im Internet: *www.bmi.gv.at; www.polizei.at*
Broschüren: „Sicherheitstipps für SeniorInnen“: gibt Ihnen wichtige Informationen, wie Sie durch richtiges Verhalten die Gefahr verringern können, Opfer einer Straftat zu werden. Sie beschäftigt sich mit „Vorsicht Raub“ in der Wohnung, in der Bank und beim Bankomaten, mit „Achtung Betrug!“ und „Vorsicht Diebstahl!“ Die Broschüre beinhaltet wichtige Sicherheitstipps.
Wie zum Beispiel:

- Öffnen Sie Fremden niemals die Türe – Türkette oder Sperrbügel vorlegen!
- Lassen Sie sich von Verwandten und guten Bekannten zur Bank begleiten!
- Achten Sie auf die Diskretzone!
- Lassen Sie sich von „Amtspersonen“ – auch uniformierten – den Dienstausweis zeigen!
- Braucht angeblich jemand dringend Hilfe, rufen Sie die Rettung (144) oder die Polizei (133)!
- Lassen Sie niemanden in ihre Wohnung!
- Nehmen Sie immer nur soviel Bargeld mit, wie Sie unbedingt benötigen!
- Benützen Sie den bargeldlosen Zahlungsverkehr (z.B. Erlagscheine)!
- Lassen Sie sich nie nach Einkäufen oder Bankbesuchen von fremden Personen die Einkaufstasche abnehmen!

„Sicherheitstipps für Urlauber“: In der Broschüre sind wichtige Tipps und praktische Ratschläge zum Schutz des Eigentums und der persönlichen Sicherheit enthalten, damit die „schönsten Wochen des Jahres“ ungestört genossen werden können.
Wie zum Beispiel:

- Achten Sie darauf, dass Fenster und Türen gut versperrt sind!
- Legen Sie eine Liste mit genauer Beschreibung und Fotos ihrer Wertgegenstände an!
- Vermeiden Sie Zeichen einer längeren Abwesenheit, z.B. durch Nachbarschaftshilfe!

- Lassen Sie Ihre Wertgegenstände, Dokumente und Handgepäck nie unbeaufsichtigt!
- Achten Sie auf Ihre Bankomat- und Kreditkarten; melden Sie den Verlust sofort!
- Informieren Sie sich über die Notrufnummern Ihres Urlaubslandes und über die Adresse der nächsten österreichischen Vertretungsbehörde!
- Deponieren Sie Ihre Wertgegenstände am besten im Hotelsafe!
- Tragen Sie Handtaschen, Fotoapparate und dergleichen so, dass sie Ihnen nicht leicht entrissen werden können; am sichersten verwahren Sie Geld und Reisedokumente in speziellen Gürteltaschen!

„Tipps zur Verhinderung von Wohnungseinbrüchen":

- Vermeiden Sie Zeichen Ihrer Abwesenheit, z.B. durch Nachbarschaftshilfe!
- Verstecken Sie Ihren Schlüssel nicht unter der Fußmatte!
- Notieren Sie Gerätenummern in einem Eigentumsverzeichnis und fotografieren Sie die Gegenstände!
- Nur hochwertige Schlösser und Schließzylinder bieten ausreichenden Einbruchsschutz; aber nur dann, wenn sie fachgerecht montiert sind!
- Optimalen Schutz bieten einbruchshemmende Türen; empfehlenswert sind nach Ö-Norm B 5238 geprüfte Sicherheitstüren ab der Widerstandsklasse (WK) 3!
- In Wohnungen wird in der Regel bei die Eingangstüre eingebrochen; bei schlecht gesicherten Türen reicht als Einbruchswerkzeug ein Schraubenzieher aus!
- Das Klischee vom nächtlichen Einbrecher stimmt nicht mehr; ein beträchtlicher Teil der Wohnungseinbrüche wird bei Tageslicht verübt!

Anmerkungen

[1] Edmund Stoiber, 1993

[2] und vielen anderen mehr

[3] Hagen Saberschinsky, Polizeichef von Berlin, 1993

[4] Sicherheitspolizeigesetz

[5] in der geltenden Fassung

[6] Erläuterungen Sicherheitspolizeigesetz samt Verordnungen für Exekutivorgane, Hauer/Keplinger

[7] Adresse: A-1070 Wien, Andreasgasse 4

[8] Henry Ford, Autoindustrieller (1863 – 1947)

Franz Kolland

Geboren 1954, Lebenslauf- und Bildungsforschung. Promotion und Habilitation an der Universität Wien. Seit 1998 a.o. Professor für Soziologie, Sozialwissenschaftliche Fakultät, Wien. 1999–2005 wissenschaftlicher Leiter des Ludwig Boltzmann-Instituts für Lebenslaufforschung Wien. Sprecher des Arbeitskreises Geragogik der Deutschen Gesellschaft für Gerontologie; Mitglied der UN-Task Force on Ageing; Beiratsmitglied der Zeitschrift für Gerontologie und Geriatrie; Beiratsmitglied des Universitätslehrgänges „Interdisziplinäre Gerontologie“ in Graz

Lernen und Bildung im späten Leben – ein Weg mit vielen Zielen

Welchen Sinn hat Lernen im Alter? Zahlt es sich aus oder ist Bildung im Alter eine Art gesellschaftlicher Luxus? Welche Effekte können nachgewiesen werden?

Noch nie waren die Alten so jung wie heute, noch nie waren die Erfahrungen der Alten so wenig wert wie in der Gegenwart. Die jungen Generationen lehren die älteren, wie die Welt „funktioniert" – sei es Internet, sei es DVD, sei es Mobiltelefonie oder sei es die Globalisierung. Gelernt wird der Gebrauch neuer Technologien, die zunehmend auch die älteren Menschen erreichen. Noch ist von „digitaler Spaltung" die Rede, womit gemeint ist, dass die älteren im Vergleich zu den jüngeren Menschen einen geringeren Zugang zu neuen Technologien haben.

Einleitung

Seit den 1970er-Jahren finden wir in den Industriestaaten einen Strukturwandel in der Bildungsbeteiligung. Gekennzeichnet ist dieser Wandel durch einen deutlichen Anstieg der Beteiligung von Personen im mittleren und höheren Alter an formalen Bildungsprozessen. Wenngleich sich „lebenslanges Lernen" vorerst noch stärker auf Berufsqualifizierung von Erwerbstätigen richtet, so ist nicht zu übersehen, dass auch die Bildungsnachfrage alter Menschen steigt. Es sind neue Erfahrungen, die zu Bildung herausfordern, sie kommen aus einer hochtechnisierten Arbeits- und Lebenswelt, dem regionalen und städtischen Strukturwandel, dem Wandel der Beziehungen zwischen den Geschlechtern und den Veränderungen in der Freizeitgestaltung. So haben wir also einen Wandel im Begriff des Lernens, in dem vor allem die Unabgeschlossenheit und der Entwicklungscharakter hervorstechen.

Angeregt wird eine Diskussion um eine neue Alterskultur. Sie wird angeregt aufgrund der Pluralisierung des Alters, der Unterscheidung zwischen jungen und alten Alten und der zwischen drittem und viertem Lebensalter. Damit soll auch verdeutlicht werden, dass die Älteren keine homogene, benachteiligte Gruppe darstellen. Die große generative Chance kultureller Gegenwarts- und Zukunftsdeutung als auch Zukunftsgestaltung liegt sowohl im Tatbestand *pluraler* Alterskulturen (Stichwort: Bürgergesellschaft) als auch im Potential einer *spezifischen* Alterskultur (Stichwort: Generativität).

Gerade eine Betrachtung des Alters, die vom gesamten Lebenslauf ausgeht und die Lebensentwicklung als Chance der Ausweitung und Vertiefung von Interessen und Erhöhung der Selbstbestimmung auffasst, sollte in Prozessen der Kultivierung denken. Es geht nicht nur um Selbstständigkeit und Eigenkompetenz im Alter, es geht darüber hinaus um Selbstbestimmung und Ausschöpfung des Alterspotentials. Alterskultur wird einerseits durch die Integration von Traditionen und andererseits von Neuerungen und Erfahrungen gelebten und bewusst gemachten Daseins ermöglicht. Alterskultur ist Herausforderung zur *individuellen Selbstgestaltung*.

Wesentlich ist, dass sich bei der Untersuchung der Lebensformen des Alters eher vielfältige und widersprüchliche Alterkulturen zeigen denn eine homogene Alterskultur. Ausgebildet werden können individuell und in Rückbindung an Gruppen verschiedenartige Aktivitätsstile. Den vielfältigen *Aktivitätsstilen* kann eine eigenständige Kraft mit eigener Qualität zugeschrieben werden. In diesem Zusammenhang kommt es zu einer Aufwertung der Bildung im späten Leben (Kolland, 2005). Ebenso wie sich nachfolgende Generationen lebenslang weiterbilden müssen, sollten sich auch ältere Menschen Bildungs- und Lernangeboten öffnen.

Die Aufwertung der Bildung beruht erstens auf demografischen Veränderungen, die die *Struktur des Lebenslaufs* beeinflussen. Zu nennen sind hier einerseits die Ausweitung der Altersphase und andererseits die Aufhebung der strikten Trennung und linearen Abfolge von Ausbildung, Beruf und Ruhestand.

Der Bedeutungszugewinn der Bildung im Alter beruht *zweitens* auf *veränderten Bildungsvoraussetzungen*, d. h. günstiger werdenden Lebenslagen-Merkmalen. Die Anhebung des allgemeinen Bildungsniveaus und die insgesamt gestiegene berufliche Qualifizierung in der Gesellschaft erzeugen eine höhere Nachfrage nach Weiterbildung in allen Altersstufen.

Die Aufwertung der Bildung beruht *drittens* auf der heute stärker als in der Vergangenheit spürbaren professionellen Beschäftigung mit Altern und Alter. Dazu gehört die auf wissenschaftlichen Erkenntnissen beruhende differenzielle Sicht des Alternsprozesses, worunter zu verstehen ist, dass es im Alternsprozess deutliche Unterschiede zwischen den Individuen gibt. Gezeigt werden kann, dass sich Bildung sowohl auf Gesundheit, soziale Integration als auch Lebenszufriedenheit positiv auswirkt (Kolland 2005).

Bildung in der Wissensgesellschaft

In traditionalen Gesellschaften spielen Fragen der in Institutionen stattfindenden Bildung und Erziehung für die große Mehrheit der Bevölkerung nicht jene bedeutende Rolle, die ihnen in modernen Gesellschaften zukommen. In der modernen Gesellschaft – und hier insbesondere in den Großstädten – hat eine bestimmte Form von Bildung, die sehr stark wissenschaftlich orientiert ist, traditionale Leitbilder und Entwürfe der Lebensführung abgelöst. Beschleunigter gesellschaftlicher Wandel und größere Mobilität sind einerseits Folge, andererseits Voraussetzung für ein geändertes Bildungssystem, dessen Sogwirkung noch immer nicht abgeschlossen ist.

Das Bildungssystem entwickelte sich über die Zuteilung von Berechtigungen zudem zu einem zentralen Ort der Statuszuweisung und Vermittlung von Lebenschancen. Das 20. Jahrhundert lässt sich im Hinblick auf Bildung durch einen mehrfachen Strukturwandel kennzeichnen. Erstens wurden Bildungszertifikate zu einem zentralen Element der sozialen Positionierung und des intergenerationellen Aufstiegs. Das zweite Merkmal dieser Bildungsepoche ist die „kognitive Mobilisierung". Die Bildungsexpansion hat im Vergleich zum 19. Jahrhundert ein erhöhtes Maß an Bildsamkeit der Personen hervorgebracht und ermöglicht. Eng damit verknüpft ist eine dritte Eigenschaft, nämlich, dass der Zugang zu Bildung auch sozialen Gruppen möglich wurde, die bis dahin weitgehend ausgeschlossen waren. Zu diesen Gruppen gehörten zuerst Arbeiter und dann – vor allem in Hinsicht auf höhere Bildung – Frauen.

Im gesellschaftlichen und kulturellen Wandlungsprozess kommt heute dem Lernen Schlüsselbedeutung zu. Wer nicht weiterlernt und umlernt, schließt sich selber aus der Gemeinschaft aus. Weiterlernen ist zu einer zentralen Voraussetzung im Produktionsprozess geworden. Statt nur von Arbeitsteilung sollten wir auch von „Lernteilung" sprechen. Lernen gewinnt vielfach an Bedeutung als Mittel der Daseinsbewältigung. Dies lässt sich an drei Gesichtspunkten zeigen:

Erstens:

Lernen bedeutet heute Informationsgewinn mit zunehmend großen, überindividuellen, technologisch gestützten Speicherwerten. Wir leben in einer Phase einer ins völlig Unüberschaubare – für die Enzyklopädisten des 18. Jahrhunderts unvorstellbar – erweiterten Informatisierung. Das disponierende soziale und kulturelle Gedächtnis ist weit über das menschliche Gehirn hinaus entwickelt worden. Die Enzyklopädisten wollten das Wissen im Menschen (und aushilfsweise in Büchern) gespeichert sehen. Das war die Zeit, da die Lexika erfunden wurden. Heute sind virtuelle Datenbanken Träger des Wissens. Der Mensch wird zum Manipulator dieses gespeicherten Vorrats.

Zweitens:

Wir leben in einer Gesellschaft, in der die Dauerreflexion, das ständige Nachdenken über alles, was geschieht, zur Selbstverantwortung in dieser Gesellschaft gehört, gehören müsste. Gesteigertes Bewusstsein ist nötig, wenn wir uns mit den risikoreichen Techniken nicht selber zerstören wollen. Es ginge dabei auch um eine Stärkung des Selbstbildes und der Selbstwahrnehmung der Älteren. Dazu ist das Selbstverhältnis des Einzelnen zu sensibilisieren und zu klären. Das Hauptziel wäre nicht Anpassung, Integration und Rückschau, sondern die *Auseinandersetzung mit Gegenwart und Zukunft*.

Drittens:

Ein enormes Maß von aufbereitetem, informatisiertem Wissen wird uns ununterbrochen entgegen geschoben. Dieses ist aus der Verarbeitung von wissenschaftlicher Forschung gewonnen und auf eine massenwirksame Art stereotypisiert. Der Überdruss an dieser Art Wissen erfasst uns, wir sehnen uns nach persönlich erworbener und persönlich vermittelter Einsicht, nach einer, die für uns ist und die uns zu ergreifen vermag. Bildung ist hier wichtig, denn wir stehen vor der Paradoxie von Informationsflut und Wissensmangel. Denn Information ist lediglich *mögliches Wissen*.

Vor diesem allgemeinen kulturellen Hintergrund gilt es, sich das (potentielle) Element des Wissens von Älteren zu vergegenwärtigen. Es besteht die Möglichkeit, einen von den genannten informatisierten Kräften verschiedenen Beitrag zum Wissen zu entdecken. Entscheidend wird jene Erfahrung, die sich als persönliche Mitteilung zu gestalten versteht, eine Mitteilung, die sich nicht nur als Worte und Sätze formuliert, sondern auch als innere Haltung vermittelt.

Gegenüber Informatisierung und Medienhörigkeit des Wissens, die die Ausbildung einer eigenen Sprach- oder Erlebniswelt verbauen können, verlangt es die Selbstverteidigung einer entwickelten Menschheit, dass die persönliche Wissensvermittlung einen entscheidenden Beitrag zur Gestaltung des Weltbilds einer sonst völlig von den Medien beherrschten Öffentlichkeit leistet. Der Kulturbeitrag älterer und hochbetagter Menschen wäre die mittelbare Besonderheit, die nicht reduzierbar ist, die Seltenheit in allgemeiner Form, also Originalität, die als geformte Mitteilung sich aus dem persönlichen Erleben heraus entwickelt.

Wenn die nachberufliche Lebensphase wächst und man etwa halb so lang in der Rente verbringt als in der Arbeit, wenn Jahrzehnte einer solchen Phase zur Verfügung stehen, so müsste innerhalb dieser nachberuflichen Phase, wenn nur einige gesellschaftliche Stützungen dafür gegeben werden, eine eigene Ausprägung von persönlicher Erfahrung, Wissenssuche und Weitergabe von Wissen möglich werden. Altenbildung und „Senioren-Studium" könnten eine Qualifizierung von persönlichem Wissen und ein Zuschleifen von eigenen Auffassungen bringen. Würde diese Bildung wieder nur als durch die Medien zu leistende „Wissensvermittlung" verstanden werden, wäre sie vor dem Hintergrund unseres Zukunfts-Entwurfs verfehlt.

Die weitreichendste Veränderung im Bildungswesen der letzten fünfzig Jahre betrifft jedenfalls den grundsätzlichen Stellenwert der Bildung in der Gesellschaft. Bildung wird nicht mehr länger ausschließlich als Vorbereitung auf ein Später begriffen, sondern als Möglichkeit, auf Bedürfnisse und Erwartungen der jeweils gegenwärtigen Lebenssituation zu reagieren. Das bedeutet, dass sie in jeder Lebensphase einen Wert hat, nicht nur in der Phase der Kindheit und Jugend.

Von der Bildung zum „lebenslangen Lernen"

Begleitet und forciert wird Bildung im Alter vom Anspruch nach lebenslangem bzw. lebensbegleitendem Lernen. Es geht um eine breitere Partizipation der Bevölkerung an der sich rasch entwickelnden „Informations- und Wissensgesellschaft".

Der Begriff lebenslanges Lernen geht prinzipiell vom Erfahrungslernen aus, d.h. Lernen beginnt nie an einem Nullpunkt, sondern greift auf frühere Erfahrungen und auf Bekanntes zurück. Während die ursprüngliche Begründung des lebenslangen Lernens auf einen persönlichen Anspruch der Selbstverwirklichung gerichtet war, entwickelte sich daraus immer mehr die Forderung, weiterlernen zu *müssen*, wobei dies nicht notwendig an formelle Strukturen gebunden ist. Sehr häufig ist in diesem Zusammenhang von eigenverantwortlichem bzw. selbstgesteuertem Lernen die Rede. Gegenüber dem alltäglichen Erfahrungslernen wird aus fachwissenschaftlicher Perspektive erst dann von Lernen gesprochen, wenn das Erworbene nicht sofort wieder verloren geht, sondern auch über eine bestimmte Situation hinaus so erhalten bleibt, dass im Weiteren an diesem neuen Niveau angesetzt werden kann. Ein solches Lernen ist vom beiläufigen Lernen zu unterscheiden, bei dem das Lernen nicht als Handlungsziel angesehen wird. Das zielgerichtete Lernen ist in bewusster Weise auf den Erhalt und die Verbesserung der eigenen Handlungsvoraussetzungen und Handlungskompetenz gerichtet.

Das über Deutungen sich artikulierende Erfahrungswissen hat seine spezifische Aufgabe in lebensweltlichen Praxiszusammenhängen. Die Plausibilität und Überzeugungskraft der Erfahrung resultiert aus ihrer Situationsgebundenheit. Sie hat sich bei der Bewältigung von lebenspraktischen Problemen „bewährt". Die Erfahrung ist in dieser Hinsicht wertvoll, weil die

Person aus ihr etwas gelernt hat. Andererseits verweist Erfahrung auch auf einen mühsamen Aneignungsprozess, verweist auf ein flexibles, sich selbst verwirklichendes und ständig auf der Suche befindliches Individuum. Beim Lernen an Erfahrungen geht es auch darum, die eigenen Erfahrungen als Lernbarrieren zu erfahren, „hinter denen sich verschanzt, wer alles schon zu wissen scheint“ (Böhme, 1982). Es geht also sowohl um die Rigidität von Erfahrungen als auch die Möglichkeit, sich immer neuen Eindrücken und Lernprozessen zu stellen. Überwiegend führt der Weg zur Weiterbildung über die Entwertung bisheriger Erfahrungen, z.B. bei sozialen und persönlichen Krisen. Neue Situationen müssen bewältigt werden. Bisherige Erfahrungen verlieren an Wert, wenn keine angemessene Problemlösungskapazität mehr vorhanden ist.

Die Begründungen der Alternsforschung für lebenslanges Lernen

Die moderne Lebenslaufforschung hat den empirischen Nachweis erbracht, dass Menschen bis ins hohe Alter um- und dazulernen können. Im Rahmen der Berliner Altersstudie untersuchen ForscherInnen in Form einer Längsschnittstudie seit 1990 die Auswirkungen des Alterungsprozesses. Eines der wichtigsten Ergebnisse dieser Untersuchung: Unser Wissen bleibt auch jenseits der 70 ausbaufähig. Selbst längst verloren geglaubte Fähigkeiten und Kenntnisse können ältere Menschen wieder zurückgewinnen. Es ist bis ins hohe Alter möglich, durch wiederholte Trainingsprogramme ein höheres Niveau geistiger Leistungsfähigkeit beizubehalten. Kognitive Leistungseinbußen sind eher Folge von weniger stimulierenden Umwelten als das Resultat alternsbedingter (biologischer) Veränderungen. Ältere Menschen setzen ihre im Lebenslauf erworbene praktische Intelligenz, ihre Weisheit dafür ein, sich ein aktives und erfülltes langes Leben zu ermöglichen. Die Forschungen zeigen, dass in der sozialen und praktischen Intelligenz kein allgemeiner Altersabbau festzustellen ist. Ältere Erwachsene sind vielmehr dazu in der Lage, ihr Wissen weiterzuentwickeln, auszubauen und ihr Leistungsniveau auf einem hohen Niveau zu halten. Nicht

Abbau, Hilfebedürftigkeit oder Disuse kennzeichnen demnach das Alter, sondern vielmehr die Aufrechterhaltung von *Fähigkeiten und Fertigkeiten,* die dem Älteren eine „sinnvolle Wahrnehmung sozialer Aufgaben" ermöglichen.

Durch Lernprozesse ergeben sich weiters Einflüsse auf *kognitive* Funktionen und auf *Selbstwirksamkeit.* Was heißt das? Aktivität ist nicht nur abhängig von objektiven Gegebenheiten, die für heute lebende Ältere günstiger sind, sondern auch davon, wie relevant die Aktivität für das Selbst ist, welche inneren Normen angelegt werden. Am zufriedensten sind jene älteren Personen, die ihre Aktivitäten *selbst wählen und sich als Ort der Kontrolle erleben.* Der Lebenslauf bedeutet nunmehr nicht nur „objektivierte" Ablaufprogramme des Lebens (z.B. Kindheit, Jugend, Erwachsenenalter, Alter), sondern auch Entwicklungschancen, in denen der Anspruch auf oder sogar die Forderung nach Selbstentfaltung im Sinn einer „Biografisierung" kulturell festgeschrieben wird. Es handelt sich hierbei um tiefgreifende Veränderungen im Normalprogramm des Lebenslaufs, aus denen heraus sich neue Anforderungen an Bildung und Lernen ergeben.

Nachgewiesen werden weiters Effekte der Bildungsteilnahme auf die Lebenszufriedenheit, das Selbstvertrauen, auf die Fähigkeit, Belastungen zu bewältigen und auf die Beteiligung in kommunalen bzw. ehrenamtlichen Aktivitäten. Hierher gehören aber auch Vorstellungen von Gesundheitsprävention durch (wissenschaftliche) Weiterbildung, nachdem bekannt (geworden) ist, dass Lernen etwa dem Gehirnaltern entgegenwirkt. Gut belegt ist der Zusammenhang zwischen Bildung und Lebenserwartung. Dieser Tatbestand wird mit zwei Argumenten zu erklären versucht. Personen mit höherer Bildung sind eher in der Lage, Herzkrankheiten und Bluthochdruck zu vermeiden, weil sie früher zum Arzt gehen und durch Selbstdiagnosen adäquate Prävention und Intervention betreiben. Darüber hinaus sind Ältere mit höherer Bildung besser in der Lage, Krankheiten zu überwinden, weil sie etwa früher aus der stationären in die häusliche Pflege entlassen werden. Im höheren Alter ist die Teilnahme an Bildungsprozessen Teil einer aktiven Lebensbewältigung.

Bildungsteilnahme offeriert weiters eine Chance der Affiliation und sozialen Bindung. Die Teilnahme an Bildungsprozessen bedeutet eine Möglichkeit, der Ausdünnung sozialer Beziehungen gegenzusteuern. Ältere Menschen, die an organisierten Lernprozessen teilnehmen, tun dies häufig mit der Absicht, sich austauschen zu können, mit anderen vergleichen zu können.

In Kontakten mit anderen kann sich der einzelne vergleichen, er konfrontiert sich, um Unsicherheiten und Ambiguitäten zu mindern. Dabei stehen Ältere eher vor Problemen sozialer Identifikation als Jüngere. Sie können sich nach dem Alter verschiedene Bezugsgruppen wählen: Jüngere, Ältere, Jüngere und Ältere.

Beteiligungsquoten von Älteren an Weiterbildung – Ansätze für eine nachhaltige Verbesserung

Die zwar steigende, aber bislang noch kleine Zahl von hochmotivierten und gutsituierten Älteren (insbesondere unter den 50- bis 65-Jährigen) in den traditionellen österreichischen Bildungsorganisationen (wie Volkhochschulen oder Berufsförderungsinstitute) verweist auf eine Diskrepanz zwischen Kompetenzpotenzial und Bildungsaktivität. Nach der 1998 durchgeführten Mikrozensus-Erhebung „Ältere Menschen“ nehmen in Österreich 7,7 Prozent der über 60-Jährigen an Bildungs- und Kulturveranstaltungen häufig teil, 39,2 Prozent gelegentlich und 53,2 Prozent praktisch nie. In einer von FESSEL-GfK im Jahr 2002 durchgeführten Umfrage geben 16 Prozent der über 60-Jährigen an, in den letzten zwölf Monaten zumindest eine themenbezogene Weiterbildungsaktivität unternommen zu haben. Während von den 20- bis 29-Jährigen 58 Prozent zumindest eine Aktivität nennen, sinkt dieser Anteil bei den 50- bis 59-Jährigen bereits auf 34 Prozent. Nach Ergebnissen des deutschen Alters-Survey von 1996 besuchen 14 Prozent der 60- bis 85-Jährigen Kurse und Vorträge, wobei 8 Prozent dies seltener als einmal im Monat tun. Im Vergleich dazu liegt die Beteiligungsrate bei den 40- bis 50-Jährigen bei rund 50 Prozent. Eine europäische Vergleichsstudie zeigt für die über 50-Jährigen geringe Beteiligungsquoten an Bildungskursen. Die Studie zeigt aber auch, dass es beträchtliche Unterschiede innerhalb der Gruppe der Älteren gibt.

Diagramm: Teilnahme an Bildungs- und Trainingskursen im letzten Monat (2004)

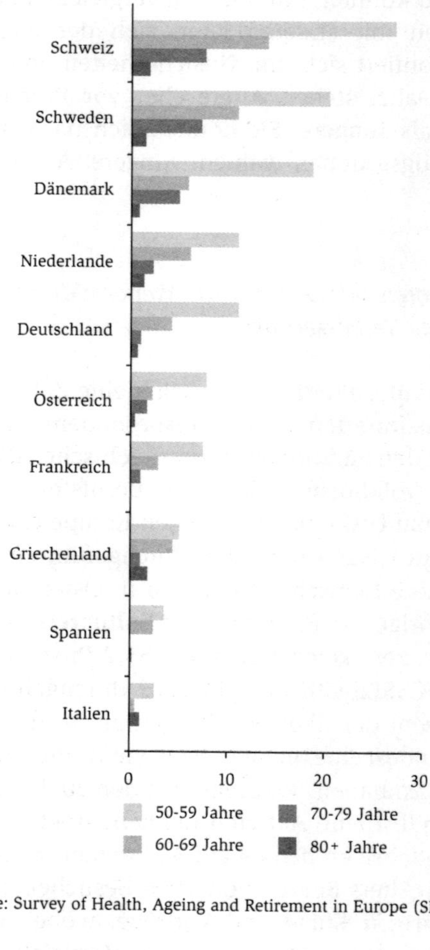

Quelle: Survey of Health, Ageing and Retirement in Europe (SHARE)

Doch nicht nur die Teilnahme als solche, sondern auch das Weiterbildungsinteresse korrelieren stark mit dem Alter. Während bei den unter 50-Jährigen durchschnittlich 95 Prozent ein Weiterbildungsinteresse haben, sinkt dieses bei den 50- bis 59-Jährigen auf rund vier Fünftel und bei den über 60-Jährigen auf etwa die Hälfte der Befragten. Rund 70 Prozent der über 60-Jährigen bekunden, dass sie aus „Altersgründen" kein Interesse an Weiterbildung hätten. Wenn auch hinter dieser Begründung zum Teil andere Ursachen stecken, wie etwa Zeit- und Geldmangel bzw. fehlende Information, so wird doch aus einem Vergleich mit Daten aus anderen EU-Ländern deutlich, dass in Österreich (noch) überdurchschnittlich häufig mit steigendem Lebensalter eine skeptischere Haltung gegenüber Weiterbildung anzutreffen ist. So geben etwa in Österreich 30 Prozent der über 15-Jährigen an, dass lebenslanges Lernen nur etwas für junge Menschen (!) sei, während etwa in Dänemark 14 Prozent oder in den Niederlanden lediglich 12 Prozent dieser Ansicht sind.

Für die USA zeigen neuere Untersuchungen zur Bildungsbeteiligung älterer Menschen, dass die Bildungsbeteiligung einerseits in den letzten 30 Jahren deutlich angestiegen ist, aber dennoch im Vergleich der Altersgruppen bei Menschen über 60 Jahren stark zurückgeht. Dabei ist weniger der Beteiligungsgrad als solcher von Bedeutung als der Tatbestand, dass die Mehrheit der älteren US-AmerikanerInnen – ähnlich wie in den EU-Ländern – Bildung nicht als eine für das Alter relevante Tätigkeit ansieht, sondern sie der Jugend bzw. dem mittleren Erwachsenenleben zuordnet.

Die Mehrheit der EU-BürgerInnen sieht die Notwendigkeit von Lernprozessen primär im Zusammenhang mit dem Erwerbsleben, d. h. in berufsorientierter Qualifikation. Lernen wird also mit einem bestimmten Nutzen verbunden. Eine ähnliche Nutzenerwartung kann auch für nachberufliche Bildungsprozesse festgestellt werden, wobei sich diese weniger auf Einkommenssteigerung richten als auf eine bessere Alltags- und Lebensbewältigung. Die geringen Beteiligungsquoten lassen hier vermuten, dass die Bildungsinstitutionen (in Österreich) diese Erwartungen nicht berücksichtigen und die Angebote der

Lebenssituation und den Bedürfnissen der Älteren nicht ausreichend entsprechen.

Die geringe Beteiligung älterer Menschen an organisierten Lernprozessen wirft die Frage nach den Ursachen auf:

Erstens ist auf den Unterschied zwischen Bildungs*fähigkeit* und Bildungs*willen* hinzuweisen. Der Nachweis der Bildungsfähigkeit genügt nicht, um den Motivationsmangel und das Desinteresse einer großen Zahl von alten Menschen abzubauen und die häufig jahrzehntelange Bildungsabstinenz und Bildungsungewohntheit zu kompensieren. Altenbildung ist sehr oft mit kumulierten negativen Lernerfahrungen und Lerneinstellungen konfrontiert. Die Lernfähigkeit ist abhängig von der Ausgangsbegabung, der Lernbereitschaft und vom Training während des ganzen Erwachsenenalters. Langjährige Gewohnheiten wirken sich auf Motivation und Erwartungshaltungen aus. Nur dort, wo dem Einzelnen Sinn und Ziel von Weiterbildung deutlich werden, eine ausreichende extrinsische oder intrinsische *Motivation* gegeben ist, werden Lernanstrengungen unternommen.

Sollen mehr Ältere von der Erwachsenenbildung angesprochen werden, dann muss diese bei der *Motivationsförderung* ansetzen, weil erst mit vorhandener Motivation eine Einstellungsänderung einsetzen kann. Dies geschieht durch eine Förderung der intellektuell-emotionalen Mobilität. Gelingt eine solche Förderung, werden die Bildung von Assoziationen auf neue Reize und der Wandel von reaktiver Anpassung zu aktiver Veränderung der äußeren und inneren Bedingungen erfolgen können. Beispiele für die Anknüpfung an persönliche Faktoren wären die Auseinandersetzung mit der sozialen Umwelt, verbunden mit dem Aspekt der Veränderung der Qualität sozialer Beziehungen (z.B. Generationenbeziehungen) oder die Befassung mit Fragen nach der eigenen Identität und nach dem Lebenssinn unter dem Blickwinkel der Verminderung von Selbstunsicherheit, Resignation und Isolation.

Ein dritter Grund für die geringe Bildungsteilnahme Älterer liegt in der *Heterogenität* dieser Personengruppe. Die interindividuellen und Gruppenunterschiede zwischen Älteren stellen die Altenbildung vor eine schwierige Aufgabe. Die Älteren beeinflussen und verändern das Bildungssystem z.B. durch ihre von den Jüngeren verschiedenen Ziele und Motive des Lernens. Ältere Lernende unterscheiden sich von Jüngeren dadurch, dass sie mehrere Generationen umfassen, mit sehr verschiedenen Lern- und Bildungskarrieren und spezifischen Berufserfahrungen und mit einem von der Norm abweichenden Familienstatus (prozentual mehr sind verheiratet, ein Teil ist verwitwet) in die Erwachsenenbildung und an die Universität kommen.

Einen vierten Grund für die geringe Teilnahme Älterer an Weiterbildung stellen ungünstige *Angebots- und Zugangsstrukturen* von Bildungsinstitutionen dar. Wie eine englische Studie zeigt, erwarten sich ältere Menschen sehr wenig von in formalen Organisationen vermittelter Bildung. Die vorhandenen Strukturen, die „produktivitätsorientierte Funktionalisierung" der Erwachsenenbildung in Österreich, ihre curricular geordnete Berufsvorbereitung und Zertifikatsorientierung lassen die Weigerung Älterer an Bildung zu partizipieren verständlicher werden. Das Altenbildungsgeschehen müsste demnach schon im Vorfeld von Bildungsprozessen ansetzen bzw. auf Spezifika des Lernens Älterer Rücksicht nehmen. Hinsichtlich dieser Spezifika gibt es inzwischen lange Listen von begünstigenden Faktoren. Ältere wünschen sich etwa „mehr Beratung und Betreuung über das direkte Kursgeschehen hinaus, sie brauchen mehr soziale Anerkennung (z.B. durch längere Aussprachen über geleistete Arbeiten), wünschen sich, wenn Hör- oder Sehschwächen vorliegen, günstigere Sitzplätze und lehnen eine elitäre Fachsprache ab".

Ein fünfter Aspekt, der Bildungsinteresse fundiert, ist das *soziale Milieu,* in dem der Einzelne lebt. Kreativität entfaltet sich dann günstig, so amerikanische Forschungen, wenn sich das Individuum nicht in einem restriktiven und stark formalisierten Milieu befindet. Notwendig ist dazu auch, dass Aspirationen und Präferenzen den veränderten Lebensumständen angepasst werden, jedoch ohne Preisgabe des eigenen Selbst. Kompetenz dürfte nicht nur als individueller Anpassungsprozess begriffen werden. Im Begriff der Kompetenz müssten strukturelle Komponenten miterfasst werden, wäre der Vermittlungszusammenhang zwischen Individuum und Gesellschaft (Institutionen) systematisch einzubeziehen. Wie kompetent man sich fühlt, hängt sehr stark von sozialen Bewertungen ab, die in täglicher Kommunikation ausgetauscht werden und das Handeln beeinflussen. Die in den Bildungsmilieus erlebten gruppendynamischen Prozesse können motivationsbindend und motivationssteigernd wirken und die Selbsteinschätzung und Selbstverantwortlichkeit positiv beeinflussen. Nur selten werden allerdings Gruppenprozesse systematisch als Teil des Lernens angesehen.

Sieben Aspekte zur Neuorientierung der Bildung für ältere Mitbürger

Für die Zukunft der Altenbildung erwarten wir, dass die Beteiligungsquoten und Beteiligungsansprüche ansteigen werden, und zwar sowohl aufgrund der demografischen Entwicklung als auch aufgrund der besseren finanziellen, bildungsmäßigen und gesundheitlichen Ausstattung der Älteren. Bildung im Alter braucht mehr Aufmerksamkeit durch die potentiellen Träger solcher Angebote. Dabei geht es um ein Bewusstsein, welches in den Einrichtungen der Erwachsenenbildung stärker auf das Alter fokussieren sollte, während in den SeniorInnenorganisationen und in kommunalen Einrichtungen die Altenarbeit stärker in Richtung Bildung zu akzentuieren wäre.

1.
Lernende Ältere benötigen entwicklungsfähige und *lernende Organisationen.* Die Zukunftsfähigkeit gesellschaftlichen Handelns wird auch an der Organisationsfrage entschieden und nicht nur an den Inhalten und Zielen der Angebote. Interessenorganisationen und Organisationen der Altenarbeit sollten in ihre *Grundsatzerklärungen* und Zieldefinitionen die Thematik der Bildung aufnehmen. Dazu gehört auch, dass die Präsentation der Organisationen in Richtung Bildung (im Alter) verstärkt wird. Es ginge um ein lebenslanges Lernen, welches *alle* Lebensalter umfasst und nicht nur auf (ältere) Berufstätige gerichtet ist. Dazu braucht es auch definierte *Rahmenbudgets* in den Organisationen für diesen Tätigkeitsbereich (Stichwort: Bildungsbudget in den Seniorenorganisationen bzw. Senioren-

budget in den Bildungsorganisationen). Vorgeschlagen wird, dass die öffentliche Hand durch eine entsprechende Bindung von Fördermitteln und „Anschubfinanzierung“ diesem Bereich zu mehr Aufmerksamkeit verhilft. Angeregt wird hier, Angebote der Bildungsberatung zu entwickeln, z.B. Lernfeste, um älteren Menschen die Möglichkeit zu geben, die verschiedenen Lern- und Bildungsmöglichkeiten kennenzulernen.

2.
Die Arbeit mit älteren Menschen ist nach wie vor mit einem negativen Image belastet. Dies liegt zum Teil darin, dass das Alter sehr stark mit Hilfe und Pflege verknüpft wird. Eine innovative Altenpolitik hat hier die Aufgabe, steuernd und verändernd einzugreifen. Als günstig sind Maßnahmen der Prävention einzuschätzen, Initiativen, die auf eine Veränderung undifferenzierter Altersbilder hinwirken und die vermehrte Darstellung der Handlungsspielräume und Gestaltungsfähigkeit im Alter. Um einen solchen Wandel zu erzeugen braucht es nicht nur eine Höherqualifikation jener, die gegenwärtig in der Altenarbeit tätig sind, sondern auch neue Qualifikationen.

Um eine neue Bildung und Kultur im Alter zu forcieren, wird die gezielte *Förderung und Entwicklung der Geragogik* vorgeschlagen. Die Geragogik verfolgt das Ziel, durch professionell angeregte und begleitete Lernprozesse Ältere dabei zu unterstützen, ihre individuellen Ressourcen und Potenziale zu erkennen und weiterzuentwickeln sowie die eigenen Bedürfnisse zu artikulieren und ihnen verantwortlich Rechnung zu tragen.

Über ausgebildete Geragoginnen und Geragogen ist einerseits eine Qualitätsverbesserung bestehender Bildungsangebote zu erwarten, andererseits die Entwicklung und Implementierung neuer Lernformen und Lerninhalte. Es braucht neue Lernformen, die eine *multiple sensorische Aktivierung* hervorrufen. Ältere Lernende sollten etwas haben, das sie anschauen können, das sie hören können und das sie tatsächlich handhaben können. Notwendig sind dabei auch neue Lernformate, die eine stärkere Verknüpfung von kognitivem Wissenserwerb und sozialem Handeln ermöglichen (etwa auch bürgerschaftliches Engagement).

Von einer höheren Professionalität in der Altenbildung kann auch erwartet werden, dass stärker partizipative Bildungsansätze verwirklicht werden, die Arbeit regelmäßig evaluiert wird und die Präsentation von erworbenen Kenntnissen im öffentlichen Raum erleichtert wird. Erste vielversprechende Ansätze, die es dazu in Österreich gibt, sollen unterstützt werden.

3.
Es gilt, das *Erfahrungswissen* älterer Menschen stärker zu nutzen, indem Anknüpfungsmöglichkeiten an das frühere, eigene Leben in der Bildung angeboten werden und die Betroffenen herausgefordert werden, Anknüpfungen zu versuchen. Hier finden sich Ansätze in österreichischen Unternehmen und im bürgergesellschaftlichen Engagement, bei denen das Wissen älterer Menschen aufgegriffen wird.

Für ein positives Altern geht es darum, die ganze Person anzusprechen und nicht nur ein bestimmtes Interesse. Je höher das Alter, desto stärker verfügen Menschen über eine unverwechselbare Geschichte. Lernprozesse im Alter sind mit Furcht und Angst vor Versagen verknüpft, denn ältere Lernende sind emotional verbunden mit ihren Einstellungen, ihrem Wissen, ihren Werten und Weltansichten, die sie im Laufe der Jahre entwickelt haben. Es ist also die Geschichtlichkeit der Angehörigen der älteren Generationen zu berücksichtigen.

4.
Eine sozial ausgerichtete Bildungsarbeit mit älteren Menschen braucht niederschwellige Angebote. Als wesentliche Faktoren zur Erfüllung dieses Ziels können genannt werden: Image der Organisationen, Kosten, Zeit, Lage und Angebot. Vielfach fehlen auch Bezugspersonen, die eine persönliche Einladung zur Weite rbildungsbeteiligung aussprechen. Ältere Menschen haben zum Teil ein hohes Sicherheitsbedürfnis und wünschen sich daher Begleitung.

Wenn auch die Motorisierung der jungen Alten inzwischen stark gestiegen ist, muss vor allem die eingeschränkte Mobilität im höheren Alter berücksichtigt werden, d.h. es braucht Angebote in *Wohnnähe* bzw. Projekte der *aufsuchenden Aktivierung*.

Niederschwellig heißt, dass die Alltagsbedürfnisse älterer Menschen angesprochen werden: Kommunikation, Gesundheit, sinnstiftende Tätigkeiten.

5.
Wichtig ist in den Bildungsangeboten die *Selbstdarstellung in der Gruppe* und *nach außen* hin. Geragogik hat hier die Aufgabe, die Angst überwinden zu helfen, sich in neuen Kontexten selbst darzustellen. Für Frauen, die wenig oder gar nicht im Beruf gestanden sind, aber auch für Menschen, die in Berufen gearbeitet haben, wo wenig gesprochen worden ist, ist es eine der wichtigsten Aufgaben, sich selber darzustellen. Für sie ist es schwierig, den Mut zu finden, sich mit einer eigenen Meinung oder mit einer Aussage über eine andere Meinung also Kritik zu *exponieren*. Und doch ist es auch für den älteren Menschen eine Verlockung, sich selbst in der Herausforderung durch eine Gruppe zu erleben. Dazu gehört auch, die Möglichkeit zu schaffen, erworbene Kompetenzen öffentlich darzustellen, etwa in Form kleiner Präsentationen, Zeitungsartikel, usw. Wir lernen für uns, aber wir suchen und brauchen auch in unserem Wissen und im Vergewissern die anderen.

6.
Die Bildungsangebote für ältere Menschen sollten *Alternativen zu dem darstellen, was die Konsumgesellschaft ohnehin schon bietet*. Es ist oft leicht, in einem Kurs einen Film laufen zu lassen oder Vorträge zu Ernährung, Gesundheit, Bewegung zu organisieren. Der besondere Charakter der Bildungsarbeit mit älteren Menschen liegt aber in der *Gruppenarbeit* und in der damit verbundenen *persönlichen Begegnung*. Es geht um die persönliche Auseinandersetzung und die Berücksichtigung der eigenen und (notgedrungen) der anderen Person im Lernprozess. Bildung hat damit die Aufgabe, individuelle Ressourcen und Potenziale aufzugreifen beziehungsweise den älteren Menschen zu unterstützen, diese selbst zu erkennen und sie für sich und im Bezug auf andere sinnstiftend und seine Lebenssituation stärkend einzusetzen.

7.
Schließlich ist darauf hinzuweisen, dass Bildung im Alter wohl einerseits zur Entwicklung einer Kultur des Alters beiträgt, aber andererseits dabei nicht übersehen darf, dass diese Kultur nicht eine einheitliche ist, sondern eine hohe Pluralität aufweist. Programme und Zielvorstellungen haben zu berücksichtigen, dass nicht von den älteren Menschen ausgegangen werden kann, sondern von einer *Vielgestaltigkeit der Lebensformen und Lebensstile.* Die veränderten sozialkulturellen Bedingungen lassen erstens eine Zunahme von kulturellen Aktivitäten im Alter erwarten, zweitens eine größere Vielfalt und drittens einen rascheren Wandel der Aktivitäten.

Ich habe vorige Woche von meiner Tochter gelernt, eine Musik-CD herzustellen. Nächste Woche wird dieses Wissen möglicherweise überholt sein. – Wir müssen mehr lernen!

Literatur

Becker, Susanne/Veelken, Ludger/Wallraven, Klaus P. (Hrsg.): Handbuch Altenbildung. Opladen 2000.

Böhme, Günther: Der Erfahrungsbegriff in der Erziehungswissenschaft und die pädagogische Erfahrung. Hessische Blätter für Volksbildung, 34, 1982, 265-271.

Breloer, Gerhard: Altenbildung und Bildungsbegriff. In: Becker, Susanne/Veelken Ludger/Wallraven, Klaus P. (Hg.) Handbuch Altenbildung. Opladen 2000, 38-50.

Kolland, Franz: Bildungschancen für ältere Menschen. Münster 2005.

Kolland, Franz: Studieren im mittleren und höheren Alter. Frankfurt a. M. 2000.

Sommer, Carola/Künemund, Harald/Kohli, Martin: Zwischen Selbstorganisation und Seniorenakademie. Berlin 2004.

Zahlreiche Publikationen des Autors zu den Forschungsschwerpunkten:

Tertiärer Bildungssektor, Altersbilder und Generationenbeziehungen.

Eine empirische Studie zu Wirkungen und Bedingungen wissenschaftlicher Weiterbildung. Frankfurt a.M.: Brandes & Apsel 2000; gem.m. Rosenmayr, L.: „Altern in der Großstadt – Eine empirische Untersuchung über Einsamkeit, Bewegungsarmut und ungenutzte Kulturchancen in Wien." In: Backes, G.M., Clemens, W. (Hrsg.). Zukunft der Soziologie des Alter(n)s. Opladen 2002, S. 251-278; Lernen und Bildung im späten Leben. In: Rosenmayr, L., Böhmer, F. (Hrsg.). Hoffnung Alter. Wien: WUV Universitätsverlag 2003, 194-214.

Peter Zellmann

Geboren 1947. Studium der Pädagogik und Psychologie, Universität Wien. AHS-Lehramtsprüfung für die Fächer Leibeserziehung und Geographie. 1972 Mitbegründer der TSA - Turn- und Sportanstalt an den Pädagogischen Akademien. Gesellschafter des Nachfolgeunternehmens U4-Fitness-Touristik, Sport und Animation BetriebsgmbH. Lehrtätigkeiten: Professor für Freizeitpädagogik an der Pädagogischen Akademie (1986–2003); 1993–1996 Uni Potsdam: angewandtes Freizeitmanagement; 1996–2004 Uni Wien: Probleme des Freizeitsports, 1997–2000 Hochschule Bremen: Freizeitpädagogik, 2000–2005 WU Wien. Seit 1987 Wissenschaftlicher und administrativer Leiter, Wiener Institut für Freizeit- und Tourismusforschung (Schwerpunkt: Zukunftsforschung, Wirtschafts- und Politikerberatung). Kooperation mit BAT Freizeit-Forschungsinstitut (Hamburg) - deutsch-österreichische Forschungsprojekte.

50 plus: Chancen für die Wirtschaft, aber auch Anlass zum Umdenken

Aus Rentnern werden Trendner

Die Senioren sind auch nicht mehr das was sie einmal waren. So könnte man die Lebensstile der 50 plus Generation zunächst zusammenfassen. Lebenserfahren, informiert, mündig und kostenbewusst begibt sich ein großer Teil älterer Menschen auf Bildungs-, Städte- und Eventreisen, werden Kultur-, Sport-, Weiterbildungs- und Wellnessangebote genutzt.

Nicht die Gesellschaft altert, sondern die Menschen werden älter. Die im Zusammenhang mit der dramatischen Erweiterung des Lebenszeitbudgets entstandene „vierte Generation" zwischen 50 und 75 ist mit den Senioren der 70er und 80er Jahre des vorigen Jahrhunderts nicht annähernd zu vergleichen. Relativierend anzumerken ist daher auch das Gerede von der (sich verändernden) Bevölkerungspyramide. Die „Pyramide" ist Kennzeichen einer Entwicklungsgesellschaft. Die derzeit gegebene „Tonne", also die etwa gleiche Verteilung aller Altersgruppen ist Kennzeichen einer hoch entwickelten Gesellschaft mit hoher Lebensqualität und relativ gut verbreitetem und verteiltem Wohlstand. Diese positive Entwicklung bringt für eine Bürgergesellschaft wesentlich mehr Chancen als Risiken mit sich. Ein solcher Zusammenhang darf doch nicht auf die Finanzierung öffentlicher Haushalte, bzw. des Renten- und Pensionssystems reduziert werden.

Die Klärung dieses Missverständnisses wird vor allem die Freizeit- und Tourismuswirtschaft demnächst deutlich zu spüren bekommen. Die „50 plus" Generation ist reiseerfahren, aktiv und erlebnisorientiert wie keine Altengeneration je zuvor. Darüber hinaus verfügt sie über dreifaches Kapital: ökonomisch, kulturell und sozial zeigt sie manchen Jüngeren wo es lang geht. Dienstleister, die Werbewirtschaft und vor allem Freizeit- und Tourismusanbieter werden in Zukunft das Durchschnittsalter der Bevölkerung besser im Auge haben und sich insbesondere vom Jugendkult in der Werbung verabschieden müssen.

Sie werden auch zu berücksichtigen haben, dass es die älteren Menschen sein werden, die darüber bestimmen, was als Qualität zu gelten hat. Und die jüngeren Urlauber werden sich ihrem Qualitätsempfinden zunehmend anschließen.

- Von der Marktforschung zur Bedürfniserfassung,
- von den Zielgruppen zu den Alters-, Sozial- und Berufsschichten übergreifenden Erlebnisgruppen sind dabei die zukunftsweisenden Leitlinien.

Die heutige 50 plus Generation hat mehr Geld zur Verfügung als die meisten jüngeren. Das macht sie für die Wirtschaft insgesamt einerseits immer interessanter, bedeutet andererseits aber eine immer höhere Erwartungshaltung in Sachen Qualitätsansprüche. Die Serviceleistung für Senioren, das konkrete Angebot muss sich dieser Entwicklung oft erst anpassen ...

So verzichten sie z.B auch nicht auf den längeren Erholungsurlaub im Sommer: Aber Erlebnisorientierung, Aktivität und Abwechslung wird von ihnen genauso nachgefragt wie von den Jüngeren. Die heutigen Mitglieder des 50 plus-Klubs bleiben so unternehmungslustig wie sich ihr Lebensstil in den letzten beiden Jahrzehnten dynamisch entwickelt hat.

Herausforderung Bildung und Weiterbildung

Zu den positiven Aspekten der Bevölkerungsentwicklung habe ich eine deutliche Einschränkung zu machen. Die im vorigen Absatz kritisch angemerkte Jugendhörigkeit, als vielleicht unbewusst wirkendes gesellschaftliches Phänomen, ist vor allem im Bereich der modernen Informations- und Kommunikationstechnologien nachzuweisen.

Ältere Menschen ab 55 nutzen den PC deutlich weniger als jüngere Menschen. Liegt die Akzeptanz und damit regelmäßige Nutzung dieser Medien in der Freizeit bei etwa 35% im Bevölk erungsdurchschnitt, bei sogar 60% der jungen Erwachsenen, so fällt der Anteil bei den über 50-Jährigen auf 21, bei den über 65-Jährigen auf 7 Prozent.

Ähnlich sind die Verhältnisse bei der Verwendung von Internet bzw. Onlinediensten in der Freizeit: Von 25% Zuspruch im Bevölkerungsdurchschnitt steigt die Akzeptanz bei den 18- bis 24-Jährigen auf 44% und sinkt bei über 50- bis 64-Jährigen auf 16, darüber hinaus dann sogar auf 3 Prozent.

Die E-Mail Nutzung bestätigt dieses Bild: 26/41/14/5 Prozent Anteile lauten hier die Relationen.

Ganz falsch ist jetzt aber der übliche Schluss auf Modernisierungsverweigerung und Interesselosigkeit der älteren Generationen. Fakt ist, dass es viel zu wenig didaktisch gut aufbereitete Lernangebote für Senioren gibt. Ist das im IT Bereich übliche „trial and error" Prinzip des Kompetenzerwerbes bereits für junge Menschen nur bedingt tauglich, erweist es sich bei älteren Menschen als gänzlich unbrauchbar.

Auch in diesem Bereich gilt das im Kapitel der Dienstleistungs-, Freizeit- und Tourismusangebote bereits nachgewiesene Potential. Wer die Technologieangebote in Hard- und Software „volkschuldidaktisch" aufbereitet, sich mit Lernvoraussetzungen älterer Menschen vertraut macht, dem erschließt sich ein unglaublich großer Markt: Über 50 Prozent der älteren Menschen wären gerne bereit, in die neuen Technologien der Wissens- und Informationsgesellschaft einzusteigen, wenn man ihnen einen für sie konzipierten Weg des Einstiegs und der Lernangebote ermöglicht!

Nur jede/r Zehnte über 50-Jährige lehnt einen Einstieg in die neuen technischen Möglichkeiten der Gesellschaft grundsätzlich ab. Dieses Potential gilt es im Interesse einer sich vollkommen neu formierenden Gesellschaft entsprechend zu nutzen.

Verwendete Daten bzw. Publikationen

Institut für Freizeit- und Tourismusforschung (IFT), 2006. www.freizeitforschung.at. Alle aktuellen Informationen und Forschungsergebnisse des Instituts können der Homepage unter www.freizeitforschung.at entnommen werden. Im Unterverzeichnis Publikationen Zellmann finden Sie eine vollständige Liste aller Veröffentlichungen von Prof. Mag. Peter Zellmann seit dem Jahr 1987. Aktuelles Buch (2005): Die Zukunftsgesellschaft (gemeinsam mit Prof. Dr. Horst Opaschowski, Hamburg)

Irmgard Bayer

Geboren in Graz, Studium der Handelswissenschaften. Viele Jahre in der Pharmaindustrie, Journalistin für Wirtschaft und Politik bei Kronen-Zeitung und ORF. Vorsitzende der Kontrolle des Wiener Hilfswerkes. Herausgeberin der Ärzte Krone (Schwerpunkt Gesundheitspolitik und Gesundheitsökonomie).

Arbeiten so lange es geht – und Hilfe für die Hochbetagten

Gute Voraussetzungen für eine hohe Lebensqualität scheinen mir heute vor allem für das mittlere Seniorenalter gegeben zu sein. Für das Leben jener Menschen, die zufrieden aus dem Beruf ausgeschieden sind und noch gesund und rüstig genug sind, ihr Leben zu organisieren. Das sind die hoffentlich glücklichen Alten, die ihr Leben genießen. Zu Beginn der Phase des Alters und später, wenn man selbst nicht mehr alles leisten und organisieren kann, haben wir aber große Defizite.

Die „jungen Alten" stoßen wir oft gegen ihren Willen in die Untätigkeit. Der Einstieg in das Alt-Werden ist damit krisenhaft besetzt. Die Hochbetagten, die „wirklich Alten", die sich selbst nur mehr schwer helfen oder artikulieren können, sind oft trotz theoretisch verfügbarer sozialer Dienste allein und verlassen. So sie keine Familie oder Freunde haben, gibt es weniger Möglichkeiten, eine Hilfe zu organisieren. Wobei dieser Zustand bei Krankheit oder Behinderung sehr viel früher als im hohen Alter einsetzen kann.

FrühpensionistInnen müssen arbeiten dürfen!

In Österreich muss die renommierte Chirurgin Hildegund Piza darum kämpfen, ihre Tätigkeit an der Universitätsklinik Innsbruck fortsetzen zu können, weil sie die Altersgrenze von 60 bereits überschritten hat. Bayern hat sich nach langem Zögern zu einer „Sonderregelung" für den Physiker und Nobelpreisträger Theodor Hänsch durchgerungen. Auch der hätte bei Erreichen der Altersgrenze seine Tätigkeit an der Münchener Universität aufgeben müssen, während sein Co-Nobelpreisträger in den USA ohne Schwierigkeiten weiter machen kann, so lange er will.

Nun sind die Star-Chirurgin und der Nobelpreisträger nicht typisch für die österreichischen ArbeitnehmerInnen, aber sie zeigen exemplarisch einen unbefriedigenden Zustand in unseren Gesellschaftssystemen auf. Die „Alten" werden auf das Abstellgleis gedrängt. Die WissenschafterInnen Piza und Hänsch sind Symbolfiguren dafür, dass es an Wertschätzung und konkreten Möglichkeiten fehlt, Ältere im Arbeitsprozess zu halten.

Es braucht eine Bewusstseinsänderung

Wir wollen, wir sollen länger arbeiten – aber Gesetzgebung und gesellschaftliche Realität machen das den Älteren fast unmöglich. Hier braucht es dringend neue Lösungen. Frei zu arbeiten, so lange sie das können und wollen, sind heute nur Selbstständige. Allen anderen wird das Ende ihrer aktiven Phase vorgeschrieben. Wir brauchen Möglichkeiten, vom Arbeitnehmerverhältnis gefahrlos in eine neue Beschäftigung hinüberzugleiten. FrühpensionistInnen müssen arbeiten und etwas verdienen dürfen, sonst wird sich der Gedanke des länger Arbeitens für alle nie durchsetzen!

Heute kann sich glücklich schätzen, wer das goldene Tor zur normalen Alterpension (60 Jahre bei Frauen, 65 Jahre bei den Männern) in intakter Beschäftigung erreicht. Das gelingt nicht vielen, es sei denn sie sind BeamtInnen. Nach diesem Alter gibt es die Möglichkeit, neben der Pension einer Beschäftigung nachzugehen und etwas dazu zu verdienen.

Die gefährlichen Jahre

Die wirklich gefährlichen Jahre liegen davor. Wer in die Frühpension gedrängt wurde, hat praktisch keine Möglichkeit, seinem Beruf weiter nachzugehen. Die Betroffenen müssen allein von der Pension leben, und das obwohl die Betroffenen oft noch wertvolle und geschätzte Arbeit beitragen könnten.

Eine Frau Ende 50 oder ein Mann mit Anfang 60 werden heute beide keine neue fixe Beschäftigung mehr finden, wenn sie ihre Anstellung verlieren. Das ist das Alter, in dem sie heute laut Gesetzeslage das Recht haben, in Frühpension zu treten. Das ist aber auch das Alter, zu dem große Unternehmen ihre bisherigen Mitarbeiter meist in die Frühpension drängen. Es gibt sicher Fälle, wo diese Möglichkeit von den Betroffenen begrüßt wird.

Es gibt aber sehr viele Fälle, wo diese Frühpension gar nicht im Sinne der Betroffenen ist.

Der Anschluss wird versäumt

Besonders bei qualifizierten Tätigkeiten und Berufen kommt dieses Aus meist vor der Zeit. Man ist zu einer völlig unsinnigen Wartepause bis zum regulären Pensionsalter verpflichtet und darf sich in dieser Zeit höchstens mit ehrenamtlichen Tätigkeiten trösten. Hat man das Pensionsalter dann endlich erreicht, dürfte man wieder arbeiten. Dann hat man aber längst den Anschluss versäumt.

Daher braucht es eine vernünftige Möglichkeit, auch neben einer Frühpension einer Beschäftigung nachzugehen. In den meisten Fällen wird das eine selbstständige, freiberufliche Tätigkeit sein. Die unfreiwilligen Frühpensionisten brauchen ihre Pension zur Existenzabsicherung. Jetzt wird ihnen die aber sofort gestrichen, sobald sie mehr als einen geringfügigen Bezug daneben haben. Sie haben also nur die Wahl zwischen Frühpension oder vollem Risiko! Wer weiß schon, ob es nach der regulären Berufstätigkeit gelingt, selbstständig oder mit Gelegenheitsjobs Fuß zu fassen und daraus ein Einkommen zu beziehen, das mindestens so groß sein muss wie die Frühpension.

Das ist ein völlig unbefriedigender Zustand. Mein Vorschlag: Verdienstmöglichkeit neben der Frühpension, aber dafür volle Verpflichtung zu Sozialbeiträgen wie bei einer normalen Berufstätigkeit! Jetzt wird man sofort mit dem Argument des Missbrauchs kommen: Das wäre ja fein, freiwillig in Frühpension gehen und daneben ungeschoren arbeiten dürfen … Denkbar ist daher sogar ein höherer Pensionsbeitrag für jene, die die Pension konsumieren und Arbeitseinkommen haben. Wer an seiner Tätigkeit interessiert ist und darin Sinn findet, wird das akzeptieren. Für unsere Volkswirtschaft schaffen wir damit zusätzliche Einkommen, zusätzliche Sozialbeiträge und vor allem das Bewusstsein, dass es ganz normal ist, so lange zu arbeiten, wie das für alle Beteiligten erfreulich ist.

Wir brauchen „Altersmanager“

Seniorenreisen, spezielle Angebote für Pensionisten, medizinische Betreuung, Essen auf Rädern – das alles ist wunderbar, so lange Menschen sich noch selbst organisieren können. Dann kann man um Hilfe rufen, wenn man sie braucht.

Die wahren Probleme beginnen aber dann, wenn sich Menschen eben nicht mehr selbst organisieren können. Der Prozess ist ein schleichender. Der Haushalt wird zu viel, der Gang zum Arzt zu beschwerlich. Eines Tages sind diese Menschen wirklich auf Hilfe angewiesen, wollen aber noch immer in ihrer Wohnung bleiben. Sie brauchen jemand, der ihren Alltag in die Hand nimmt. Der selbstständig Bankwege erledigt, die Rechnungen bezahlt, einen Arztbesuch arrangiert, sich aktiv um den Haushalt kümmert und weitere Hilfe für sie anfordert. Der sich vergewissert, dass die alten Menschen genug essen und trinken. Man frage die praktischen Ärzte, wie schlimm es oft darum steht. Jemand, der der Heimhilfe vorgibt, was sie für diesen alten Menschen erledigen soll und so fort.

Wer mobilisiert die Hilfe?

Wir haben vielfältige Hilfsangebote – Heimhilfen, mobile Krankenschwestern, Pflegegeld. Welcher Mensch, für den das alles eingerichtet wurde, kennt sich aber dabei selbst aus und ist fähig, diese Hilfen für sich zu erreichen? Ältere wissen oft gar nicht, welche Angebote es für sie gibt, geschweige denn, dass sie fähig wären, sie für sich zu reklamieren. Welche/r 80-Jährige, vielleicht schon ein bisschen dement, kann für sich selbst Pflegegeld beantragen? Hat er nicht Verwandte oder Freunde, die das für ihn durchboxen, gehen die Angebote an ihm vorbei. Es ist leider so wie bei manchen staatlichen Hilfen: die, die sie wirklich benötigen, sind nicht fähig, sie für sich zu arrogieren. Die Hilfen gehen an die Intelligenten und Fixen.

Wenn Familie und Freunde da sind, die das Management im Alter übernehmen – wunderbar. In vielen Fällen ist das aber nicht so. Wir brauchen daher eine Art öffentliche Ausfallshaftung dafür, dass das Management für unsere Alten aufmerksam und professionell ausgeführt wird: Und das darf keine freiwillige Leistung im Rahmen der Nachbarschaftshilfe bleiben. Wir brauchen ein Sicherheitsnetz, Vorkehrungen, damit die Menschen alt werden und sich geborgen fühlen können, weil es die Gewissheit gibt, dass jemand da ist, der sich um sie kümmert. Permanent und ständig und nicht nur drei Mal im Jahr.

In kleinen Gemeinden mag dieser Zusammenhalt funktionieren – vielfach auf freiwilliger Basis. Dort wird bemerkt, wenn der Nachbar seit Tagen nicht aus dem Haus geht. Dort wird dann hoffentlich jemand Nachschau halten. Wie die Alten aber leben und wohnen, bleibt auch dort oft jenseits der Schranken der Diskretion. Hilfsbedürftig ist man nicht nur dann, wenn etwas passiert ist: Sturz, Krankheit oder eine andere Katastrophe. Hilfsbedürftig wird man dann, wenn die Kräfte und die Fähigkeiten zum Allein-Leben nachlassen. Dann muss jemand da sein, der das erkennt, und nach und nach das vorhandene Hilfsangebot aktiviert.

Lokale Betreuung ist wichtig

Diese Hilfe zur Hilfe muss fixer Teil unserer sozialen Struktur sein. Und sie ist eine höchst qualifizierte Funktion! Es genügt nicht, wenn die Gemeinde 2 x im Jahr anruft und die alten Menschen fragt, ob sie Hilfe brauchen. Sehr oft wird die Antwort auf diese Frage von außen ein Nein sein. Stolz, Depression, Kontaktlosigkeit oder auch Demenz lassen oft keine andere Antwort zu. Es muss jemand aktiv nachsehen und sich vergewissern, ob etwas fehlt. Verständnisvoll, aber auch bestimmt. Auch die Einladung zum Pfarrkaffee wird ja gerade von den wirklich Einsamen meist nicht angenommen, weil sie nicht mehr fähig sind, einem Kontakt nachzugehen.

Diese Hilfe muss kleinräumig, lokal organisiert sein. Die alten Menschen sollten die Möglichkeit haben, eine vertrauensvolle Beziehung zu ihrem Betreuer aufzubauen. Umgekehrt sollten die Altersmanager sich ein längerfristiges Bild von der Lebenssituation ihrer betagten Mitbürger machen.

Die Zahl der Betagten wird in den nächsten Jahren dramatisch zunehmen. Wir werden es uns gar nicht leisten können, für alle diese Menschen Heimplätze zu schaffen. Leben zu Hause mit Betreuung kommt das Sozialsystem viel billiger als die Finanzierung eines Heimplatzes. Ganz abgesehen davon, dass es eine Frage der Würde ist, den Menschen möglichst lange ihre Souveränität zu lassen!

Die Pole des Lebens

Um mit einem kühnen Vergleich zu schließen: Ich denke, wie verantwortungsvoll und aufmerksam wir mit unseren Alten umgehen, hat direkt mit unserer Einstellung zu Kindern zu tun. Eine Gesellschaft, die ihre Alten abschiebt und bestenfalls verwaltet, aber sie nicht aktiv und individuell fördert, schafft auch keine Atmosphäre für das Kind. An den beiden Polen des Lebens sind die Menschen besonders schutzbedürftig. Nur wenn es gelingt, beide Phasen des Lebens positiv zu besetzen, schaffen wir ein Klima der Lebensfreude. Und die ist bekanntlich Voraussetzung für alles: für Kinder, ein langes Leben – und für den wirtschaftlichen Erfolg. Den brauchen wir schließlich, um das von uns gewünschte Sozialsystem leisten zu können.

Ingrid Turkovic-Wendl

Von dieser Autorin finden Sie außerdem den Beitrag „Persönliche Lebensgestaltung“ mit ihrer Vita auf Seite 149.

Senioren und Sport

Welche Rolle spielt der Sport im Leben eines älteren Menschen? Wenn man verschiedenen Studien glauben darf, doch eine große. Als TV-Zuseher interessiert Senioren und Seniorinnen eine Sportübertragung in hohem Maße. Bis zu 90% der älteren Menschen sitzen bei den Übertragungen von olympischen Spielen vor dem TV-Gerät und genießen die Leistungen der Spitzensportler.

Studien des Boltzmann-Institutes haben allerdings schon vor über zehn Jahren festgestellt, dass das Interesse an den Sport-Übertragungen durchaus nicht animierend auf die eigene aktive Sportausübung wirkt, weder bei jungen noch bei alten Menschen.

Bis zum Alter von 40 Jahren liegt die Inaktivitätsrate zwischen 50 und 60%. Bei über 60-Jährigen steigt sie auf 80 – 85% an. Bei über 70-Jährigen geht sie nochmals drastisch nach oben.[1] Bei unteren sozialen Schichten liegt die Rate jener Menschen, die nie Sport ausüben, zwischen 70% und 90%. Die Aktivitätsraten in Wien, Niederösterreich und dem Burgenland sind deutlich geringer als in den westlichen Bundesländern. Dieses West-Ost-Gefälle ist auch in vereinsbezogenen Aktivitäten zu beobachten. In Städten zwischen 20.000 und 250.000 Einwohnern wird am meisten, in Orten unter 20.000 Einwohnern sowie in Wien wird am wenigsten Sport betrieben. Ein gutes Drittel der 60% inaktiven Österreicherinnen und Österreicher ist für körperliche Aktivitäten ansprechbar, wobei grundsätzlich ein hohes Sportinteresse vorliegt.

Sportlich aktiv zu sein wird nicht nur von Ärzten und Therapeuten empfohlen, sondern auch von Fachleuten, die sich um das psychische Wohl der älteren Menschen kümmern. Die Sauerstoffversorgung und Entgiftung unseres Körpers und unserer Organe wird durch Bewegung verbessert. Wir fühlen uns frischer, froher und selbstbewusster. Sportausübung in Vereinen und Freundesgruppen schafft jenes soziale Umfeld, das ein solides „Auffangnetz“ bereithält, wenn Ältere ihre Partner verlieren oder isoliert von ihrer Familie leben.

So sind gerade Sportarten wie Wandern, Rad fahren und Kegeln sehr beliebt, weil sie neben Bewegung vor allem soziale Kontakte und „a Hetz“ bringen. Aber auch das Treffen zur wöchentlichen

Gymnastik gewinnt bei vielen Teilnehmern an Reiz, weil dabei gelacht werden darf und nicht nur konzentriert geübt wird.

Als Eislaufbegeisterte möchte ich natürlich auf jene Senioren-Gruppen hinweisen, die sich seit Jahren auf dem Eisplatz treffen, dort ihre Runden ziehen oder bis in sehr reife Jahre – 80 und mehr – den Eistanz pflegen.

Eine Physiotherapeutin hat Eislaufen als die beste Übung zur Koordination des Gleichgewichtes empfohlen, weil der Körper ganz unbewusst beim gleitenden Schrittwechsel oder Drehen nicht verlernt, das Körpergewicht richtig zu verlagern. Eine wichtige Komponente zur Sturzprophylaxe!

Nordic walking, eine Variante des gezielten Gehens mit Stöcken, erfreut sich von Jahr zu Jahr größerer Beliebtheit. Die Stöcke liefern nicht nur eine sportliche Unterstützung zur Aktivierung der Rückenmuskulatur, sondern sind auch psychologisch hilfreich: „Mit Stöcken geh ich leichter, da kann mir nichts passieren."

Einige Senioren bleiben dem alpinen Schilauf ihr Leben lang treu und schaffen es, sich auf den Pisten sicher zu fühlen. Andere ziehen den Schilanglauf vor. Übrigens die beste Möglichkeit, unsere Kondition wieder aufzubauen, sagen Sportärzte, die sich mit Möglichkeiten und Gefahren des Sports im Alter auseinandersetzen.

Wie wichtig das Arbeiten gegen den Muskelabbau ist, weiß man durch viele ärztliche Hinweise und Appelle. Schon wenige Tage Bettruhe lassen unsere Muskelkraft schwinden. Je älter wir sind, umso weniger Muskelmasse steht uns zur Verfügung. Gut aufgebaute Muskel brauchen wir aber, um unsere Knochen und speziell unsere Wirbelsäule zu stützen und zu schützen. Daher war es auch klar, dass Therapeuten herausfinden wollten, wann es denn vorbei sei mit dem Aufbau- und Trainingserfolg. Speziell in Bezug auf die Vorsorge gegen Osteoporose gab es überraschende Ergebnisse:

Physiotherapeuten betreuten über drei Wochen lang ältere Menschen mit einem gezielten Training. Dabei gab es auch Krafttraining zum Muskelaufbau. Der Erfolg war überzeugend, sowohl für Menschen, die erst spät in ihrem Leben mit Körpertraining begonnen hatten als auch für über 90-Jährige, die nicht mehr an eine körperliche Verbesserung geglaubt hatten. Die Überlegung liegt nahe, dass SeniorInnen in ihr Gesundheitsprogramm den Besuch eines Fitness-Studios einplanen sollten.

Wenn dort ein geschulter Trainer die richtige Einstellung der Geräte besorgt, die richtigen Übungen aussucht und am Beginn überwacht, kann das auch für ältere Bewegungshungrige zur absoluten Bereicherung werden. Die Betreiber eines Fitness-Studios sollten so flexibel sein, dass sie auch das Ambiente der Übungsräume auf die Bedürfnisse älterer Menschen abstimmen. Zu der Zeit, wo die jungen, wilden Sportler berufstätig sind, könnten Übungszeiten angeboten werden, wo alles ein wenig moderater eingestellt wird: die Musik, die Beleuchtung, das animierende Video und auch der Trainer, der unsere Ambitionen richtig einschätzen kann.

Grundsätzlich hat jene kleine 10%-Gruppe von sportlich aktiven Älteren ihre Liebe zur Bewegung und Sportausübung schon als Kind und Jugendlicher entdeckt. Wer einmal das „Lustgefühl" der körperlichen Anstrengung, das Schwitzen, Keuchen, sich Überwinden und Erreichen eines gesteckten Zieles in einer gewissen Körpertechnik erlebt hat, der wird es immer für sich neu entdecken wollen. Hinzu kommt bei diesen Sportausübenden auch der Test, das Hinterfragen der eigenen Leistungsfähigkeit. „Bin ich schon zu alt, um da noch mitzuhalten?" Diese Frage kann verführerisch in eine falsche Richtung und zur Selbstüberschätzung führen. In den meisten Fällen bewirkt dieser Ehrgeiz aber eher etwas Positives: Nicht zu früh aufzugeben und sich gehen zu lassen! Denn eine Portion Überwindung zur sportlichen Aktivität gibt es auch für jene, die mit Begeisterung und Lust auch in späteren Jahren ein bewegtes Leben führen wollen.

Anmerkung

[1] BSO – Aktivierungsstudie „Mehr Österreicher zum Sport", Kapitel Seniorensport, 2004, Zentrum für Sportwissenschaft und Universitätssport Prof. Dr. Bachl

Literatur

Ingrid Wendl/Wolfgang Graf/Christian Beer: Denn das Leben ist Bewegung. Verlag 55Plus Wien 2004

Helmut Aigelsreiter/Eduard Lanz: DKB – Dehnen. Kräftigen. Bewegen. Test – Therapie – Training. 14. Aufl. 2006 Eigenverlag

Herbert Binder

Geboren 1937 in St. Pölten. Studium der Wirtschaftswissenschaften, Wien. 1956/57 Diözesanverantwortlicher der Katholischen Hochschuljugend Österreichs. 1958–1960 Diözesanführer der Katholischen Jugend. Bis 1986 Präsident des Katholischen Akademikerverbandes, St. Pölten.1960 Direktionsassistent der Pressevereinsunternehmung en in St. Pölten, 1963 Verlagsleiter der NÖ Zeitungsgesellschaft mbH. Seit 1967 Vorstandsmitglied des Verbandes Österreichischer Zeitungen (ab 1979 Vizepräs., 1987–1991 Präs.). 1970–2002 Geschäftsführer der Niederösterreichisches Pressehaus Druck- und Verlagsgesellschaft mbH. 1991–1995 Board-Member der IFA (heute: Senator der IFRA). Seit 2002 in Pension. Aufsichtsrat der Sparkasse Niederösterreich Mitte West AG, Obmann des Fördervereins Kulturbezirk St. Pölten, Moderator des „Ökonomischen Quartetts" der Landeshauptstadt St. Pölten.

Wer ist schon alt – und was ist Kultur?

Kultur und die ältere Generation, Kultur für die ältere Generation. Die Themenstellung pendelt zögerlich zwischen Analyse und missionarischem Auftrag.
Da wäre vorerst wohl zu klären, wo „die ältere Generation" altersmäßig bzw. ihrem Selbstverständnis und Lebensstil entsprechend tatsächlich angesiedelt werden soll. Die Siebziger auf den schwarzen Pisten unserer Schiregionen, im Fitness-Center und am Donau-Radweg, ihre AlterskollegInnen in den regionalen Kulturinitiativen und als Weltreisende bei Studiosus, Klinger, Kneissl & Co. Jene, die noch Mitte achtzig nicht ins Pflegeheim wollen, weil dort „lauter alte Leute" sind …

Und dann wäre natürlich über die Definition von „Kultur" (mindestens) ein ganzes Buch zu schreiben. Jene „die Subsistenz des (älteren, d.Verf.) Menschen übersteigenden geistigen Werte und Pflichten" (Klose, Kath. Soziallexikon) im Verständnis von Cicero über Rousseau und Schiller herauf bis Horkheimer und Marcuse. Auch das brächte uns nicht weiter – oder eher viel zu weit weg.

Stutzen wir also das Thema zurecht auf „Die Teilnahme der älteren Generation am kulturellen Leben Österreichs" und überlassen wir die Rezeption von Begriffen wie Teilnahme, alter Mensch, Kultur oder auch Leben vertrauensvoll dem jeweiligen Erfahrungshorizont des Lesers.

Zunächst einige wohl außer Streit stehende Fakten: Wie die Dinge liegen, wird die Zahl der „älteren Menschen" in Österreich weiter steigen.

Das kulturelle Leben wird von der Finanzierung her zunehmend auch ökonomische Kriterien wie Eigenfinanzierungsgrad, Sponsoring, Marketing etc. zu beachten haben.

„Fremde" Kulturen werden durch Tourismus, Immigration und Medien nachhaltiger als bisher in unser Bewusstsein treten. Das Regionale – und auch seine Kultur – wird als Gegenreaktion zu globalen Entwicklungen zunehmend an Bedeutung gewinnen.

Dazu einige durchaus diskutable Thesen:

Die Versuchung, angesichts außengesteuerter Arbeitsstrukturen und atemberaubender Mobilitätszwänge in Beruf und Freizeit für die eigentliche Lebenssinn-Erfüllung und damit auch für „die Kultur“ erst das eigene letzte Lebensdrittel vorzusehen, wird zunehmen.

In einer Leistungsgesellschaft droht auch der klassische „Kulturkonsum“ zu einer Domäne der Erfolgreichen und Tüchtigen zu werden. Alternativ wachsen bürgergesellschaftliche Gegenkulturen der (jüngeren und auch älteren) Verweigerer des absoluten, sichtlich allgemein verbindlichen Leistungsprinzips.

„Kulturschaffende“ neigen zunehmend dazu, letztlich am liebsten unter sich bleiben zu wollen. Versuche, sich beispielsweise älteren, oft durchaus interessierten Menschen zu öffnen, sind in etwa das Letzte, was von manchen beati possidentes erwartet werden darf. So kreativ sich die Museumspädagogik in der Kunstvermittlung Kindern gegenüber entwickelt hat, so mühsam gestaltet sich nach wie vor der (zeitgenössische) Kunst vermittelnde Umgang mit älteren Menschen. Offenheit als Prinzip – für beide Seiten – wäre aber wohl die wichtigste Voraussetzung für die Integration älter werdender Menschen in kulturelle Prozesse. Integration im vollen Wortsinn aber, als Mitträger und als Konsumenten, als Genießende und verstört Attackierende, als Suchende und als Beschenkte.

Und allenfalls auch, nicht erschrecken, als sich selbst dilettierend (= wörtlich: liebend) in künstlerische Ausdrucksmittel Vorwagende – gehört das nicht auch zur menschlichen Freiheit und im weitesten Sinne zur Freiheit künstlerischen Tuns?

Die aktuelle Teilnahme der älteren Generation am kulturellen Leben Österreichs ist durchaus pluriform. Und da und dort auch ambivalent:

Das große „Philharmonische“ in der „Reichshaupt- und Residenzstadt“, die Tonkünstler im Kernland, möglicherweise auch sonstiges Klassisches gen Westen zu: aus dem Publikum von hinten ein einziges, kunstsinnig wogendes, grauweißes Meer … In Wien werden aus lauter Angst vor dem nächtlichen U-Bahn-Heimweg zunehmend oft nicht einmal mehr die Zugaben abgewartet.

Andererseits, von den Wiener Sonderfestivals über die Styriarte bis zum Allegro Vivo im Waldviertel – hier mischen sich locker Jung und Alt, der Dress Code hat nullkommanull Bedeutung und die Musik lebt, als wären die Herren Compositeure mitten unter uns. Diese Lockerheit gilt inzwischen auch für qualitätsvolles Sommertheater.

Der Literaturbetrieb in den Buchhandlungen ist eher jung und weiblich, das Hörbuch für die Älteren (und für die Automobilisten) ein toller neuer Markt. Und Ö1 ist überhaupt das beste Radio Europas für Youngsters und Oldies.

Die Museen – hier stock´ ich schon. Das Goldene Kalb des Eigenfinanzierungsgrades und die daraus resultierenden Hitlisten-Expositionen lassen die Zeiten, da man als älterer Mensch wegen eines (!) Künstlers des betreffenden Hauses, ja wegen eines einzigen Bildes ins Museum ging, irgendwo in der Vorvergangenheit eines früheren Lebens verdämmern. Aber „Das Gold der Eskimos" ist ja noch immer nicht ausgestellt …

Die Theaterbesucher, nicht zuletzt auch jene in den Bundesländern, entwickeln sich zunehmend positiv als altersmäßig durchwachsen, und das ist gut so. Man ist da, weil man gerade diese Inszenierung sehen will und nicht, weil schon die Ahnen selig das betreffende Abonnement hatten und jeweils erst am Familien-Stamm-Sitz registrierten, was heute gegeben wird.

Die Volkskultur hat sich, seit sie von der Volxkultur unterwandert wurde (und die Ausübenden zunehmend eine seriöse Ausbildung vorweisen können) im positiven Sinne entmythologisiert. Hier sind „die Alten" inzwischen ganz happy, weil sie mit dieser fröhlichen musikalischen Bluttransfusion eigentlich gar nicht mehr gerechnet hatten.

Was wäre nun zu tun „für" die älteren Menschen im österreichischen Kulturbetrieb hic et nunc:

Zum Ersten die andragogisch zeitgerechte Vermittlung der Erkenntnis, dass man ein Leben als Kulturmensch nicht irgendwann, wenn man dann einmal älter sein und mehr Ruhe haben würde, terminisieren kann, sondern jedenfalls sofort beginnen muss, wenn einem zum ersten Mal ein derartiger Gedanke aufsteigt.

Zum Zweiten scheinen mir – so anstrengend sich dies gelegentlich im Einzelfall gestalten mag – Begegnungen zwischen Künstlerpersönlichkeiten und suchenden, verstörten, bereits teilweise entflammten älteren Menschen förderungswürdig. Sei dies im Rahmen von Verni- oder Finissagen oder irgendwann im Zuge einer Ausstellung in Galerie, Museum oder gar im Atelier.

Sachkundige, aber doch „nicht belehrende" Einführungsvorträge prominenter Musikkritiker (möglichst unter Beiziehung von Dirigent oder Solisten) vor Konzerten haben sich absolut bewährt. Es muss ja nicht gleich Luigi Nono sein, aber Schostakowitsch und Arvo Pärt genießen inzwischen sogar in meinem geliebten St.Pölten Standing Ovations.

Es soll jede Gelegenheit genützt werden zu vermitteln, welche Bereicherung jede vermeintlich „fremde" Kultur gerade auch für den älteren, abgeklärten Menschen bedeutet. So faszinierend eine Kulturreise nach Kambodscha sein mag – ist es nicht auch spannend zu erfahren, was das Slowakische, das Ungarische, das Slowenische so an sich/in sich haben?

Last not least aber: Ein kulturell interessierter, engagierter älterer Mensch zu sein, das mag zunächst materiell irrelevant scheinen. Die regelmäßige Teilnahme am Kulturbetrieb „kostet" allerdings. Unsere Kultureinrichtungen wären gut beraten, zwar alles zu tun, um sich die Jungen als Hoffnungsklientel anzulachen, dabei aber nicht zu vergessen, dass es bei der pyramidal anwachsenden Schar der Älteren „die Masse macht".

Der älter werdende Mensch und die Kultur – welch eine Chance!

Klaus Hecke

Von diesem Autor finden Sie außerdem den Beitrag „Wohnungsbedingungen und Wohnungsanpassung im Alter“ mit seiner Vita auf Seite 317.

Ökosoziale Marktwirtschaft und soziale Sicherheit im Alter

1.
Das österreichische Modell der ökosozialen Marktwirtschaft bildet einen politischen und ökonomischen Mittelweg, den wir auch für Europa verfolgen. Wirtschaft ist nicht Selbstzweck, sondern sorgt für Wohlstand und sozialen Zusammenhalt, ohne den ein friedvolles und gesichertes Zusammenleben nicht möglich ist. Dieses Modell hat sich in der Nachkriegszeit, erweitert um den Umweltgedanken, aus dem in den 70er Jahren geprägten Modell der qualitativen sozialen Marktwirtschaft entwickelt, das eine Antwort auf die Grenzen des Wachstums, die Umweltfragen, die Notwendigkeit, auf qualitative Orientierungen mehr Bezug zu nehmen, und den Ölschock war.

Die ökosoziale Marktwirtschaft ist jene Wirtschaftsordnung, die der parlamentarischen Demokratie am besten entspricht. Sie hat eine wichtige gesellschaftliche Funktion und ist für den Bestand der Demokratie wesentlich. Die Wirtschaft ist eingeordnet in den staats- und gesellschaftspolitischen Rahmen und hat dazu beizutragen, die Verwirklichung der gesellschaftlichen Ziele zu erreichen. Das bedeutet, dass Eingriffe in den Markt dann berechtigt und notwendig sind, wenn anders gesellschaftlich erwünschte Entwicklungen nicht erreicht werden können. Wesentlich ist die Mitentscheidung der Betroffenen bei wirtschafts- und sozialpolitischen Entscheidungen. Wir treten für das Subsidiaritätsprinzip ein. Aufgaben, die von einer kleineren, besser überschaubaren Gemeinschaft zweckmäßiger gelöst werden können, sollen nicht von größeren Einheiten, insbesondere vom Staat, geregelt werden. Der Eigenverantwortung und Ehrenamtlichkeit, wie in Vereinen, kommt hierbei eine besondere Bedeutung zu.

2.
Die Globalisierung bringt einem Land wie Österreich zum einen enorme Chancen, die wir aktiv nützen. Jeder zweite Euro wird heute durch Exporte von Gütern und Dienstleistungen erwirtschaftet. Davon profitiert bereits jeder zweite Arbeitsplatz in Österreich, vor allem in Kleinbetrieben und mittelständischen Unternehmen.

Gewinner sind die Konsumenten, denn der funktionierende Markt ermöglicht ihnen mehr Auswahl und billigere Waren. Die Globalisierung bringt aber auch neue Herausforderungen mit sich, wie z.B. stärkere internationale Konkurrenz, mögliche Abwanderung von Unternehmen oder die Frage der weltweiten Einhaltung der Menschenrechte und sozialen Standards. Gerade die soziale Dimension und das der ökosozialen Marktwirtschaft innewohnende soziale Unternehmen sind in einer globalisierten Welt zu hinterfragen.

Wir sagen ja zur ökosozialen Marktwirtschaft als österreichisches Erfolgsmodell und als Antwort auf die globale Herausforderung. Diesem Modell gehört weltweit die Zukunft, weil es die Wirtschafts- und Gesellschaftsordnung ist, die dem Menschen auch unter veränderten Bedingungen am besten gerecht wird. Denn die ökosoziale Marktwirtschaft garantiert, dass nur eine freie Wirtschaftsordnung dem Einzelnen wie auch dem Ganzen Halt, Sicherheit, Orientierung und letztlich wieder Freiraum für Wachstum und Wohlstand geben kann.

Der medizinische Fortschritt, ein verändertes Gesundheitssystem, eine infolge höheren Bildungsniveaus bewusste, gesunde Lebensweise und damit steigende Lebenserwartung werden in der westlichen Welt dafür sorgen, dass die Menschen mindestens ein Drittel ihres Lebens als Ältere verbringen. Die Nachfrage nach Pflegeleistungen auf Grund der demografischen Entwicklung wird steigen. Verbunden damit sind eine höhere Zahl älterer Menschen und chronisch Kranker, die steigenden Ansprüche und der Trend „Weg vom Spital". Mit der Zunahme der Ein-Personenhaushalte ist ein Rückgang der familiären Pflegekapazität zu erwarten. Darauf müssen sich Politik, Wirtschaft und Gesellschaft sowie die Betroffenen selbst einstellen. Dafür muss die Politik kräftige Impulse und Orientierungen geben.

3.

Freiheit, Leistung und soziale Sicherheit sind Grundinhalte des Modells der ökosozialen Marktwirtschaft. Wir müssen die richtigen Maßnahmen setzen, damit Österreich in den nächsten Jahrzehnten an der Spitze der Industrieländer mit der höchsten Lebensqualität bleibt. Ein Ausgleich unter den volkswirtschaftlichen und gesellschaftlichen Zielkonflikten war in Österreich die Grundlage für das Wirtschaftswunder und den Wohlstand breiter Bevölkerungsschichten. Die Menschen wünschen sich eine Marktwirtschaft, in der Unternehmen Nachhaltigkeit sowohl in Umwelt- als auch in Standortfragen als Ziel verfolgen und andererseits ihre soziale Verantwortung gegenüber der Gesellschaft auch weiterhin wahrnehmen.

Ohne einen breiten Unternehmergeist, wie er in zahlreichen Klein- und Mittelunternehmen zum Ausdruck kommt, sowie der Leistungsbereitschaft der Arbeitnehmerinnen und Arbeitnehmer wäre das nicht möglich. Unser Weg hat das Gemeinwohl aller ebenso zum Ziel wie die Stärkung der Eigenverantwortung jedes Bürgers. Die politischen Leitwerte dieser auf das Gemeinwohl orientierten Wirtschaftspolitik heißen Wohlstand für alle, soziale Fairness, ökologische Verantwortung, Generationengerechtigkeit, weniger Staat, aktive Bürgergesellschaft, Leistung und Nachhaltigkeit.

4.

Grundlage unserer Sozialpolitik ist – aufbauend auf der christlichen Soziallehre – die ökosoziale Marktwirtschaft. Sie ist der Pfeiler des österreichischen Solidaritätsmodells. Die Prinzipien der Nächstenliebe, der Ehrenamtlichkeit, der Gerechtigkeit, der Freiheit und der Toleranz spiegeln sich im Sozialsystem wider. Wir verbinden Treffsicherheit und Gerechtigkeit mit Effektivität, das sichert die Finanzierbarkeit unseres Sozialsystems. Eine erfolgreiche Marktwirtschaft war und ist Basis unseres Wohlstandes. Sie allein erwirtschaftet genug, um umfassende soziale Sicherungssysteme erhalten zu können. Nur dort, wo solide gewirtschaftet wird, ist sozialer Fortschritt mach- und finanzierbar.

Die Politik muss durch die richtigen Maßnahmen das Wirtschaftswachstum fördern: Weniger Vorschriften und Bürokratie, höhere Forschungsinvestitionen, weniger Steuern und Abgaben, mehr Ausgaben für die ländliche Entwicklung und die Anbindung der Regionen an die städtischen Zentren, weniger Subventionen und wirtschaftliche Gängelung, mehr Freiraum und Eigenverantwortung, weniger ungerechte Besitzstände, mehr zukunftsträchtige Infrastruktur. Wachstum ist auch wichtig, weil so die Einnahmen für staatliche Ausgaben und die Sozialsysteme finanziell abgesichert werden: Wachstum ist die Voraussetzung für soziale Sicherheit.

Wir bekennen uns zu einem umfassenden Sozialsystem, das alle Teile der Bevölkerung und alle Generationen umfasst. Die Altervorsorge, die Gesundheitsvorsorge wie auch die Hilfe bei Krankheit, Pflege und Betreuung sowie Arbeitslosigkeit werden durch Sozialversicherung und staatliche und staatlich geförderte Zusatzleistungen abgesichert.

Gerade die Generationen- und Seniorenpolitik braucht künftig eine klare Strategie, damit aus demografischen Herausforderungen gesellschaftliche und individuelle Chancen werden können. Neue Modelle wie Teilzeitpensionen für ältere Arbeitnehmer oder berufsunfähige Menschen verlangen nach einer intensiven Auseinandersetzung. Aus der Partnerschaft zwischen den Generationen schöpfen wir die Kraft, die für die Bewältigung großer Gegenwarts- und Zukunftsaufgaben erforderlich ist. Innovationskraft der Jugend und Erfahrung des Alters müssen miteinander verbunden bleiben. Für christlichsoziale Politik ist es selbstverständlich, dass ältere Mitbürger nach einem arbeitsreichen und verantwortungsvollen Leben einen festen Platz in Staat und Gesellschaft haben. Wir wollen die bestehenden Probleme und Herausforderungen für die älteren Menschen in unserem Land engagiert aufgreifen und in einem generationenübergreifenden Dialog Lösungen entwickeln. Deshalb fordern und fördern wir auch die Zusammenarbeit zwischen den verschiedenen gesellschaftlichen Gruppen. Eine gemeinsame Vision vom Alter mit Zukunft geht alle an. Gefragt sind die besten Ideen für eine Gesellschaft für alle Generationen. Auf lokaler Ebene sind dies Nachbarschaftszentren, die Menschen auffangen und zusammenführen können.

Marilies Flemming

Geboren 1933 in Wiener Neustadt. Promotion zur Dr. jur., Studium der Theaterwissenschaften, Sprachstudien in Paris und an der Uni Cambridge. Juristin, ehrenamtlich tätig als Bewährungshelferin, Geschäftsführerin einer Filmproduktion. 1973–1987 Landtagsabgeordnete und Gemeinderätin der Stadt Wien (Soziales und Gesundheit), 1977–1984 Generalsekretärin, 1984–1991 Bundesleiterin der Österreichischen Frauenbewegung, 1987–1991 Bundesministerin für Umwelt, Jugend und Familie, 1987–1993 Int. Präsidentin der Europäischen Frauen Union, 1995–2005, stv. Obfrau des Österreichischen Seniorenbundes, 1996–2004 Mitglied des Europäischen Parlaments. Seit 1998 Ehrenbundesleiterin der Österreichischen Frauenbewegung. 2001–2004 Seniorenbeauftragte der Europäischen Seniorenunion. Seit 2005 Europabeauftragte des Österreichischen Seniorenbundes.

Europäische Werte als Zukunftshoffnung für die ganze Welt

Eine Aufgabe für die Senioren Europas

I. Europa muss für seine Werte kämpfen

Es ist die Generation der heutigen SeniorInnen gewesen, die aufgrund der bitteren Lebenserfahrung in der ersten Hälfte des 20. Jahrhunderts die Sehnsucht vieler Europäer aufgegriffen hat und ein gemeinsames „Haus Europa“ geplant und aufgebaut hat.

Diese verantwortungsbewußte Haltung der Zukunft gegenüber zeigt sich auch ganz klar in Umfrageergebnissen. Auf die Frage, ob Österreich bei der EU bleiben sollte, antwortete mehr als die Hälfte der befragten SeniorInnen (55%) mit Ja.[1] Nur ein Drittel war für einen Austritt aus der EU. Ganz klar auch das Ergebnis bei den Befragten nach einen Beitritt der Türkei. 73% der Befragten sprachen sich dagegen aus, dass Österreich sich für einen Beitritt der Türkei stark macht. Auch die Lösungskompetenz der EU wird von den SeniorInnen sehr positiv gesehen:

95% der Befragten halten eine europaweite Verbrechensbekämpfung für notwendig. 74% sehen Entwicklungshilfe als eine europäische Aufgabe.

Das dritte Jahrtausend ist durch vielfältige, sich rasant vollziehende Entwicklungen gekennzeichnet. Weltweite Veränderungen in Wirtschaft und Gesellschaft, und vor allem auch das Zusammenleben der großen Religionsgemeinschaften bringen große Aufgaben mit sich, die bewältigt werden müssen.

Aus den bitteren Lebenserfahrungen zweier Kriegsgenerationen halten wir folgende Grundwerte für unverzichtbar:

- Die Würde des Menschen
- Das Recht auf Leben
- Freiheit
- Gleichheit
- Toleranz
- Soziale Gerechtigkeit

Die Würde des Menschen ist unantastbar von der Entstehung des Lebens bis zum Tod, unabhängig von Rasse, Geschlecht, Alter oder Behinderung. Niemand darf der Folter unterworfen oder zur Todesstrafe verurteilt werden. Wir sind stolz darauf, dass es in der Europäischen Union keine Todesstrafe gibt.

Das Recht auf Freiheit umfasst Gedankenfreiheit, Gewissensfreiheit und Religionsfreiheit ebenso wie die Freiheit der Meinungsäußerung, der Informationsfreiheit, der Versammlungs- und Vereinsfreiheit, und der Freiheit von Kunst und Wissenschaft.

Menschen, wegen des Wechsels ihrer Religion zur Todesstrafe zu verurteilen, ist ein Verbrechen und muss von uns als solches verurteilt werden.

Zwangsverheiratungen und Ehrenmorde, wie sie auch in Europa tagtäglich stattfinden, sind scharf zu verurteilen und strafrechtlich zu verfolgen.

Meinungs-, Presse- und Informationsfreiheit sind ebenso wenig verhandelbar wie die Freiheit der Kunst und Wissenschaft. Alle Personen sind vor dem Gesetz gleich. Die Gleichheit von Mann und Frau darf in Europa nicht durch den Hinweis auf eine andere Kultur oder Tradition, oder gar durch den Verweis auf eine andere Religion verletzt werden. Eine weniger strenge Bestrafung eines Ehrenmordes durch den Hinweis auf eine andere Kultur, ist durch Gesetzesänderung unmöglich zu machen. Auch die Zwangsverheiratung und Bigamie müssen durch entsprechende Gesetze stärker kriminalisiert werden.

Wir fordern:

- Gesetzesänderungen, die die Verletzung von Gleichheitsverboten unmöglich machen.
- Neugestaltung des Staatsbürgerschaftsunterrichtes bzw. des Ethikunterrichtes.
- Konfrontation in den Schulen mit Wertevorstellungen anderer Kulturen und Ausarbeitung eines Argumentationskataloges zur Verteidigung unserer europäischen Werte.
- Mehr Religionsunterricht.
- Die Jugend Europas, die Jugend Österreichs muss für ihre Wertvorstellungen offensiv eintreten. Dazu müssen sie ar-

gumentieren können, müssen für unseren Weg des Lebens werben können.

- Schüleraustausch auf breiter Basis, vor allem mit Kindern aus der arabischen Welt.
- Offene Diskussionen in den Pfarren über die Unterschiede in den drei großen Weltreligionen.
- Diskussionen mit NGOs, vor allem mit Amnesty International.
- Toleranz im Nebeneinander von Religionen und politischen Gruppierungen kann immer nur im Rahmen der Menschenrechte und der vollständigen Anerkennung der Verfassungen und der Grundwerte der einzelnen europäischen Staaten geschehen. Ein Abgehen von den tradierten europäischen Werten kann nicht toleriert werden. So kann es keine Toleranz gegenüber Bigamie, Gewalt gegen Frauen oder ganz allgemein keine Toleranz gegenüber der Intoleranz geben.

„International setzt man jetzt auf einen Dialog mit der islamischen Welt, um die Konfrontation zu mildern. Das kann ein brauchbares Mittel sein, so lange dieser Dialog richtig verstanden wird. Es kann dabei nämlich in keiner Weise darum gehen, zentrale Werte wie die Menschenrechte auch nur ansatzweise in Diskussion ziehen zu lassen.“ (Peter Rabl, Kurier)

II. Europa den Europäern

Der ÖSB setzt sich dafür ein, dass die EU ihre demokratiepolitischen Defizite so rasch wie möglich abbaut. Die Bürger sind heute enttäuscht, dass weitreichende Entscheidungen ohne jede Mitwirkungsmöglichkeit des einzelnen Europäers getroffen wurden. Jede wichtige Entscheidung der EU muss den Bürgern zuerst nahe gebracht, in den einzelnen nationalen Staaten ausgiebig diskutiert, und dann den Bürgern die Möglichkeit gegeben werden, darüber zu entscheiden.

Die EVP und die ÖVP werden aufgefordert, den BürgerInnen mehr Information, mehr Diskussion und mehr Mitbestimmung in ihren Ländern möglich zu machen. Insbesondere ist die Gleichgültigkeit der nationalen Abgeordneten aufzuzeigen und darauf hinzuweisen, dass die Schuld an dem mangelnden Vertrauen der BürgerInnen in Europa nicht von „Brüssel“ , sondern von den einzelnen nationalen PolitikerInnen zu verantworten ist.

III. Keine Erweiterung der Europäischen Union ohne eine europaweite Volksabstimmung.

- Die Politik der EU, Vertiefung und Erweiterung gleichzeitig vollziehen zu wollen, hat sich als problematisch erwiesen.
- Die Vergrößerung der EU um ein so problematisches Land wie die Türkei bedeutet keineswegs automatisch eine Vergrößerung der Zone der Stabilität, sondern es ist umgekehrt, dass durch die geringer werdende Homogenität und die schwieriger werdende Identifizierung gesamteuropäischer Interessen die Stabilität der EU eine Schwächung erfahren würde.
- Die EU wird nach einem Beitritt der Türkei kaum noch als Akteur im Nahen und Mittleren Osten auftreten, sondern lediglich in der Rolle eines Betroffenen oder Involvierten.

Wir fordern daher die Ausarbeitung eines wirklichen Alternativmodells zur Vollmitgliedschaft; etwa ein Modell, das den Schwerpunkt auf wirtschaftliche Integration legt und Zusammenarbeit statt Aufnahme verfolgt.

Anmerkung

[1] Umfrage der Österreichischen Gesellschaft für Europapolitik „Die österreichische EU-Präsidentschaft 2006

V.

Zusammenfassung:
Unsere Erwartung an die Zukunft
Unsere Prägung der Zukunft

So soll es werden –
So wird es werden

Martin Mayr

Geboren 1933 in Baumkirchen, Tirol. 1958 Promotion zum Dr. jur. nach Studien in Innsbruck und Paris. 1953–1959 wissenschaftliche Hilfskraft, Institut für Kirchenrecht Universität Innsbruck. 1959 Gerichtsjahr in Innsbruck und Hall. 1960–1999 Bundeskammer der gewerblichen Wirtschaft. 1978–1999 Leiter der Abteilung für Sozialpolitik. 1974–1995 1. Obmannstellvertreter der Pensionsversicherungsanstalt der Arbeiter. 1992–1999 Vizepräsident des Hauptverbandes der österreichischen Sozi alversicherungsträger.

Inhalt

I. Die längere Lebenserwartung

Das längere Leben für uns alle: eine verheißungsvolle Zukunft und eine große Herausforderung

Die Altersstruktur der österreichischen Bevölkerung wird sich in Zukunft von der jetzigen grundlegend unterscheiden: Zahl und Anteil der SeniorInnen werden stark steigen, Kinder und Jugendliche verlieren zunehmend an Gewicht. Grund dafür sind einerseits die niedrigen Geburtenzahlen, andererseits aber auch das mittelfristige Nachrücken der starken Baby-Boom-Generationen aus den 1950er- und 1960er-Jahren ins Pensionsalter sowie die kontinuierlich steigende Lebenserwartung. Nach den Berechnungen der Statistik Austria wird die Bevölkerungszahl bis 2050 von derzeit rund 8,2 Millionen Einwohnern auf rund 9 Millionen ansteigen. Dieser Zuwachs ist in erster Linie eine Folge der Zuwanderung nach Österreich. Aber auch die steigende Lebenserwartung leistet dazu einen nicht unerheblichen Beitrag:

- Die Lebenserwartung der österreichischen Männer steigt von 76,4 Jahren im Jahr 2004 auf 84,3 Jahre im Jahr 2050; Männer werden also bis zum Jahr 2050 um fast acht Jahre länger Leben als heute.
- Die Lebenserwartung der österreichischen Frauen, die schon immer höher als die der Männer war, steigt von heute 82,1 auf 89,0 Jahre im Jahr 2050. Damit ist der Anstieg bei den Frauen zwar etwas geringer als bei den Männern, die Schere zwischen den Geschlechtern wird sich, so wie in der Vergangenheit, auch in Zukunft etwas weiter schließen. Frauen werden aber im Jahr 2050 immer noch um durchschnittlich fünf Jahre länger leben als Männer.

Die erwähnten Verschiebungen in der Altersstruktur drücken sich in konkreten Zahlen so aus, dass die Anzahl der über *60-Jährigen* Österreicher von derzeit 1,8 Millionen auf knapp mehr als 3 Millionen im Jahr 2050 ansteigen wird. Ein Drittel der Bevölkerung wird also dann über 60 Jahre alt sein. Von besonderer Bedeutung ist dabei, dass innerhalb dieser Gruppe der über 60-Jährigen die Hochbetagten im Alter von über 85 Jahren die größte Zunahme aufweisen: Derzeit umfassen sie 120.000 Personen, im Jahr 2050 werden es bereits 520.000, also um 400.000 mehr sein. Dies wird sich insbesondere für die Bereiche Gesundheit, Altersvorsorge, Pflege, Mobilität und Wohnen entsprechend auswirken.

Dem stark steigenden Anteil der älteren Generation steht eine Abnahme der jüngeren Altersgruppen gegenüber. Die Bevölkerung im Erwerbsalter von 15 bis unter 60 Jahren wird zwar bis zum Jahr 2015 von derzeit 5,06 Mio. noch leicht auf 5,26 Mio. im Jahr 2015 anwachsen, dann aber bis zum Jahr 2050 auf 4,75 Mio. zurückgehen.

Auch die Anzahl der Kinder und Jugendlichen bis 15 Jahre wird von 1,33 Mio. im Jahr 2004 auf 1,23 Mio. im Jahre 2050 abnehmen.

Die Gesamtbevölkerung von knapp 9 Millionen wird sich im Jahr 2050 somit aus rund 1,2 Millionen unter 15-Jährigen, 4,7 Millionen 15- bis 59-Jährigen und 3,0 Millionen über 60-Jährigen zusammensetzen.

Diese Entwicklung in der Altersstruktur zieht eine Reihe von Konsequenzen für die Lebensbedingungen der älteren Generationen nach sich:

- *Mehr Einpersonenhaushalte:* Diese nehmen bei den über 60-Jährigen von 508.000 im Jahre 2004 auf 910.000 im Jahre 2050 zu. Mehr als zwei Drittel dieser Einpersonenhaushalte entfallen auf Frauen. Rund ein Drittel aller über 60-Jährigen wird bis 2050 in Einpersonenhaushalten leben. Dies wird erhöhte Anforderungen an die Betreuung dieser Personen stellen.
- *Höhere Gesundheitskosten:* Die 60- bis 75-Jährigen erfreuen sich großteils guter Gesundheit und sind nur zu einem geringen Prozentsatz auf Hilfe und Pflege angewiesen. Ab dem 75. Lebensjahr steigt dieser Prozentsatz der Hilfsbedürftigen rasch an. Bis 2050 werden 228.000 über 60-Jährige ständig und rund 600.000 manchmal auf Hilfe und Pflege angewiesen sein. Ein stark steigender Pflegebedarf der Hochbetagten ist die Folge. Frauen leben zwar länger, sind aber im späten Leben kränker als die Männer.
- *Steigender Bedarf an Pflegepersonen:* Demgegenüber sinkt aber die Anzahl der potentiell für eine Unterstützung zur Verfügung stehenden Personen. Während im Jahre 2004

noch 4,3 15- bis 65-jährige Personen auf eine Person im Alter von über 65 Jahren fielen, sinkt dieser Anteil bis 2050 auf 2,2 Personen, also um rund 50%.

Nicht besser sieht es hinsichtlich der Unterstützungsrate innerhalb der älteren Generation aus. Fielen im Jahr 2004 noch 4,3 Personen im Alter von 50 bis 65 Jahren auf eine Person von über 80 Jahren, so sinkt dieser Anteil bis 2050 auf nur 1,7 Personen, verringert sich also um rund 60%.

- *Mehr Pflegegeldbezieher:* Die Anzahl der Pflegegeldbezieher wird von rund 352.000 im Jahr 2004 auf vermutlich 783.000 im Jahre 2050 ansteigen, was erhebliche Finanzierungsprobleme aufwerfen wird.

II. Die Werte der Älteren Generation

1. Die Senioren als Teil der aktiven Bürgergesellschaft

Die SeniorInnen stellen einen wichtigen und unverzichtbaren Teil unserer Bürgergesellschaft dar. Sie sind, wie auch andere Gruppen der Bevölkerung, in einem hohen Ausmaß bereit, auf völlig freiwilliger/ehrenamtlicher Basis ihre Kräfte für die Allgemeinheit zur Verfügung zu stellen.

Jede Gruppe hat ihre eigene Zielsetzung, die ja der Staat nicht vorschreiben kann, sondern die in demokratischer Weise selbstbestimmt ist. Dem bürgergesellschaftlichen Engagement liegen Grundwerte und Ziele zugrunde, die aufgrund des Wertewandels heute nicht mehr selbstverständlich sind. In unserer Gesellschaft besteht die Gefahr der Vereinsamung und des Ausgeschlossenseins. Dies vor allem für ältere Männer und Frauen nach dem Ausscheiden aus dem Berufsleben. Eine aktive Mitarbeit der SeniorInnen setzt aber voraus, dass diese Bereitschaft auch angenommen und unterstützt wird. Denn gerade die aus dem aktiven Berufsleben ausgeschiedenen Personen können sehr viel einbringen: nämlich Berufserfahrung, Sachkunde, Übersicht, Dialogbereitschaft, Leistungsbereitschaft, Gemeinsinn und große Bereitschaft zur Hilfe für andere.

Die aktive Beteiligung an der Bürgergesellschaft fördert die Verantwortung, die Zuverlässigkeit, die Zivilcourage. Sie erfolgt unter Beachtung der demokratischen Spielregeln und schafft wertvolle Grundwerte. Zugleich gibt sie persönliche Zufriedenheit, das Gefühl, noch persönlich einen Wert zu besitzen und ein nützliches Mitglied der Gesellschaft zu sein; sie beugt einem sinnlosen Leben vor und mindert die Gefahr von Vereinsamung und Ausgeschlossensein. Diese Gefahr besteht häufig nach dem Ende des aktiven Berufslebens, wenn man seine gewohnte Umgebung und sein berufliches Umfeld verliert. Wer sich in die Bürgergesellschaft eingliedert, hat auch selbst ein moralisches Recht, Hilfe zu bekommen, wenn er sie einmal braucht. Der Gedanke der gegenseitigen Solidarität findet hier einen spezifischen Ausdruck. Wo die Bürgergesellschaft funktioniert, gibt es auch entsprechende Freiräume vom Staat; in diesen Bereichen herrscht selbstbestimmte Autonomie. Aktive Bürger ergreifen Eigeninitiativen, schaffen neue Formen des sozialen Engagements und der Selbstorganisation, um ihre unmittelbaren Lebensbereiche für sich selbst und die MitbürgerInnen positiv zu verändern.

Besondere Bedeutung kommt der Bürgergesellschaft angesichts der Tatsache zu, dass nicht alle sozialen Probleme vom Staat gelöst werden können, sei es aus Kostengründen oder mangels Ressourcen. So wird es notwendig sein, im sozialen und karitativen Bereich zum Teil Privatinitiative an die Stelle staatlicher Vorsorge zu setzen. So kann sich der Staat dort zurückziehen, wo Privatinitiative besteht, und so können Aufgaben bürgernäher und kostengünstiger wahrgenommen werden. Keinesfalls darf aber der Staat durch die Privatinitiativen aus seiner Verantwortung für den sozialen Zusammenhalt entlassen werden. Die Hauptverantwortung wird weiterhin beim Bund, den Ländern und den Gemeinden liegen müssen. Privatinitiativen sind nach dem Grundsatz der Subsidiarität vor allem dort gefragt, wo kleine bürgernahe Gemeinschaften Aufgaben besser als der Staat wahrnehmen können, oder in den Bereichen, wo die größeren Gemeinschaften überhaupt nicht aktiv sind.

Sehr gute Erfahrungen hat die Bundesrepublik Deutschland mit der Ausbildung Älterer zu Seniorentrainern und -trainerinnen im

Rahmen des EFI-Programms (Erfahrungswissen für Initiativen) gemacht. Die Seniorentrainer und -trainerinnen bewähren sich als Berater und Unterstützer, als Initiatoren von Projekten, als Förderer von bürgerschaftlichem Engagement sowie als Wissensvermittler. Sie bringen aus ihrem ehemaligen Berufsleben aber auch aus der Familie, Erziehung und Haushaltsführung reiche Erfahrung mit.

Eine besondere Bedeutung kommt der Rolle der Großeltern zu. Sie können den Enkelkindern ihre reiche Erfahrung weitergeben und ihnen ihre Wertvorstellungen vermitteln. Ihnen kommt neben der Betreuung eine wichtige Erziehungsaufgabe zu.

Vom Staat wird zu verlangen sein, dass er die Aktivitäten der Bürgergesellschaft stärker als bisher fördert.

2. Die SeniorInnen sind aktiv:

a) Bildung begünstigt die Gesundheit

Je höher die Bildung ist, desto länger lebt der Mensch auch in unseren europäischen, durch den Sozialstaat gestützten Verhältnissen. Die Tatsache, dass wohlhabende, hoch gebildete Menschen viel älter werden, viel später sterben als die, die weniger Bildung haben, ist bis heute gesellschaftlich zuwenig wahrgenommen. Was wird die Zukunft daran ändern? Der Sozialeffekt von finanziellen Mitteln und Bildung ist hinsichtlich der Langlebigkeit kaum ins allgemeine oder gar ins politische Bewusstsein eingedrungen.

Soll man Alter und Krankheit in dieser sozial gestaffelten Weise politisch akzeptieren? Nein. Die Sozialpolitik hat hier große Aufgaben. Es wirken viele dieser ökonomischen und sozialen Faktoren auf Umwegen. Von ärmeren und weniger gebildeten Menschen wird der eigenen Gesundheit weniger Aufmerksamkeit geschenkt. Die Bemühung um Rehabilitation oder Wiederherstellung ist in der Regel in den unteren Bildungsschichten geringer. Auch findet sich bei benachteiligten Menschen weniger Aufmerksamkeit gegenüber Selbstschädigungen. Sie manifestieren sich im passiven Verharren in Depressionen, in Überernährung, Bewegungsfaulheit, Alkoholmissbrauch und der mangelnden Bereitschaft, Gesundheitskorrekturen durch Medikamente konsequent durchzuführen. Auch Medikamentenmissbrauch gehört zu diesen Selbstschädigungen. Unbewusste Selbstzerstörung wird an sich selbst bei weniger Bildung seltener wahrgenommen und kontrolliert als in den höheren Bildungsschichten. Doch auch bei hoher Bildung kann Selbstzerstörung durch Arbeitsüberlastung, Geltungswahn neurotisch wirksam werden.

b) *„Fange nie an, aufzuhören, und höre nie auf, anzufangen!" (Ursula Lehr)*

Zum geglückten Altern gehört der sich erneuernde Bezug zum Körper. Große Kulturen, die indische, die fernöstlichen chinesischen und japanischen, hatten, wenn auch in sehr verschiedener Weise, Programme und Lebenspraktiken entwickelt, die sich auf den Körper bezogen. Vieles davon war mit Meditation verbunden. Die westliche Welt beginnt erst jetzt den ganzen Reichtum dieser Praktiken zu entdecken. Angesichts des fortgeschrittenen Lebens entsteht die *Aufgabe, Blockaden im Verhalten und Handeln aufzugeben und Hemmungen gezielt zu reduzieren.* Wichtig erscheint dabei, den Zugang zur Sexualität zu erhalten oder neu zu finden.

c) Körper, Seele und Sexualität

Die neuen Generationen zeigen mehr Körperengagement, zum Teil als Kompensation des von der Technologie aufgezwungenen Lebensstils und als Ausdruck einer sinnvollen Planhaftigkeit in der Selbstvorsorge. Ein neuer Stil des Alterns, vermutlich auch ein neues Gesundheitsbewusstsein ist zu erwarten.

Gelebte Erotik, an der beide Seiten mit innerer Anteilnahme beteiligt sind, ist eine große menschliche Entwicklungschance. *Das späte Leben verlangt Schritte der Befreiung, aber auch der verbesserten Selbststeuerung.* Die Liebe und in ihrem Gefolge die Sexualität vermögen beides zu stützen. Liebe in den verschiedenen Formen begünstigt die Entfaltung, auch im späten Leben. Die Sexualität wird im späten Leben durch gewonnene Erfahrungen zwar erneut zugänglich, trotz organischer, sozialer und psychischer Einschränkungen, aber Krankheit kann die Sexualität stark beeinträchtigen.

d) Lernen als Schlüssel zur Entfaltung

In der globalisierten Wettbewerbsgesellschaft veralten die Qualifikationen außerordentlich rasch. Der Gesellschaftsprozess macht schneller alt, als die Individuen selber physisch und psychisch altern. Alle diejenigen, die nicht mitlernen, bleiben zurück. Lernen verlangt auch psychische Umstellungen in den emotionalen und willensmäßigen Fähigkeiten. Wer sich nicht ändern will, kann nicht lernen, wer nicht lernwillig ist, kann sich nicht ändern.

Lernen, das sich auf die eigenen Emotionen stützt, vermag hohe persönliche Bedeutung zu entwickeln und zur Steigerung der eigenen Ich-Anerkennung beizutragen. Generell jedenfalls gilt: Lernen, das nicht nur dem äußerlichen Kompetenzerwerb, sondern auch innerer Veränderung zu dienen vermag, kann die Gesundheit fördern. Eine Daseinsgestaltung, welche die eigene Entfaltung begünstigt, bleibt selten ohne Rückwirkung auf den Organismus.

Alternsforschung ist dringend gefragt, und zwar in verschiedenen wissenschaftlichen Disziplinen und disziplinübergreifend. Modelle und deren soziale Erprobung sind auch für die Politik dringend gefragt.

e) Und die neuen Generationen der Alten?

Sowohl in ökonomischer als auch in sozialer Hinsicht sind die Älteren den Jüngeren gegenüber diejenigen, die mehr geben als empfangen. Nach einer Studie der Arbeiterkammer Wien vererben oder verschenken ältere Menschen ihren Nachfahren jährlich 10,5 Milliarden Euro. In Ergänzung dazu sehen sich in Österreich nach neuen empirischen Forschungsergebnissen mit Repräsentativcharakter die Älteren zu 80% als diejenigen, welche die Befriedigung ihrer Bedürfnisse als SeniorInnen umfassend anerkennen. Dennoch bleiben Zweifel, ob sich das heute positive gegensätzliche Verhältnis nicht verschlechtern wird. Man wird sich dem Thema also auch weiterhin stellen müssen. *Es gibt jedenfalls keinen schicksalhaften Kampf der Generationen.*

Die jüngeren Alten sind stärker von Ich-Realisierung und eigenen, subjektiv profilierten Gestaltungswünschen motiviert. Engagement der jüngsten Gruppen der Älteren ist als Aspekt eigener Selbstbestätigung und Durchsetzungsfähigkeit aufzufassen. Aber wie hoch ist ihr Anteil, wie dauerhaft wollen sie sich engagieren?

Nach ihrem Ausscheiden aus dem Erwerbsleben sind die auf Erhaltung ihrer Zeitsouveränität bedachten „neuen Alten" eher bereit, sich projektförmig und in zeitlich befristeten Aufgaben zu engagieren. Dafür müssen neue sozial-strukturelle Konstellationen und Kooperationsformen zusammen mit Hauptamtlichen entwickelt werden.

Es geht zunehmend darum, neue Formen der Wahrnehmung von Aufgaben durch Freiwillige einerseits und Hauptamtliche andererseits und die Zusammenführung der Aktivitäten beider zu entwickeln. Die oft nur sehr allgemeine und beiläufige Bereitschaft der jüngeren Seniorinnen und Senioren, Verantwortung für das Gemeinwesen zu übernehmen, ist in Mitteleuropa größer als die Gelegenheiten, die ihnen in Institutionen, Organisationen, Verbänden und Einrichtungen eigenverantwortlich angeboten werden. *Kleine Minderheiten von Altersaktivisten sehen neue Handlungsfelder.* Sie sehen in ihrer Gemeinde, in einem bestimmten Verein einen Bedarf und initiieren neue Projekte. In der BRD wird dies durch die EFI-Bewegung mit Unterstützung des Sozialministeriums gefördert.

f) Und die Werte der „neuen Alten"?

Werden die neuen Alten zu Brückenbauern zu den Hochbetagten werden können? Die Singularisierung, besonders sozial folgenreich das Singletum im späten Leben, ein Dasein ohne Kinder und ohne Verwandtschaft nehmen längerfristig zu. Und die Pflegekapazität in den Familien wird stark zurückgehen. Frauen im mittleren Alter oder auch über 65 stellen zur Zeit, trotz ihrer Überbelastung, noch immer das hauptsächliche Potenzial der familiären Pflege alter Angehöriger. Die Frauen werden durch ihre Identifizierung mit dem Beruf in Zukunft weniger Zeit für die Pflege hoch betagter Familienmitglieder haben. Kann sich die nicht-familiäre Pflege unter Mitwirkung der neuen Alten verstärken? Wird den neuen Alten auch die Beteiligung bei der Umwandlung des Kulturwissens der Gesellschaft anzusinnen sein? *Es fehlt eine spirituelle Sicht des Alternsprozesses,* damit auch eine Einwilligung in die Endlichkeit oder eben eine Suche nach dem „Übergreifenden", nach Vorstellungen, die das eigene Leben mit dem der folgenden Generationen verbinden. Werden die neuen Generationen hier kreativ werden können?

g) Behinderte alte Menschen

Alte Menschen mit Behinderung, die in erhöhtem Maße der Gefahr der Vernachlässigung, Verarmung und Vereinsamung ausgesetzt sind, bedürfen der Gleichbehandlung und besonderer Unterstützung. Für sie ist der Zugang zu Informations- und Kommunikationstechnologien besonders wichtig.

h) Erhaltung der Mobilität, Führerschein

Für ein zufrieden stellendes Leben im Alter ist es notwendig, so lang wie möglich mobil zu sein und am öffentlichen Leben teilnehmen zu können. Eine Abnahme der Mobilität führt zu einem Rückzug aus dem sozialen Leben. Für eine aktive Lebensgestaltung ist es deshalb wichtig, möglichst einfach von einem Ort zum anderen zu gelangen. Dabei sind die heutigen Altengenerationen den Anforderungen des modernen Verkehrs besser gewachsen als die früheren. Die heutigen Älteren haben wesentlich mehr Erfahrungen im Straßenverkehr sammeln können als ihre Altersgenossen aus früheren Generationen. Die 17- bis 21-jährigen Autolenker haben doppelt so viel Unfälle wie die 86- bis 91-jährigen pro gefahrenem Kilometer.

i) Persönliche Sicherheit

Die älteren Menschen sind einem erhöhten Sicherheitsrisiko ausgesetzt, weil sie wegen ihrer oft vorhandenen schwächeren körperlichen Verfassung leichter Opfer von Kriminalität werden. Sie müssen sich daher der besonderen Gefährdung, der sie ausgesetzt sind, bewusst sein, und sich vorbeugend so verhalten, dass sie den Kriminellen möglichst wenig Chancen lassen. Informationen über das richtige Verhalten stellt insbesondere die Polizei, die sich der Sicherheit der Senioren besonders annimmt, zur Verfügung. Das Interesse der Senioren an derartigen Broschüren muss stärker geweckt werden.

j) Neues Ziel: Selbstfindung

Um Entwicklungen in sich selber einzuleiten und um unter dem Druck technologischen und kulturellen Wandels von der Gesellschaft nicht an den Rand gedrängt zu werden, ist von den älteren Generationen die innere Bereitschaft und Fähigkeit zum Wandel gefordert.

Selbstachtung und Selbstsicherheit werden mehr und mehr als Glücksvoraussetzungen im späten Leben erkannt. *Nicht das Glück selber ist das Ziel – es folgt vielmehr aus Zielen und deren Verfolgung.* Der eigene Selbstwert hat eine unterschwellige Verbindung der Psyche zur Welt des Neuen in der jeweiligen

Gegenwart. Das bedeutet, sich mit dem eigenen Ich zu befassen, aber den Blick weit über sich selbst hinaus zu öffnen, sowohl in die eigene, aber auch in die darüber hinaus weisende Zukunft.

Zu all dem lassen sich einige Empfehlungen aussprechen:

- Sich nie aufgeben.
- An sich selbst weiterarbeiten.
- Den Kreis eigener Einsichten (auch gegen Widerstand) erweitern.
- Schwächelnde Liebesfähigkeit stärken, Verbitterungen lösen.
- Selbstüberschätzung erkennen, es lebt sich leichter ohne sie.
- Selbstständigkeit überlegt erhalten.
- Hilfen nicht leichtfertig ausschlagen, wo nötig, sogar einplanen und organisieren.
- Freundschaften, auch bei Schwierigkeiten, weiterpflegen.
- Mutlosigkeit mindern.
- Die Archäologie des eigenen Bewusstseins bis in die Kindheit und Jugend vorantreiben.
- Aus Rückblicken und Erfahrungen keine Maßstäbe für die Gegenwart ableiten.
- Sich vieles verzeihen, den anderen auch – und sich dafür Zeit nehmen.

k) Die Liebe

Das Phänomen der Liebe hat sich gezeigt als ein essenzielles menschliches Grundbedürfnis, das durch hohe Reziprozität charakterisiert ist. Ein weiteres Charakteristikum ist, dass durch die Dynamik der Liebe geistige, körperliche und physische Kräfte frei werden. Gerade diese Kennzeichen stellen die Pflegenden vor besondere Aufgaben.

Die Gesellschaft wertet die Altersliebe mehr oder weniger in all ihren Formen ab. Eine besondere Situation stellen hier pflegerische Betreuungseinrichtungen dar. Diese „totalen Institutionen“ berücksichtigen die Bedürfnisse der mitunter geistig und körperlich eingeschränkten Menschen in Bezug auf Liebe und Sexualität kaum bis gar nicht. Die große Differenziertheit, die das Thema Liebe im Alter beinhaltet, wird wenig reflektiert. Sie ist auch in Aus- und Fortbildung eher ein Randthema.

Das Sprechen über Liebe und Sexualität ist gerade bei älteren Menschen mit Scham besetzt. Sie haben es meist nicht gelernt.

Da die Thematisierung der Liebe und der Sexualität selbst oft eine Gratwanderung darstellt, ist hier sehr einfühlsames Nachfragen und Ansprechen verlangt.

Um alte Patienten[1] und Patientinnen angemessen auch in der Dimension der Liebe zu betreuen und zu begleiten, bedarf es umfangreicher Kenntnisse, Fertigkeiten sowie positiver Grundhaltungen und Einstellungen.

Da die konkrete Gestaltung der Liebe sich in der Praxis vollzieht, kommt den Pflegenden in der direkten Patientenpflege die Aufgabe zu, mit den Betroffenen dieses Thema zu enttabuisieren.

Auf der strukturellen Ebene wäre es wichtig, dass alte Menschen in Institutionen Wohnbereiche zur Verfügung gestellt bekommen, die ihnen Raum für Intimität und Rückzugsmöglichkeiten bieten. Viele ältere Einrichtungen entsprechen nicht diesen Anforderungen. Für Ehepaare sollte es selbstverständlich sein, dass sie gemeinsam eine Wohneinheit beziehen. Strukturelle Gegebenheiten zu ändern, ist immer auch eine Aufgabe der Leitung in Zusammenarbeit mit der Sozialpolitik.

Ein wesentlicher Aspekt ist, dass sich Pflegende dafür einsetzen sollen, dass dieser Erfahrungsbereich, der sehr wesentlich für ein gelingendes Leben ist, ernsthaft öffentlich diskutiert wird, um die Zu- und Anerkennung der Liebe im Alter zu forcieren.

Aufgabe der Pflegewissenschaft wäre es, Forschungen zum Thema Liebe als komplexes Phänomen aufzunehmen.

Da Liebe mit tiefer emotionaler Zuwendung verbunden ist, kann sie nicht wie andere Rechte eingefordert werden. Als Pflegende sind wir verpflichtet, die uns anvertrauten Menschen mit Respekt zu begegnen und sie zu betreuen, aber wir sind nicht verpflichtet, sie (im tiefen, empathischen Sinn des Wortes) zu lieben.

3. Die Bedeutung der Religion

Beim Ausreifen eines einmaligen Lebens spielt die letzte Lebensphase eine bedeutende, ja entscheidende Rolle.

- Erik H. Erikson nennt die Aufgabe der letzten Lebensstufe

die Integration. Ihr Gegenpol ist Verzweiflung und Ekel. Sie ranken sich um das Gefühl, dass das Leben vertan, versäumt ist. Manche setzen dann dem ungeliebten Leben ein Ende. Es kann das Leben auch missraten sein, weil die letzte Zustimmung zum Leben auch angesichts von Scheitern und Schuld misslingt.

- Nach Karl Rahner geht es in der letzten Lebensphase darum, das ganze Leben als Ganzheit vor sich zu bringen.
- Romano Guardini wiederum sieht das Leben als Kette von Beziehungsaufnahmen, letztlich zum Absoluten, zu Gott. Das Wissen um Ewiges erlaubt dem Glauben, im Tode die Erfüllung und Vollendung des Lebens zu erkennen.

Angesichts solcher Wichtigkeit der Religion für Sinngebung im Alter überrascht es nicht, dass der Religion in der Altersforschung eine immer wichtigere Rolle beigemessen wird. Ergebnisse zeigen, dass religiöse Senioren gemeinschaftsoffener sind, sich mehr für andere einsetzen. Religion verleiht dem Leben Sinn, hilft, mit Verlusten und Kummer leichter umzugehen, lässt den Gedanken an den Tod bewältigen. Insgesamt fördert also Altersreligiosität die Lebensqualität nachhaltig.

Konkrete Altenarbeit hat begonnen, daraus den Schluss zu ziehen, auf die religiöse Seins- und Erlebnisdimension stärker zu achten und sie anzureichern. Als Möglichkeiten werden erwogen: Alte auffordern, über ihren Glauben zu sprechen; sich dessen Bedeutung für das Leben bewusster zu werden; die Nähe anderer zu begünstigen. Besonders in Heimen soll es ermöglicht werden, das religiöse Leben persönlich wie in religiöser Gemeinschaft zu kultivieren.

Papst Johannes Paul II., der sein eigenes Altern gleichsam zu einer eindruckvollen Predigt für alte Menschen machte, schrieb in einem Brief an alte Menschen: „Daher verdienen alle sozialen Initiativen Lob, die es den alten Menschen ermöglichen, sich sowohl körperlich, intellektuell und im Beziehungsleben weiterzubilden als auch sich dadurch nützlich zu machen, dass sie ihre eigene Zeit, ihre Fähigkeiten und ihre Erfahrung den anderen anbieten. Auf diese Weise erhält und steigert man die Lebensfreude, die ein grundlegendes Gottesgeschenk ist."

Eine besondere Aufgabe – vor allem von älteren Menschen – ist die Tradierung bewährter Werte. Dabei ist schon klar, dass es im Vorrat kultureller Werte immer eine Entwicklung gegeben hat. Deutlich wird uns heute auch, dass wir, die Älteren, in manchen Werten auch von den Jungen lernen müssen. Zum Beispiel sind junge Menschen ökologisch viel sensibler als die älteren Menschen aller Kategorien.

Es gibt unverbrauchte alte Werte, die zukunftsfähiger sind als die gerade modernen und zeit(un)geistigen. Das Antiquierte (so Günter Anders) erweist sich manchmal als das Avantgardistische. Könnte dies nicht z.B. dafür gelten, dass Menschen, Alte, Ältere, aber nicht zuletzt auch Kinder und Heranwachsende einen Lebensraum brauchen, der geprägt ist von Stabilität und Liebe? Stimmt es wirklich, dass es den Menschen mit der Destabilisierung der Beziehungen besser geht als der früheren Generation, die an ihrer Beziehung in guten und bösen Tagen und deshalb reifend festgehalten hat (natürlich war es auch damals schon manchmal besser, Tisch und Bett zu trennen)? Und dann der große Wert der Freiheit und der Verantwortung, und wie sich die beiden miteinander verweben? Wird die Freiheit nicht überhaupt erst im Raum der Verantwortung wirklich frei: Frei nämlich zu einer liebenden Selbsthingabe? Das führt zum nächsten großen Altenwert, den zeitweilig sozialistische Bewegungen für sich gepachtet hatten, der aber heute wieder entideologisiert allen gut zugänglich ist: die Solidarität und in Verbindung damit die Gerechtigkeit. Nur eine gerechtere Welt hat Chancen auf Frieden. Daher muss man, so wieder eine alte Weisheit, der Freiheit stets Gerechtigkeit abringen. Deshalb braucht es nach der Globalisierung (neoliberaler) Freiheiten auf den Finanzmärkten und den Großunternehmen rasch eine Globalisierung der Gerechtigkeit, wenn die Welt einen globalen Frieden haben und nicht unter einem globalen Terror in Angst und Schrecken leben will.

Die großen europäischen Werte entspringen dem Christentum. Daher ist es für die Erhaltung dieser Werte von großer Bedeutung, ob die ältere Generation in der Lage ist, das Christentum und die damit verbundenen Werte an die nächste Generation zu übermitteln und weiterzugeben. Gehen die mit dem Christentum verbundenen Werte verloren und tritt an deren Stelle Äquidistanz gegenüber anderen Werten, werden andere Ideologien und Religionen an die Stelle des Christentums treten. Toleranz gegenüber anderen Werten und Religionen ist zwar richtig, sie darf aber nicht zur Vernachlässigung der eigenen Werte führen. Die Gefahr des Verlustes der eigenen Werte ist umso größer, je militanter andere Religionen oft sind und das gesamte öffentliche Leben durchwirken.

Der Gedanke an den Tod sollte nicht verdrängt werden. Er ist zwar das Ende des diesseitigen Lebens, aber es folgt das jenseitige. Der Tod ist nicht das Ende, sondern eine Zäsur. Es gilt, die „ars moriendi" zu beherrschen, also die Kunst, mit dem Leben abzuschließen und den Blick ins Jenseits zu werfen.

So ist vielleicht eine der größten Herausforderungen, ob die Älteren in der Lage sind, der nächsten Generation nicht nur die Werte in säkularem Modus zu vermitteln, sondern auch jenes glaubensstarke Christentum, aus dem diese Werte erwachsen sind und welches ein Garant dafür wäre, dass Menschenwürde und Menschenrechte (als säkulare Erscheinungsformen christlicher Werte) auch tatsächlich nicht weggestimmt werden.

4. Die Ökosoziale Marktwirtschaft

Die Ökosoziale Marktwirtschaft, zu der sich Bundeskanzler Dr. Wolfgang Schüssel in seiner Regierungserklärung am 6. März 2003 ausdrücklich bekannt hat, ist ein ganzheitliches Wirtschaftsmodell, das auf dem optimalen Zusammenwirken von Wirtschaft, sozialer Verantwortung und Umweltbewusstsein beruht. Die großen Herausforderungen, denen sich die Wirtschaft am Beginn des 21. Jahrhunderts gegenüber sieht, die technische Entwicklung, Öffnung und weltweite Liberalisierung der Märkte, fortschreitende Intensivierung und Vernetzung des Handels für Dienstleistungen und des Kapitals können mit diesem Wirtschaftsmodell am besten bewältigt werden.

Das 20. Jahrhundert hat gerade durch seine wechselvolle dramatische Geschichte eindeutig bewiesen, dass sich eine marktwirtschaftlich orientierte Wirtschaftsform allen anderen Wirtschaftsformen – zentral gelenkte Wirtschaft (Osteuropa vor der Wende), Befehlswirtschaft (Nationalsozialismus), teilweise Autonomien (Jugoslawien) – als klar überlegen herausgestellt hat. Einfach deshalb, weil es in diesem Wirtschaftssystem, das Fleiß und Einsatz des Einzelnen belohnt, zu höherem allgemeinem Wohlstand kommt. Die Ökosoziale Marktwirtschaft ist auch das Wirtschaftsmodell der rechtsstaatlichen Demokratie. Gegner der Marktkräfte und offene oder versteckte Anhänger des sozialistischen Wirtschaftsmodells verwechseln oft inhaltlich die Ökosoziale Marktwirtschaft mit der freien Marktwirtschaft des Neoliberalismus.

Die völlig freie Marktwirtschaft ist von folgenden Eckwerten geprägt: Ungebremster Markt, ungebremstes Wechselspiel von Angebot und Nachfrage, völlig freier Wettbewerb, absoluter Freihandel, Eigentumsfreiheit ohne soziale Rückbindung, absolute Freiheit des Kapitals, der Dienstleistungen, der Arbeit und der Personen.

Eine solche völlig freie Marktwirtschaft würde jedoch die Schwächeren unter die Räder bringen, wäre also mit christlichen Grundwerten unvereinbar. Daher wurde – insbesondere durch christdemokratische Theoretiker Deutschlands und Österreichs – der Grundgedanke der Sozialen Marktwirtschaft entwickelt und in der Folge weitgehend in die Tat umgesetzt, der zufolge der jeweils aktive Teil der Bevölkerung bereit ist, einen angemessenen Anteil des erwirtschafteten Ertrags an die jeweils nicht Aktiven (Kinder, Alte, Kranke, unverschuldet Arbeitslose) abzutreten. Der Markt wird dadurch eingeschränkt, die Marktgesetze gelten nicht absolut. Sie erhalten einen ersten sozialen Rahmen: das solidarische Sozialsystem, geprägt von betrieblicher Mitbestimmung, Sozialpartnerschaft, Alterssicherung, staatlichem Gesundheitssystem, Arbeitslosenversicherung und gleichem und gerechtem Bildungszugang. Dieses Konzept wurde seit den 70er Jahren vornehmlich in Österreich zum System der Ökosozialen Marktwirtschaft erweitert: zum sozialen Rahmen tritt ein weiterer, ökologischer Rahmen hinzu. Er setzt die Gedanken des Umweltschutzes, der Ökologie um: wir dürfen die natürlichen Ressourcen nur soweit verbrauchen, als diese wieder nachgeschafft werden können. Dieser Gedanke der Nachhaltigkeit ist für die Ökosoziale Marktwirtschaft kennzeichnend.

Dies sei an einem Beispiel illustriert: Wenn in einer Großfamilie die jeweils Erwerbsfähigen ihr erzieltes Einkommen mit Kindern, Alten und Kranken teilen, so ist dies „Soziale Marktwirtschaft". Was nützt dies aber, wenn das Haus, in dem die Familie wohnt, immer mehr Risse bekommt und es bei fehlenden Dachziegeln hereinregnet?

Die Ökosoziale Marktwirtschaft definiert daher – neben Marktwirtschaft und sozialer Verantwortung – die Erhaltung der Umweltqualität als gleichrangiges Hauptziel eines Wirtschafts- und Gesellschaftssystems. Im Rahmen der Ökosozialen Marktwirtschaft kommt den Problembereichen Bildung, Altersvorsorge, Gesundheit und Arbeitslosigkeit gleich große Bedeutung zu.

Diese Wirtschaftsordnung zielt auf Verteilungsgerechtigkeit, den schonenden Umgang mit der Umwelt und den natürlichen Ressourcen und die nachhaltige Sicherung des Wohlstandes ab. Das Fundament ist dabei eine leistungsfähige innovative Wirtschaft, die auf den Prinzipien des freien Marktes, des Eigentums und der Eigenverantwortung beruht.

Eingriffe des Staates sind in diesem Wirtschaftssystem nur dort vorgesehen, wo Marktkräfte nicht zu den gesellschaftlich erwünschten Ergebnissen führen, so etwa zur Verhinderung gesundheits- und umweltschädlicher Produkte. Grundsätzlich sollen aber die Gesetze des Marktes gelten; mehr noch: Ökosoziale Marktwirtschaft ist bemüht, wo auch immer möglich, Umweltziele mit marktwirtschaftlichen Instrumenten zu erreichen.

Die Ökosoziale Marktwirtschaft bietet ein zeitgemäßes und zukunftsorientiertes Ordnungs- und Wertesystem. Sie ermöglicht dem einzelnen Menschen größtmögliche Freiheit, die größtmögliche soziale Absicherung und die größtmögliche Teilhabung an den Leistungen und Erträgen der Wirtschaft.

Die Ökosoziale Marktwirtschaft verträgt sich auch sehr gut mit den wirtschaftlichen Zielen der Europäischen Union: Seit dem Vertrag von Amsterdam ist das Prinzip des Umweltschutzes anerkannt. Durch den „Lissabonner Prozess von 2000" (Wirtschaft und Beschäftigung) sind im Zusammenhang mit der 2001 in Göteborg beschlossenen „EU-Nachhaltigkeitsstrategie" die Prinzipien der Ökosozialen Marktwirtschaft dem Sinne nach aufgenommen.

In einer globalisierten Wirtschaft müssten zur Ermöglichung eines fairen Wettbewerbs auch im Rahmen der WTO (World Trade Organisation = Welthandelsorganisation) ökologische und soziale Standards anerkannt und beachtet werden.

So kann die Ökosoziale Marktwirtschaft die Eckpunkte

- leistungsfähige, wettbewerbsstarke Wirtschaft,
- soziale Solidarität und
- nachhaltigen Schutz der Umwelt und des Lebensraums

auch für zukünftige Generationen absichern. Gerade die Sicherung der Nachhaltigkeit der Sozialsysteme ist die Aufgabe verantwortungsvollen Regierens: Auch die nächsten Generationen sollen Pension, Bildung, Arbeitsplatzsicherheit, Gesundheitsvorsorge und Pflege in gleicher Qualität erhalten, wie wir sie heute haben.

Sie ist daher gerade auch für die ältere Generation die bestmögliche Wirtschaftsform und sichert ihren Lebensstandard, ebenso wie jenen ihrer Kinder und Enkel.

5. Der gesellschaftliche Wandel

In industrialisierten Staaten kann man eine Verschiebung von der Industrieproduktion zum Dienstleistungssektor feststellen. Als Beispiele seien erwähnt: Tourismus, Handel, medizinische Leistungen, Kranken- und Altenpflege, Reparaturarbeiten. Wir sind auf dem Weg in eine Wissens- und Informationsgesellschaft.

Lebte man früher um zu arbeiten, so arbeitet man heute um zu leben. Arbeit und Freizeit stehen heute gleichwertig nebeneinander. Die neuen Informations- und Kommunikationstechnologien ermöglichen es, die Trennung zwischen den Lebensbereichen Arbeit und Freizeit aufzulösen und sie zu verbinden. Der Anteil der Freizeit am gesamten Lebenszeitbudget hat sich im letzten Jahrhundert beinahe verdoppelt, was auf die Verkürzung der Arbeitszeit und die gestiegene Lebenserwartung zurückzuführen ist.

Der Übergang von der Industriegesellschaft zur Dienstleistungsgesellschaft mit dem erhöhten Freizeitangebot führt auch zu einer

Neudefinition der Leistung. Unter dem Begriff Leistungsgesellschaft wird viel umfassender, als dies in der Industriegesellschaft der Fall war, jede Form gesellschaftlicher Leistung verstanden, also nicht nur die Leistung im Beruf, sondern auch im außerberuflichen Bereich (etwa Sport oder sozialer Bereich). Die gesellschaftliche Zukunft wird von einer Harmonie der beiden Lebensbereiche Arbeit und Freizeit geprägt sein. Einer sinnerfüllten Freizeit wird immer mehr Bedeutung beigemessen; sie rangiert unmittelbar nach den Werten Gesundheit, Familie und Freunde.

Die Familie und die eigene Wohnung gewinnen wieder an Bedeutung. Die Werte Erfüllung der Arbeitspflicht und Höflichkeit finden bei der jungen Generation wieder größere Resonanz. Die jüngere Generation ist auch nicht leistungsunwillig, sie verlangt aber mehr Sinnhaftigkeit der Arbeit, mehr Zeitsouveränität, aber auch Freude in der Arbeit. Sie will sich mit der Arbeit stärker identifizieren können.

6. Demokratie und Mitbestimmung

a) Allgemeines

Das österreichische politische System ist geprägt vom Föderalismus, der parlamentarischen Demokratie, der Gemeindeselbstverwaltung, der beruflichen Selbstverwaltung und von der Sozialpartnerschaft. Die Sozialpartnerschaft ist Ergebnis einer spezifisch österreichischen Entwicklung. In keinem Gesetz festgeschrieben, funktioniert sie informell auf völlig freiwilliger, jederzeit aufkündbarer Zusammenarbeit der vier Sozialpartner: Wirtschaftskammer, Arbeiterkammer, Landwirtschaftskammer und ÖGB. Im Einstimmigkeitsverfahren obliegt ihnen der Abschluss der Kollektivverträge. Sie sind zur Erarbeitung von Vorschlägen auf dem Gebiet des gesamten Arbeits- und Sozialrechtes und der Einkommenspolitik berufen. Die Sozialpartner sind in allen Gremien der beruflichen und sozialen Selbstverwaltung mit Beschlussrechten vertreten. Dort gilt das Mehrheitsrecht. Auf dem Gebiet der Einkommenspolitik, des Kollektivvertragswesens, der überbetrieblichen Mitbestimmung sind sie im interessenpolitischen Raum tätig.

In einer parlamentarischen Demokratie entscheidet die Mehrheit. Bei Mehrheitsentscheidungen wird es immer Gruppen geben, die mit dieser Entscheidung nicht einverstanden sind. Trotzdem gehört es zum demokratischen Selbstverständnis, auch Mehrheitsentscheidungen zu akzeptieren. Allerdings haben die politisch Verantwortlichen die Pflicht, dafür zu sorgen, dass größtmögliche Transparenz hergestellt wird, dass die Bevölkerung versteht, worum es überhaupt geht, und warum so und nicht anders entschieden wurde. Gerade bei Entscheidungen über gesundheits- und pensionsrechtliche Probleme ist das besonders wichtig, weil hier der Lebensnerv der SeniorInnen berührt wird.

Die zunehmende Lebenserwartung kann nicht ohne Auswirkungen auf das politische Leben bleiben. Dies umso mehr, als Umfragen zeigen, dass die ältere Generation am politischen Geschehen mehr Interesse zeigt als die Jungen, die mit Berufseinstieg, Familien- und Wohnungsgründung beschäftigt sind. Auch die Wahlbeteiligung ist bei den älteren Semestern viel größer. Die politischen Parteien sind daher gut beraten, sich der Anliegen der älteren Generation anzunehmen, wollen sie das Entstehen reiner Seniorenparteien verhindern. Im Sinne einer Solidarität, die die gesamte Bevölkerung einschließt, muss es aber immer zu einer ausgewogenen Berücksichtigung der Interessen aller Generationen kommen; keine Generation darf sich zulasten der anderen ungerechtfertigte Vorteile verschaffen. Ein gelungenes Beispiel dafür sind die Pensionsreformen 2003 und 2004, die eine langfristige Sicherung der Pensionen ohne zusätzliche Belastungen der aktiven Generationen gebracht haben.

Zum anderen sind die Älteren aber auch aufgerufen, sich selbst stärker in das politische Geschehen einzubringen. Es genügt nicht, dass man eine Politik *für* SeniorInnen macht, man muss sie auch *mit* ihnen machen. Alter darf kein Ausschließungsgrund für eine aktive Teilnahme am politischen Geschehen sein.

Der tatsächliche Zustand in dieser Richtung ist in Österreich nicht zufrieden stellend. Der Anteil der SeniorInnen in den gesetzgebenden Körperschaften des Bundes und der Länder entspricht auch nicht annähernd deren diesbezüglichem Anteil an der Bevölkerung. Es geht dabei sicher nicht um eine „Seniorenquote“, aber um eine wesentlich stärkere Vertretung.

b) Die SeniorInnen als 5. Sozialpartner

Defizite sind auch im wichtigen Bereich der Sozialpartnerschaft auszumachen. Durch das Bundesseniorengesetz ist zwar der Seniorenrat als 5. Sozialpartner anerkannt worden, allerdings klaffen in der praktischen Durchführung noch große Lücken.

Ohne die Verdienste der traditionellen vier Sozialpartner (Wirtschaftskammer, Österreichischer Gewerkschaftsbund, Arbeiterkammer, Landwirtschaftskammer) schmälern zu wollen, muss doch festgehalten werden, dass die schon vor Jahren erfolgte gesetzliche Anerkennung der SeniorInnen als gleichwertiger fünfter Sozialpartner in der praktischen Anwendung nur sehr zögernd umgesetzt und beachtet wird. Hier bleibt noch viel zu tun.

Die Bemühungen um eine gleichberechtigte Mitwirkung der SeniorInnen finden weder auf Dienstgeber- noch auf Dienstnehmerseite – außer Lippenbekenntnissen – eine echte Unterstützung. Offensichtlich soll deren Machtmonopol nicht durchbrochen werden.

Ein besonderer Handlungsbedarf besteht im Rahmen der gesetzlichen Sozialversicherung. Diese ist als vom Staat unabhängige Selbstverwaltung eingerichtet, wobei ausschließlich die gesetzlichen Interessenvertretungen der Dienstgeber und Dienstnehmer berechtigt sind, Vertreter in die Organe der Selbstverwaltung zu entsenden. Es können aber nur Personen entsandt werden, die Mitglieder der Kammern sind, und das sind nur aktive Arbeitgeber oder ArbeitnehmerInnen. PensionistInnen sind daher derzeit von einer echten Mitbestimmung in der Sozialversicherung ausgeschlossen. Die einzige Ausnahme davon gibt es derzeit in der Trägerkonferenz des Hauptverbandes der Österreichischen Sozialversicherungsträger. Die derzeit bestehende Ersatzlösung in Form der Beiräte bei den einzelnen Sozialversicherungsträgern vermag diesen Mangel nicht zu beheben, weil die Beiräte nur beratende Funktion haben. Dieser nur historisch zu erklärende Zustand ist längst nicht mehr zeitgemäß und gehört dringend geändert.

Die SeniorInnen zahlen nicht nur Beiträge in der Krankenversicherung, sondern sind auch von allen Entscheidungen im Gesundheits- und Pensionsbereich unmittelbar betroffen. Daher müssen sie in Zukunft in allen Organen der Sozialversicherung mit Sitz und Stimme vertreten sein. Sie müssen in der Sozialversicherung neben den Dienstgebern und Dienstnehmern eine eigene Kurie darstellen.

Bei den Arbeits- und Sozialgerichten gibt es neben den Berufsrichtern auch Laienrichter. Bei diesen sind nicht das juristische Fachwissen, sondern das berufliche Fachwissen und die berufliche Erfahrung Grund für ihr Richteramt. Es ist daher schwer nachvollziehbar, warum Personen, die das 65. Lebensjahr erreicht haben, als Laienrichter nicht mehr namhaft gemacht werden dürfen.

Auch im Steuerrecht und in allgemeinen Rechtsfragen, z.B. im Familien-, Sach- und Erbrecht, beanspruchen die SeniorInnen volle Mitsprache.

Die Briefwahl könnte vor allem den immobilen SeniorInnen die Teilnahme an den Wahlen erleichtern.

Wir verlangen daher:

- Eine stärkere Vertretung der Senioren in allen gesetzgebenden Körperschaften und in den Gemeinderäten;
- Die Schaffung einer echten Seniorenkurie in allen Sozialversicherungsträgern;
- Volle Mitsprache auch im Steuerrecht und in allgemeinen Rechtsfragen;
- Die Einführung der Briefwahl in Bund, Land und Gemeinden;
- Beseitigung der Altersdiskriminierung bei den Laienrichtern im Bereich der Arbeits- und Sozialgerichtsbarkeit.

Wir sind bereit, diese unsere Rechte unter Berufung auf das Diskriminierungsverbot beim Verfassungsgerichtshof zu erkämpfen.

7. Unser Bekenntnis zu Europa

Gerade die älteren Menschen, die den Zweiten Weltkrieg oder jedenfalls die schlimmen Nachkriegsjahre erlebt haben, wissen, was ein geeintes Europa für den Frieden, die Freiheit, die Gleichheit, die Sicherheit, aber auch den Wohlstand und die Humanität bedeutet:

- Die Europäische Union stellt sicher, dass es in Europa keine Kriege mehr geben wird.
- Die Europäische Union sichert das europäische Lebensmodell, das von der Ökosozialen Marktwirtschaft geprägt ist.
- Die Europäische Union steht für Freiheit der Meinungsäußerung, Pressefreiheit, Gedankenfreiheit, Religionsfreiheit, aber auch Versammlungs- und Vereinsfreiheit und Freiheit der Wissenschaft und Kunst.
- Die in der EU verankerte Gleichheit aller Personen schützt vor jeder Art von Diskriminierung, insbesondere aufgrund des Geschlechts, der Rasse, des Alters und der Religionszugehörigkeit.
- Die Sicherheit wird durch länderübergreifende verstärkte Zusammenarbeit erhöht.
- Erhöhung des sozialen Standards durch gegenseitige Anerkennung der Versicherungszeiten.
- Die Humanität drückt sich in der Toleranz und der gegenseitigen Respektierung anderer Lebensziele, Lebensgewohnheiten und Religionen aus.

Um die Akzeptanz der Europäischen Union zu erhalten und zu festigen, müssen demokratiepolitische Defizite abgebaut werden. Dem einzelnen Bürger müssen die Entscheidungen in Brüssel transparenter gemacht werden, bei wichtigen grundsätzlichen Entscheidungen müssen die Bürger die Möglichkeit der Mitbestimmung erhalten. Auch eine gerechtere Verteilung der finanziellen Lasten ist ein wichtiger Beitrag zu einer positiveren Einstellung zur Europäischen Union.

Die Politik der Erweitung der Union um die mittel- und osteuropäischen Länder wie Bulgarien und Rumänien und die Länder des Balkans wird auch von den SeniorInnen voll mitgetragen. Diese Erweiterungen machen aber die Annahme und Umsetzung des europäischen Verfassungsvertrages nötig.

Die begonnenen Verhandlungen mit der Türkei sollen und werden nicht zum Vollbeitritt, sondern zu einer besonderen Partnerschaft führen. Jedenfalls sollte über eine Neugestaltung des Verhältnisses zur Türkei in einer europaweiten Volksabstimmung entschieden werden.

III. Eckpunkte unserer politischen Ziele

1. Bildung

Die älteren Menschen sind gesünder, mobiler und agiler als früher. Sie wollen diesen Lebensabschnitt nicht passiv erleben, sondern aktiv sein. Freizeit allein ist kein Wert an sich, sie muss mit sinnvoller Tätigkeit gefüllt sein. Wir erleben einen Strukturwandel auch in der Bildungsbeteiligung. Die Bildungsnachfrage der älteren Generation steigt. Bildung beschränkt sich nicht mehr nur auf die Ausbildungsphase und den Abschnitt der Erwerbstätigkeit, sondern erfasst zunehmend auch die Lebensphase nach der Erwerbstätigkeit. Während die Lebenserwartung steigt, wird die Dauer der Verwertbarkeit einmal erworbenen Wissens immer kürzer. Bildung kann sich daher nicht nur auf eine bestimmte Phase im Lebenslauf beschränken.

Das Alter stellt heute eine eigene Lebensphase mit selbstständigen Zielen und Vorstellungen dar. Um sich den rasch ändernden Voraussetzungen in der Technik, der Politik und der Kultur anpassen zu können, muss auch der ältere Mensch bereit sein, ständig umzulernen und dazu zu lernen, um sich zurecht zu finden und seine Stellung als vollwertiges Mitglied der Gesellschaft beizubehalten. Wer nicht weiterlernt und umlernt, schließt sich selbst aus der Gesellschaft aus. Wer etwa das Internet links liegen lässt, verliert einen wichtigen Zugang zur Informations- und Wissensgesellschaft. Heute sind nicht mehr so sehr die Enzyklopädien, sondern die Datenbanken Träger des Wissens.

Bildung ist nicht nur Vorbereitung auf die Erfordernisse des Berufslebens, sondern bietet auch die Möglichkeit, auf Bedürfnisse des jeweiligen Lebensabschnittes einzugehen. Sie hat also in jeder Lebensphase ihren Wert. Sie soll den Menschen in die Lage versetzen, in einer von den Medien zunehmend beherrschten Öffentlichkeit seinen eigenen Standpunkt zu finden und seine Werte einzubringen.

Aktive Bildungsteilnahme hat positive Auswirkungen auf die Lebenszufriedenheit, das Selbstvertrauen, das Selbstständigsein. Sie steigert die Fähigkeit, Belastungen zu bewältigen, und erleichtert die Beteiligung an Gemeinschaftsaktivitäten.

Sie ist also auch wichtig für eine aktive Teilnahme in der Bürgergesellschaft.

Bildung fördert überdies die Gesundheit. Je höher Bildung und Einkommen, desto höher ist auch die Lebenserwartung. Lernen wirkt dem Gehirnaltern entgegen. Weniger gebildete und ärmere Menschen schenken ihrer Gesundheit weniger Aufmerksamkeit, sie legen weniger Wert auf Rehabilitation und Wiederherstellung ihrer Gesundheit. Personen mit höherer Bildung gehen früher zum Arzt, ernähren sich gesünder, bewegen sich mehr und sind besser in der Lage, Krankheiten zu vermeiden, oder mit ihnen fertig zu werden. Die Teilnahme an Bildungsmaßnahmen wirkt sich positiv auf eine aktive Lebensbewältigung aus.
Die Teilnahme der älteren Generation an Weiterbildung ist nicht sehr ausgeprägt und sinkt mit zunehmendem Alter. Auch das Weiterbildungsinteresse korreliert stark mit dem Alter. Im Vergleich mit anderen EU-Ländern liegt Österreich im hinteren Feld. Will man die Bildungsbeteiligung der älteren Generation anheben, so muss primär bei der Motivationsförderung angesetzt werden. Die vorhandene Bildungsfähigkeit muss geweckt werden, indem die Lernbereitschaft angesprochen wird. Es müssen die Vorteile der Weiterbildung transparent gemacht werden.

Dies gilt insbesondere für die neuen Informations- und Kommunikationstechnologien. Über 50% der älteren Menschen wären bereit, in die neuen Technologien einzusteigen, wenn es altersgerechte Lernangebote gäbe. Damit würde sich auch ein großer Markt erschließen.

Überdies müssen die Angebots- und Zugangsstrukturen auf die Erfordernisse der älteren Menschen abgestellt sein. Bildungsmaßnahmen für Ältere müssen möglichst informell und dürfen nicht primär zeugnisorientiert sein. Ältere Menschen wünschen sich mehr individuelle Beratung und Betreuung, sie brauchen Unterricht in verständlicher Form. Auf vorhandene Seh- und Hörschwächen muss entsprechend Rücksicht genommen werden.

Im Hinblick auf die mittelfristige Entwicklung des Arbeitsmarktes werden ältere Arbeitskräfte ein wichtiger Bestandteil des Arbeitskräftepotentials sein. Die Arbeitskräfte müssen daher durch entsprechende Bildungsmaßnahmen in die Lage versetzt werden, den Anforderungen der Arbeitswelt auch im höheren Alter noch zu entsprechen.

Wir verlangen daher:

- Die Bildung muss in allen Organisationen der älteren Menschen ein vorrangiges Ziel sein.
- Die Seniorenorganisationen, aber auch alle anderen Bildungsorganisationen, sollten einen bestimmten Teil ihres Budgets für die Bildung der Älteren vorbehalten.
- Die Weiterbildung Älterer darf nicht die einkommensschwächeren Gruppen diskriminieren. Für sie muss der Zugang zur Bildung kostenlos sein. In der Öffentlichkeitsarbeit (insbesondere Massenmedien) wäre auf die Wichtigkeit der Bildung Älterer verstärkt hinzuweisen.
- Förderung und Entwicklung der Geragogik: Diese verfolgt das Ziel, durch professionell angeregte und begleitete Lernprozesse Ältere dabei zu unterstützen.
- Die Einrichtung eigener Seniorenakademien, die auf die speziellen Bildungsziele und Methoden zur Weiterbildung älterer Menschen abgestimmt sind. Zu fördern ist auch die wissenschaftliche Weiterbildung älterer Menschen in universitären Einrichtungen.
- Errichtung einer Stiftung für Alterskultur, sie sich mit allen Aspekten des Alterns befasst.
- Wohnnahe Bildungsangebote für Personen mit geringerer Mobilität und entsprechende Angebote der Bildungsberatung.
- Bildungsangebote, die den Alltagsbedürfnissen der älteren Menschen entsprechen.
- Schaffung finanzieller Anreize, etwa durch Ausgabe eines Bildungsschecks anlässlich der Pensionierung.
- Für die neuen Informations- und Kommunikationstechnologien müssen mehr didaktisch gut aufbereitete Lernangebote geschaffen werden.

Die Arbeitgeber sowie die Arbeitgeber- und Arbeitnehmerorganisationen sind aufgerufen, sich verstärkt um die Bildung und Weiterbildung älterer ArbeitnehmerInnen zu kümmern.

2. Die Pension als Garant des Lebensstandards

Der Grundpfeiler für die finanzielle Absicherung des Lebensabschnitts nach Beendigung des Berufslebens ist die gesetzliche Alterspension. Sie muss und wird es auch bleiben. Das österreichische Pensionssystem, das weltweit zu den besten zählt, hat es sich zum Ziel gesetzt, den Pensionisten die Aufrechterhaltung ihres früheren Lebensstandards auch in der Pension zu ermöglichen. Ein abrupter Abfall des Einkommens zum Zeitpunkt der Pensionierung soll verhindert werden. Nach 45 anrechenbaren Versicherungsjahren soll die Pensionshöhe 80% der Bemessungsgrundlage betragen. Die finanziellen Mittel für die Pensionen werden im Umlageverfahren aus den Beiträgen der Versicherten und ihrer Dienstgeber und einem Bundeszuschuss (derzeit durchschnittlich 23%) aufgebracht, d.h. dass die im aktiven Erwerbsleben Stehenden durch ihre Beiträge und die der Dienstgeber die Pensionen sichern. Das Kapitaldeckungsverfahren wäre in der gesetzlichen Pensionsversicherung kein geeigneter Weg, die Sicherheit der Pensionen zu garantieren. Auch die bereits beschlossene Einführung des Pensionskontos bedeutet keinen Übergang zur Kapitaldeckung.

Die Höhe der Pension im Einzelfall richtet sich nach der Anzahl der anrechenbaren Versicherungsjahre und der Bemessungsgrundlage, die sich aus dem Durchschnittseinkommen während des Berufslebens ergibt. Unser Pensionssystem kennt zwar keine Mindestpension, sorgt aber doch durch die vom Steuerzahler finanzierte Ausgleichszulage dafür, dass ein Mindesteinkommen erzielt wird. Ergibt nämlich die errechnete Pension einen Betrag, der unter dem so genannten Richtsatz (2006: 690 € pro Monat für Alleinstehende und 1055,99 € für Ehepaare) liegt, so wird durch die Ausgleichszulage diese Pension bis auf die Höhe des Richtsatzes ergänzt.

Die Pensionen stehen also in einem direkten Zusammenhang zum Einkommen aus dem früheren Erwerbsleben, sie sind also leistungsorientiert. Eine allgemeine Grundsicherung, die jedem unabhängig von einer Erwerbstätigkeit gebühren soll, wird hingegen strikt abgelehnt, weil sie gleichmacherisch wäre und negative Anreize zur Leistungserbringung schaffen würde; sie wäre unsolidarisch und würde zu einer schleichenden Nivellierung der gesetzlichen Pensionen führen.

Dem Solidaritätsgedanken entsprechend treten wir dafür ein, dass jenen besonders und stärker geholfen wird, die aufgrund der unterschiedlichen Lebens- und Versicherungsmöglichkeiten gar keine Chance hatten, sich selbst eine Pension durch eigene Beiträge zu erwerben: den Frauen in den Familien, die früher keine Versicherungszeiten erwerben konnten und denen auch die Kindererziehung nicht so wie seit wenigen Jahren durch Pensionsersatzzeiten abgegolten wird. Die Pensionsharmonisierung und die fast 100%ige Versicherungsmöglichkeit für alle Erwerbstätigen, geringfügig Beschäftigten ebenso wie andere in maßgeschneiderten, flexiblen, atypischen Beschäftigungsverhältnissen, die länger werdenden Versicherungszeiten und gleichmäßigen, nicht mehr von Kriegen und Umbrüchen unterbrochenen Versicherungsverläufe, lassen auch die neuen Durchschnittspensionen ständig steigen.

Ergänzt werden muss die gesetzliche Altersversorgung durch ein betriebliches Vorsorgesystem. Hier hat das Mitarbeitervorsorgegesetz, das die „Abfertigung neu“ geregelt hat, einen wichtigen Schritt zur Einführung einer zusätzlichen betrieblichen Pension gesetzt. Diese zweite Säule der Altersversorgung (Pensionskassen) wird im Gegensatz zur ersten im Kapitaldeckungsverfahren finanziert. Was in dieses beitragsorientierte System eingezahlt wird, ist unverfallbar; Ruhens- oder Wegfallsbestimmungen gibt es hier nicht. Ein Mangel ist allerdings, dass das Pensionskassensystem nur den DienstnehmerInnen offen steht. Es sollte für alle Einkommensarten geöffnet werden. Problematisch ist auch die verschiedene steuerliche Behandlung der Dienstgeber- und Dienstnehmerbeiträge. Während die DienstnehmerInnen ihre Beiträge aus dem zu versteuernden Einkommen zu leisten haben, gilt für die Dienstgeberbeiträge das „Prinzip der aufgeschobenen Besteuerung“. Auch werden viele verschiedene Produkte angeboten, sodass die Übersichtlichkeit für den Einzelnen leidet. Ein einheitliches Modell wäre daher zu überlegen. Überdies sollte die Möglichkeit geschaffen werden, dass den BezieherInnen einer Pension aus einer Pensionskasse einmalig bei Pensionsantritt das Recht eingeräumt wird, wahlweise anstelle der jährlichen Versteuerung einmalig durch eine Abschlagszahlung alle auf den Pensionsansprüchen lastenden Steuern in einem zu entrichten.

Auch die Eigenvorsorge muss einen ergänzenden Teil des Pensionssicherungssystems darstellen. Die Eigenvorsorge wird insbesondere für jene von Bedeutung sein, deren Einkommen über der Höchstbeitragsgrundlage in der Pensionsversicherung liegt. Die Einkommensteile über der Höchstbeitragsgrundlage werden ja für die Berechnung der Pension nicht mehr herangezogen, sodass für diese Personen ohne Eigenvorsorge ein stärkerer Einkommensverlust nach der Pensionierung eintreten würde. Diese Eigenvorsorge muss aber dem Einzelnen überlassen werden und kann in den verschiedensten Formen (private Versicherungen, Höherversicherung in der Pensionsversicherung, Ankauf von Immobilien usw.) erfolgen.

Ein im Umlageverfahren finanziertes Pensionssystem muss auf grundlegende Strukturänderungen reagieren, soll das System gesichert werden. Wichtige Veränderungen gab es in den letzten Jahrzehnten bezüglich der Ausbildungsdauer (späteres Eintreten in das Berufsleben), des Pensionsantrittsalters und der Bezugsdauer der Pension (längere Lebenserwartung). Die Bezugsdauer der Pensionen ist von 9 Jahren im Jahre 1971 auf 20 Jahre im Jahre 2001 gestiegen und sie steigt weiter. Der Eintritt in das Berufsleben erfolgte 1971 mit durchschnittlich 17 Jahren, im Jahre 2001 mit durchschnittlich 23 Jahren. Das Pensionsantrittsalter lag 1971 bei 61 Jahren, im Jahr 2001 bei 58 Jahren.

Auf diese für das Pensionssystem bedrohlichen Entwicklungen hat die Bundesregierung mit den Pensionsreformen 2003 und 2004 mutig geantwortet. So wurden insbesondere die vorzeitigen Alterspensionen gleich bzw. in langen Übergangsfristen abgeschafft. Die neu geschaffene Korridorpension (diese kann ab 62 Jahre in Anspruch genommen werden) wurde mit einem jährlichen Abschlag von 4,2 % versehen, sodass sie versicherungstechnisch keine Belastung der jüngeren Generation darstellt. Indirekt wurde eine Harmonisierung aller Pensionssysteme (ASVG, PSVG, GSVG und Beamtensystem) vorgenommen und unberechtigte Vorteile einzelner Gruppen abgeschafft. Alle Reformschritte wurden ohne Eingriff in bestehende Rechte und nur schrittweise, mit langen Übergangsfristen, nicht überfallsartig, vorgenommen.

Mit diesen Reformen ist unser Pensionssystem jedenfalls bis zum Jahre 2050 abgesichert, sodass sich Debatten um eine Hinaufsetzung des Pensionsanfallsalters über das 65. Lebensjahr, im Gegensatz zu Deutschland, wo das Pensionsanfallsalter auf 67 Jahre angehoben werden soll, erübrigen.

In Österreich sind die Pensionen wertgesichert. Sie werden jährlich – entsprechend der Teuerung – angehoben, wobei auf die Bezieher kleinerer Pensionen besonders Rücksicht genommen wird. In Deutschland hingegen gab es schon in den letzten Jahren keine Pensionserhöhungen und es wird auch in den kommenden drei Jahren keine geben. Dann wird sogar über Pensionskürzungen zu entscheiden sein, sagte der Vizekanzler und Sozialminister.

Nach einer EU-Studie ist Österreich europaweit das einzige Land, das bis 2050 mit einer Stabilisierung der Staatsausgaben für die Pensionen rechnen kann, während alle anderen Staaten mit zum Teil gewaltigen Steigerungen rechnen müssen. Dies ist ein großer Erfolg der Pensionsreform, weil sie die Finanzierbarkeit der Pensionen sicherstellt.

Für unser Pensionssystem muss auch in Zukunft gelten:

- Beibehaltung des Drei-Säulen-Prinzips:
  gesetzliche Pension,
  betriebliche Pension,
  Eigenvorsorge.
- Umfassende Einbeziehung aller Bevölkerungsgruppen.
- Beibehaltung des Umlageverfahren.
- Keine beitragsunabhängige Grundsicherung.
- Jährliche Anpassung der Pensionen an die Inflation.
- Überverhältnismäßige stetige Anhebung des Mindesteinkommens (Ausgleichszulagenrichtsatz) und damit solidarische Förderung der besonders Schwachen.
- Ausbau der Mitarbeitervorsorge zu einer echten Zusatzpension (zweite Säule): Die Pensionskassen sollten nicht nur den ArbeitnehmerInnen, sondern auch den Selbstständigen offen stehen. Dienstnehmer- und Dienstgeberbeiträge

müssen steuerlich gleich behandelt werden („aufgeschobene Besteuerung"). Bei Pensionsantritt Einräumung des Wahlrechts, anstelle einer laufenden Besteuerung alle auf die Pension entfallenden Steuern durch eine einmalige Abschlagszahlung zu entrichten.
- Keine Ruhensbestimmungen bei der normalen Alterspension.

3. Pflege

Pflege für Senioren ist in einem umfassenden Sinne zu verstehen. Sie umfasst nicht nur die körperliche Pflege, derer vor allem die Hochbetagten bedürfen, sondern sie muss eine ganzheitliche Betreuung der älteren Generation einschließen. Auch die Information, Beratung und Schulung sowie einfache Hinwendung, etwa durch Zuhören, gehören dazu.

Wichtig ist es, die Autonomie im Alltag so lange wie möglich aufrecht zu erhalten. Auch der ältere Mensch muss selbstständig handeln und entscheiden können. Es gehört zur Aufgabe der Pflege, diese Autonomie zu unterstützen.

Die Statistik zeigt uns, dass durch die steigende Lebenserwartung, trotz eines relativ guten Gesundheitszustandes der bis 80-Jährigen, der Pflegebedarf stark ansteigen wird. Dem steht aber eine Abnahme der potentiellen Pflegepersonen gegenüber, weil die Frauenerwerbstätigkeit zunimmt, die Einpersonen-Haushalte häufiger werden, die Kinderanzahl sinkt, die Doppelbelastung infolge der Berufstätigkeit steigt, vor allem aber die Pflegepersonen aus den östlichen Nachbarländern ausfallen werden.

Derzeit liegt die Last der Pflegetätigkeit zu 80% bei den Angehörigen. Die Leistungen werden überwiegend von den Frauen erbracht. Diese pflegenden Angehörigen sind aber enormen Belastungen ausgesetzt:

- Sie erbringen ihre Dienste häufig an sieben Tage der Woche.
- Viele sind täglich mehr als 12 Stunden beschäftigt.
- Viele müssen regelmäßig nachts mindestens einmal aufstehen.
- Urlaube, sowie notwendige Erholungspausen sind oft nicht möglich.

Zur zumindest teilweisen Abgeltung der Pflege wurde 1993 das Bundespflegegeldgesetz beschlossen. Damit sollen die Pflegebedürftigen in die Lage versetzt werden, die notwendige Betreuung und Hilfe selbst zu sichern. Dies entspricht dem Bild eines selbstständigen und eigenverantwortlichen Menschen. An diesem Modell sollte daher festgehalten werden. Sachleistungen anstelle von Geldleistungen sollen dann in Betracht kommen, wenn nicht sichergestellt ist, dass die notwendige Betreuung und Hilfe tatsächlich erfolgt.

Die Höhe des Pflegegeldes muss in Zukunft regelmäßig angepasst werden.

Die noch rüstige ältere Generation wird sich in Zukunft verstärkt um die Pflege der Menschen im hohen Alter kümmern müssen. Die Männer müssen sich verstärkt einbringen, um die Frauen zu entlasten. Hier müssen neue Modelle entwickelt werden, in denen die Seniorenorganisationen Verantwortung übernehmen sollen: für die Organisation, die Heranbildung von Pflegehilfen und die Zusammenarbeit mit den professionellen Pflegeorganisationen. Ein Bündel von organisatorischen, rechtlichen sowie steuerrechtlichen Maßnahmen ist nötig.

Weitere Maßnahmen sind aber erforderlich:

- Umwandlung von Akutbetten in Pflegebetten. Österreich liegt trotz eines Abbaues von Akutbetten in den letzten Jahren im europäischen Vergleich immer noch an der Spitze der Anzahl an Krankenhausbetten bezogen auf die Einwohnerzahl.
- Ausbildung von zusätzlichem Pflegepersonal. Österreich hat im Vergleich zu Finnland nur ein Viertel der diplomierten Pflegepersonen pro Einwohner.
- Früherkennung psychischer Krankheiten (Demenz, Alzheimer), insbesondere auch durch Einbeziehung der Angehörigen.
- Ausbau der Pflegewissenschaft mit dem Ziel, etwa bis zu zehn Prozent aller diplomierten Gesundheits- und Krankenpflegepersonen universitär auszubilden, um sie so auf komplexe Pflege-, Führungs- und Entwicklungsaufgaben vorzubereiten.

- Schaffung eines Berufsbildes „Seniorenhelfer/Seniorenhelferin“. Diese sollten die SeniorInnen ganz allgemein in der Haushaltsführung, in ihrer Freizeitgestaltung, im Umgang mit ärztlichen und Pflegedienstanweisungen sowie in Belangen der Sozialbürokratie unterstützen.
- Ausbau der mobilen Dienste.

- Ausbau der Betreuung von pflegenden Angehörigen.
- Ausbau der Pflegeberatung.
- Ausbau der Kurzzeitpflege.

4. Gesundheit

Die ältere Generation ist heute gesünder als früher. Die zunehmende Lebenserwartung bringt aber insbesondere in den letzten Lebensjahren größere gesundheitliche Probleme mit sich. Primäres Ziel einer Gesundheitspolitik für die ältere Generation muss es sein, Erkrankungen möglichst zu vermeiden oder zumindest hinauszuschieben. Prävention ist in jedem Lebensalter wichtig, sie darf aber auch bei den SeniorInnen nicht fehlen. Maßnahmen der Prävention können aber nur dann wirklich voll greifen, wenn die SeniorInnen auch aktiv mitwirken.

Das österreichische Gesundheitswesen misst der Prävention zunehmend Bedeutung zu. So wurde erst vor kurzem die von der Krankenversicherung angebotene kostenlose Gesundenuntersuchung wesentlich verbessert. Ziel der Gesundenuntersuchung ist nicht nur die Früherkennung von Krankheiten, sondern auch die Aufklärung und Unterstützung bei der gesundheitsfördernden Veränderung des Lebensbildes. Für über 65-Jährige wurde in das Programm der Vorsorgeuntersuchung die Überprüfung der Hör- und Sehleistung neu aufgenommen. Für Menschen ab 50 wurde die Darmkrebsvorsorge durch die Koloskopie erweitert. Für Frauen ab 40 wird eine Mammographie alle zwei Jahre in das Programm aufgenommen. Personen über 40 werden alle zwei Jahre schriftlich zur Vorsorgeuntersuchung eingeladen. Es ist daher zu erwarten, dass die Vorsorgeuntersuchung mehr als früher in Anspruch genommen wird und so auch das bestehende West-

Ost-Gefälle (die Vorarlberger nehmen die Gesundenuntersuchung dreimal so oft in Anspruch wie die Wiener) zumindest verringert wird.

Unser Krankenversicherungssystem, das die gesamte Bevölkerung umfasst, gewährt neben der Prävention im Bedarfsfall ärztliche Hilfe, Heilmittel und Heilbehelfe. Diese Leistungen erfolgen unabhängig vom Alter und vom Einkommen. Dadurch unterscheidet es sich grundlegend von Systemen anderer Länder. Das Alter ist in Österreich niemals ein Grund, eine Leistung der Krankenversicherung zu verwehren. Bypass-Operationen an über 80-Jährigen auf Kosten der Krankenkassen sind in Österreich keine Seltenheit. Ebenso wenig kennt das österreichische Gesundheitssystem eine Zweiklassenmedizin. Dass man sich mit einer privaten Zusatzversicherung eine Verbesserung der „Hotelkomponente“ im Krankenhaus ohne Unterschied in der Qualität der medizinischen Behandlung verschaffen kann (etwa 2-Bett-Zimmer), steht damit nicht im Widerspruch.

Die ältere Generation darf beim Auftreten von Finanzierungsschwierigkeiten nicht stärker belastet werden als die erwerbstätige Generation. Einseitige Beitragserhöhungen für Pensionisten werden daher strikt abgelehnt. Sie würden auch gegen den Grundsatz der Solidarität zwischen den Generationen verstoßen.

Die derzeitige Regelung der Rezeptgebührenbefreiung stellt für jene Patienten, deren Einkommen knapp über dem Grenzbetrag liegt, eine Härte dar. Eine unbürokratische Einschleifregelung wäre gerechter und könnte Härten vermeiden.

Ein Nachholbedarf besteht in Österreich allerdings in Forschung und Lehre auf dem Gebiet der Geriatrie. Es gibt noch keinen Lehrstuhl für Geriatrie an Österreichs Universitäten. Einen wesentlichen Anteil der Erkrankungen des fortgeschrittenen Lebensalters stellen Schlaganfall, Parkinsonsyndrome, Alzheimer Erkrankung sowie Störungen der Beweglichkeit (Stürze!), des Rückenmarks und der Wirbelsäule dar. Es ist zwar richtig, dass jedes ärztliche Fach mit den Erscheinungen des Alters zu tun hat, doch bedarf es auch einer zusammenschauenden, fachüberschreitenden Betrachtung aller Gesundheitskomponenten. Österreich sollte in diesem Bereich anderen europäischen Ländern nicht nachstehen und Lehrstühle für Geriatrie einrichten. Zusätzlich wäre auch an die Einrichtung eines eigenen Facharztes für Geriatrie oder Additivfacharztes für Geriatrie zu denken.

Wir fordern daher:

- Prävention auch im Alter;
- Sicherstellung der Annahme der Gesundenuntersuchungen;
- Keine einseitige Belastung der älteren Generationen;
- Einschleifen der Rezeptgebührenbefreiung;
- Schaffung von Lehrstühlen für Geriatrie;
- Einführen von Fachärzten für Geriatrie oder eines Additivfaches Geriatrie für Fachärzte und Allgemeinärzte;
- Einrichtung eines flächendeckenden Netzes wohnortnaher, integrierter Abteilungen für Geriatrie, wenn möglich mit Tageskliniken, in den Landes- und Bezirkskrankenanstalten;
- Errichtung eines interdisziplinären Instituts mit Forschungsschwerpunkt „Ältere Menschen“.

5. *Wohnen und Sicherheit*

Die meisten älteren Menschen wollen selbst dann, wenn sie auf Hilfe angewiesen sind, so lange wie möglich in den eigenen vier Wänden bleiben. Dort fühlen sie sich zu Hause, können sich gut orientieren und müssen auf die gewohnte Umgebung und den Kontakt mit Bekannten und Verwandten nicht verzichten. Das Leben zu Hause ist so lange kein Problem, als der/die Ehe- oder LebenspartnerIn noch lebt und zumindest einer der beiden bei guter Gesundheit ist. Die Probleme beginnen für den Alleinstehenden beim Auftreten von Altersbeschwerden, wie Gehunfähigkeit, Hörproblemen, bei Demenz oder Unfähigkeit, ein Auto zu lenken. Dann ist, um in der eigenen Wohnung bleiben zu können, Hilfe nötig. Hilfe, um etwa Bankwege zu erledigen, um einkaufen zu gehen, den Haushalt zu besorgen oder Behördenwege zu erledigen.

Tatsache ist, dass die Zahl der Einpersonen-Haushalte mit dem Alter stark zunimmt. Bei den über 60-Jährigen wird ihr Anteil von derzeit einem Viertel in den nächsten Jahrzehnten auf ein Drittel ansteigen. Es wird immer mehr Witwen und Witwer geben, noch mehr Personen, die nicht geheiratet haben, oder denen der/die LebenspartnerIn abhanden gekommen ist.

Das Single-Dasein kann durchaus seine Vorteile haben: Man muss auf keine andere Person mehr Rücksicht nehmen, man ist in der Zeiteinteilung frei und kann sich ganz nach seinen eigenen Prioritäten ausrichten. Wichtig ist aber dabei immer die Verbindung zur Außenwelt, zu Freunden und Bekannten. Aber gerade bei Witwen gehen oft mit dem Tod des Mannes die Freunde verloren. Vereinsamung und Abgeschlossenheit sind oft die Folge.

In der Wohnungssituation zeigen sich häufig große Unterschiede zwischen Stadt und Land. In den kleinen Gemeinden funktioniert der soziale Zusammenhalt in der Regel besser als in der Großstadt, weil man sich gegenseitig kennt und es auffällt, wenn der Nachbar oder die Nachbarin sich tagelang nicht zeigt. In der Großstadt sind Fälle nicht so selten, dass Tote in ihrer Wohnung erst nach Monaten entdeckt werden.

Aber auch in ländlichen Gebieten kann es zu einer Segregation älterer Menschen (Trennung von anderen Bevölkerungsgruppen) kommen, wenn die über 60-Jährigen einen hohen Bevölkerungsanteil darstellen, wie es etwa im nördlichen niederösterreichischen Grenzland der Fall ist. In solchen Regionen ist oft die Dienstleistungsinfrastruktur stark beeinträchtigt. Auch in den Randgebieten um unsere Großstädte herum, wo es viele Zweitwohnsitze gibt, in die sich die Pensionisten häufig zurückziehen, kann es ähnliche Probleme geben.

Damit das Verbleiben in der eigenen Wohnung lebenswert bleibt, muss die Wohnung auch altersadäquat ausgestattet sein. Adaptierungen und Umbauten werden daher oft erforderlich sein. Bausparverträge erleichtern die Finanzierung. Ältere Menschen scheuen aber oft davor zurück, neue Projekte in Angriff zu nehmen.

Eine altersgerechte Einrichtung der Wohnungen ist auch aus Sicherheitsgründen unbedingt erforderlich. Unfälle im Haushalt führen häufig zu schweren Verletzungen und zum Tod. So sterben etwa mehr Senioren durch Haushaltsunfälle als im Straßenverkehr.

Im Wohnungsbau sollten gemischte Wohnformen gefördert werden. So könnten bei Neubauten die Parterrewohnungen für Senioren vorbehalten werden. Dies würde das Zusammenleben von Jung und Alt begünstigen und einer Ghettobildung entgegenwirken.

Folgende Maßnahmen können ein Verbleiben in der eigenen Wohnung auch im Alter erleichtern:

- Sicherstellung von Hilfe im Bedarfsfall, etwa durch die Einrichtung von Servicediensten, die die erforderlichen Haushaltsdienste zur Verfügung stellen. In solchen Servicediensten können rüstige SeniorInnen hilfsbedürftige SeniorInnen unterstützen. Auch hier sind die Seniorenorganisationen gefordert!
- Einrichtung von Beratungsstellen für altersgerechtes Wohnen und für die Finanzierung von Wohnungsadaptierungen.
- Beseitigung von Gefahrenquellen in der Wohnung (etwa unterschiedliche Bodenniveaus, fehlende Beleuchtung, rutschende Teppiche).
- Mehr zielgerichtete Information zur Vermeidung von Haushaltsunfällen.
- Wohn-Sharing-Systeme, wo junge Menschen sich um den Haushalt kümmern, und ältere Menschen dafür Wohnraum zu einem günstigen Mietpreis zur Verfügung stellen.
- Aktives Zugehen der Gemeinden bzw. der Sozialsprengel auf Personen, die der Hilfe bedürfen.
- Förderung gemischter Wohnformen.

6. Arbeitswelt

Die Arbeitswelt von morgen wird sich von der heutigen in wesentlichen Punkten unterscheiden. Folgende Entwicklungen sind feststellbar:

- Verlust von Arbeitsplätzen in der Industrie;
- Hinwendung zur Dienstleistungsgesellschaft auf informationstechnischer Basis;
- Keine Rückkehr zur Vollbeschäftigung der 60er und 70er Jahre;
- Zunahme der Flexibilität und Mobilität; der Berufswechsel wird zur Normalität;

- Betriebstreue und Betriebsloyalität nehmen ab;
- Die Erfordernisse der Flexibilität und Mobilität erschweren das familiäre Zusammenleben und die sozialen Kontakte;
- Steigende Bereitschaft der Arbeitnehmer zu Mehrarbeit und zu Wochenendarbeit;
- Zunahme der Teilzeitarbeit: Diese darf aber nicht nur den Betrieben (höhere Produktivität) Vorteile bringen, sondern muss auch den Arbeitnehmern zugute kommen;
- Lebensbegleitende Fortbildung;
- Ansteigen des Pensionsanfallsalters: Der in den letzten Jahrzehnten zu beobachtende Trend eines immer früheren Pensionsantritts (oft auch gegen den Willen der Betroffenen) wurde durch die Pensionsreform erfolgreich eingebremst und umgekehrt;
- Verlängerung der Lebensarbeitszeit durch spätere Pensionierung;
- Wertschätzung älterer ArbeitnehmerInnen.

All diese Entwicklungen stellen große Herausforderungen an alle am Arbeitsleben Beteiligten dar. Die Gewerkschaften werden gut beraten sein, ihre restriktive Haltung gegenüber flexiblen Maßnahmen zu überdenken. Aus arbeitsmarktpolitischer Sicht ist auch der Kündigungsschutz für ältere Arbeitnehmer durchaus skeptisch zu beurteilen. Er schützt zwar die Arbeitnehmer, die einen Arbeitsplatz haben, schließt aber jene, die einen suchen, eher aus.

Die Arbeitgeber sollten sich stärker des Wertes der älteren Arbeitskräfte bewusst werden. Mittelfristig wird sie die Situation auf dem Arbeitsmarkt ohnedies dazu zwingen, auch ältere Arbeitskräfte wieder verstärkt einzustellen. In anderen Staaten hat diese Entwicklung bereits eingesetzt. So haben in Japan große Konzerne begonnen, Pensionisten aus dem Ruhestand zurückzuholen. In Amerika hat Daimler Chrysler eine eigene „aging workers task force“ (Arbeitsgruppe für ältere Arbeitnehmer) eingerichtet, die sicherstellen soll, dass mit Maßnahmen der Gesundheitsförderung und Prävention die Produktivität der älteren ArbeitnehmerInnen aufrechterhalten wird.

Internationale Umfragen (Amerika, Japan, Finnland) ergaben auch eine große Bereitschaft der Arbeitnehmer, länger im Produktionsprozess zu bleiben.

So wird also die demografische Entwicklung die Situation auf dem Arbeitsmarkt für ältere ArbeitnehmerInnen verbessern. Österreich gehört zu den Ländern mit der geringsten Beschäftigungsquote der über 55- bzw. 60-Jährigen.

Der Grundsatz der Vereinbarkeit von Familie und Beruf muss für Männer und Frauen in gleicher Weise gelten. Die Personalpolitik der Betriebe muss noch stärker auf familienpolitische Aspekte Rücksicht nehmen. Dies gilt insbesondere für die Gestaltung der Arbeitszeit. Das Arbeitsleben darf das Familienleben nicht zerstören. Familien mit Kindern werden neben dem Arbeitsleben nur dann bestehen können, wenn auch die (außerhäusliche) Kinderbetreuung sichergestellt ist.

Im Bereich der Selbstständigen stellt die Betriebsnachfolge oft ein Problem dar. Eine rechtzeitige Betriebsübergabe gehört zu den wichtigsten Aufgaben eines Unternehmers. Die nachfolgende Generation muss rechtzeitig in das Unternehmen eingebunden und ihr Verantwortung übertragen werden.

7. Sport

Auch für den aktiven Sport ist man grundsätzlich nie zu alt, es sei denn, man wäre dazu aufgrund geistiger oder körperlicher Gebrechen nicht mehr in der Lage. Leider ist der Prozentsatz jener, die auch im Alter Sport ausüben, relativ klein. Bei den über 60-Jährigen liegt die Inaktivitätsrate bei 80 bis 85 Prozent und sie steigt bei über 70-Jährigen nochmals an. (lt. BSO-Aktivierungsstudie 2004). Allerdings betreiben auch nur 40 – 50 Prozent der bis 40-Jährigen Sport. Passiv erleben die Senioren den Sport in einem viel höheren Ausmaß. Die Teilnehmerquote bei Sportübertragungen im Fernsehen oder Radio geht bis zu 90 Prozent.

Bei der aktiven Sportausübung gibt es ein deutliches West-Ost-Gefälle. In den westlichen Bundesländern wird mehr Sport betrieben als in den östlichen. Ist es ein Zufall, dass auch die Inanspruchnahme der Gesundenuntersuchungen ein derartiges West-Ost-Gefälle aufweist? Das Gesundheitsbewusstsein ist im

Westen offensichtlich stärker verankert als im Osten. Allerdings ist der Zugang zum Sport, insbesondere zum Wintersport, in den alpinen Regionen leichter. Wer den Schnee vor der Haustür hat, wird öfter Schi fahren gehen als jemand, der einige Stunden Anreise in Kauf nehmen muss.

Aber warum sollen ältere Menschen überhaupt noch Sport betreiben, hat dies überhaupt einen Sinn? Höchstleistungen zu erbringen, kann sicher nicht mehr das Ziel sein. Aber es ist sinnvoll, im Sport eine Herausforderung zu suchen, seine Leistungsfähigkeit zu kontrollieren und nach Möglichkeit zu verbessern, sich selbst zu überwinden, sein Selbstvertrauen zu stärken und einfach neue Lebenskraft aus der sportlichen Betätigung zu schöpfen. Gerade für jene, die etwa ihre/n PartnerIn verloren haben, kann der Sport ein gutes Auffangnetz sein, weil man dort Gleichgesinnte trifft. Sport hat eine starke soziale Dimension, weil er die Möglichkeit von Kontaktaufnahmen bietet.

Bewegung und Sport sind wichtig im Kampf gegen den Muskelabbau. Mit fortschreitendem Alter steht uns immer weniger Muskelmasse zur Verfügung. Dagegen müssen wir ankämpfen. Gut aufgebaute Muskeln sind notwendig, um zusammen mit einem Training von Beweglichkeit und Koordination Haltungsschäden zu vermeiden und die Sturzanfälligkeit zu verringern. Muskelaufbau ist bei entsprechendem Training in jedem Alter möglich. Sportorganisationen und Seniorenverbände bieten vielfältige Angebote mit qualifiziertem Personal, die dem Alter und dem Gesundheitszustand angepasste Übungen vorschlagen.

Regelmäßige Bewegung verringert die Infektanfälligkeit und wirkt sich positiv auf den gesamten Gesundheitszustand aus Sport im Alter ist ein wichtiges Rezept zum persönlichen Wohlbefinden, zur Erhaltung der Leistungsfähigkeit und Selbstständigkeit sowie zum längeren Leben.

Wir treten für folgende Maßnahmen ein:

- Förderung des Seniorensports, insbesondere der in den Seniorenorganisationen angebotenen sportlichen Aktivitäten;
- Seniorenfreundliche Tarife;
- Werbung für den Seniorensport in den Massenmedien;
- Seniorenfreundliche Ausgestaltung der Sportstätten.

Von allem, was unter dem weiten Begriff Kultur subsumiert werden kann, darf sich der ältere Mensch nicht ausschließen. Wenn man von den Zwängen des Arbeitslebens befreit ist, sollte man die gewonnene Freiheit und Zeit nützen, sich noch eingehender den kulturellen Angeboten zuzuwenden.

Kulturangebote gibt es in reichlicher Form. Wer aus seinen vier Wänden nicht hinaus will oder kann, soll die Angebote im Radio und Fernsehen – hier allerdings zumeist zu mitternächtlicher Stunde – annehmen oder ein gutes Buch lesen. Wer kann, soll aber hinaus in die Theater-, Konzert- und Kinosäle, in die Museen und Kabaretts, in die volksnahen Kulturveranstaltungen. Kulturreisen sind gerade bei älteren Menschen besonders beliebt. Natürlich sind diese Veranstaltungen meistens nicht kostenlos, doch gibt es fast immer kostengünstige Angebote für SeniorInnen.

Teilnahme am kulturellen Leben erweitert den Horizont, gibt dem Leben einen zusätzlichen Sinn und ist auch ein Weg zur Vermeidung von Einsamkeit. Nur wer selbst am kulturellen Leben teilnimmt, kann sich ein eigenes Urteil bilden, und ist nicht auf die Beurteilung durch professionelle Kritiker angewiesen. Zur Kultur gehört auch das Gespräch, die Diskussion über kulturelle Veranstaltungen – Streitgespräche stärken den Geist.

Und warum sollte der ältere Mensch nicht auch selbst noch seine Fähigkeiten aktiv einbringen, etwa als Theaterspieler oder Musiker, oder neue Fähigkeiten überhaupt noch dazu lernen? Dies gibt große persönliche Befriedigung und verursacht keine Kosten.

Im Alter kann man viel von dem nachholen, was man früher versäumt hat. Die Urteilskraft ist gestärkt, man kann das Wesentliche vom Unwesentlichen besser unterscheiden und unterliegt weniger den Verlockungen des Zeitgeistes.

Die Kulturschaffenden sollten sich aber gerade auch um die älteren Kulturinteressierten besonders kümmern. Da haben sich kurze sachkundige Einführungsvorträge vor musikalischen Veranstaltungen sehr bewährt. Auch bei Theateraufführungen erschiene das sinnvoll.

Schlusswort

Die Denkwerkstatt des Österreichischen Seniorenbundes hat die Situation der älteren Generationen umfassend und in die Zukunft blickend aufgezeigt. Dabei wurden nicht nur die positiven Seiten, wie längere Lebenserwartung, bessere Gesundheit oder gute finanzielle Absicherung dargelegt, sondern auch die Erschwernisse, die das Alter mit sich bringt, wie Pflegebedürftigkeit, Vereinsamung oder Ausgeschlossensein angesprochen und Wege zur Lösung dieser Probleme aufgezeigt.

Die SeniorInnen wollen zunehmend ein aktiver Teil der Bürgergesellschaft sein, sie sind bereit, Verantwortung in allen Bereichen zu übernehmen, erwarten aber auch entsprechende Mitentscheidungsmöglichkeiten.

Das Alter bietet Freiheiten, die die Jüngeren nicht haben und die es zu nützen gilt. Im Alter fällt jede Fremdbestimmung weg, man kann die gewonnene Lebenserfahrung zu einem sinnerfüllten Lebensabschnitt nützen. Und wer die in den Beiträgen aufgezeigten Möglichkeiten nützt, um sich geistig und körperlich frisch zu halten, kann dem Alter mit großer Gelassenheit entgegensehen.

Die Gesellschaft muss sich des Problems der Zunahme des Anteils der älteren Generationen stärker bewusst werden und rechtzeitig reagieren, um die daraus resultierenden Chancen zu nützen und den Risken vorzubeugen.

Anmerkung

[1] Es wird bewusst der Begriff Patient in diesem Kontext gewählt, weil er im klassischen Sinne die Dimension der Abhängigkeit, der erhöhten Vulnerabilität und die eingeschränkte Privatsphäre enthält.

Weiterführende Literatur zum Thema Altern und Gesellschaft

Amann, Anton 2004. Die großen Alterslügen. Generationenkrieg, Pflegechaos, Fortschrittsbremse. Wien: Böhlau.

Backes, Gertrud M. & Clemens, Wolfgang 1998. Lebensphase Alter. München: Juventa.

Baltes, Paul B. & Mittelstraß, Jürgen 1992. Zukunft des Alterns und gesellschaftliche Entwicklung. Berlin: Walter de Gruyter.

Baltes, Paul B. & Montada, Leo 1996. Produktives Leben im Alter. Frankfurt a.M.: Campus.

Berberich, Hermann & Brähler, Elmar 2001. Sexualität und Partnerschaft in der zweiten Lebenshälfte. Gießen: Psychosozial-Verlag.

Birg, Herwig 2005. Auswirkungen der demografischen Alterung und der Bevölkerungsschrumpfung auf Wirtschaft, Staat und Gesellschaft. Münster/Wien: Lit.

Blonski, Harald 1998. Ethik in Gerontologie und Altenpflege. Hagen: Brigitte Kunz Verlag.

Böhmer, Franz, Rhomberg, Hans P. & Weber, Erwin 2004 Grundlagen der Geriatrie. Wien: Verlagshaus der Ärzte.

Borscheid, Peter 1987. Geschichte des Alters. 16.-18. Jahrhundert. Münster: F. Coppenrath.

Clemens, Wolfgang & Backes, Gertrud M. 1998. Altern und Gesellschaft. Opladen: Leske & Budrich.

Dallinger, Ursula 1997. Ökonomie der Moral. Opladen: Westdeutscher Verlag.

Ehmer, Josef 1990. Sozialgeschichte des Alters. Suhrkamp: Frankfurt/Main.

Ehmer, Josef & Gutschner, Peter 2000. Das Alter im Spiel der Generationen. Wien: Böhlau.

Feldmann, Klaus 1997. Sterben und Tod. Sozialwissenschaftliche Theorien und Forschungsergebnisse. Leske + Budrich: Opladen.

Feldmann, Klaus 2004. Tod und Gesellschaft. Wiesbaden: Verlag für Sozialwissenschaften.

Fürst, Walter, Wittrahm, Andreas, Feeser-Lichterfeld, Ulrich & Kläden, Tobias (Hrsg.) 2003. „Selbst die Senioren sind nicht mehr die alten…“ Praktisch-theologische Beiträge zu einer Kultur des Alterns. Wien/Münster: Lit.

Herfurth, Matthias, Kohli, Martin & Zimmermann, Klaus F. (Hrsg.)

2003. Arbeit in der alternden Gesellschaft. Opladen: Leske & Budrich.

Imhof, Arthur, E., Bonca, Robert & Laudan, Alexander 1998. Die Kunst des Sterbens. Wie unsere Vorfahren sterben lernten. Stuttgart: S. Hirzel.

Jansen, Birgit, Karl, Fred & Radebold, Hartmut 1999. Soziale Gerontologie. München: Beltz.

Kaufmann, Franz-Xaver 2005. Schrumpfende Gesellschaft. Frankfurt a.M.: Suhrkamp.

Karl, Fred 2003 Sozial- und verhaltenswissenschaftliche Gerontologie. München: Juventa.

Kohli, Martin & Künemund, Harald (Hrsg.) 2005. Die zweite Lebenshälfte. Gesellschaftliche Lage und Partizipation im Spiegel des Alters-Survey. Wiesbaden: Verlag für Sozialwissenschaften.

Koch-Straube, Ursula 2002. Fremde Welt Pflegeheim. Eine ethnologische Studie. Bern: Huber.

Kolland, Franz 1996. Kulturstile älterer Menschen. Böhlau: Wien.

Kolland, Franz 2005. Bildungschancen für ältere Menschen. Münster/Wien: Lit.

Kruse, Andreas 1998. Psychosoziale Gerontologie. Göttingen: Hogrefe. 2 Bde.

Kruse, Andreas & Martin, Mike 2004. Enzyklopädie der Gerontologie. Alternsprozesse in multidisziplinärer Sicht. Bern: Huber.

Laslett, Peter 1995. Das Dritte Alter. Historische Soziologie des Alterns. Weinheim/München: Juventa.

Lehr, Ursula 2003. Psychologie des Alterns. Quelle & Meyer: Heidelberg.

Likar, Rudolf, Bernatzky, Günther & Pipam, Wolfgang 2004. Lebensqualität im Alter. Therapie und Prophylaxe von Altersleiden. Wien: Springer.

Martin, Mike & Schelling, Hans R. 2005. Demenz in Schlüsselbegriffen. Bern: Huber.

Mayer, Karl Ulrich/Baltes, Paul B. (Hrsg.) 1996. Die Berliner Altersstudie. Berlin: Akademie-Verlag.

Motel-Klingebiel, Andreas, Kondratowitz, Hans-Joachim v. & Tesch-Römer, Clemens (Hrsg.) 2002. Lebensqualität im Alter. Opladen: Leske & Budrich.

Naegele, Gerhard & Tews, Hans Peter 1992. Lebenslagen im Strukturwandel des Alters. Opladen: Westdeutscher Verlag.

Niederfranke, Anette, Naegele, Gerhard & Frahm, Eckhart 1999. Funkkolleg

Altern, Bd.2, Lebenslagen und Lebenswelten, soziale Absicherung und Altenpolitik. Wiesbaden: Verlag für Sozialwissenschaften.

Nigg, Bernhard & Steidl, Siegfried 2005. Gerontologie, Geriatrie und Gerontopsychiatrie. Wien: Facultas Verlag

Perrig-Chiello, Pasqualina & Höpflinger, Francois 2000. Jenseits des Zenits. Frauen und Männer in der zweiten Lebenshälfte. Zürich: Haupt.

Pohlmann, Stefan & Böhme, Günther 2004. Das Alter im Spiegel der Gesellschaft. Idstein: Schulz-Kirchner.

Prahl, Hans-Werner & Schroeter, Klaus R. 1996. Soziologie des Alterns. Paderborn: Schöningh.

Reichert, Monika, Schönknecht, Christiane & Maly-Lukas, Nicole 2003. Älter werdende und ältere Frauen heute. Zur Vielfalt ihrer Lebenssituationen. Wiesbaden: Verlag für Sozialwissenschaften.

Rosenmayr, Leopold 1983. Die späte Freiheit. Das Alter – ein Stück bewußt gelebten Lebens. Berlin: Severin und Siedler.

Rosenmayr, Leopold 1995. Die Kräfte des Alters. Wien: Edition Atelier.

Rosenmayr, Leopold 2006. Schöpferisch altern, eine Philosophie des Lebens. Wien/Münster: Lit.

Rosenmayr, Leopold, Majce, Gerhard & Kolland, Franz 1996. Jahresringe. Wien: Holzhausen.

Rosenmayr, Leopold & Böhmer, Franz (Hrsg.) 2003. Hoffnung Alter. Forschung, Theorie, Praxis. Wien: Facultas Universitätsverlag.

Sommer, Carola & Künemund, Harald 2004. Zwischen Selbstorganisation und Seniorenakademie. Die Vielfalt der Altersbildung in Deutschland. Berlin: Weißensee Verlag.

Saake, Irmhild 1998. Theorien über das Alter. Opladen: Westdeutscher Verlag.

Stanjek, Karl 1998. Altenpflege konkret. Sozialwissenschaften. Stuttgart: Gustav Fischer.

Schweppe, Cornelia 1996. Soziale Altenarbeit. München: Juventa.

Sydow, Kirsten v. 1994. Die Lust auf Liebe bei älteren Menschen. München: Ernst Reinhardt.

Wahl, Hans-Werner & Heyl, Vera 2003. Gerontologie – Einführung und Geschichte. Stuttgart: Kohlhammer.

Wahl, Hans-Werner & Tesch-Römer, Clemens 2000. Angewandte Gerontologie in Schlüsselbegriffen. Stuttgart: Kohlhammer.

Wilkening, Karin & Kunz, Roland 2003. Sterben im Pflegeheim. Perspektiven und Praxis einer neuen Abschiedskultur. Göttingen: Vandenhoeck & Ruprecht.